学科、知识与近代中国研究书系

创造近代中国的『世界知识』

潘光哲——著

社会科学文献出版社
SOCIAL SCIENCES ACADEMIC PRESS(CHINA)

本书为以下诸项补助案的部分研究成果，谨此特致谢悃！

1. "国科会"（"科技部"）专题研究计划"'知识仓库'、'思想资源'与'概念变迁'：晚清士人的阅读世界"（计划编号：NSC91 - 2411 - H - 001 - 085、NSC92 - 2411 - H - 001 - 073）。

2. 中研院主题研究计划"近代中国知识转型与知识传播，1600 ~ 1949"之分支计划"近代东亚'地理想象'的生产、流通与嬗变：以'世界史地'与'国际法'知识为中心"（计划年度：2011 ~ 2013/计划代码：AS - 100 - TP - C02 - 4）。

3. "国科会"（"科技部"）专题研究计划"宫崎滔天的革命理念：世界脉络的考察"（计划编号：NSC - 101 - 2410 - H - 001 - 073 - MY2）。

4. 中研院主题研究计划"近代中日关系的多重面向（1850 ~ 1949）"之分支计划"近代中日媒体场域之互动"（计划年度：2013 ~ 2015/计划代码：AS - 102 - TP - C03）。

编辑说明

复旦大学中外现代化进程研究中心成立于 2000 年，是涵盖文、史、政、经等学科的综合性研究机构。2004 年，获批为教育部人文社会科学重点研究基地。中心成立后，致力于推动中外文化交流的研究，尤其重视结合近代学科知识的成长，重新认识近代中国的历史。为此先后组织了基地重大项目"'普世性'与'各别性'：现代化进程中文化结构的转型"、国家社科基金重大项目"中外文化交流与近代中国的知识转型"等。因此机缘，中心也与多家研究机构开展了富于成效的合作，邀请到具有不同背景的学者参加课题的研究。同时，中心研究人员也受邀参与到多家机构所组织的课题中。主要包括德国埃尔兰根－纽伦堡大学朗宓榭（Michael Lacker）教授主持的项目"中西学术交流：历史与哲学的维度"、日本关西大学承担的文部省 COE 项目"文化交涉学教育研究基地"，以及张寿安教授主持的中研院主题研究计划"近代中国知识转型与知识传播，1600～1949"等。

"学科、知识与近代中国研究书系"的出版，正是上述合作研究的产物。汇集的研究成果包括：沈国威《一名之立　旬月踯躅——严复译词研究》、陈力卫《东往东来——近代中日之间的语词概念》、阿梅龙《真实与建构——中国近代史及科技史新探》、孙江《重审中国的"近代"》、潘光哲《创造近代中国的"世界知识"》、章清《会通中西——近代中国知识转型的基调及其变奏》。各位学者有不同的专业背景，皆关注到近代学科知识成长的一些面向，展示出各具特色的研究。

近代学科知识的成长之所以值得关注，乃是因为此与近代世界的诞生密切相关，或者说是同步成长的。包括物理学、社会学、哲学等一系列今日统称为自然科学、社会科学及人文学科的近代学科知识，之所以奠定了近代世界的基础，在于其提供了有关现实世界新的解释，还支撑起对于社会理念的合法性论证。换言之，对于"现代性"（modernity）的认知，理解也好，质疑也罢，或都有必要结合各分科知识进行检讨。对此的关注曾构成马克斯·韦伯学说的核心——以"世界的祛魅"作为问题的肇端。哈贝马斯则勾画出不同时期社会理念合法性论证的不同基础，指明自现代科学产生以来所产生的重要影响。查尔斯·泰勒还具体阐明"西方现代性的主要特征之一"，"是具有魔法力量和神灵的世界的消失"。凡此，皆道出现代社会的建立可视作"理性化"的过程，而以"科学"为标志的各分科知识，对于理解近代世界的诞生、理解"现代性"的成长，具有重大意义。

学科知识的"援西入中"，对于理解近代以来的中国历史，自有其重要性。最基本的，中国社会有关现实世界及社会理念合法性论证的基础，也渐次脱离传统的"学术资源"，转而采纳近代学科知识所提供的"知识资源"。而且，这一过程不仅决定了中国当代学术的理论和实践，从 20 世纪初开始，更通过以分科知识为"专史"的书写样式，重新塑造了"中国之过去"。毫不夸张地说，中国近代思想史上所有重要问题的展开，都受到自 16 世纪至 20 世纪之间所接受的分科知识及学科术语的影响。1923 年发生的"科学与人生观"的论战，即是其中之显例。或许可以说，近代学科知识在中国的成长，是值得进一步发掘的课题。

当然，必须看到的是，近代学科知识的成长是涉及全球范围的文化迁移现象，相应的，各个国家在"知识转型"与"知识传播"上也有着自身的成长脉络。传统因素的重要作用，也意味着并不存在"单一的进程"，所呈现的是"多种多样的现代性"。不仅历史进程经常会发生偏离，其过程也尚未"终结"。故此，基于中国背景检讨近代学科知识的形成，也需要考虑两类相互联系的问题。其一是西方以分科为标志的近代知识是如何传入的，需分析与西学传入相关的论作（包括译作及独立文本），各学科专门术语的翻译和标准术语词汇的出现，以及新术语在中国思想新的发展阶段的应用。其二是中国本土接纳分科知识的制度和社会背景，当重点检讨各层次教育中新课程的输入和介绍、相关研究机构的建立和发展、公众对新学科的反响及对这段历史的重构。

"学科、知识与近代中国研究书系"旨在基于近代学科知识成长的视野审视近代中国的历史，并把这一过程视为近代中国接受西学的一个特殊结果来分析；旨在促进对近代学科知识形成的复杂过程的理解，同时致力于解决与此相关的方法论和概念上的难题。各书针对近代学科知识的研究，尽管已涉及不同层面，但显然还不足以涵盖此一课题所涉及的广泛领域。接下来中心还将致力于"东西知识环流与近代中国"课题的研究，希望能继续推进相关研究成果的出版。

上述各位学者作为中心的专职或兼职研究人员，对于推进中心课题的研究，倾力颇多；能将他们这些年完成的研究成果列入学科、知识与近代中国研究书系出版，更是对中心工作莫大的支持。社会科学文献出版社首席编辑徐思彦、近代史编辑室主任宋荣欣及其所领导的编辑团队，对于书系的出版尽心尽责，在此也要表达真挚的感谢。

复旦大学中外现代化进程研究中心

目　录
CONTENTS

自　序

　　或许因为父亲在眷村里是邻长的关系，家里总有免费的《中央日报》可看。在 1970 年代的台湾，《中央日报》当然不会出现忤逆党国意识形态框框的言论；想要看"刺激"一点的政论，只能看别家报纸。可是，我还是舍不得不看《中央日报》，因为它每周四（还是周五？）固定出刊的《地图周刊》，寓时事报道与评论于地图之中，"立体化"地展现了国际现实局势的变迁。还只是小学生的我，即便搞不清楚究竟乌拉圭与巴拉圭有什么差别，却早就从《地图周刊》知道，它们绝对是两个不同的国家。

　　回想起这段人生故事，感喟万千。即使在文网严密的时代里，有心之士还是愿意竭尽其能，要让读者知道天下之广，沧海之奇，眼光千万别被天然的地理环境给限制住，绝对应该放眼世界，洞悉世局。他们打开的窗口，正是这部小书的主题：我们的前行者，究竟如何试图突破既存的知识囚牢，眼观寰宇，为追觅"世界知识"奋力以行？史学工作者与青史故迹的对话，不是不能和自己的生命经验结合在一起的。

　　当然，史学工作者的观照所及，可能引发的感触回响，绝对无从逆料；倘能严谨而为，创生的成果，多少能对厚积人类的学术/知识板块，供应些许原料。本书所录文稿，固为旧年积存，个人仍愿尽力整合，增补删汰。惟限于时日，知闻不广，力不从心，谬误仍多，敬望史林博雅同仁，多所批判教正。

　　本书的出版，是章清教授积极鼓动的结果；各篇文稿之撰写，屡蒙史学前辈张灏、狭间直树、陈永发、王汎森、罗志田、桑兵、黄自进、黄克武、王宏志、村田雄二郎、沙培德（Peter Zarrow）等教授的指教；共步史林论学辩难的薛化元、刘季伦、林富士、陈力卫、孙江、水羽信男、石川祯浩、川尻文彦与箱田惠子等教授，开我智窍，惠赐史料，恩谊所在，尤须感念。全书定稿工作，完成于日本京都的国际日本文化研究中心，特别感谢刘建辉教授的帮助。定稿工作期间，突闻挚友孙善豪教授英年早去，壮志未酬之噩耗，戚悲无已。在个人知识成长的岁月里，得到善豪教授的多重助力，铭感至极。敬以本书纪念这位永远不老的青年。

导　论

一

俄罗斯的彼得大帝（Peter the Great，1672－1725），一代豪雄，影响深远。他的形象，在俄罗斯历史长河里的转易，本来就不仅是其政治、社会价值变迁之写照，也为思索其国族意识（national consciousness）的本质，提供一面镜子。[①] 他的声名，远播寰宇，特别是他为推动俄罗斯帝国的扩张，借鉴"他山之石"，竟尔一己亲身微服出访，游历西欧的轶事，脍炙人口，也喧腾于异乡他邦；对他的形象认知，在俄罗斯大地之外激发的回应想象，曾无已时。像彼得大帝的访英之行（1698 年 1 月 11 日至 4 月 21 日），就开启英国人对他（与沙皇）形象认识之契机，甚至戏剧舞台上都出现他的影像，在人们喜闻乐见的娱乐天地里占有一席之地。[②]

时易境转，彼得大帝的"魅力"，未尝稍减。百余年后，东亚世界里的卓异之士，一旦知晓他的行止作为，竟也驰骋思维，即便各有

---

① Nicholas V. Riasanovsky, *The Image of Peter the Great in Russian History and Thought* (NY：Oxford University Press, 1985).

② 参见 Anthony Cross, *Peter the Great through British Eyes*：*Perceptions and Representations of the Tsar since 1698* (Cambridge & NY：Cambridge University Press, 2000)。

侧重，意欲取为楷模的心怀，则是同向如一。即如在近代日本和中国历史舞台上都必然不会被遗忘的佐久间象山和康有为，时间相去四十余年（佐久间于 1864 年在京都三条木屋町被暗杀的时候，康有为才是六岁的孩童），双方却都引征彼得大帝，作为自己国族构思图存求强方案的例证。在佐久间象山知晓清朝兵败于鸦片战争的讯息之后，于 1842 年上书给担任德川幕府老中一职的真田幸贯，在这封俗称为《海防八策》的上书里，[①] 他说俄罗斯的彼得大帝，鉴于其国缺乏"大船"，海军欠缺训练，航海之技早已荒疏，因此亲身前往荷兰学习诸艺，借以督责劝奖俄国人开始讲求，正是有赖此等"豪杰之主"，竟使俄罗斯从"顽愚之贫国"的地位，转而成为可与西洋他国相提并立的国家。[②] 相较于佐久间象山，康有为上书的对象，可是九五之尊的清德宗（俗称光绪帝）。康有为在所谓"公车上书"的行动里，[③] 向光绪皇帝提出的建言（1895 年 5 月 2 日），就已经声言"俄主彼得乃至易作工人，躬习其业，归而变政，故能骤强"。[④] 他的这份建言，当时没有得到光绪帝"御览"的可能性；[⑤] 等到他有机会让自己的意见"上达天听"之后，彼得大帝的行止，则成为康有为鼓动光绪帝"亟筹自强"的楷模，他特别"译纂"了《俄彼得变政

① 源了圆「佐久間象山」『歴史人物シリーズ—幕末・維新の群像』PHP 研究所、1990、87 ~ 101 頁；大平喜間多「佐久間象山」『人物叢書』吉川弘文館、1987（新装版）、62 ~ 68 頁。

② 信夫清三郎『象山と松陰—開国と攘夷の論理』河出書房新社、1975、99 頁。当然，佐久间象山在其他文稿里也尝言及彼得大帝，不详论。

③ 世称"公车上书"系康有为发动；茅海建综合先行研究，以为不应视康有为是其事的带头发动者，参见茅海建《"公车上书"考证补》，收入氏著《戊戌变法史事考二集》，生活·读书·新知三联书店，2011，第 1 ~ 99 页。茅海建的论说，也受其他学人之批驳，不详论。

④ 康有为：《上清帝第二书》（1895 年 5 月 2 日），姜义华、张荣华编校《康有为全集》第 2 册，中国人民大学出版社，2007，第 44 页。

⑤ 康有为的诸番上书，直至 1898 年 1 月 29 日的第 6 次上书始得为光绪帝览之，参见孔祥吉《乙未丁酉间康有为变法条陈考略》，收入氏著《戊戌维新运动新探》，湖南人民出版社，1988，第 30 ~ 31 页。

记》，借之"可考由弱至强之故"。① 佐久间与康有为对彼得大帝的理解是否"正确"，② 暂且毋论；重要的是，这两位在具体的时空背景里堪称第一流的思想家，究竟是在什么样的知识凭借之上，开展他们因应世变而构思想象的观念旅程的？

以佐久间象山而论，他可能是从号称日本幕末时期"兰学者"的"大施主"渡边华山③的《西洋事情书》那里，得到关于彼得大帝的知识的；④ 康有为宣称由自己"译纂"的《俄彼得变政记》，其实是袭取删改自徐景罗翻译的《俄史辑译》⑤，姑举数例对照（见表0-1）。

表0-1 康有为《俄彼得变政记》与徐景罗译《俄史辑译》内容对比

康有为《俄彼得变政记》	徐景罗译《俄史辑译》
……聘法人雷富卜德，讲文学、兵制。彼得闻之下泪曰："外国政治、工艺皆胜我，何我国之不思仿效也？"于是有变政之心矣。……	……聘法国人雷富卜德训以文字、兵机。彼得下泪曰："凡兹文武事宜，皆胜于俄，何我国之不早讲求也？"……
……下诏议游学。廷臣咸阻之。有谓国宜端居国内，缓为化导，风俗自丕变者；有谓外国法，须考外国书，与本国恐难适用者；有谓以国王之尊而出外游学，甚为可耻者。彼得不听。……	……欲亲往侦视以图后举。廷臣咸谓王宜端居国内，缓为化导，风俗自然蒸蒸日上，何必亲劳宸跸，远蹈险机。况用外国法，须考外国书，恐难适用。彼得又申解其意，以为非亲往不可。曰："吾意决矣，卿等弗阻。"……

① 康有为：《为译纂〈俄彼得变政记〉成书可考由弱至强之故呈请代奏折》、《俄彼得变政记》（1898年3月12日），《康有为全集》第4册，第26~41页。
② 先行研究，如鲍绍霖即指陈，康有为对于彼得大帝的认识，颇不真确，参见鲍绍霖《帝术纵横：析论康有为"彼得大帝心法"之议》，《史学理论研究》1998年第3期，第111~123页。
③ 芳贺徹『渡辺崋山：優しい旅びと』朝日新聞社、1986、199頁。
④ 信夫清三郎『象山と松陰—開国と攘夷の論理』、100頁。
⑤ 本书征引版本为：徐景罗译《俄史辑译》（四卷），"丛书集成续编"第245册，新文丰出版公司，1989。徐景罗，生平尚不详。冯承钧谓，《俄史辑译》是书四卷，为益智书会本，"景罗，宁波人，前有光绪十二年景罗序……是书似译自英文，译笔颇简洁，无游词赘句，尤能力避用典，质而不俚，洵旧译本中之佳作也"。参见冯承钧《续修四库全书总目提要（西学与中外交通部分）》，邹国义编校《冯承钧学术著作集》第3册，上海古籍出版社，2015，第1192页。

续表

康有为《俄彼得变政记》	徐景罗译《俄史辑译》
……彼得先之瑞典，探其海口；之布，之荷兰，至含斯谈造船厂，更服为商船主衣饰，从船匠学艺，手制桅樯；又至晒带买船厂，更名求为厂伙，凡锯木、截铁、造缆、制帆皆习焉。……	……先至犁缚尼亚，其海口即犁噶，为瑞典属地，彼得甫至，遽为瑞之方伯斥逐，怒而矢誓曰后日必夺取此地。旋往布国，布厚待之，自布至荷兰都城含斯得谈，其地有造船厂……彼得假寓小室，复更服为商船主装饰，随在可行无阻，见船匠技艺甚高，乃购小艇一艘，手制桅樯。复至晒带买船厂，再易服从匠头学艺，凡锯木、截铁、造缆、制帆诸务悉全习焉。……
……彼得念国之富强由工艺之盛，大募法、荷、瑞诸国巧匠，面试其技，优者厚俸招往本国劝工。……于是仍在晒带习地理书。……	……遂募法、荷、瑞诸国巧匠，面试其技，优者以厚俸招往莫斯科作工。彼得仍在晒带买习地理书。……
……已闻英国甚巧，遂之英学造船，学造钟表，学勾股算学，学天文学；遇奇材异能之士，皆礼聘至俄，分遣济用。……	……彼得在晒带买时，厂匠惟教以作船之法，至是英匠乃教以修短巨细、优绌迟速之理，旋彼得即能自出心裁，造新式船一艘，行驶甚捷。又至造钟表所习艺。又聘哲士教以勾股算学。先时俄算法出于中国，只用算盘拨枚，彼得始通西法。闻苏格兰人法格胜善于天文，乃受业于门，请其往。俄立钦天监，俾占星日，彼得亦能预测蚀晕之期，不稍差谬。……
……令英匠疏遁河、窝瓦河，俾通海。于沿海作数港口，以利舟舶。筑船坞以便制造。于河之高下处，置坝闸以利往来。又新立税例，量出如入，以为常征；令富商主其事，无漏卮者，资用愈饶。立新议事会，国之大事，合诸臣公义，以多者为定，其权则自上操之。立大书院，厚其廪饩，使贵游子弟肄业其中。……	……令英匠疏盾河及窝瓦河，俾渐通海。又于沿海作数港口以通舟舶，筑船坞以便制造。凡于河之高下处始置坝闸以利往来。一千六百九十九年，新立税例，先是俄之粮税，凡勋贵巨家投纳从便，素无定例，至是量其所入，定为常征。令富商主其事，锱铢悉入，资用愈饶。是年立新议事会，俄之议事会颇有权势，诸事皆可酌定。彼得废之，损益其规，另立新会，俾权操于己。……彼得思有以慰悦之，乃立大书院三所，厚其廪饩，使教中子弟肄业其中。……

资料来源：康有为《俄彼得变政记》，《康有为全集》第 4 册，第 36～37 页；徐景罗译《俄史辑译》第 1 卷，"丛书集成续编"第 245 册，第 588～593 页。其他部分，不详举例。

在近代东亚世界里，像佐久间象山和康有为这样的秀异之士，所在多有。凡是有心知晓世事，探究世变由来，思考因应之道，共向同循的，乃是可以名曰追求"世界知识"[①] 的思想道路。毕竟，在他们具体身处的生活世界里，确实存在着前所未知的知识天地，或是寰宇情势，或为新兴学问，乃至于新式传播媒介提供的讯息，好似广袤无涯，总可吸引有心好奇之士探其究竟，明其奥妙。如取譬喻之说，他们就像是进入了一座包罗万象的"知识仓库"（stock of knowledge）[②]，只要愿意信步直入，披卷展读，随意阅览，各种信息、思想与观念，斑斓炫目，应接不暇，迎面扑来：或是前所未晓的异域风土人情，或是从未得闻的他国体制伦常，或是向不得见的外邦奇技妙器，或是令人惊异不置，或是令人叹为观止，或是令人掩卷深思，或是令人摇头叹息。览卷所及，总可撼动挑拨观奇览胜者的心怀意念，进而汲引足可激荡多样思考想象的"思想资源"（intellectual resources）。[③] 这部小

①　"世界知识"是笔者创造的词，恰如当代英国文化/媒体研究巨擘斯图亚特·霍尔之论说，现代媒体的一个首要文化功能是：供应与选择性地建构"社会知识"、社会影像，透过这些知识与影像，我们才能认知"诸种世界"、诸般其他人"曾经生活过的实体"，并且，我们也才能把他们的及我们的生活，以想象方式建构成为某种可资理解的"整体的世界"（world-of-the-whole）和某种"曾经存在过的整体性"（lived totality），参见 Stuart Hall，"Culture, the Media and 'Ideological Effect'," in James Curran et al., eds., *Mass Communication and Society*（Beverly Hills：Sage, 1979），pp. 340 - 341。笔者师法其意，将各式各样的印刷信息媒介所提供的各等具有帮助认识/理解外在现实世界之作用的（零散）讯息/（系统）知识，统称为"世界知识"。

②　"知识仓库"（stock of knowledge；Wissensvorrat）一词，笔者借用自舒茨的概念，参见 Alfred Schutz and Thomas Luckmann, trans. by R. M. Zaner and H. T. Engelhardt, Jr., *The Structures of the Life-World*（Evanston：Northwestern University Press, 1973）。"知识仓库"在舒茨学说中的整体脉络，参见 H. R. Wagner, "Introduction：Schutz's Phenomenological Sociology," in H. R. Wagner, eds., *Alfred Schutz on Phenomenology and Social Relations：Selected Writings*（Chicago：The University of Chicago Press, 1970），pp. 13 - 16。不详论。

③　潘光哲：《追索晚清阅读史的一些想法："知识仓库"、"思想资源"与"概念变迁"》，台北《新史学》第 16 卷第 3 期，2005 年 9 月，第 137～170 页。王汎森述说了日本导进的"思想资源"，对笔者甚有启发，参见王汎森《戊戌前后思想资源的变化：以日本因素为例》，香港《二十一世纪》第 45 期，1998 年 2 月，第 47～54 页。

书，就是以具体的个案，阐释近代中国的"世界知识"如何被创造生产，从而为认识和理解近代中国思想文化世界的洪流，提供另一个角度。

二

近代中国的历史波澜壮阔，史学工作者可以施展身手的天地本来就是无限宽广，得以绘描渲染的历史图像当然多彩缤纷。那么，言及近代中国"世界知识"的创造、生产、积累、流通、消费与再生产，足可为阐释近代中国的历史，增添不同的图景；就创生近代中国的历史知识而言，也具有清点先行者的思想工作与其成果的意义。只要仔细考察中国近代史知识生产方式的形成史，即可发现，既存的知识状况与研究视野，既是后继者开展知识生产之旅起步前行的基点，也可能是妨碍其放眼四顾的无形眼翳。① 一言以蔽之，我们仰仗的既有的知识基础，未必坚实稳靠，不可动摇。

就以有关近代相对于中国"本土"的"边疆"的"知识"究竟如何生产创造的检讨来说，西方的传教士、科学家乃至探险家，都曾（冒险犯难）履足斯地，以为"眼见为凭"，将他们习以为常的知识生产方式，"应用"在这方土地之上，认为通过他们的亲身考察得到的知识，既然是建立在"客观的""科学的"基础之上，自然可以取而贡献于在那里生活的人，提供诸多"指导"，好让他们脱离"落后"，走向"文明"。可是，这些足以促使当地人民从"黑暗"进入"光明"的"进步"方案，未必真正建立在"客观的""科学的"基础之上。他者毋言，为他们的知识生产提供助力的当地合作者（或为翻译，或为向导，或为协助寻找资料的研究助手），未必"忠心耿耿"，如实以应（其间因素，绝对错综复杂，或可能肇因于国族主义

---

① 潘光哲：《中国近代史知识的生产方式：历史脉络的若干探索》，裴宜理、陈红民主编《什么是最好的历史学》，浙江大学出版社，2015，第 105～163 页。

情怀，或可能是因为雇用者视之为"劣等人"的帝国主义霸道作风）。所以，他们生产的知识，怎容吾辈持信不疑，取而作为了解斯土斯民的知识基础呢？①

　　放眼广观，类似的场景屡见不鲜。大英帝国对印度的知识建构，也是个例证。当大英帝国的势力以东印度公司为渗透中介，从1750年以后逐渐向南亚次大陆扩展的时候，地理学家扮演了前锋的角色。他们绘制了地貌景观地图，研究原住民的情况，收集各类标本，也留下了各式各样关于经济、社会与文化的详细资料。可以说，地理学家创造与界定了在东印度公司统治之下人们对于印度的空间印象（the spatial image）。可是，英国绘制与掌握的各种印度地图，可以"再现"的印度，只是"他们的印度"，而不是"真正的印度"；那些印度地图的范围，只包括了他们所认知的与他们所统治的印度。毕竟，作为被调查对象的印度人，会和英国人妥协，也会起而抗之，印度怎么可能全盘无缺地为英国人所知晓；印度社会与文化的许多面向，更远非英国人所能经验。英国人以为，凭借着自己掌握的科学，可以让他们认识"真正的印度"，究其实际，他们绘制的地图，仅仅是"大英帝国的印度"的地图。可以说，借由对于英国绘制印度地图的过程的理解与认识，我们可以窥探英国人（当然是精英分子）如何带着各式各样的假定（assumptions）与意识形态（这又是与他们想要理解自己在印度所创造出来的帝国这个目标相关的），从而进行知识建构。②

　　"老王卖瓜，自卖自夸"，前此笔者假《晚清士人的西学阅读史

---

①　参见 Stevan Harrell, "Introduction: Explorers, Scientists, and Imperial Knowledge Production in Early Twentieth-Century China," in Denise M. Glover et al., eds., *Explorers and Scientists in China's Borderlands, 1880 - 1950* (Seattle: University of Washington Press, 2011), pp. 3 - 25。

②　参见 Matthew H. Edney, *Mapping an Empire: The Geographical Construction of British India, 1765 - 1843* (Chicago: University of Chicago Press, 1997)。

（1833～1898）》①一书，也从"阅读史"的视野，对于身历世变的士人的思想/知识世界，做出了若干观察。凡是有心知悉世事时局的晚清士人，一旦开展追求"世界知识"的事业，绝对必须追索与"西学"相关的书报，既览其美富，增广闻见，复汲引丰沛多样的"思想资源"，发为感怀，自然为整体思想界的"概念变迁"（concept change）提供了各式各样的动力。士人读书世界的变化扩展，固然大有改变；他们的阅读实践，则非势所必至，理所当然。好比说，士人的阅读实践，往往遭遇"书本地理学"的障碍；先行者意欲建立"读书秩序"的努力，又承受既存价值系统的挑战反击。阅读致知的理由，更与士人的功名之路息息相关，自然也和"文化市场"（cultural markets）的运作逻辑脱离不了关系。当读书成为"生意"，各式各样"西学"书报的盗印本，应运而生。读书求知固是乐趣无穷，怎样得到书本，却不一定心想事成。因此，晚清士人阅读致知，求索"世界知识"的过程，错综复杂，他们的个体经验和思想响应，不该被后世的史学工作者一刀切平。回答"西力东渐"这个古老历史命题的方式，实在可以日新又新。

一代蒙元史名家姚从吾，在1949年以后的台湾大学历史系长期讲授"史学方法"的课程。受业弟子之一陶晋生回忆，姚从吾在课堂上的名言是："骑马要跳到马背上，学游泳要跳到水里去。"②言下之意，开展史学研究，徒然高谈阔论"史学方法"，无济于事，只有切实从事史学研究本身，方为正衢。同样的，在口号宣示层次批评既存的史学知识的成果是一回事，在具体的史学实践里如何展现却是另一回事。本书诸章，冀望通过具体的研究例证，既能阐明近代中国历史的另一方面向，又可以为我们承受的历史知识，提供反省思考的可能路向。

---

① 潘光哲：《晚清士人的西学阅读史（1833～1898）》，中研院近代史研究所，2014。
② 陶晋生：《追忆姚从吾先生》，台北《历史月刊》第11期，1988年12月，第15页。

三

胡适在现代中国思想学术史上的"典范"地位,[①] 应当是众无异词的;即使在史学殿堂的诸多领域里,胡适未必都留下不可磨灭的"典范"作品,但他的"眼光",确实具有醍醐灌顶的作用。例如,胡适批评过,只书写"帝王的即位和死亡""权臣的兴起和倾倒""战争的发动和结束"的历史,"在我们今日的眼光里,全是枉费精神,枉费笔墨":

> 因为他们选择的事实,并不能代表时代的变迁,并不能写出文化的进退,并不能描出人民生活的状况。……我们今日若作一部《新新五代史》,我们就应该知道,与其记诵五代十国的帝王世系,不如研究钱镠在浙江兴的水利或王审知入闽后种族上和文化上的影响;与其痛骂冯道的无耻,不如研究当日政府雕板的监本九经的历史;与其记载桑维翰的大话,不如研究李煜、冯延巳一班人的小词;与其比较《新五代史》与《旧五代史》的文字优劣和义法宽严,不如向当时人的著作里去寻那些关于民生文化的新史料。范仲淹的文集里,无意之中,记载着五代时江南的米价,那是真重要的史料。敦煌石室里,前不多年,忽然发现韦庄详记北方饥荒的一首白话长诗,那也是真重要的史料。比起这种真正史料来,什么谨严的史传,什么痛快的论赞,都变成一个钱不值的了![②]

① 余英时:《中国近代思想史上的胡适》,联经出版事业公司,1984。
② 胡适:《〈中古文学概论〉序》(1923年9月24日),《胡适文存二集》第1卷,亚东图书馆,1924,第261~262页。

胡适自豪于一己的作品，具有"鸳鸯绣取从君看，要把金针度与人"
的意义；[①] 他提醒我们如何调整转换看待史料的视野，同样深具"金
针"价值。[②] 在中国近代以降的浩瀚史料海洋里，研究者应该对许多
常见的史料，也去下同样的工夫。

　　本书诸章征引的史料，固有取材自海外他邦者（主要是日本），
但多为研究者耳熟能详的。举例而言，研究近代中国人在西方国家的
异域体验，已渐蔚为大观，[③] 如何活用相关史料，则是对史家技艺
的考验。例如，出身于同文馆，担任过清朝驻英使馆译员的张德
彝，从十九岁起就出洋远游，见识异国风情的多番样貌，《稿本航
海述奇汇编》这套大书，就是他记录自身经验的珍贵史料。[④] 日本

① 胡适：《〈醒世姻缘传〉考证》，《胡适论学近著》第 1 集，商务印书馆，1935，第
　　333 页。
② 当然，胡适述说的前提是"我们今日的眼光"；那么，我们就别忘记了，这等眼
　　光，其实乃是"史学气候"（historiographical climate）改变的结果。"史学气候"
　　一语，引自 Richard J. Evans, *In Defense of History*（NY：W. W. Norton, 1999），p.
　　77。他指出，许多史料，往往必须等到"史学气候"改变，某人认为值得一用时，
　　才会被发掘与利用。
③ 例如陈室如《近代域外游记研究（一八四〇—一九四五）》，文津出版社，
　　2008；尹德翔《东海西海之间：晚清使西日记中的文化观察、认证与选
　　择》，北京大学出版社，2009；吕文翠《晚清上海的跨文化行旅——谈王韬
　　与袁祖志的泰西游记》，收入氏著《海上倾城：上海文学与文化的转异，一
　　八四九—一九〇八》，麦田出版，2009，第 153～239 页；李渼《帝国远行：
　　中国近代旅外游记与民族国家建构》，中国社会科学出版社，2011；唐宏峰
　　《旅行的现代性：晚清小说旅行叙事研究》，北京师范大学出版社，2011；
　　李扬帆《走出晚清：涉外人物及中国的世界观念之研究》，北京大学出版社，
　　2012；陈室如《晚清海外游记的物质文化》，里仁书局，2014；张治《异域
　　与新学：晚清海外旅行写作研究》，北京大学出版社，2014；颜健富《晚清
　　文化界对于 David Livingstone 与非洲探勘记的接受与传播》，李奭学、胡晓真
　　主编《图书、知识建构与文化传播》，汉学研究中心，2015。日文著作如佐
　　々木扬『清末中国における日本観と西洋観』東京大学出版会、2000；手代木有
　　児『清末中国の西洋体験と文明観』汲古書院、2013；岡本隆司・青山治世『出
　　使日記の時代：清末の中国と外交』名古屋大学出版会、2014。两相比对，日
　　本方面的研究，史料调查详密，史实建构较为完整；相关汉语著作，犹待迎
　　头赶上。
④ 张德彝：《稿本航海述奇汇编》（全 10 册），北京图书馆出版社，1997。

学者手代木有儿教授与笔者都采取类似的视角，都征引这部史料。不过，手代木教授关心的课题，只及于张德彝个人文明观的变化历程；[①] 笔者则具体论证张德彝的论说，如何成为后来者如王韬的"思想资源"。[②] 另一位日本学者佐佐木扬考察清朝于 1887 年派遣 12 位中下级官员游历考察各国的历史，成员之一刘启彤自是其研究对象；[③] 本书"西方政体类型知识'概念工程'在晚清中国的创发与建设（1845～1895）"一章则论证刘启彤的考察报告《英政概》乃是薛福成述说英国制度的泉源，进而论证晚清改革派要角之一的郑观应的名著《盛世危言》（5 卷本，1894 年刊行），是如何袭取自薛福成的。举凡收载刘启彤《英政概》（乃至张德彝、薛福成的部分著作）的大书，如王锡祺编辑的《小方壶斋舆地丛钞》，早已影印问世，[④] 实非名山秘籍，研究者不难入手。本书"开创'世界知识'的公共空间：《时务报》译稿研究"一章，尤其考究《小方壶斋舆地丛钞》的部分取材来源竟是《时务报》译稿，亦是彼此参照的心得，当为"凿空"之论。胡适曾经批评所谓"鸳鸯绣取从君看，不把金针度与人"是一种"很可鄙的态度"。他认为，身为"提倡学术的人"，"应该先把'金针'送给大家，然后让他们看我们绣的鸳鸯，然后教他们大家来绣一些更好更巧妙的鸳鸯"。[⑤] 本书诸章，描摹未必皆登大雅之堂，论说更难一锤定音；然而师法先贤，"野人献曝"，对有心读者或可稍微提供一些启发。

　　当然，调整转换研究与看待史料的视野，并不意味着不需要

---

① 手代木有児『清末中国の西洋体験と文明観』、103～132 頁。

② 潘光哲：《晚清中国的"民主经验"（1866～1895）》，潘光哲主编《近代中国的政治与外交：第四届国际汉学会议论文集》，中研院，2013，第 41～133 页。

③ 佐々木揚『清末中国における日本観と西洋観』、202～203 頁。

④ 本书征引版本为：王锡祺辑《小方壶斋舆地丛钞补编再补编》，广文书局 1964 年影印本。

⑤ 胡适：《国语文法概论》，《胡适文存》第 3 卷，第 35～36 页。

开发新史料。特别是近代中国已然被迫卷入了国际体系，吾辈不应该仍复怀持"方法论的国族主义"（methodological nationalism）立场，以特定国家/疆土为中心，进行学术研究。① 本书诸章涉及的课题，固然以近代中国的历史场景为中心，引据所凭或研究书写，尽量不画地自限。即如本书简要描述了近代供应生产"世界知识"最重要的载体——现代报刊在东亚世界里的互动空间，就引征了若干来自东瀛扶桑的史料与研究成果，对于近代中国报刊的发展脉络，提出了日本好似"看不见的手"的论断。② 本书"'世界史地'与'国际法'知识和近代东亚'地理想象'的生产、流通与嬗变：回顾与思考"一章，试图扩展视野，从学术史的面向，检讨思索来自西方的现代"世界史地"与"国际法"知识，如何在东亚世界（主要是中、日、韩三国）流传广布，成为知识人同润均享的"共同知识文本"，③ 而为创造近代东亚的"地

---

① 参见 Andreas Wimmer and Nina Glick Schiller，"Methodological Nationalism and beyond：Nation-State Building，Migration and the Social Sciences，" *Global Networks* 2：4（2002），pp. 301 – 334；Andreas Wimmer and Nina Glick Schiller，"Methodological Nationalism，the Social Sciences，and the Study of Migration：An Essay in Historical Epistemology，" *The International Migration Review* 37：3（2003），pp. 576 – 610。当然，Wimmer 与 Glick Schiller 批评的是移民研究（migration studies）领域里的问题，他们的论说同样也有批判者，不详论。

② 日本学人也从必须相互理解以作为和解基础的角度倡言"东亚媒体史"的可能性，而其主要着眼领域为日本与韩国（朝鲜）之间的关系，参见小林聡明「東アジア・メディア史研究の可能性：日韓の相互理解と東アジアの和解にむけて」『都市文化研究』12 号、2010、153～158 頁。

③ "共同知识文本"是笔者创造的词，意指约从 1830 年代以降，西方传教士与东亚各国知识人共同致力，生产制作介绍世界局势与西方知识的著述，例如《海国图志》、《瀛寰志略》或是《万国公法》等著作，同时在东亚世界流通，广受阅览，彼此能够同润均享，引发了多重多样的历史效应。如梁台根以《佐治刍言》为中心，就这部曾于中、日、韩三国流传的"共同文本"，如何展现了当时引进、传播和吸收西方知识的场景，进行了深入的研究，也指陈东亚内部复杂的知识传播互动脉络。参见梁台根《近代西方知识在东亚的传播及其共同文本之探索——以〈佐治刍言〉为例》，台北《汉学研究》第 24 卷第 2 期，2006 年 12 月，第323～351 页。

理想象"①，供应了无穷动力。像是魏源（1794～1857）纂辑的《海
国图志》（1842 年初版，1852 年更增补为一百卷出版）②、徐继畬

────────────

① "地理想象"（geographical imagination）一词，借用自 David Harvey 的论说，他
取法米尔斯的《社会学的想象力》（*The Sociological Imagination*），指陈"地理
想象"［他亦用"空间意识"（spatial consciousness）一词］对于城市规划的概
念性意义。David Harvey 指出，"地理想象""能使个人得以确认空间与地点
在自己生命史上的角色，将目视所及的空间环境和自己发生关联，确认个人
与组织之间的具体事务如何受到把他们隔离的空间的影响。地理想象可让个
人确认自己与四邻、自己与领域所及（territory），或者（用街头帮派的语言）
自己与'地盘'（turf）之间的关系。无论当下身处何方，它可以使他判断在
其他地区（在其他人的'地盘'上）的事件与己身的相关性——如判断共产
主义向越南、泰国和老挝的进军，是否与己有关。它也可以使他能够有创意
地仿效和利用空间，能够理解其他人创造的空间形式的意义"。参见 David
Harvey，*Social Justice and the City*（Baltimore：Johns Hopkins University Press，
1973），pp. 24 - 25。"地理想象"亦有自身的概念形成史，本书不拟详探，
参见"geographical imagination,"in R. J. Johnston，ed.，*The Dictionary of Human
Geography*（Oxford & Malden：Blackwell Publishers，2000），pp. 298 - 301。就具
体个案言，即如 Susan Schulten 所述，因为政治、文化与社会需求，会形成关
于地理和空间的新概念，其又回过头来影响了历史与文化。以某种空间结构
概念来区分我们生活的世界，既可以确证欧亚大陆之所在，亦可用来建立第
一、第二与第三世界的认知架构。借助现代科技，地理知识打破过往的迷思
或真假难辨的认知，可以具体明确地指出某个地方之所在，建立所谓超历史
的真实（transhistorical truth）——好比说，台湾是个岛屿。人们无法亲临其
境，地理知识即可让人借以认识和想象某个地方（因此可以说，科学，就是
让"真正的"地理知识在公众生活里"正当化"的主要凭借/依据）。她以
19 世纪末降至 1950 年美国崛起为世界霸主的历程，说明美国地理学界
［与地理组织，如国家地理学会（National Geographic Society）］如何为因应/满
足现实需求（包括商业利益，如地图的"消费"、学校地理教科书的竞争），
在生产地理知识（与各级学校里的地理课程内容）方面的变化，以及美国公
众的响应。参见 Susan Schulten，*The Geographical Imagination in America*，*1880 -
1950*（Chicago：University of Chicago Press，2001）。Susan Schulten 并未引用 David
Harvey 的研究。
② 本书征引版本为：魏源《海国图志》［60 卷，道光丁未（1847）仲夏古微堂镌板
本］，成文出版社 1967 年影印本；魏源《海国图志》［100 卷，光绪二年（1876）
平庆泾固道署重刊本］，《续修四库全书》，上海古籍出版社 1997 年影印本，总第
743 册（第 206 页以下）～744 册。魏源的《海国图志》，最先为 50 卷，于 1842
年亦即鸦片战争甫一结束即出版。后增补为 60 卷，1847 年再刊，1852 年复扩增
为 100 卷刊行，即今日一般所见版本（王家俭：《魏源年谱》，中研院近代史研究
所，1967，第 132～134 页）。

（1795～1873）编撰的《瀛寰志略》（初刻于 1848 年）[1] 或是曾任同文馆总教习的传教士丁韪良（William Alexander Parsons Martin，1827－1916）翻译的《万国公法》（1864 年出版）[2] 等为近代中国史研究者"耳熟能详"的著作，影响所及，实非仅在中国本土思想界而已。史海无涯，见闻有限，搜索检讨，未必广全恰当；如蒙博雅君子教正，其幸何如。

四

傅斯年当年检讨甲骨文研究的综合成果，批判号称"以综合自许"的作品，其实根本是"不触类而引申，凭主观以遐想"，不过"类书耳，教条耳"而已。况且，那些当时的"教条家"，根本是连"辨证教条并未熟习"，反而却"强读古史原料以为通论通史"，即使"可以哗众取宠于无知之人"，结果只带来无穷弊病，"正为学术进步之障耳"。[3] 因此，想要调整转换研究与认识的视野，不受既存知识的束缚，确切掌握思想观念变化的具体历史脉络/场景，期可还诸历史本身，绝对不应徒为空言，实须有赖具体史学实践的展现。

即如本书讨论西方政体（political regimes）的类型知识在晚清中国时期的导入和传布，即以比较细致的"脉络化"研讨取径入手，考察 1845～1895 年间西方政体的类型知识，在晚清中国思想界经历

---

[1] 本书征引版本为：徐继畬《瀛寰志略》，白清才、刘贯文主编《徐继畬集》第 1 册，山西高校联合出版社，1995。徐继畬自 1843 年起意著书以明了域外世界，曾草成《舆图考略》，后再改纂为《瀛寰考略》，最后勒为《瀛寰志略》，1848 年初刻于福州。参见陈存恭《徐继畬事略及其〈瀛环志略〉》，任复兴主编《徐继畬与东西方文化交流》，中国社会科学出版社，1993，第 8～9 页。

[2] 本书征引版本为：丁韪良译《万国公法》，同治三年（1864）京都崇实馆存板本，中研院历史语言研究所傅斯年图书馆藏。

[3] 傅斯年：《〈殷历谱〉序》，欧阳哲生主编《傅斯年全集》第 3 卷，湖南教育出版社，2003，第 343 页。傅斯年的这番话，应是"有的放矢"，批判的矛头，应是指向郭沫若的《甲骨文字研究》（大东书局，1931）。不详论。

了何等错综复杂的"概念工程"建设过程，终究成为知识人思考"政体抉择"的参照要项，并为晚清中国的思想界，提供了丰厚的"思想资源"。所以，该章特别比较列表展现蒋敦复、王韬对于政体类型知识认识的前后变化，以显示他们对于西方政体类型知识"概念工程"之贡献所在；也就具体时间定点析论"政体类型知识'概念工程'的杂音与同调"，意向所在，即欲深化吾人对于西方政体的类型知识在晚清中国思想界的多重样态之认识，进而反省中国/中国人开始走向"民主之路"，竭力欢迎"德先生"，并不是先行者对"民主思想"进行积极"宣传"或"弘扬"的必然结果。各方知识人的思考与言论，都各有其演变的脉络，应该返诸其问世的本来场景，进行理解；而不是将这些繁杂的历史现象/事实简单概念化，甚至成为书写"中国民主思想史"理所当然的组成部分。

近代中国的思想世界，正如众声喧哗的舞台，甲未唱罢，乙即登场；如何纵览全局，通识主脉，有赖史家巧思卓识。即如王汎森以"主义时代"描摹中国近代思想史的关键主脉，[①] 启人深思；张灏对于"中国近代思想史的转型时代"（1895～1925）的宏观论说，也足以展现前辈学人的智慧结晶。本书"中国近代'转型时代'的'地理想象'（1895～1925）"一章，就以张灏的观察为纲目，述说讨论在这个"转型时代"里，"地理想象"如何成为统摄人们理解/解释世界、开展论述的"默会之知"，彼此同润共享。尤其是"制度性传播媒介"的勃兴，促使人们得与世界思想潮流同波共舞，既展现了中国和世界未可或分的共同认识，也导引人们重新思考中国国族在世界秩序里的地位，绘制一张簇新的"认知地图"。笔者认为，在这个

---

① 王汎森：《"主义时代"的来临——中国近代思想史的一个关键发展》，台北《东亚观念史集刊》第 4 期，2013 年 6 月，第 9～88 页；另可参考 Ivo Spira, *A Conceptual History of Chinese-isms: The Modernization of Ideological Discourse, 1895 - 1925* (Leiden & Boston: Brill, 2015)。相较之下，Ivo Spira 的论说固然洋洋洒洒，更具规模，但未超越王汎森的勾勒。

"转型时代"里所展现的"地理想象",既展示人们对中国自身处境的认识,也显现了人们对中国与世界之关系的理解,往往更在"普遍主义"和"特殊主义"之间徘徊踌躇,莫衷一是。只是,诸方论者各自的认识能力与思想场域,互有差异,所可开展的想象空间和得以绘制的"认知地图",自是处于永无停歇的涂抹绘制历程,更未必是诸众公认的准针指南。因此,"地理想象"创造的是真实和想象杂糅兼存的"第三空间",既真又假,且绵延相续,曾无已时。

"地理想象"打造开创的"第三空间",真实和想象杂糅兼存;对于人物学说的认识理解,也不例外。孙中山的形象演变与晚清革命风潮之云起,与章士钊以宫崎滔天的《三十三年之梦》为蓝本而"译录"之《孙逸仙》一书(1903年出版),关系密切。本书"创造'革命想象'的知识文本:以章士钊'译录'的《孙逸仙》为中心"一章,直接回归《三十三年之梦》原著,考察检讨章士钊的笔耕事业"革命想象",如何"打造革命领袖",乃至将康有为"污名化",以其"伪"证成孙中山之"真",进而"感化"读者选择"革命"的道路,借以论证20世纪初中国"革命想象"的思想基础。过往研究中国革命史的学者,固然重视《孙逸仙》一书的重要地位,却多未曾取《三十三年之梦》原著,详缜比对章士钊的译笔。因是,对于诸多鼓动革命风潮的知识文本,就其原来根源脉络究竟何在,详为检讨,自可深化我们对于中国革命的意识形态构成史的认识。

焉有一锄可成井,岂能一笔得描龙。正如傅斯年的警醒告示一般,近代中国思想文化史的宏观综合及其书写,同样应该摆脱"类书"与"教条"的框框,以比较稳固的知识基础,对我们继承的历史思想传统,进行无穷尽的诠释追索。

五

法国年鉴学派(The Annales School)创始人之一的费弗尔(Lucien

Febvre），面对第二次世界大战之后的残景废墟，依然信心满满，鼓励同僚弟子迎风以进（facing the wind）。在他看来，向前看才是最重要的事，因为当下这个世界是怎么被打造的，已经是昨天的事了；可是打造世界这项工程，永远没有终点："如果我们法国人还有机会比别人更快更好地了解怎么履践这等彰明昭著的真理，我得说，丢下沉舟，跳进水里，奋力地向前游罢！"[1] 一代史界豪雄，气魄万千，怀持着历史乃是"当前人们必然会追问的问题的响应"[2] 这样的"经世"之志。他的名著之一《十六世纪的无信仰问题：拉伯雷的宗教》[3] 至今仍经得起时代的考验，就算不是定论之作，却绝对是追索"无信仰问题"足可激发辩论的起点。[4]

这部小书的业绩所得，绝对不足以与费弗尔相提并论。然而，想到费弗尔批评恩格斯的名著《德国农民战争》的话："想了解恩格斯？这部书有用。想知道农民战争？这部书只是个笑话（a joke）。"[5]那么，自有己见的史学工作者，焉能从众共流呢？只能丢下沉舟，跳进水里，奋力地向前游罢！

---

[1] 引自 François Hartog, "The Modern *Régimes* of Historicity in the Face of Two World Wars," in Chris Lorenz and Berber Bevernage, eds., *Breaking up Time: Negotiating the Borders between Present, Past and Future* (Göttingen: Vandenhoeck & Ruprecht, 2013), p. 131。

[2] 引自 François Dosse, *New History in France: The Triumph of the Annales*, trans. by Peter V. Conroy, Jr. (Urbana: University of Illinois Press, 1994), p. 47。

[3] Lucien Febvre, *The Problem of Unbelief in the Sixteenth Century, The Religion of Rabelais*, trans. by Beatrice Gottlieb (Cambridge: Harvard University Press, 1982). 法文原著出版于 1942 年，汉译本见《十六世纪的无信仰问题：拉伯雷的宗教》，闫素伟译，商务印书馆，2012。

[4] David Wootton, "Febvre and the Problem of Unbelief in the Early Modern Period," *The Journal of Modern History* 60: 4 (1988), pp. 695–730。

[5] 引自 François Dosse, *New History in France: The Triumph of the Annales*, p. 46。

第一章　近代东亚报刊与"世界知识"的
　　　　　互动空间

一

1898 年春天的唐才常（1867～1900），正在长沙肩负编辑《湘报》的工作，那也正是清朝讲求"变法"，推动"新政"的时候。唐才常笔耕不辍，宣讲世界大势，为变法维新的时代风潮张目。有趣的是，观察一下他的立论来源，实在是广泛至极，令后世探索他思想世界的史学工作者惊异不止：僻处长沙的唐才常，通过什么样的途径，寻书觅报，既扩张自己的"思想资源"，也强化了自己立论畅说的说服力？[①] 唐才常旁征博引，声言当时"湖南新政"的局面竟然广受日本方面的注意，日本政教社创办的《日本人》[②] 里的言论，就是他鼓动湖南同乡的依据：

才常又见日人新出一报，名其端曰《日本人》（以日本人三

① 关于研究唐才常汲取的知识与其思想之关联的文献，可以参考陈善伟《翻译与政治：唐才常的西学知识与政治思想》，香港《中国文化研究所学报》新第 9 期，1999，第 235～248 页。
② 关于政教社与《日本人》的专著研究，可以参考中野目徹『政教社の研究』思文閣出版、1993；佐藤能丸『明治ナショナリズムの研究——政教社の成立とその周辺』芙蓉書房、1998。

字名报，甚奇），所言多中国事。其胪中国名大臣，则首督部张公、抚部陈公，称陈公振湘政，尤津津不一二谈，又从而帜之曰湖南党。自余则艳称南海康工部门下诸君为狮子吼。于是湖南之名重五洲，泰西泰东则莫不引领望之，曰振支那者惟湖南，士民勃勃有生气，而可侠可仁者惟湖南。唐才常喟然而叹曰：微日本言，吾几忘吾湘人之大有为至于如此，吾几忘吾湘人之受抚部赐与一时救世君子恢张能力以存种教之功至于如此！……①

回到历史的本来场景，可能正是政教社成员之一的佐藤宏以《时务报》经理汪康年为中介，将《日本人》寄到《湘报》编辑部，② 遂让唐才常有机会阅而读之，笔走龙蛇。然而，政教社以《日本人》为触媒，和清朝治下投身于报刊事业的士人结交相联，并不是日本报刊界偶一为之的罕见个例。当时比《湘报》发行量更大，影响更广的《时务报》，则俨然是辐辏所集，《时务报》经理汪康年与日本报刊界联络，也是兴致盎然。汪康年曾将《时务报》的缩印本寄给《大阪朝日新闻》，请其代售推广，《大阪朝日新闻》也刊出介绍《时务报》的文稿，③ 双方俨然有意合作。④ 在近代日中关系史上占有一席之地的团体"东亚同文会"，参与其创建工作的白岩龙平，既寄奉《日本人》给汪康年，也推动《中外时论》和《时务报》的交换工作，并在日

---

① 唐才常：《论兴亚义会》，《湘报》第 65 号，光绪二十四年四月初一日（1898 年 5 月 20 日）。本书征引版本为：《湘报》，中华书局 2006 年影印本。唐才常征引的《日本人》的言论，即佐藤宏「支那朝鮮の真相を説きて同国を改造するは日本人の責なる所以を論す」『日本人』63 号、1898 年 3 月 20 日。

② 《佐藤宏函》（三），上海图书馆编《汪康年师友书札》第 4 册，上海古籍出版社，1986，第 3326～3327 页。本书引用该书时，除注明发函者外，缩写为《书札》，并注明总册数与总页码，如《书札》3：2889，即表示出处为《汪康年师友书札》第 3 册，第 2889 页。

③ 《上海时务报》，《大阪朝日新闻》1898 年 2 月 23 日，第 1 版。

④ 原文是："贵报馆之声价，敝纸曩者绍介之于世，载在二月念三日纸上，若夫博售之，敝邦人使其随时展读，亦不为两国联合之端邪。"见《大阪朝日新闻函》，《书札》4：3289。

本代售《时务报》。① 汪康年与日本往来密切，以致友人如山本宪②，为了报答获赠《时务报》的友谊，甚至主动投寄他阅读《朝日新闻》的"摘译"文稿；③ 当"东亚同文会"的机关报之一《亚东时报》在上海创刊（1898 年 6 月 25 日）时，汪康年本人则为之撰《〈亚东时报〉叙》，④ 表达支持之意；彼时甫辞卸《湘报》编辑工作，离开长沙的唐才常，也参与了《亚东时报》的创办工作，"为报务牵缠，几无暇晷"。⑤

在汪康年、唐才常的个例之外，放宽我们的观察视野，近现代中国报刊从日本取材者，报刊的从业者与日本有密切关系者，实不知凡几。近现代中国存在时间最长的大型综合杂志《东方杂志》即为其一，⑥ 姑举数例：

《论欧洲外交之变迁》（录甲辰第三号外交报译日本国民新闻），《东方杂志》第 1 卷第 3 号，1904 年 5 月 10 日。⑦

《论日俄战争足以正政论之谬》（译日本明治三十七年九月东

① 《白岩龙平函》（一）、《白岩龙平函》（二），《书札》4：3319～3320。
② 山本宪与汪康年于 1897 年 11 月 16 日首度于上海见面，从此建立友谊，交谊详情，参见吕顺长「山本梅崖と汪康年の交遊」『四天王寺国際仏教大学紀要』45 号、2008、29～42 頁。双方往来书信的整理本，见山本憲関係資料研究会編『変法派の書簡と「燕山楚水紀遊」——「山本憲関係資料」の世界』汲古書院、2017、201～244 頁（皆未收入《汪康年师友书札》）。
③ 《山本宪函》（五），《书札》4：3296。山本宪投寄的文稿，应该是山本宪《朝鲜辞俄国陆军教习及度支部顾问官本末》（附编/时务报馆译编续集），《时务报》第 61 册，光绪二十四年四月初一日（1898 年 5 月 20 日）。本书征引版本为：《强学报·时务报》第 5 册，中华书局 1991 年影印本，总第 4153～4156 页。以下引用时，除注明文章作者与篇名外，只注明影印本总册数与总页码。
④ 翟新『東亜同文会と中国：近代日本における対外理念とその実践』慶應義塾大学出版会、2001、74 頁。
⑤ 参见陈善伟《唐才常年谱长编》下册，香港中文大学出版社，1990，第 555 页。
⑥ 寇振锋论证，《东方杂志》之创办与内容等方面，深受日本《太阳》之影响。参见寇振鋒「中国の『東方雑誌』と日本の『太陽』」『メディアと社会』1 号、2009、7～22 頁。然而笔者认为，以下所举例证，即可反映《东方杂志》之取材来源，非仅一端。
⑦ 译稿依据之原文，尚莫得详。

方协会会报),《东方杂志》第 2 卷第 2 号, 1905 年 3 月 30 日。[①]

至 1910 年代, 亦复如是, 仅以 1919 年 7 月 15 日出版的《东方杂志》第 16 卷第 7 号而言, 便刊布多篇译稿(见表 1-1)。

表 1-1　《东方杂志》第 16 卷第 7 号所刊译稿

译　者	篇　名	出　处
高劳	《美人及美国论》	《实业之日本》[1]
善斋	《西伯利亚政界之波澜》	《东京日日新闻》[2]
君实	《俄国过激派统治之内容》	日本《太阳》[3]
君实	《产业组织之统一主义》	日本《新时代》[4]

注: 1. 译稿依据之原文, 尚莫得详。
2. 译稿依据之原文, 尚莫得详。
3. 原稿为某露國通「露國過激派統治の内容」『太陽』25 卷 3 号、1919。
4. 原稿应为安部矶雄「産業組織の統一主義」『新時代』2 卷 12 号、1918。检索自『松田義男ホームページ』, http://ymatsuda. pro. tok2. com/【8/2/2017】。

　　至如在 20 世纪上半叶中国报界拥有独特地位的《大公报》, 自 1902 年 6 月 17 日创刊始, 也屡屡利用日本报刊的资料, 提供关于世界大势的新闻信息。以 1902 年 7 月 16 日《大公报》的"译件"部分为例, 刊载 14 则新闻, 来自日本报刊的信息即达 8 则, 分别取材于日本的《大阪朝日新闻》(2 则)、《国民新闻》(3 则)、《万朝报》(3 则); 1902 年 9 月 3 日《大公报》的"译件", 刊载 13 则新闻, 7 则取自日本的《东京日日新闻》。凡是可见, 正在起步的《大公

① 原稿为鎌田榮吉「(講演) 思想一轉の機」『東邦協会々報』113 号、1904、1~12 頁。『東邦協会々報』是日本重要的"亚细亚主义"(アジア主义)团体东邦协会的机关刊物, 原名『東邦協会報告』, 1891 年创刊, 1894 年改易为『東邦協会々報』。关于东邦协会, 参见安岡昭男「東邦協会についての基礎的研究」『明治前期大陸政策史の研究』法政大学出版局、1998、217~254 頁。鎌田荣吉, 时任"庆应义塾塾长"(犹如今日之庆应义塾大学校长), 见「鎌田先生年譜」、5 頁、鎌田栄吉先生伝記及全集刊行会編『鎌田栄吉全集　卷 1　伝記篇』鎌田栄吉先生伝記及全集刊行会、1934。

报》，以来自日本报刊的新闻，作为自身成长发展的动力之一。

下逮"五四"新文化运动时期，代表刊物之一的《新青年》，也刊有直接译自日本报刊的文稿，例如：

> 桑原隲藏：《中国学研究者之任务》，J．H．C 生译，《新青年》第 3 卷第 3 号，1917 年 5 月 1 日。①

胡适读到桑原的这篇文章，大生感怀，对桑原主张"采用科学的方法"研治"中国学"，颇有同感，对桑原声言"中国籍未经'整理'，不适于用"，也大发感怀；② 日后胡适倡言"整理国故"，尝倡说要"下一番真实的工夫"，让"国故"成为"有系统的"学问，③ 其思绪所及，则是一脉相承。显然，在胡适的思想世界里，关于"整理国故"的主张与论说，日本方面的影响自是一股潜流。④

----

① 原稿注记："本文原见日本《太阳》杂志 1917 年 3 月号。"经查，本文即桑原隲藏「支那學研究者の任務」『太陽』23 卷 3 号、1917，收入『桑原隲藏全集』第 1 册、岩波书店、1968、589~606 頁。

② 这是胡适于 1917 年 6 月自美返国途经东京时的记录，原文是："在东京时，虞裳言曾见《新青年》第三卷第三号，因同往买得一册。舟中读之……有日本人桑原隲藏博士之《中国学研究者之任务》一文，其大旨以为治中国学宜采用科学的方法，其言极是。其所举欧美治中国学者所用方法之二例，一为定中国汉代'一里'为四百米突（十里约为二英里半），一为定中国'一世'为三十一年。后例无甚重要，前例则历史学之一大发明也。末段言中国籍未经'整理'，不适于用。'整理'即英文 Systematize 也。其所举例，如《说文解字》之不便于检查，如《图书集成》之不合用，皆极当。吾在美洲曾发愿'整理'《说文》一书，若自己不能为之，当教人为之。又如《图书集成》一书，吾家亦有一部，他日当为之作一'备检'。"见胡适《胡适留学日记》第 4 册，台湾商务印书馆，1980，第 1166 页。

③ 原文是："中国的国故书籍，实在太没有系统了。……我很望诸君对于国故，有些研究的兴趣，来下一番真实的工夫，使它成为有系统的。"见胡适《研究国故的方法》，《东方杂志》第 18 卷第 16 号，1921 年，收入《胡适演讲集》（三），《胡适作品集》第 26 册，远流出版事业股份有限公司，1986，第 1~4 页。这是胡适于 1921 年 7 月底在南京大学及南京高师暑期学校的演讲。

④ 桑兵已注意到这方面的情况，参见桑兵《胡适与国际汉学界》，收入氏著《国学与汉学：近代中外学界交往录》，浙江人民出版社，1999，第 182 页以下。

　　至于《新青年》引介的"新思潮"，更颇有泉源于日本报刊者。如李大钊的《战后之妇人问题》（《新青年》第6卷第2号，1919年2月15日），基本上便是山川菊荣的《一九一八年的世界妇人》（原刊日本《中外》1919年2月号）之翻译。[①] 即使是学生辈创办的刊物如《新潮》，刊布之文稿，亦有取材于日本报刊者，如谭鸣谦（即谭平山）即从日本《太阳》杂志取材，译出《劳动问题之解决》一文。[②] 同一时期努力图谋革命事业之再起的国民党人，也重新步上接触马克思/社会主义思潮的渠道，[③] 来自日本的书籍报刊，则犹如指南针一般，如戴季陶主编的《星期评论》刊载这个主题的文章，参照《新社会》《批评》《社会主义研究》《改造》等日语杂志新闻而写成者，更是繁多难数。[④] 其他例证亦多，不再一一详举。凡此可见，报刊在近现代中国的"转型时代"里，固然扮演了独特而且影响深远的角色，既是新闻信息的传递者，也引介了各式各样的新思想，刺激带动了政治社会意识的变迁。[⑤] 可是仔细分析，日本则好似"看不见的手"，提供了相当的动力来源。因此，如果能够注意报刊上各式文献的取材依据，显然会深化我们对这个"转型时代"的认识与理解。

---

① 石川祯浩『中国共産党成立史』岩波書店、2001、44頁。

② 谭鸣谦：《劳动问题之解决》（译自日本《太阳》杂志），《新潮》第1卷第4号，1919年，第601~609页；原文应即堀江帰一「労働問題の解決」（財政経済時論）『太陽』25巻2号、1919年、35~41頁。

③ 关于国民党人在"五四"新文化运动时期重新接触马克思主义及其他社会主义思潮的一般状况，参见吕芳上《革命之再起》，中研院近代史研究所，1989，第266~322页。

④ 石川祯浩『中国共産党成立史』、56~57頁。

⑤ 张灏指出，从1895年至1920年初前后大约25年间，可名曰"中国近代思想史的转型时代"，那是中国思想文化由传统过渡到现代、承先启后的关键时代，在思想知识的传播媒介领域，也展现了突破性的巨变，报刊作为"制度性传播媒介"的表现之一，不但报道国内外的新闻，并具介绍新思想及刺激政治社会意识的作用，影响深远。参见张灏《中国近代思想史的转型时代》，收入氏著《时代的探索》，中研院、联经出版事业股份有限公司，2004，第37~60页。

二

　　日本的报刊对中国影响深远，韩国方面，亦复如是。在福泽谕吉（1835～1901）的牵线推动下，井上角五郎对《汉城旬报》之创办（1883 年），功不可没。[①]《汉城旬报》刊登的新闻记事取材，以中国与日本的报刊（如上海《申报》《上海新闻》《字林沪报》等，日本的《时事新闻》《东京日日新闻》等）为源头活水；[②] 韩国报刊对清朝局势之观察述说，也反映了多重意蕴。如由独立协会创办的《独立新闻》（1896 年 4 月创刊），对清朝"戊戌变法"之景象及失败的报道和评论，具体反映朝鲜"自我认识"的一个侧面。[③] 尔后，朝鲜不幸沦为日本帝国主义的殖民地，在此脉络之下，朝鲜如何承接来自日本的知识/信息，进而（既有抗争也有协力）奋力开创言论空间（"言说空间"），其间历程之多重复杂，亦复发人深省。[④]

　　自从 19 世纪以来，东亚世界率皆尝受西方帝国主义的侵略滋味，响应方式，各有不同；彼此之间，则屡屡显现相互串联而又彼此颉颃的场景，意味深远。[⑤] 特别是来自日本的"思想资源"，如何在中、

---

①　参见李錬「韓国の新聞成立に果たした井上角五郎の役割」『新聞学評論』37 号、1988、143～152 頁；金鳳珍「朝鮮の開化と井上角五郎―日韓関係史の『脱構築』を促す問題提起」『東洋文化研究所紀要』140 冊、2000、453～474 頁。

②　金鳳珍「朝鮮の開化初期新聞に関する一考察」『北九州大学外国語学部紀要』86 号、1996、45～46 頁。

③　参见月脚達彦「『独立新聞』における「自主独立」と「東洋」―近代朝鮮におけるアジアと脱亜」渡辺浩・朴忠錫編『韓国・日本・「西洋」：その交錯と思想変容』慶應義塾大学出版会、2005、303～331 頁。

④　趙寛子『植民地朝鮮/帝国日本の文化連環：ナショナリズムと反復する植民地主義』有志舎、2007。

⑤　参见山室信一『思想課題としてのアジア：基軸・連鎖・投企』岩波書店、2001。他以"思想基轴""思想连锁""投企"（project）作为分析架构，讨论阐释东亚地域彼此思想互动而开创的"思想空间"，一气贯穿东亚中、日、韩诸国情势；然以涵括既广，述说不免稍有误失与缺漏，亟待纠弥补缺。

韩思想领域里别现风华，尤值再三注意。例如，经中村正直（敬宇，1832～1891）之手而译就的《西国立志编》［原著是 Samuel Smiles, *Self-Help*: *With Illustrations of Character*, *Conduct*, *and Perseverance* (1859)；中村日译本于 1871 年出版］，[1] 不仅在日本本土影响深远，是鼓动一般庶民奋力以进的"自立论"的泉源，被誉为"明治时代的圣经"（明治の圣书），[2] 即使有志青年受其影响意欲"立身出世"，最后仅只转换为受薪阶级（サラリーマンへ），仍凸显出日本社会变迁之一面；[3] 而且对于中国、朝鲜都有影响，乃至同为日本殖民地的台湾，都由朝鲜方面承受其泽，[4] 充分显示东亚世界共润同享的"思想资源"之风采。就算在实用的知识领域里，如现代农业知识，清朝与朝鲜也都假日本为渠道，开始走向现代之路。就朝鲜言之，1881 年朝鲜组织了"绅士游览团"，考察日本各个领域的发展，成员之一的安宗洙，拜见了日本农学领域里的先行者之一（也是基督教徒）津田仙，获津田赠予自己的著作《农业三事》（还顺带请安宗洙向朝鲜政府为以开放基督教传教为目的的"宗教自由"说情）。安宗洙归国后，以是著为蓝本，增益斟酌他著，完成了《农政新编》（汉文本于 1885 年刊行，1905 年再版；韩语译本于 1931

---

① 大久保利謙「中村敬宇の初期洋学思想と『西国立志編』の訳述及び刊行について―若干の新史料の紹介とその検討」『史苑』26 巻 2、3 号、1966、67～92 頁。

② 藤原暹『日本における庶民的自立論の形成と展開』ぺりかん社、1986；平川祐弘『天ハ自ラ助クルモノヲ助ク―中村正直と「西国立志編」』名古屋大学出版会、2006。

③ Earl H. Kinmonth, *The Self-Made Man in Meiji Japanese Thought*: *From Samurai to Salary Man* (Berkeley: University of California Press, 1981). 日译本见広田照幸（他訳）『立身出世の社会史―サムライからサラリーマンへ』玉川大学出版部、1995。

④ 張偉雄「『自助論』の中国での伝播」『比較文学考』白帝社、2012、154～160 頁；许俊雅：《朝鲜作家朴润元在台的译作：并论〈西国立志编〉在中韩的译本》，收入氏著《低眉集：台湾文学/翻译、游记与书评》，新锐文创出版，2011，第 3～35 页。

年问世）。① 中国方面，当罗振玉纠集有志同人成立务农会，创办
《农学报》（1897 年 5 月创刊），日本学人古城贞吉、藤田丰八、山
本宪、鸟居赫雄、安藤虎雄、井原鹤太郎等，都担当了是刊 "东报
选译" 的工作（当然，其中译手也包括中国人，如陈寿彭、曾仰东
等人）。② 类似案例，所在多有，博雅学人可以大显身手的探索空间，
实在广袤至极。

　　当然，报刊上刊布的文献是一回事，读者开展自身的独特知识汲
取之旅，并显现千样万态的回应，是另一回事。梁启超在日本创办
《清议报》与《新民丛报》等，以日人著述或报刊为立论之依傍，研究
既多，世所众知矣，③ 关于《清议报》或《新民丛报》引发的读者回
响，还有待学界细细考察。以当时积极追求新知而声名非称显赫的孙

① 高崎宗司『津田仙評伝——もう一つの近代化をめざした人』草風館、2008、140～
141 頁；李光麟「安宗洙의農政新編」『韓國開化史研究』一潮閣、1969、222～
229 頁；高崎宗司批判金文吉的『津田仙と朝鮮——朝鮮キリスト教受容と新農業
政策』（世界思想社、2003）之引述，颇有误失，而高崎与李光麟论说恰正同调，
应是论据确凿，从之。

② 目前研究者较多注意藤县丰八担当《农学报》的翻译工作，如须川照一「『上海
時代』の藤田剣峯・王国維雑記」『東方学』66 輯、1983、5 頁。大川俊隆注意
到山本宪、安藤虎雄、井原鹤太郎的译者角色，却推测他们应该是与藤田丰八
有关系的人物，见大川俊隆「上海時代の羅振玉——『農学報』を中心として」
『国際都市上海』大阪産業大学産業研究所、1995、247～248 頁。目前还未可了
解鸟居赫雄、安藤虎雄、井原鹤太郎等人的情况。以山本宪言，他是罗振玉直接
往还的对象，且罗向山本表达希望他替《农学报》担任翻译工作，见「羅振玉書
簡」『変法派の書簡と「燕山楚水紀遊」——「山本憲関係資料」の世界』、
299～303 頁。

③ 关于梁启超如何通过日本报刊思想界汲取 "思想资源"，参见狭间直樹編『共同
研究梁啓超：西洋近代思想受容と明治日本』みすず書房、1999。汉译本见狭间
直树编《梁启超・明治日本・西方——日本京都大学人文科学研究所共同研究报
告》（社会科学文献出版社，2001）；亦可参见 Joshua A. Fogel, ed., *The Role of
Japan in Liang Qichao's Introduction of Modern Western Civilization to China* (Berkeley:
Institute of East Asian Studies, University of California, 2004)；郑匡民《梁启超启蒙
思想的东学背景》（上海书店出版社，2003）。关于梁启超与日本思想之关系的检
讨，参见崔志海《梁启超与日本：学术回顾与展望》，郑大华、邹小站主编《思
想家与近代中国思想》，社会科学文献出版社，2005，第 115～129 页。

宝瑄为例，他看到了《新民丛报》后，即认为梁启超"学识"大有进步，所以这份刊物的议论"较前尤持平"。① 即使他的朋友夏坚仲自日本游历归来，告诉他说《新民丛报》上让中国人"读之瞿目惊心"的"新理"虽然连篇累幅，实皆拾取日本的"唾余"，不足与日本比肩，② 然而，《新民丛报》仍是孙宝瑄不可或缺的"精神粮食"之一，③ 他亦对梁启超在日本"播腾"的"闳言伟论"，以及在中国"文字之中，辟无穷新世界"的功力，佩服之至，推崇其为与袁世凯、盛宣怀足可同称并立的当代"奇人"。④ 其实，梁启超影响之所及，更还扩张到朝

---

① 原文是："梁卓如改《清议报》为《新民丛报》，议论较前尤持平，盖年来学识之进步也。"见孙宝瑄"光绪二十八年二月二十日（1902 年 3 月 29 日）日记"，氏著《忘山庐日记》，《续修四库全书》第 580 册，上海古籍出版社 1997年影印本，第 299 页；另参考排印本：孙宝瑄《忘山庐日记》，上海古籍出版社，1983，第 492 页。因《续修四库全书》为原稿影印本，而排印本颇有错漏，故本文征引，悉据《续修四库全书》本，另参考排印本。至于后者错漏之处，不详一一核校。

② 原文是："梁任公《新民丛报》，新理盈篇累幅，我国人读之瞿目惊心，而自日人观之，皆唾余也，其程度相去悬远。"见孙宝瑄"光绪二十八年六月二十六日（1902 年 7 月 30 日）日记"，《忘山庐日记》，《续修四库全书》第 580 册，第 378页；并参考《忘山庐日记》（排印本），第 549 页。

③ 如孙宝瑄读了梁启超发表在《新民丛报》上的《新史学》，虽觉梁启超对于中国"旧史之弊"的论议"有未安之处，一时亦无以难之也"，但对梁启超称誉司马迁等六位史学家"有创作之才"，则认为"颇允当"，见孙宝瑄"光绪二十八年七月八日（1902 年 8 月 12 日）日记"，《忘山庐日记》，《续修四库全书》第 580 册，第 383～384 页；并参考《忘山庐日记》（排印本），第 553 页。至于孙宝瑄阅读《新民丛报》的其余心得，不详一一引述。

④ 原文是："今日支那有三大奇人：其一曰袁世凯。……其一曰盛宣怀。……其一曰梁启超。梁一区区书生，当甲午、乙未之交，不过康门小徒耳。自充《时务报》主笔，议论风行，名震大江南北。戊戌政变，康、梁并出走，朝廷降悬赏密捕之谕，几于通国人民皆闻其名，莫不震动而注视焉。然康自是匿迹销声，蜷伏海外；梁则栖身东岛，高树一帜，日积其怨气热肠，化为闳言伟论，腾播于黄海内外、亚东三国之间。无论其所言为精为粗，为正为偏，而凡居亚洲者，人人心目中莫不有一梁启超，非奇人而何？梁能于我国文字之中，辟无穷新世界，余故服之。"见孙宝瑄"光绪二十八年八月一日（1902 年 9 月 2 日）日记"，《忘山庐日记》，《续修四库全书》第 580 册，第 397 页；并参考《忘山庐日记》（排印本），第 563页。这番话应是孙宝瑄与严复的谈话心得。

鲜半岛，不少著作都被译为韩语；[①] 他的《饮冰室自由书》甚至在安昌
浩创办于 1908 年的大成学校里，被作为汉文科的教科书。[②] 这正可显示
梁启超的健笔可以"风魔一世"的场域，非限于中国本土而已。

　　就 19 世纪以来变动无已的东亚世界而言，媒体报刊领域呈现出
中、日、韩之间的思想互动样态，自是多样复杂。意欲开展探研之路，
如何借鉴既有成果的积累，当可为持续前行，提供无限的动力根源。

三

　　问渠那得清如许？为有源头活水来。就借鉴既有成果来说，笔者
所知，日本学界对于报刊之研究，成果丰富，如小野秀雄、西田长寿
等，[③] 皆有引路之功，[④] 传承相衔，更是推陈出新。像是在所谓"大

① 相关研究，如：佐佐充昭「韓末における『強権』的社会進化論の展開—梁啓超
　と朝鮮愛国啓蒙運動」『朝鮮史研究会論文集』40 期、2002、183～213 頁（该文
　列表说明梁启超著述被译为韩文的情况，尤为充实）；另可参见邹振环《清末亡
　国史"编译热"与梁启超的朝鲜亡国史研究》，《韩国研究论丛》第 2 辑，上海人
　民出版社，1996，第 325～355 頁。
② 金泰勲「旧韓末韓国における民族主義教育—島山安昌浩の大成学校を中心に」
　『教育學雑誌』23 号、1989、75 頁。
③ 小野秀雄『日本新聞発達史』五月書房、1982；西田長寿『明治時代の新聞と雑
　誌』至文堂、1966；西田長寿『日本ジャーナリズム史研究』みすず書房、1989。
④ 日本学界对于报刊之研究，成果丰硕，个人阅读所及，整理诸等相关课题的通论之
　作是：山輝雄・竹山昭子編『メディア史を学ぶ人のために』世界思想社、2004。
　山室信一则从媒体和"国民国家"的形成面向，开展研究史的检讨，见山室信一
　「国民国家形成期の言論とメディア」松本三之介・山室信一校注『言論とメディ
　ア』岩波書店、1990、477～540 頁。至如扩大研究视野，检讨报刊和日本帝国之
　间的知识关联者，参见山本武利責任編集「メディアのなかの『帝国』」『岩波講
　座・『帝国』日本の学知』巻 4、岩波書店、2006。对于"综合杂志"从明治到
　大正时期的变化述说，参见飯田泰三「大正期の總合雑誌と『文明批評家』た
　ち」佐藤秀夫・山本武利編『日本の近・現代史と歴史教育』筑地書館、1996、
　74～94 頁；James L. Huffman 对研究明治时期报业（亦稍涉及出版业）之日、英
　语文献，亦略有讨论回顾，参见 James L. Huffman, *Creating a Public: People and
　Press in Meiji Japan* (Honolulu: University of Hawai'i Press, 1997), pp. 1–11。其余
　日英语文献，不详举例。

众社会"的背景下，解析新闻报刊如何借着举办猜测谁是"大相扑优胜力士"、谁会当选民意代表的"予选投票"等"悬赏"活动而吸引读者的因应之道，展现媒体和"国民的大众化"之间错综复杂的关系；① 又如研究读者对报刊的响应互动，向来是报刊史研究的重要主题，却也往往因资料欠缺，颇有难点。山本武利则广辑史料，分析日本各阶层对各种报刊的响应，甚至包括军队士兵在内，展现报刊如何为满足前线士兵的思乡之情而特辟地方新闻的场景；② 永岭重敏析论日本报刊的读者群，视野所及，则注意地方上的学校教员如何形成了"读者共同体"的样态。③ 对报刊创办者及其事业细密勾勒者，山辉雄对一代言论巨子德富苏峰创办《国民新闻》的历程及其言论变化趋势的研究，④ 便是一例。对个别的重要报刊进行精致研究的成果，亦不乏见。例如，铃木贞美编辑以《太阳》杂志为探讨对象之文集，收文 22 篇，举凡《太阳》杂志之整体沿革历史，其出版者博文馆与其主要编者的情况，《太阳》杂志涵括之重要论题（如"中国观""教科书问题""翻译文学之介绍""妇女问题"等），皆有涉及；⑤ 明治维新初期，福泽谕吉等人组成了"明六社"，以《明六杂志》为言论机关，影响深远，神奈川大学人文学研究所编辑的《〈明六杂志〉及其周边：西洋文化的受容、思想与言语》⑥ 即为类似取向之成果。

　　检讨日本的现代媒体与帝国主义扩张之间的关系，也是值得关注之议题。毕竟，从 1874 年"牡丹社事件"以来，新闻媒体与

①　奥武则『大衆新聞と国民国家：人気投票・慈善・スキャンダル』平凡社、2000。
②　山本武利『近代日本の新聞読者層』法政大学出版局、1981。
③　永嶺重敏『雑誌と読者の近代』日本エディタースクール出版部、2004、第 2 章「田舎教師の読者共同体」、77～100 頁。
④　有山輝雄『德富蘇峰と國民新聞』吉川弘文館、1992。
⑤　鈴木貞美編『雑誌「太陽」と国民文化の形成』思文閣、2001。
⑥　神奈川大学人文学研究所編『「明六雑誌」とその周辺：西洋文化の受容・思想と言語』御茶の水書房、2004。

日本发动征锋，相生共立，乃至大有营收，《东京日日新闻》就因为刊载岸田吟香随征台湾的报道，发行量竟增加了百分之五十。[1] 而如以朝鲜被目为"亲日派"的金玉均在上海被暗杀（1894 年 3 月 28 日）为话题，引发日本媒体多方议论，竟为中日之间"兵戎相见"，提供了舆论支持。[2] 当然，观察媒体和帝国扩张的动向，总该注意具体历史场景，即如藤孝夫以《大阪朝日新闻》之"社说"涉及"日中关系"者为中心，检证日本言论界自身纠缠于"民主主义"与"帝国主义"之间的复杂思想样态。[3] 可是，1930 年代一度被右翼分子与军部"青年将校"视为"国贼新闻"的《大阪朝日新闻》，在中日战争期间却是"国策新闻"的代表媒体《大陆新报》（1939 年 1 月 1 日发刊）的最重要后台支持。[4] 检讨战争时期媒体的"战争责任"，总该多重观照，既注意国家威权当局诸多操控言论媒体的作为，[5] 也检示媒体如何扮演"旗手"的角色呼应战争，甚至连以家庭妇女为对象的杂志也难有例外而同声唱和。[6] 凡此所涉，在在足可启示我们拓展思路与视野，受益甚众。

就西方例证而言，报刊/媒体的文化史研究，提炼之议题，观

---

[1] 鈴木健二『戦争と新聞—メディアはなぜ戦争を煽るのか』筑摩書房、2015、18頁。

[2] 小林瑞乃「日清戦争開戦前夜の思想状況—金玉均暗殺事件をめぐる一考察」『青山学院女子短期大学紀要』64 輯、2010、45~64 頁。

[3] 後藤孝夫『辛亥革命から満州事変へ：大阪朝日新聞と近代中国』みすず書房、1987。

[4] 山本武利『朝日新聞の中国侵略』文藝春秋、2011。

[5] 如战争期间，日本政府以"一县一报纸"为目标，积极推动"新闻统合"的政策，参见里见脩『新聞統合：戦時期におけるメディアと国家』勁草書房、2011。总论性的述说，参考山中恒『新聞は戦争を美化せよ！—戦時国家情報機構史』小学館、2000。

[6] 这方面的研究相当多，例如前坂俊之『太平洋戦争と新聞』講談社、2007；高崎隆治『「一億特攻」を煽った雑誌たち—文芸春秋・現代・婦人倶楽部・主婦之友』第三文明社、1984。

照之领域，更是粲然可观，更屡屡形成似可概括人类历史经验的
宏大理论。如法国学界从文化史角度观察法国大革命，媒体即成
为重要的观察对象，各式各样的论著层出不穷；① 研究阅读出版史
之名家 Roger Chartier 即强调，研究者不能只是注意所谓的文本，还
要重视读者群（从历史的与社会的角度）接近/取得这些文本的途
径，没有物质条件的支持，读者（或听众）不可能接近文本，阅读
文本的过程和它如何为读者得到的形式，自是密切相关。② 他的述
说，提示我们应该注意报刊和信息之生产流通过程的物质条件/基础，
发人深省。

　　例如，新闻消息的传递速度，与科学技术的发展，实是息息相
关。以大英帝国为例，1850 年代从不列颠本岛到大洋洲的新闻传播，
要三个月之久；即使后来到了 1860 年代使用了蒸汽轮船，两地之间
仍需 45 天。③ 不过，在 1850 年时，英、法之间首先搭起了海底电缆，
由此际起，开创了让新闻在世界快速传播的可能空间，此后十年，更
建立了海底电缆的环球体系。就大英帝国而言，这项工程大大改变了
帝国的核心与边陲之间的空间关系（the spatial relationship），各式各
样的信息，可以在几个小时甚至几分钟里散播开来，让人们可以想象
自己就是某个国族共同体（national community）的成员，维系了帝国
认同。实时的新闻，让那些即便是出生、成长、生活于帝国领地
（the Dominions）的人，也会觉得自己同各种帝国事务与政治运动有
着密切的关系。④

---

① 评论之作，可见 Jeremy D. Popkin, "The Press and the French Revolution after Two
　　Hundred Years," *French Historical Studies* 16（1990），pp. 664 – 683。
② Roger Chartier, "The World as Representation," in Lynn Hunt and Jacques Revel, eds. ,
　　Histories: French Constructions of the Past（NY: The New Press, 1995），pp. 550 – 551.
③ 参见 Simon J. Potter, *News and the British World: The Emergence of an Imperial Press
　　System, 1876 – 1922*（Oxford: Oxford University Press, 2003），p. 27。
④ 参见 Simon J. Potter, *News and the British World: The Emergence of an Imperial Press
　　System, 1876 – 1922*，p. 28。

以日本而言，电信事业作为"社会基盘"（infrastructure），既提供了经济活动里迅速传达情报的效果，[1] 也让日本新闻媒体可以广为利用，[2] 甚至在 1877 年"西南战争"的新闻报道战里，电信更是大起作用。[3] 那么，在中国、韩国的相关场景例证又是如何，显然值得追索。举中国的例子而言，以 1857 年创刊的《六合丛谈》为例：

> 正月十二日，火轮驿船以林至沪，驰递泰西诸札，知始发之驿舶立本，于丙辰十一月十六日离英，于海遇大风，泊于西班牙之哥鲁那，故至较缓。又加的斯驿船，于十二月六日离孟买，十四日离加利，二十九日离新嘉坡，正月十二日以林船离香港，径驶至沪，札中所载之近事如左……[4]

整理如下：英国出发"丙辰十一月十六日"（1856 年 12 月 13 日）→孟买（Mumbai）；"十二月六日离孟买"（1857 年 1 月 1 日）→新嘉坡（Singapore）；"二十九日离新嘉坡"（1857 年 1 月 24 日）→香港（Hong Kong）；"正月十二日以林船离香港"（1857 年 2 月 6 日）→上海（Shanghai）；"正月十二日，火轮驿船以林至沪"（1857 年 2 月 6 日）→刊登时间"咸丰丁巳二月朔日"（1857 年 2 月 24 日）。

所以，《六合丛谈》第 2 号刊登的新闻，是 1856 年 12 月 13 日以

① 参见藤井信幸「明治前期における電報の地域的利用状況—近代日本と地域情報化」『年報・近代日本研究』12 期、1990、138～156 頁。
② 参见里见脩「通信社の發達——國內通信から國通信への模索」有山輝雄・竹山昭子編『メディア史を学ぶ人のために』、139 頁。
③ 参见石井寬治『情報・通信の近代史：近代日本の情報化と市場化』有斐閣、1994、108～109 頁。
④ 《泰西近事述略》，《六合丛谈》第 2 号，咸丰丁巳（1857）二月朔日，第 8A～10B 頁（复印本第 546～547 頁）；本书引用的版本是：沈國威編著『六合叢談（1857～58）の學際的研究』白帝社、1999。

前发生的，刊登出来，需耗时至少两个月。

另一例：

> 二月十有五日，邮寄信札，始离英京伦敦。三月八日离孟买，十六日离加利，二十一日离息腊，四月六日抵香港，福摩沙驿船于十二日抵沪。所递近事如左……①

整理如下：英国伦敦（London）出发"二月十有五日"（1857年3月10日）→孟买（Mumbai）；"三月八日离孟买"（1857年4月2日）→香港（Hong Kong）；"四月六日抵香港"（1857年4月29日）→上海（Shanghai）；"十二日抵沪"（1857年5月5日）→刊登时间"咸丰丁巳五月朔日"（1857年5月23日）。

所以，《六合丛谈》第5号刊登的新闻，是1857年3月10日以前发生的，刊登出来，也需耗时至少两个月。

这样说来，由于客观条件的限制，从伦敦捎来的"新闻"，抵达中国的时候，其实已经是"旧闻"了。可是，随着电信事业在中国的发展，此后的情况，大非昔比。例如，对1910年长沙"抢米暴动"的讯息如何迅即传达出去，致使清廷得以发动镇压的整体过程，石川祯浩做了生动细腻的考察；②谢俊美则分疏武昌起事后革命党人如何利用电报传递讯息，促成"辛亥革命"的成功，③这些都是以独特观察视野研究"辛亥革命"过程的罕见

---

① 《泰西近事述略》，《六合丛谈》第5号，咸丰丁巳（1857）五月朔日，第8A~9B页（复印本第595~596页）。

② 石川祯浩：《长沙大抢米的"镇压"与电信》，中华书局编辑部编《辛亥革命与近代中国——纪念辛亥革命八十周年国际学术研讨会论文集》上册，中华书局，1994，第503~519页。

③ 謝俊美「情報傳達と辛亥革命—盛宣懷と中國電報局をあわせて論ず」孫文研究会編『辛亥革命の多元構造—辛亥革命90周年国際学術討論会』汲古書院、2003、70~89頁。

之作。①

　　西方学界的既有成果，亦可刺激吾人的研讨向度。以欧洲而言，不同国家的政治/法律架构，就对出版业的活动范围与可能性，带来不同的影响；社会/经济发展的差异，亦复如是。然而，研究者还是可以异中求同，设定某些共同的议题，以求得我们对报刊的出版史/文化史的多元认知。例如，就报纸而言，可以追索：谁拥有报纸（谁是报纸的老板）？为其写作的是哪些人？报纸如何流传？读者是哪些人？至若报纸的售价、出版周期、市场营销方式与普及程度，既决定了它可以渗透的地域和社会层级，也决定了它们能否从背后的赞助者与社会力量中独立出来。每个国家/地区的情况，各有差异，探索其独特的历史经验，应可对于各种关于出版文化的概括论断（generalizations），提出愈形深入的反思。②

　　在报刊/媒体研究的宏大理论方面，哈贝马斯的"公共领域"（public sphere）论题，更激发了相关学术研究的勃兴。除了欧美各国以自身独特历史经验而开展检讨思索之外，③ 其他地区的反思探索，亦颇有可借鉴之处。如日本的三谷博以创刊于1875年，而于翌

---

① 千叶正史也注意到电报对晚清政治局势和政府体制的影响，参见千葉正史「情報革命と義和団事件—電気通信の出現と清末中国政治の変容」『史学雑誌』108編1号、1999、65～92頁；千葉正史「清末における電奏・電寄諭旨制度の成立—清朝政治体制への電気通信導入をめぐって」『東洋史研究』64巻4号、2006、711～740頁。此后，千叶正史汇总相关论文，勒为专著：千葉正史『近代交通体系と清帝国の変貌：電信・鉄道ネットワークの形成と中国国家統合の変容』日本経済評論社、2006。并有通论之新作问世：千葉正史「交通通信と帝国システムの再編」飯島渉・久保亨・村田雄二郎編『シリーズ20世紀中国史　巻1　中華世界と近代』東京大学出版会、2009。

② Hannah Barker and Simon Burrows, eds., *Press, Politics and the Public Sphere in Europe and North America, 1760–1820* (NY: Cambridge University Press, 2002)。该书收文10篇，分别就荷兰、德意志、英国、爱尔兰等欧美国家和地区在18～19世纪的情况，分而述之。

③ 例如 Jon Cowans, "Habermas and French History: The Public Sphere and the Problem of Political Legitimacy," *French History* 13 (1999), pp. 134–160, 不详举例。

年惨遭官方依据《太政官布告》第 98 号封禁的《评论新闻》为分析
对象，释论日本的"公论空间"；[1] 又如印度史方面，Veena Naregal
则（主要以语言和文学领域）探讨在大英帝国统治下接受英语和印
度自身语言双语的西印度精英，如何建构出"殖民的公共领域"
（colonial public sphere）。[2] 至如在中国史研究脉络中，导入"公共
空间"及"公民社会"（civil society）概念以开展者固众，辩驳者
亦多；[3] 跳脱了既存"新闻史"的研究格局，以具体的报刊研究进
行讨论的成果，[4] 也陆续出现。总之，关于人类社会里的"公共
空间"或"公共领域"的历史经验与理论议题，显然已蔚为学术
产业。

　　可是，即令从文化史角度，或是借鉴哈贝马斯的论题，开展
报刊史的探讨，不应离事而言理。如何从具体的史料搜集与解读
等步骤出发，以比较精细的个案讨论取向，"见微知著"，借以作
为认识历史的变化趋向的根底，实为史学工作者无可旁贷之本来
任务。例如，白岩龙平与《时务报》方面的往来，尚待从已然问

---

① 参见三谷博「公論空間の創發─草創期の『評論新聞』」鳥海靖・三谷博・西川誠・矢野信幸編『日本立憲政治の形成と變質』吉川弘文館、2005、58～85 頁。三谷博还另编辑有讨论以日、中、朝为主的"东亚公论"的形成及其历史经验的文集，参见三谷博編『東アジアの公論形成』東京大学出版会、2004。

② Veena Naregal, *Language, Politics, Elites and the Public Sphere: Western India under Colonialism* (London: Anthem, 2002).

③ 参见孔复礼（Philip Kuhn）《公民社会及体制的发展》，李孝悌、沈松侨译，《近代中国史研究通讯》第 13 期，中研院近代史研究所，1992 年 3 月，第 77～84 页；陈永明《"公共空间"及"公民社会"──北美中国社会史的辩论》，《近代中国史研究通讯》第 20 期，中研院近代史研究所，1995 年 11 月，第 90～97 页。不详举例。

④ 如 Rudolf G. Wagner, "The Early Chinese Newspapers and the Chinese Public Sphere," *European Journal of East Asian Studies* 1 (2001), pp. 1–34; Barbara Mittler, *A Newspaper for China? Power, Identity, and Change in Shanghai's News Media, 1872–1912* (Cambridge: Harvard University Asia Center, 2004). 不详举例。

世的白岩龙平日记中，① 进行精细的考察勾勒。至如前述《大阪朝
日新闻》刊出介绍《时务报》的文稿，台湾方面未藏有《大阪朝
日新闻》，想查核这篇介绍《时务报》的文稿，即须仰赖日本朋
友的协助，始可得其追索之途。② 因是，想要精确述说这一段媒体
互动的历史本来面貌，显然得仰赖日本学界友朋的"互动"之
助。③

四

总结而论，当我们以报刊为研究对象之际，如果能够放宽知识视
界，从近代东亚世界彼此交缠绕结的整体场景出发，广涉史籍，交互
参照相关资料文献，必能对近代东亚文化思想之互动、交流和影响的
历史，别出新见，拓展更为宽广的认识空间。

在笔者看来，开展之道，实应奉朱熹"小作课程，大施工力"
为典则，进行精细的个案研究工作，始可展现具体的知识成果；
那种"一口饮尽西江水"的信笔泼墨，基本上没有生存的空间。

---

① 中村義『白岩龍平日記：アジア主義実業家の生涯』研文出版、1999。
② 如前所述，所谓《大阪朝日新闻》刊出介绍《时务报》的文稿，即《上海时务
报》，《大阪朝日新闻》1898年2月23日，第1版。笔者特别感谢现任教于日本
宫城教育大学的箱田惠子教授（京都大学博士）之协助，让笔者得以查核京都大
学庋藏之《大阪朝日新闻》微缩胶卷，始得检索此篇文稿。
③ 当然，从日本的角度来说，日本报刊也必然会揭载取材中国报刊的讯息。例如，
宋恕在1892年上书李鸿章［即宋恕《上李中堂书》（1892年5月30日），胡珠生
编《宋恕集》上册，中华书局，1993，第498～504页］，后来刊布于《万国公
报》［即瑞安宋存礼《上合肥傅相书》，《万国公报》第101卷，光绪二十三年五
月（1897年6月），本书征引版本为：华文书局1968年影印本，第27册，总第
16929～16935页］。日本的《东邦协会会报》应当即依据《万国公报》刊本，迻
译刊之：（浙江）宋存禮「上李鴻章書」『東邦協会々報』38号、1897、56～63
页（文前并附有编者识语，略言是文虽撰于甲午之役以前，却可视为战后"支那
人士悔悟自奋之状"的具体表征之一，故刊布于是刊，以供"参替"）。其余例
证，不一一详举。因是，日本方面如何撷取中国媒体提供的情报讯息，日本学界
友朋应可仰仗地利之便，开展更为精密的研究述说。

以既有成果为借鉴，笔者浅见认为，努力之道，或可略分为下述诸衢：

第一，以某份报刊对于近代东亚世界的某一课题之报道和述说为对象，进行详缜的分析讨论。①

第二，全面整理某位历史人物在个别报刊上对于近代东亚世界的某一课题之言论。②

第三，对某一报刊及其出版者、编者之关联，进行整体历史重建的精密研究。③

第四，地毯式地整理、纂辑某份报刊涵括之语汇或概念词汇（乃至刊行"复刻本"）。④

旧学商量加邃密，新知涵养转深沉。如能承继学界之创获，后继

---

① 略举其例：山本四郎「中国問題論」井上清・渡部徹編『大正期の急進的自由主義：「東洋経済新報」を中心として』東洋経済新報社、1972、85～113 頁；土屋礼子「明治七年台湾出兵の報道について—『東京日日新聞』を中心に」明治維新史学会編『明治維新と文化』吉川弘文館、2005、211～235 頁；團藤充己「台湾出兵と『東京日日新聞』—『報道』と『言論』の両側面から」『メディア史研究』33 号、2013、59～76 頁；井口和起「『東洋経済新報』の植民政策論—1910 年代の朝鮮政策論を中心として」『日本帝国主義の形成と東アジア』名著刊行會、2000、244～277 頁。

② 略举其例：井田進也「二〇〇一年の福沢諭吉—清仏戦争期『時事新報』論説の再検討」『近代日本研究』17 巻、2001、45～68 頁；李向英「陸羯南の對清認識—日清提攜論から支那保全論へ」『史學研究』243 号、2004、21～41 頁。

③ 略举其例：香内三郎・上野征洋『抵抗と沈黙のはざまで：雑誌「自由」(1936～1938) の軌跡』新時代社、1985；山口昌男「明治出版界の光與闇：博文館の興亡」『「敗者」の精神史』岩波書店、1995、219～251 頁；田村哲三『近代出版文化を切り開いた出版王国の光と影：博文館興亡六十年』法学書院、2007；杉原四郎・岡田和喜編『田口卯吉と東京經濟雑誌』日本経済評論社、1995；馬静『実業之日本社の研究：近代日本雑誌史研究への序章』平原社、2006。

④ 筆者所见，关西大学内田庆市与沈国威教授等组织之工作团队，对此致力尤勤，贡献厥伟，参见沈國威編著『「六合叢談」(1857～58) の学際的研究』；沈國威・内田慶市編著『近代啓蒙の足跡：東西文化交流と言語接触：「智環啓蒙塾課初步」の研究』関西大学出版部、2002；沈國威・松浦章・内田慶市編著『遐邇貫珍の研究』関西大学出版部、2004。

者必然可以创造出独特的知识贡献。

　　当然，入手之方无穷，着眼之道无限，端赖知识生产者自身的巧思妙想。至于如何集众合作，为共同深拓人类的知识板块与智能空间，各尽心力，则有待于同志。本章之作，"野人献曝"，希望稍具这样的提醒作用。

第二章　开创"世界知识"的公共空间：
《时务报》译稿研究

引　言

　　曾是商务印书馆灵魂人物之一的高凤谦，在 1890 年代中期还只是蛰伏于福州一隅，未及而立之年的青年士人。由于兄长高而谦的好意，帮他订了一份《时务报》，① 高凤谦就此成为它的读者。高凤谦自称曾经"涉猎译书，又从出洋局学生游"，因此对"泰西建官、设学、理财、明刑、训农、制兵、通商、劝工诸大政"，都有所略闻。② 所以当他读到了《时务报》之后，对它蕴载的丰富内容深有感悟，却同时也对它可能招致言祸颇表担忧。好比说，《时务报》所刊载的"《民权》一篇，及翻译美总统出身，欧洲党人倡民主各事，用意至为深远"，可是，"风气初开，民智未出，且中国以愚黔首为常，一旦骤闻此事，或生忌惮之心，而守旧之徒更得所借口，以惑上听。大之将强遏民权，束缚驰骤，而不敢少纵，小之亦足为报馆之累"。所

---

① 《高而谦函》（三），《书札》2：1579。
② 《高凤谦函》（一），《书札》2：1608。

以他写信给《时务报》的"总理"汪康年，① 劝说道："此等之事可以暂缓，论议出之以渐，庶不至倾骇天下之耳目也。"②

《时务报》上让高凤谦觉得"用意至为深远"却又忧虑可能会以言贾祸的那些文章，其实都是它的工作团队各献己力的心血成果。所谓"《民权》一篇"，指的是汪康年自己动笔写的《论中国参用民权之利益》，③ 是篇当时即引起不少回响；④ 至于所谓"翻译美总统出身，欧洲党人倡民主各事"的文章，则都是列名为《时务报》"东文翻译"的日本人古城贞吉提供的译稿，⑤ 至于为什么会让高凤谦觉得"守旧之徒更得所借口，以惑上听"，倒是耐人寻味。从这个例子来看，作为晚清"戊戌变法"时期最受瞩目的期刊，《时务报》⑥ 早已是学界注意的研究对象，成果丰硕；⑦ 只是见诸《时务报》的文字，

① 据《时务报》第 3 册的"本馆告白·本馆办事诸君名氏"，影印本第 1 册，总第 199 页。
② 《高凤谦函》（二），《书札》2：1610。
③ 汪康年：《论中国参用民权之利益》，《时务报》第 9 册，光绪二十二年九月二十一日（1896 年 10 月 27 日），影印本第 1 册，总第 556～559 页。
④ 赞誉者如吴品珩说"昨登参用民权一篇，尤为透切，痛下针砭，佩服佩服"（《书札》1：341），陈延益则谓"尊论参用民权，极为透澈"（《书札》2：1997）；批评者则如梁鼎芬说"周少璞御史要打民权一万板"（《书札》2：1900）。
⑤ 古城贞吉译《美国总统出身》（东文报译/译大阪朝日报西九月十二日），《时务报》第 8 册，光绪二十二年九月十一日（1896 年 10 月 17 日），影印本第 1 册，总第 526～527 页；古城贞吉译《欧洲党人倡变民主》（东文报译/译国民报西十月十四日），《时务报》第 10 册，光绪二十二年十月初一日（1896 年 11 月 5 日），影印本第 1 册，总第 677～678 页。据沈国威的考证，从 1896 年夏天到 1897 年底的大部分时间，古城贞吉都在上海逗留，担任《时务报》"东文翻译"的工作，参见沈国威「关于古城贞吉的『沪上销夏录』」『或問』8 号、2004、155～160 页。
⑥ 《时务报》创刊于 1896 年 8 月 9 日，至 1898 年 7 月 26 日出版 69 册，此后宣告停刊。
⑦ 关于《时务报》的研究成果，专著部分最重要者，厥推闾小波《中国早期现代化中的传播媒介》（三联书店上海分店，1995）。另有两篇硕士论文：张明芳《清末时务报之研究》，台北政治大学新闻研究所，1968；孙承希《戊戌变法时期之〈时务报〉》，台湾师范大学历史研究所，1998。韩裔学者尹圣柱则将《时务报》视为张之洞个人掌控的官僚体制（the private bureaucracy）的延伸，参见 Seungjoo Yoon, "Literati-Journalists of the *Chinese Progress* (*Shiwu bao*) in Discord, 1896 – 1898," in Rebecca E. Karl and Peter Zarrow, eds., *Rethinking the 1898 Reform Period: Political and Cultural Change in Late Qing China* (Cambridge: Harvard University Press, 2002), pp. 48 – 76。在一般中国新闻史的专著里，亦必包括对《时务报》的述说，

除了诸如汪康年与梁启超等名家作手的堂皇议论文章之外，它的篇章里蕴藏的讯息材料（例如，古城贞吉提供的这两篇译稿），则显然还别有天地，值得史学工作者细细琢磨。本章以《时务报》刊发的各式各样的译稿为对象，初步分析这些译稿提供的讯息，①并尝试述说在晚清中国开创关于 “世界知识” 的公共空间②的过程里，像《时务报》这样的传播媒介所能扮演的独特角色。

例如赖光临《中国近代报人与报业》，台湾商务印书馆，1987，第3、4篇。关于《时务报》的两大支柱汪康年及梁启超与《时务报》之关系的研究，更是不可胜数，如崔志海《论汪康年与〈时务报〉》，《广东社会科学》1993年第3期；廖梅《〈时务报〉三题》，丁日初主编《近代中国》第4辑，上海社会科学院出版社，1994，第215~226页；廖梅《汪康年与〈时务报〉的诞生》，王元化主编《学术集林》第9卷，上海远东出版社，1996，第196~216页。研究其他各方人物与《时务报》之关系的研究，亦所在多有，如张力群《张之洞与〈时务报〉》，《复旦学报》（社会科学版）2001年第2期；黄士芳《康有为与〈时务报〉》，《史学月刊》1995年第4期。以《时务报》为主体探讨其间蕴含的思想观念之作，如：戴银凤《Civilization 与 “文明” ——以〈时务报〉为例分析 “文明” 一词的使用》，《贵州师范大学学报》（社会科学版）2002年第3期。

① 关于《时务报》刊发的译稿的分析，闾小波已先着鞭（参见闾小波《中国早期现代化中的传播媒介》，第152~175页），笔者则立意将这些译稿 “历史化”，还原到它们在晚清时期的知识脉络里来理解它们的意义，尽可能避免以当下的后见之明开展述说。惟本章尚未可地毯式地全面述说《时务报》译稿的全面样态，识者宥之。

② 关于 “公共空间” 或谓 “公共领域” （public sphere），自然取材于 Jürgen Habermas, *The Structural Transformation of the Public Sphere: An Inquiry into a Category of Bourgeois Society*, trans. by Thomas Burger with the assistance of Frederick Lawrence （Cambridge: The MIT Press, 1989）。他亦有比较简要的述说，参见 Jürgen Habermas, “Public Sphere: An Encyclopedia Article,” in Stephen Eric Bronner and Douglas Kellner, eds., *Critical Theory and Society: A Reader* （New York and London: Routledge, 1989）, pp. 136 – 142；从概念史角度言之，哈贝马斯的论述自有其先行者，如 Hannah Arendt、Carl Schmitt 与 Reinhart Koselleck ［相关的理论论述脉络，参见 J. L. Cohen and A. Arato, *Civil Society and Political Theory* （Cambridge,: The MIT Press, 1992）, pp. 178 – 254］；从 （马克思主义传统的） 理论脉络来批判哈贝马斯的亦不乏其人，认为他宣称的 “批判的理性公共” （critically reasoning public），不过只是资产阶级霸权 （bourgeois hegemony） 的伪装，他们控诉哈贝马斯忽略了伴随社会主义劳工阶级运动之兴起而出现的真正平等的公共领域 （the truly egalitarian public sphere），参见 Peter Uwe Hohendahl, “Critical Theory, Public Sphere and Culture: Jürgen Habermas and his Critics,” *New German Critique* 16 （1979）, pp. 89 – 118, 亦可参见 T. Mills Norton, “The Public Sphere: A Workshop,” *New Political Science* 11 （1983）, pp. 75 – 78。女

一 媒介、翻译与追寻"世界知识"的可能性

1898 年 3 月 21 日的夜里，一代经学大师皮锡瑞伏案工作，修改

权主义史家则将注意力放在 1789 年之后妇女如何被排除在公共生活之外的情境，进而声言，公共领域的结构性转型其实只是营构了性别关系的新秩序而已［个中名著，参见 Joan B. Landes, *Women and the Public Sphere in the Age of the French Revolution* (Ithaca: Cornell University Press, 1988]。至于检讨反思哈贝马斯的理论与具体历史研究操作的文献亦众，如：Benjamin Nathans, "Habermas's 'Public Sphere' in the Era of the French Revolution," *French Historical Studies* 16: 3 (1990), pp. 620 – 644; Dale K. Van Kley, "In Search of Eighteenth-Century Parisian Public Opinion," *French Historical Studies* 19: 1 (1995), pp. 215 – 216; Jon Cowans, "Habermas and French History: The Public Sphere and the Problem of Political Legitimacy," *French History* 13 (1999), pp. 134 – 160。不详举例。结合理论脉络和具体历史研究之思考，并涵括哈贝马斯本人回应的文献，见 Craig Calhoun, ed., *Habermas and the Public Sphere* (Cambridge: The MIT Press, 1992); 至于 Nick Crossley 与 John Michael Roberts 合编的文集，则扬言要超越哈贝马斯的理论架构，另开思路，寻觅另类选项 (alternatives), 参见 Nick Crossley and John M. Roberts, eds., *After Habermas: New Perspectives on the Public Sphere* (Oxford: Blackwell Publishing/ The Sociological Review, 2004)。就中国史研究脉络言之，导入"公共空间"及"公民社会"(civil society) 概念以开展研究者固众，辩驳亦多，不拟详论，参看孔复礼 (Philip Kuhn)《公民社会及体制的发展》，李孝悌、沈松侨译，《近代中国史研究通讯》第 13 期，中研院近代史研究所，1992 年 3 月，第 77～84 页；陈永明《"公共空间"及"公民社会"——北美中国社会史的辩论》，《近代中国史研究通讯》第 20 期，1995 年 11 月，第 90～97 页。近来以具体的报刊研究进行讨论者亦众，如 Rudolf G. Wagner, "The Early Chinese Newspapers and the Chinese Public Sphere," *European Journal of East Asian Studies* 1 (2001), pp. 1 – 34; Barbara Mittler, *A Newspaper for China?: Power, Identity, and Change in Shanghai's News Media, 1872 – 1911* (Cambridge: Harvard University Asia Center, 2004)。至如其他地区的反思探索，亦颇有可堪借鉴之处。如日本史方面，可参见本书相关内容。如印度史方面，Francesca Orsini 则指陈不要将公 (public) 与私 (private) 看成二元对立的范畴，可能存在着的是：公、私及可以称曰惯行 (customary) 的三种范畴，见 Francesca Orsini, *The Hhindi Public Sphere 1920 – 1940: Language and Literature in the Age of Ntionalism* (New Delhi: Oxford University Press, 2002); 另可见本书相关内容。总之，关于人类社会里的"公共空间"或"公共领域"的历史经验与理论议题，显然已蔚为学术产业，本章自难一一深究彼等趋同殊异之处，惟望出以精细的探索取向，提供个案的述说。

儿子皮嘉佑的作品《醒世歌》①,盖在此刻,仍然有不少中国人欠缺一般的地理常识,② 何遑论及认识世界局势? 皮嘉佑的《醒世歌》,刊于《湘报》,如是声言道③:

> 若把地图来参详,中国并不在中央。
> 地球本是浑圆物,谁是中央谁四旁?

皮氏父子的努力,明白反映出维新之士试图通过《湘报》这份媒体,并以通俗歌词灌输地理常识与世界局势的用心。④ 可是,《醒世歌》刊出后,正如皮锡瑞自料"人必诟病"的预期,旋即遭受反弹,⑤ 日后被贴上"保守派"标签的士人如叶德辉,即对《醒世歌》的观点进行严厉的驳斥,倡言"天地开辟之初,隐与中人以中位",不以《醒世歌》"中国并不在中央"的观点为然。⑥ 可是,皮锡瑞与叶德

---

① 皮锡瑞:《师伏堂未刊日记》,光绪二十四年二月二十九日(1898 年 3 月 21 日):"灯下为吉儿改《醒世歌》,颇有趣。"(《湖南历史资料》1958 年第 4 期,第 120 页)据皮锡瑞致湖南学政徐仁铸(研甫)函,皮嘉佑作《醒世歌》,系承徐氏之命,见皮锡瑞《师伏堂未刊日记》,光绪二十四年七月十二日(1898 年 8 月 28 日):"小儿前承明示,嘱为诗歌,开导乡愚,免招敌衅,爰命小儿拟作,名为《醒世》……"(《湖南历史资料》1959 年第 2 期,第 141 页)

② 如刊于《湘报》的《南学会问答》即有"善化龚佩泉"问:"地若圆转,人物岂不倒旋? 地若旋转东西,岂不有时移易?"见《南学会问答》,《湘报》第 4 号,光绪二十四年二月十八日(1898 年 3 月 10 日)。

③ 皮嘉佑:《醒世歌》,《湘报》第 27 号,光绪二十四年三月十六日(1898 年 4 月 6 日)。

④ 即如皮锡瑞日记自述:"见本日《湘报》,《醒世歌》已刻上,人必诟病,但求唤醒梦梦,使桑梓之祸少纾耳。"见皮锡瑞《师伏堂未刊日记》,光绪二十四年三月十六日(1898 年 4 月 6 日),《湖南历史资料》1959 年第 1 期,第 85 页。

⑤ 皮锡瑞致湖南学政徐仁铸函亦言:"妄庸睹此,痛加诋諆;平等一说,尤肆掊击……"见皮锡瑞《师伏堂未刊日记》,光绪二十四年七月十二日(1898 年 8 月 28 日),《湖南历史资料》1959 年第 2 期,第 141 页。

⑥ 叶德辉:《叶吏部与南学会皮鹿门孝廉书》,苏舆辑《翼教丛编》第 6 卷,台联国风出版社 1970 年影印本,第 20A ~ 23A 页(总第 417 ~ 423 页)。不过,叶德辉此函所引《醒世歌》之文辞,与原文略有不同,不详核校。又,此后皮、叶之间对此事续有面谈与书函往来,不详述。

辉的"对决",并不见诸现代意义的媒介,而是透过私人书函往返,或是面谈,或是辑为书籍的传统样态公之于世。这样看来,现代意义的媒介在这个时期的中国作为介绍新知识/新观点的例行化工具,即使已然激起涟漪无限矣,不同观念思想之间交锋的物质样态,还是新旧杂陈。

　　然而,皮锡瑞对于《醒世歌》见诸《湘报》"人必诟病"的自知,与叶德辉旋即起而驳之的反弹行动,却也显示现代意义的媒介在士人的读书写作世界里,都已有一席之地(故《醒世歌》见诸《湘报》后,即为叶德辉读之,乃发驳论)。盖自中西海通交流以来,中国士人对西方现代世界的诸般样态闻见愈多,知晓愈广,像报纸这样的现代媒介的意义与作用,迅即广泛地成为他们倡议清朝开展改革事业的参照要素。如改革派士人先驱之一的郑观应(1842~1922)即将"日报"看成是"泰西民政之枢纽",并历历举证论说西方各国"报馆"数目之众,作用之大,"远近各国之事,无不周知",还具有深刻的政治效果:"是非众着,隐暗胥彰。"[1] 康有为亦将报馆看成是足供"见闻日辟,可通时务"的工具,所以应该奖励民间设立;[2] 他更在

---

① 原文是:"泰西……日报盛行……亦泰西民政之枢纽也。近年英国报馆二千一百八十余家,法国报馆一千二百三十余家,德国报馆二千三百五十余家,美国报馆一万四千一百五十余家,俄国报馆四百三十余家。总各国计之,每一国有三四千种,每种一次少者数百本,多则数十万本。出报既多,阅报者亦广。大报馆为国家耳目,探访事情。每值他邦有事与本国有关系者,即专聘博雅宏通之士亲往远方探访消息。官书未达,反借日报得其先声。官家以其有益于民,助其成者厥有三事:一、免纸税,二、助送报,三、出本以资之。故远近各国之事,无不周知。其销路之广,尤在见闻多而议论正,得失着而褒贬严。论政者之有所刺议,与柄政者之有所申辩,是非众着,隐暗胥彰。一切不法之徒,亦不敢肆行无忌矣。"郑观应:《日报上》,夏东元编《郑观应集》上册,上海人民出版社,1988,第345~346页。
② 原文是:"《周官》'诵方'、'训方',皆考四方之慝,《诗》之《国风》、《小雅》,欲知民俗之情。近开报馆,名曰新闻,政俗备存,文字兼存,小之可观物价,琐之可见土风。清议时存,等于乡校,见闻日辟,可通时务。外国农业、商学、天文、地质、教会、政律、格致、武备,各有专门,以为新报,尤足以开拓心思,发越聪明,与铁路开通实相表里。宜纵民开设,并加奖劝,庶裨政教。"康有为:《上清帝第二书》(1895年5月2日),《康有为全集》第2册,第42~43页。

可供为"知敌情"之资的脉络下告诉光绪帝:英国的"《太唔士》"与美国的"《滴森》"是西方"著名佳报"里"最着而有用者",应该命令总理衙门"译其政艺",不但成为皇帝取读之资,"可周知四海",也该"多印副本,随邸报同发,俾百寮咸通悉敌情"。[①] 至于生平还莫知其详的王觉任倡言"开储材馆",即将"各国新报"列为应该翻译的材料之一,而使进入"储材馆"的精英能够"以广学识"。[②] 这些意见,展现了这样的态势:有意识地翻译西方的信息材料,作为汲引来自异域的知识/观念/思想(乃至于"敌情")的手段,并使之通过像报纸这样的现代传播媒介广泛流布,俨然已蔚为社会共识。[③]

这样的社会共识,并即得到了付诸实践的尝试。康有为等于

① 原文是:"至外国新报,能言国政。今日要事在知敌情。通使各国著名佳报咸宜购取,其最着而有用者,莫如英之《太唔士》、美之《滴森》。令总署派人每日译其政艺,以备乙览,并多印副本,随邸报同发,俾百寮咸通悉敌情,皇上可周知四海。"康有为:《上清帝第四书》(1895 年 6 月 30 日),《康有为全集》第 2 册,第86~87 页。按,英之《太唔士》即 The Times;至于"美之《滴森》",可能是Benjamin Henry Day 于 1833 年在美国纽约创办的著名报纸《纽约太阳报》(New York Sun),公认为廉价报纸(penny press)的成功典范,见 Mark R. Cheathem and Terry Corps, Historical Dictionary of the Jacksonian Era and Manifest Destiny (Lanham: Rowman & Littlefield Publishers, 2016), p. 264。

② 原文是:"并大购外国政治、艺术、农工、商矿图书及各国新报,令通者翻译,以广学识。"王觉任:《开储材馆议》,邵之棠辑《皇朝经世文编》第 31 卷 "内政部五·育才",第 16B 页(本书征引版本为"近代中国史料丛刊续编",文海出版社 1980 年影印本)。

③ 当然,从新闻实务的角度言之,晚清时期既存的报刊应当是促成这股社会共识的基础。如 1871 年起,上海、香港与欧洲之间的有线电报接通,中国报纸开始刊登以电讯传递的新闻(参见方汉奇主编《中国新闻事业通史》第 1 册,中国人民大学出版社,1992,第 417 页);《申报》则于 1882 年 2 月 23 日首先刊登利用中国的电讯传递的新闻稿(参见徐载平、徐瑞芳《清末四十年申报史料》,新华出版社,1988,第 62 页);1884 年初问世于广州,只存在不到一年的《述报》则引用日报所译的西字报消息来报道"俄国深谋"(参见李磊《述报研究:对近代国人第一批自办报刊的个案研究》,兰州大学出版社,2002,第 120 页);传教士林乐知(Young John Allen)主导下的《万国公报》亦屡次译载西方报刊的消息。随意翻阅 1890 年代的《申报》,可得见已刊有各式各样的外电译稿。笔者强调的是,当时的士人如何有意识地在言论层次上开展鼓吹。

1895 年 8 月 17 日在北京创设《万国公报》,① 就是维新派士人迈出的第一步；随后，北京强学会设立（1895 年 11 月中旬）,② 又于 1895 年 12 月 16 日开始刊行《中外纪闻》，把翻译来自西方的新闻信息当成这份刊物的重要工作之一。《中外纪闻》的《凡例》即曰：

> 本局新印《中外纪闻》，册首恭录阁钞，次全录英国路透电报，次选译外国各报，如《泰晤士报》《水陆军报》等类，次择各省新报，如《直报》《沪报》《申报》《新闻报》《汉报》《循环报》《华字报》《维新报》《岭南报》《中西报》等类，次译印西国格致有用诸书，次附论说。③

从知晓"英国路透电报"［即今日所谓"路透社（Reuters Telegram Company）新闻"］的存在，并且有意识地列为选译之首，可以想见，在这群维新士人的认知里，"路透社新闻"占有"权威"的地位。盖路透社确实可以说是大英帝国最关键的信息掮客（the information broker）,④ 它于 1871 年即以 Henry M. Collins 为上海支部的负责人，从此为路透社在亚洲的霸权地位奠定基础。Collins 翌年前往日本，更让路透社独占了日本收发国际信息的地位。⑤ 1889 年，路透社更开始提供关于"中国与印度的特别服务",⑥《万国公报》亦尝译载其消息,⑦ 信之尊

---

① 汤志钧：《戊戌时期的学会和报刊》，台湾商务印书馆，1993，第 22 页。
② 汤志钧：《戊戌时期的学会和报刊》，第 27 页。
③ 转引自汤志钧《戊戌时期的学会和报刊》，第 31 页。
④ 参见 Simon J. Potter, *News and the British World: The Emergence of an Imperial Press System, 1876 - 1922*, p. 88。
⑤ 大谷正『近代日本の対外宣伝』研文出版、1994、23 頁。
⑥ 参见 Asa Briggs and Peter Burke, *A Social History of the Media: From Gutenberg to the Internet* (Cambridge: Polity, 2002), p. 138。
⑦ 例如：《万国公报》第 83 册（1895 年 12 月）辟有"电书金载"专栏，即刊有"伦敦露透总电报局致电上海云……"等讯息（见《万国公报》影印本第 25 册，总第 15715 页）；至于《万国公报》何时开始译载路透社的新闻消息，待查（译载其消息之专栏名称，屡有不同，亦不详述）。

之，良有以也。① 迄1896年1月12日上海强学会又开始刊行《强学报》，它刊出的第一篇论说《开设报馆议》也将"先开报馆"视为强学会的首要工作，并将"译外国报，叙外国政事地理风俗"列为这份刊物的六项主要内容之一，认为这样可以达成"士夫可通中外之故，识见日广，人才日练"的"广人才"之效。②

《时务报》灵魂人物之一的汪康年，在1894年下半年甲午战争爆发以后，因为当时上海报刊对于战事的报道"附会神怪，妄诞不经，无一可信"，萌生了办报的念头，③ 那时他想要办的便是名称为"译报"的报纸。④ 他与各方友朋磋商，并拟订了招股细则，以集众资而行己愿，煞费心力。⑤ 迄乎汪康年与黄遵宪、梁启超等人在1896年初合流，携手共进，准备开展《时务报》的共同事业之初，⑥ 关于它的具体操作形式，众方友朋的意见不一。如邹代钧主张要开办的是一份"专译西政、西事、西论、西电，并录中国谕旨，旬为一编"

---

① 关于"路透社新闻"导入中国及其传播情况的简述，参见胡道静《新闻史上的新时代》，世界书局，1946，"报坛逸话·路透社在中国"，第49~52页。其他新闻史著作的叙述（如曾虚白主编《中国新闻史》，台北政治大学新闻研究所，1966，第565~567页），大多依胡道静该文裁剪成篇，不再一一征引。

② 原文是："古者诸侯万国有万报馆，今直省州县皆宜令设报馆，以达民隐，而开民智。本会先开报馆，其体有六：一、纪谕旨奏折；二、纪京师掌故时事；三、纪直省民隐、吏政、水旱、盗贼；四、考地理边务；五、译外国报，叙外国政事地理风俗；六、附论说。其余商贾琐事姑从缓及。其利亦有六：一、士夫可通中外之故，识见日广，人才日练，是曰广人才。……"见《开设报馆议》，《强学报》第1号，光绪二十一年十一月初一日（1895年12月16日），影印本第1册，第4~5页。

③ 汪诒年：《汪穰卿（康年）先生传记》，章伯锋、顾亚主编《近代稗海》第12辑，四川人民出版社，1988，第197~198页。

④ 《汪大燮函》（七十二），《书札》1：743。这是汪大燮得到新开报馆定名为《时务报》讯息时表示"未谓然者"的反应，他认为，汪康年"初意名为《译报》，其名未尝不足倾动人，而名实相符"。

⑤ 关于汪康年当时的努力过程，参见廖梅《汪康年：从民权论到文化保守主义》，上海古籍出版社，2001，第30~33页。

⑥ 参见廖梅《汪康年：从民权论到文化保守主义》，第43~45页。

的报刊，如此"其开风气，良匪浅鲜"；① 汪大燮则提议：应该要翻译"俄、法之报"的消息，如此"必多异闻"，应可避免只得英文西报"一面之辞"的弊病，且有"兼听易明，情伪可推敲而得"之益。② 当汪康年等人在 1896 年 6 月 22 日的《申报》上刊登即将"新开时务报馆"的广告，把创办的讯息公之于世的时候，则宣称道：

> 今风会方开，人思发愤。宜广译录，以资采择。本馆拟专发明政学要理，及翻各国报章，卷末并附新书。坐落上海石路南怀仁里。择日开张，先此布闻。③

《时务报》的实践，也证明了自己确实做到了"宜广译录"的自我宣称。④

这样看来，不论是在意识上或是行动上，中国士人都肯定了翻译西方信息材料的必要性，并在自身创办的现代传播媒介上努力去做。当《时务报》第一册首度出版与大众见面时，首先映入读者眼帘的，便是梁启超的论说《论报馆有益于国事》，他不无激情地对心目中的理想报馆应该涵括哪些内容，有这样的自问自答：

> 报之例当如何？曰：广译五洲近事，则阅者知全地大局，与其强盛弱亡之故，而不至夜郎自大，坐瞽井以议天地矣。详录各省新政，则阅者知新法之实有利益，及任事人之艰难径画，与其宗旨所在，而阻挠者或希矣。博搜交涉要案，则阅者知国体不

---

① 《邹代钧函》（十九），《书札》3：2648。

② 《汪大燮函》（七十一），《书札》1：739。

③ 《新开时务报馆》，《申报》1896 年 6 月 22 日。

④ 戈公振的观察是，《时务报》的"域外报译独占篇幅至二分之一而强"，参见戈公振《中国报学史》，商务印书馆，1928，第 125 页。

立，受人嫚辱；法律不讲，为人愚弄，可以奋厉新学，思洗前耻
矣。旁载政治、学艺要书，则阅者知一切实学源流门径与其日新
月异之迹，而不至抱八股八韵考据词章之学，枵然而自大矣。①

在梁启超的期许里，报刊媒体承负的任务既繁且众，它的读者将进入
的是一个可以无所不知的天地：既拥抱"五洲""全地"的世界，又
可知悉"各省新政""新法"的利益，也得以知晓"国体不立，受人
嫚辱"的国族之耻，打造国族认同，还可以进入"八股八韵考据词
章之学"以外的"实学"知识的殿堂。归结言之，像《时务报》这
样的媒体，被它的主导者期许着能够扮演好这个供应"世界知识"
的载体的角色。

二　媒介、信息与"世界知识"的制造

20 世纪上半叶的传播学大师李普曼（Walter Lippmann）讲过这
样的故事：1914 年时，某大洋不通电讯的岛上，住着几位英国人、
法国人和德国人。英国邮轮大约每 60 天来一次。那年 9 月，邮轮还
没来的时候，这群人的共同话题是 Madame Cailaux 枪杀 Gaston
Calmette 案的审判结果。到了 9 月中旬，邮轮终于来了，他们涌向码
头，想从船长那儿知道这件案子的结果。没想到，他们知道的却是过
去 6 个星期以来，英国、法国正在和德国开战。在这 6 个星期里，这
群人就像朋友一样相处，实际上，他们却已经成了敌人。李普曼讲述
这个故事的用意，在于提醒我们对于自身所处的环境的认识，是多么
迂回曲折（indirectly）。② 确实，媒体享有支配着人们认识世界的无

---

① 梁启超：《论报馆有益于国事》，《时务报》第 1 册，光绪二十二年七月初一日
　　（1896 年 8 月 9 日），影印本第 1 册，总第 6 页。
② Walter Lippmann, *Public Opinion* (New York：Free Press，1965)，p. 3.

限权力，这已然成为媒体研究的重要主题之一。① 《时务报》作为供应"世界知识"的载体，刊布其中的 1759 篇译稿②、58 篇"路透电音"③，究竟提供了哪些信息？这些信息的面世，又是什么目的，依据什么样的来源，被谁制造出来的？生产制造这些信息的流程速度如何？通过对于《时务报》这些翻译文稿的析论，或可满足我们的好奇心。

（一）《时务报》翻译文稿的分类

从梁启超的期许来说，理想的报刊应当承负起"广译五洲近事"的职责，好让读者可以知晓"全地大局，与其强盛弱亡之故"。然而，媒体提供的讯息不可能无所不包，媒体构成的关系网络更是极其复杂。简单的新闻传播模式是：世界上发生了新闻，报纸（媒体）报道之，大众消费之。然而，这个模式的每一个环节其实都是更为复杂的。所谓新闻，其实是透过如政府、警方、股市，乃至通讯社（the wire services）等制度性或非制度性来源收集的。报纸的报道可见诸世众，同样是不同的从业员工作的结果，得有记者、编辑、印刷工人乃至报童的"通力合作"（律师、会计师与市场营销专家，也许一样会插上一手）。消费新闻的大众，则会由于性别、年龄层、种族、阶级、收入、宗教信仰等因素而显现出零碎分散的样态。好比说，《波士顿环球报》（*Boston Globe*）的关系作用之一，就是维系以波士顿为根据地的美国职业棒球队红袜队（the Red Sox）与他的球迷之间的关系（其他面向，则不多言）。从这个意义而言，报纸（媒体）

---

① 或者，用霍尔持续关心的课题来说，即是大众传媒与霸权（hegemony）的关系；讨论霍尔论说的相关文献不可胜数，例如：Nick Stevenson, *Understanding Media Cultures: Social Theory and Mass Communication* (London: Sage Publications, 2002), pp. 34 – 46。不详举。

② 《时务报》全帙 69 册的译稿，以分册合计，共计 1940 篇，其中 72 篇为连载稿（连载为 253 篇），故译文目合计为 1759 篇（1940 – 253 + 72 = 1759）。

③ 《时务报》全帙 69 册里，第 32、34、45 册未载"路透电音"；自第 62 册起则由"中外电音"栏取代。

就是物质性关系（material relationships）的联合。除此之外，报纸还展现了另一种可称为再现关系（represented relationships）的关系网络。何谓再现关系，往往即是报纸本身设定自己所要扮演的媒介角色。通常像是"报纸是人民的耳目""报纸是自由（liberty）的守护神"之类的"真理"，这种再现关系的理想表现形式，让报纸（媒介）可以说自己和公民的关系就是它是公民的斗士，可以说自己和大众或私人机构的关系就是它乃是他们的看门狗。这样的再现关系，自然有助于物质性关系的运作。①

　　由是观之，《时务报》提供的译稿讯息，绝对不可能涵括地球上每一个角落的新闻消息，它们应该都是经过《时务报》的编者/译者"筛选"的结果，它们既反映《时务报》编者/译者的关怀所在，也会受到讯息取材来源的制约。就前者言之，关于中国的讯息，仍是《时务报》译稿之最大宗，其他在1890年代中后期正向中国展开疯狂侵略的几个帝国主义国家的消息，则为其次；其详如表2-1。

表2-1　《时务报》译稿关于国家（地区）分类

国家（地区）	篇数	比例（%）	国家（地区）	篇数	比例（%）
中国	452	34.0	法国	42	3.2
台湾（日据时期）	23	1.7	暹罗	24	1.8
俄国	165	12.4	土耳其	17	1.3
英国	142	10.7	西班牙	15	1.1
日本	138	10.4	印度	11	0.8
美国	87	6.5	意大利	9	0.7
德国	62	4.7	奥匈帝国	8	0.6
韩国	46	3.5	古巴	7	0.5

---

① 参见 Kevin G. Barnhurst and John Nerone，*The Form of News：A History*（NY：Guilford Press，2001），pp. 2-3。

续表

国家（地区）	篇数	比例（%）	国家（地区）	篇数	比例（%）
加拿大	7	0.5	义火可握国	1	0.1
瑞典	5	0.4	瑞士	1	0.1
越南	5	0.4	乌拉圭	1	0.1
希腊	5	0.4	挪威	1	0.1
比利时	5	0.4	埃及	1	0.1
菲律宾	4	0.3	波斯	1	0.1
夏威夷	3	0.2	巴拿马	1	0.1
荷兰	2	0.2	巴西	1	0.1
南非	2	0.2	丹麦	1	0.1
波兰	2	0.2	欧洲	23	1.7
特兰斯仆耳国（特兰斯法耳）[1]	2	0.2	非洲	2	0.2
墨西哥	1	0.1	美洲	1	0.1
葡萄牙	1	0.1	大洋洲	2	0.2
			国家（地区）总篇数	1329	

注：由于进位至小数点后一位，故总和非100%。以下书中各表均同，不再说明。
1. "特兰斯仆耳国"，见古城贞吉译《特兰斯仆耳国产金额数》（东文报译／译大阪朝日报西十一月二十日），《时务报》第16册［光绪二十二年十二月初一日（1897年1月3日）］，影印本第22册，总第1088～1089页；"特兰斯法耳"，见谭培森辑译《公使厚禄》（时务报馆译编续集／谈瀛馆随笔），《时务报》第53册［光绪二十四年二月十一日（1898年3月3日）］，影印本第4册，总第3648页（叙述此国"驻欧公使"年俸之厚）。按，皆即 Transvaal Republic（今南非境内）。

以中国为主题的篇数既夥，可以想见，《时务报》提供的是以外国报刊为"眼睛"所看到的中国，可以将这些以中国为主题的译稿再分类，如表2-2。

从它的选择题材来看，《时务报》即使借着异域之眼反观自身，亦屡屡表达它自己独特的观照。像是《时务报》上颇不乏翻译外国

表 2 - 2　《时务报》译稿以中国为主题之分类

类别	篇数	比例(%)
总论(变法维新主张)	19	4.2
帝国主义在中国(竞争/租界/教案)	216	47.8
内政	18	4.0
边疆事务	5	1.1
经济/财政/商务	85	18.8
海关	14	3.1
交通(铁路.火车/电线)	19	4.2
邮政	3	0.7
外交(含使节人物)	26	5.8
军事	38	8.4
社会(人口/烟毒/缠足)	4	0.9
华侨	3	0.7
教育	2	0.4
总篇数	452	

关于中国内部动乱的报道,[①] 然而对于曾被视为"匪酋"的孙中山,当外国媒体报道他在伦敦遭受"劫难"的事迹时,《时务报》给予更多更广泛的关注,刊登了许多关于孙中山这场遭遇的译稿,盖《时务报》主事者梁启超等,和孙中山早有往还也。[②] 如此的关注,显然

---

① 例如曾广铨译《直隶严防土匪》(西文译编/中外杂志/北中国每日报西一月十九号),《时务报》第 51 册,光绪二十四年正月二十一日(1898 年 2 月 11 日),影印本第 4 册,总第 3495 页;曾广铨译《粤闽土匪蠢动》(西文译编/中外杂志/北中国每日报西二月五号),《时务报》第 52 册,光绪二十四年二月初一日(1898 年 2 月 21 日),影印本第 4 册,总第 3561 页;曾广铨译《琼州土匪为患》(西文译编/中外杂志/北中国每日报西二月十号),《时务报》第 52 册,光绪二十四年二月初一日(1898 年 2 月 21 日),影印本第 4 册,总第 3562 页。

② 关于《时务报》述说孙中山事迹的各篇译稿,间小波有详尽的整理,参见间小波《中国早期现代化中的传播媒介》,第 161~166 页。

实非将孙中山与一般"匪乱"等同视之。① 《时务报》也借着外来的译稿为正在炽热非常的维新变法运动张目，如从《伦敦东方报》译出《中国不能维新论》，指陈变法维新的可能路向：

> 中国欲求维新之道，必自裁撤都察院及翰林馆始。既撤，然后削总督之权，或径除总督名目，仅设巡抚已可矣……若不维新，则凡遇不论如何凌辱之者，亦惟有耐受而已。

文末并有附语谓：

> 以上二篇皆英报之说，因照译之，以见外人窥察我国之意。至其说之是否，阅者自能辨之，无待赘言。②

又如，译自上海《字林西报》的文稿，既声言道"中国宜亟开民智"，并提出具体方案曰："应广布浅近有用之学，如各国政治形势之类，于考试时以之策士；而由国家编辑各种初学读本，散布民间。"③ 这等于是为当时甚嚣尘上的"开民智"运动，提供了一种可资参考的入手方案。

从表2-2更可得见，当时帝国主义在中国境内的各项相关举措，

---

① 例如，同样依据路透社新闻的报道，《时务报》的译稿里称孙中山是"中国变政党人"["路透电音"，《时务报》第10册，光绪二十二年十月初一日（1896年11月5日），影印本第1册，总第660页]；《万国公报》的译稿则称孙中山是"在广东谋反之医士"["电书月报"，《万国公报》第94册，光绪二十二年十月（1896年11月），影印本第26册，总第16480页]。

② 张坤德译《中国不能维新论》（英文报译/译伦敦东方报西七月初十日），《时务报》第3册，光绪二十二年十月二十一日（1896年8月29日），影印本第1册，总第152～153页。

③ 孙超、王史译，利瓦伊格勘定《中国宜亟开民智论》（英文报译/译上海字林西报西十月初一日），《时务报》第43册，光绪二十三年十月初一日（1897年10月26日），影印本第4册，总第2933～2935页。

实为《时务报》刊布译稿再三致意的课题,几占篇数之一半。兹就"帝国主义在中国"这个主题的译文再详为分类如表2-3。

表2-3　《时务报》译稿以"帝国主义在中国"为主题之分类

子类别	子类别篇数	比例(%)
各国竞争涉及二国以上者	32	14.8
租界事务	18	8.3
各通商口岸情况	19	8.8
经济/关税等经济事务交涉	10	4.6
借款/外债	10	4.6
英国	33	15.3
俄罗斯	32	14.8
日本	16	7.4
法国	13	6.0
德国	3	1.4
胶州湾事件	20	9.3
教案	9	4.2
其他	1	0.5
总篇数	216	

从表2-3可以看出,就当时各帝国主义在中国境内的各项相关举措而言,势正如日中天的大英帝国与向来窥伺中国不已的俄国,实为《时务报》刊布译稿最为重视的对象;德国的篇数虽少,但若联合以他为挑动者的"胶州湾事件"而论,则又超过日、法两国的篇数,这也显示了《时务报》作为定期提供信息的媒体对现实事务的灵敏度。从这些"帝国主义在中国"的译文里,《时务报》的读者可感受到帝国主义的野心跃然纸上,"瓜分"危机迫在眉睫。例如,《时务报》从日本的《东京日日报》里译出了一则《俄国将吞噬亚洲》的文稿,述说"《泰晤士报》驻俄京访事人来函",指陈俄国的《士尾也报》有这样的论议:

　　不独中国为俄所有，彼波斯也，皮路斯坦也，印度也，亦必速为俄国所有也。是盖天意所属付者矣。

《时务报》特别加附按语曰：

　　是说岂吾中国所忍闻。然实今日所应虑及，故特译之。①

清楚展现了翻译这等文稿的用心，在于提醒读者应该注意俄国的扩张。又如，从日本《国民新报》翻译过来的《德国海军及殖民政策》便述说德国对中国与土耳其"垂涎"久矣：

　　六都维都男爵常云：德国须得殖民地于中国及土耳其，斯足以强国而富民也。何以独注意于此二国哉？盖诸雄相向，二国瓜分之日已不在远也。《虞连斯伯度报》者，德国殖民党所赖以发其议论者也，尝着论云须割斯密儿那地方于土耳其以属德国，然恐为俄、法所阻碍也。德国垂涎于中国，盖非一朝夕之故，往岁（即言千八百九十五年也）其干涉日本之事亦为此也。麦是亚儿男爵尝论于议院云：中国瓦解之日近矣，我德国不可不先干预以成其志，则唯在备大海军以力待之耳。德人频用权谋术数，欲以夺舟山岛为得属地于中国之起点，其意盖欲效英人经营印度之谋也……②

这是"胶州湾事件"发生（1897 年 11 月）之前刊出的译稿，

---

① 古城贞吉译《俄国将吞噬亚洲》（东文报译/译东京日日报西三月廿三日），《时务报》第 24 册，光绪二十三年三月二十一日（1897 年 4 月 22 日），影印本第 2 册，总第 1637 页。
② 古城贞吉译《德国海军及殖民政策》（东文报译/译国民新报西八月十七日），《时务报》第 39 册，光绪二十三年八月二十一日（1897 年 9 月 17 日），影印本第 3 册，总第 2670 ~ 2675 页。

表明了《时务报》提供的信息意向所指,具有防患于未然的作用。
《时务报》又大量刊出 19 篇与"胶州湾事件"相关的译稿,其中甚
至包括胶州湾形势地图,① 以及某位"现驻日本"的中国人的愤慨反
应,把中国遭遇此辱原因的批判矛头指向了只知道"私妻子,保富
贵,暖衣饱食"的"吾国家在位有司"。② 这样,《时务报》提供的
不仅仅是"胶州湾事件"发生的讯息而已,更可能激起读者进一步
的联想与思考。③ 当时关于中国情势的各式各样报道,五花八门,如
翻译了取材自《香港每日报》的信息:

> 目前东方情形:其北界将为俄国所有;德既据有胶州,是山东
> 已归掌握;法之所占,必在福建。中国当另立新国,建都南京,以
> 英为保助之国。然英亦必占据云南、湖南、四川三省要隘云……④

国族濒临惨遭瓜分豆剖之命运的讯息,在《时务报》的篇章里屡见不鲜。
本尼迪克特·安德森指陈出版在创造"想象的共同体"中的重要性,报
纸的被消费,正是那个想象的世界根植于日常生活里的绝佳例证。⑤ 对

---

① 曾广铨译《胶州湾图说》(西文译编/译亚东四季报西正月),《时务报》第 54 册,
光绪二十四年二月二十一日(1898 年 3 月 13 日),影印本第 4 册,总第 3696 页。

② 古城贞吉译《中人愤言》(东文报译/译大阪朝日报西十一月二十九号),《时务
报》第 49 册,光绪二十三年十二月初一日(1897 年 12 月 24 日),影印本第 4 册,
总第 3364~3365 页。

③ 汪康年亦撰有《论胶州被占事》,申论因应之道,并批判道:"今日之患,不在外
侮,而在内治;不在草野,而在政府。"见汪康年《论胶州被占事》,《时务报》
第 52 册,光绪二十四年二月初一日(1898 年 2 月 21 日),影印本第 4 册,总第
3527~3531 页。夏曾佑读此文后即谓:"观五十二册中,尊处之谤政府亦云甚矣,
不知政府见之,又作若何面目相向也。"[《夏曾佑函》(十八),《书札》2:
1330]可见一斑。

④ 曾广铨译《论各国于东方用意所在》(西文译编/中国时务/香港每日报西一月十
三号、北中国每日报西二月九号),《时务报》第 52 册,光绪二十四年二月初一
日(1898 年 2 月 21 日),影印本第 4 册,总第 3543~3544 页。

⑤ 班纳迪克·安德森:《想象的共同体:民族主义的起源与散布》,吴叡人译,时报
文化,1999,第 35~36 页。

团弄成中国国族的"想象共同体"而言,《时务报》译稿刊布的消息,应亦可视为其动力来源之一。

《时务报》译稿里关于世界主要国家讯息者亦众,论及各国情势的方方面面更是多元繁富(参见本章附一)。大致而言,各国"经济财政商务农业展博物会"的项类(即与财经领域事务相关的讯息),都占有最高的比例(见表2-4)。

表2-4　《时务报》译稿有关世界主要国家财经领域新闻的国别比例

国家	比例(%)	备注
日本	38.4	
美国	26.4	
法国	21.4	和"科学"项类并居首位
英国	16.9	仅次于"国际关系"项类,位居次位

俄国方面,以"帝国主义"项类居首位(18.2%),"军事新武器"项类则居其次(16.4%),"经济财政商务农业展博物会"项类则为第三(15.2%),显示《时务报》译稿选材对于俄国帝国主义对外扩张的注意力;德国方面,却以"国际关系"项类居首位(19.4%),"军事新武器"与"政治"项类则并居次位(17.7%);"经济财政商务农业展博物会"项类反居三位(12.9%)。不过,就德国的"国际关系"项类内容而言,12篇里有1/3是关于德国前首相俾思麦"泄露机密"(即其述说德俄订定同盟之故事)的新闻,①

① 即张坤德译《德相泄露机密》(英文报译/译伦敦东方报西十月三十日),《时务报》第16册,光绪二十二年十二月初一日(1897年1月3日),影印本第2册,总第1060页;张坤德译《又德相泄露机密一则》(英文报译/译伦敦东方报西十一月初六日),《时务报》第16册,光绪二十二年十二月初一日(1897年1月3日),影印本第2册,总第1060页;张坤德译《论德相泄露机密》(英文报译/译上海字林西报西十二月廿一日),《时务报》第16册,光绪二十二年十二月初一日(1897年1月3日),影印本第2册,总第1060~1061页;古城贞吉译《德皇召前相俾思麦》(东文报译/译大阪朝日报西十二月十三日),《时务报》第17册,光绪二十二年十二月十一日(1897年1月13日),影印本第2册,总第1161页。

"政治"项类里 11 篇有 6 篇是关于德皇威廉二世（Wilhelm II）的讯息,[1] 焦点过于集中。

然而,受限于技术,报纸的新闻未必是"新"闻。在电报发明以前,能以新闻故事（news stories）的方式所描述的新闻事件,都是最近发生在身旁的,事件发生的地点越远,它被报道的时间就越迟。所以,远方新闻往往以"地理包扎"（geographical bundling）的形式面世,例如,从欧洲捎来的新闻材料完全由船打包送来,而且就以它们在包裹打开后的形式被呈现出来:"来自伦敦的船到了,所以就有它带来的新闻啦。"[2] 从《时务报》关于"胶州湾事件"的译稿,即可一窥它讯息接收与传递的速度。德军于 1897 年 11 月 15 日进占胶州城,16 日德使海靖（Edmund Friedrich Gustav von Heyking）向总理衙门就相关事宜提出各种要求,[3] 上海的《时务报》虽然在 10 天之

---

① 即古城贞吉译《德国君臣不协》（东文报译/译时事新报西九月初四日）,《时务报》第 6 册,光绪二十二年八月二十一日（1896 年 9 月 27 日）,影印本第 1 册,总第 394 页;古城贞吉译《德皇政策》（东文报译/译东京日日报西二月廿三日）,《时务报》第 21 册,光绪二十三年二月二十一日（1897 年 3 月 23 日）,影印本第 2 册,总 1439～1440 页;古城贞吉译《德皇大失民心》（东文报译/译国民新报西七月初四日）,《时务报》第 34 册,光绪二十三年七月初一日（1897 年 7 月 29 日）,影印本第 3 册,总第 2324 页;古城贞吉译《德皇演说》（东文报译/译国民新报西十月初八日）,《时务报》第 45 册,光绪二十三年十月二十一日（1897 年 11 月 15 日）,影印本第 4 册,总第 3085～3086 页;古城贞吉译《论德皇》（东文报译/译反省报西十月初一日）,《时务报》第 46 册,光绪二十三年十一月初一日（1897 年 11 月 24 日）,影印本第 4 册,总第 3164～3166 页;古城贞吉译《德皇几罹不测》（东文报译/译日本新报西十月廿五日）,《时务报》第 46 册,光绪二十三年十一月初一日（1897 年 11 月 24 日）,影印本第 4 册,总第 3166 页。

② 参见 Susan R. Brooker-Gross, "The Changing Concept of Place in the News," in Jacquelin Burgess and John R. Gold, eds., Geography, the Media & Popular Culture, 1985, p. 63, 引自 Anthony Giddens, Modernity and Self-Identity: Self and Society in the Late Modern Age（Cambridge: Polity Press, 1991）, pp. 25 – 26。

③ 王绍坊:《中国外交史（鸦片战争至辛亥革命时期 1840～1911）》,河南人民出版社, 1988, 第 265～266 页。

内即知道此事，① 但稍后于 11 月 24 日出版的《时务报》第 46 册，则以消息不通为由，未载此事，② 在 12 月 4 日出版的《时务报》第 47 册里，终于从外来资料里报道此事，③ 显见即使新闻消息传递速度受到技术层面的制约，《时务报》仍是尽速将这件事情公之于众。就西方国家的情势而言，新闻消息的传递速度与科学技术的发展密切相关，以大英帝国为例，1850 年代从不列颠本岛到大洋洲的新闻传播要三个月之久，即使后来到了 1860 年代使用蒸汽轮船，两地之间仍需 45 天。④ 在 1850 年时，英、法之间首先搭起了海底电缆，由此开创了让新闻在世界快速传播的可能空间，此后十年更建立了海底电缆的环球体系。就大英帝国而言，这项工程大大改变了帝国的核心与边陲之间的空间关系（the spatial relationship），各式各样的信息可以在几个小时甚至几分钟里散播开来，让人们可以想象自己就是某个国族共同体（national community）的成员，维系了帝国认同。即时的新闻，让那些即便是出生、成长、生活于帝国领地（the Dominions）的人也会觉得自己同各种帝国事务与政治运动有着密切的关系。⑤ 以日

---

① 如张元济于 1897 年 11 月 15 日即致函汪康年，告知德国"今忽自我开衅"，但汪至 24 日始收到此函，见《张元济函》（二十五），《书札》2：1716。本函系年为光绪二十三年十月二十一日（1897 年 11 月 15 日），函末署"十月廿九到"（即 11 月 24 日收到）。

② 例如，《时务报》第 46 册［光绪二十三年十一月初一日（1897 年 11 月 24 日）］所载之《路透电音》，起自 1897 年 11 月 5 日，止于 11 月 11 日（影印本第 4 册，总第 3153～3154 页），自无此事之新闻（由此亦可一窥《时务报》接收的路透社新闻，与它原来发出的时间，略有两周的时间差距）。

③ 即曾广铨译《论德人有志于山东胶州》（西文译编/译中国北方每日报西十一月十八号），《时务报》第 47 册，光绪二十三年十一月十一日（1897 年 12 月 4 日），影印本第 4 册，总第 3203～3204 页。本册的"中外杂志"一栏亦刊有译自《北中国每日报》［即《字林西报》（North China Daily News）］11 月 22 日的一则新闻《北京近闻》（影印本第 4 册，总第 3220 页），同册的《路透电音》亦译载此事（影印本第 4 册，总第 3226 页）。

④ 参见 Simon J. Potter, News and the British World: The Emergence of an Imperial Press System, 1876 - 1922, p. 27。

⑤ 参见 Simon J. Potter, News and the British World: The Emergence of an Imperial Press System, 1876 - 1922, p. 28。

本而言，电信事业作为"社会基盘"（infrastructure），既提供了经济活动里迅速传达情报的效果，[①] 也让日本新闻媒体可以广为利用，[②] 甚至在 1877 年"西南战争"的新闻报道战里，电信更是大起作用。[③] 从《时务报》的译稿接收与散布速度来说，它能在半个月多一点的时间里，便向中国公众传播"胶州湾事件"的讯息，也可能带给中国士人许多震撼，[④] 让士人们只要申论中国处境之危急，便引征"胶州湾事件"为立论之一。[⑤] 各种传播媒体可以让它的阅听人享有一种"现在感"（a sense of the present），正因为其把现在正在发生的事件（而非历史）快速地传达给阅听人，让他们在事件发生的时刻就感受到它，认为自己也参与了事件，或是可以立即讨论它。[⑥]《时务报》的读者，也应可享有如是的感受。

（二）《时务报》翻译文稿的知识作用

在"西潮东渐"的背景下，晚清士人的思想观念得到了嬗变

---

① 参见藤井信幸「明治前期における電報の地域的利用状況—近代日本と地域情報化」『近代日本と情報』12 号、1990、138～156 頁。

② 参见里见脩「通信社の発達—国内通信から国際通信への模索」有山輝雄・竹山昭子編『メディア史を学ぶ人のために』世界思想社、2004、139 頁。

③ 参见石井寛治「情報・通信の社会史—近代日本の情報化と市場化」『生活と技術の日本近代史』有斐閣、1994、108～109 頁。

④ 当然，这并不是说《时务报》是当时中国士人知晓"胶州湾事件"讯息的唯一途径。例如，身处上海的孙宝瑄于光绪二十三年十一月三日（1897 年 11 月 26 日）即与宋恕讨论过此事，感慨曰："不知无脑国何以应之?"见孙宝瑄《忘山庐日记》（排印本），第 147 页。人在湖南的皮锡瑞则亦于同日知悉此事，见皮锡瑞《师伏堂未刊日记》，光绪二十三年十一月三日（1897 年 11 月 26 日），《湖南历史资料》1958 年第 4 期，第 73 页。至于孙宝瑄、宋恕与皮锡瑞如何知悉此事，不可得知。

⑤ 例如，尚莫详作者与原来出处的文章即如是言之："……德人强占胶州，俄人思踞旅顺，骨肉有限，剥削无已。天下大势，岌岌可危。事变之来，日迫一日，此后事机益紧，发难愈速，将见海外各国效尤……"见《西人为患中国之由》，《皇朝经世文统编》第 102 卷"通论部三"。

⑥ 参见 Daniel Woolf, "News, History and the Construction of the Present in the Early Modern England," in Brendan Dooley and Sabrina A. Baron, eds. , *The Politics of Information in Early Modern Europe* （NY: Routledge, 2001）, pp. 80 - 118。

的空间，域外地理知识与现代地理学的导入，对于外在世界的认识与理解，逐渐扩大，便是其中的成果之一。[①] 本来，在传统中国的思想架构里，中国处于所谓"世界秩序"的核心地位。这样的观点，不过是个被建构出来的"神话"。[②] 随着中国士人逐渐了解世界局势，逐渐知道中国只是世界诸国之一，世界局势更变动不已，犹如弈棋。《时务报》的译稿，提供了大量的列国彼此交涉的讯息（参见本章附二）。例如，述说英、德之间往来交涉，彼此合纵连横的错综复杂情势；[③] 大量报道关于"美西战争"的情况[④]（甚至附有"战场图"[⑤]），便可能开启了让读者了解世界列国彼此交涉样态的信息/知识空间。《时务报》翻译这些文稿，有自身的特殊用意，如在从英国《泰晤士报》译出的关于英国下议院议论英国应如何因应土耳其内乱的稿子里，《时务报》即特别添加按语曰：

　　土耳其之乱，各国恐震动全局，不敢干预其乱，遂无已时。各国为之牵制，此固欧洲之患，未始非东方维新图治之候也，因

---

① 参见郭双林《西潮激荡下的晚清地理学》，北京大学出版社，2000；邹振环《晚清西方地理学在中国：以 1815 至 1911 年西方地理学译著的传播与影响为中心》，上海古籍出版社，2000。

② 杨联陞：《从历史看中国的世界秩序》，收入氏著《国史探微》，联经出版事业公司，1983，第 1~19 页。

③ 孙超、王史译，利瓦伊格勘定《德人仇英》（英文报译/译横滨日日西报西八月三十日），《时务报》第 40 册，光绪二十三年九月初一日（1897 年 9 月 26 日），影印本第 3 册，总第 2715~2716 页。

④ 《时务报》涉及"美西战争"的报道甚众，不详举，如述说其始末的译稿是古城贞吉译《美西开战始末》（东文译编/译民友报西五月十号），《时务报》第 64 册，光绪二十四年五月初一日（1898 年 6 月 19 日），影印本第 5 册，总第 4337~4340 页。

⑤ 《美日战场图》，《时务报》第 64 册，光绪二十四年五月初一日（1898 年 6 月 19 日），影印本第 5 册，总第 4327~4328 页。

详译之。①

俨然提醒读者注意世界局势的变动，可能引发的骨牌效应。

《时务报》的译稿，也可能扩充了读者对于世界地理的认知。像是译稿里涉及与过去的地理认知不同的词汇，便屡屡提醒读者要改变自己的既存观念。例如从《东京日日报》译出的述论"东洋大局"的稿子里，有如下按语：

> 文中谓东洋，非特指日本，东方亚细亚洲一带皆是。中人特称日本曰东洋，而不知己亦国于东洋也。②

后来一篇取材自《东邦学会录》，述说俄国外交政策历史的译稿里，在言及"东洋"的段落时，编者也附加按语，说所谓"东洋"的意义是：

> 指东方亚洲而言，非指日本也。中国在亚洲，是亦居东洋之中也。人每误以日本为东洋，故附辨焉。③

----

① 张坤德译《英国下议院议论土乱及英国应如何办法》（英文报译/译太母士报西七月初四日），《时务报》第5册，光绪二十二年八月十一日（1896年9月17日），影印本第1册，总第302页。按，这篇译稿全文在《时务报》连载三期，分别在《时务报》第5册，光绪二十二年八月十一日（1896年9月17日），影印本第1册，总第297~302页；第7册，光绪二十二年九月初一日（1896年10月7日），影印本第1册，总第436~440页；第8册，光绪二十二年九月十一日（1896年10月17日），影印本第1册，总第505~508页。

② 古城贞吉译《港报论东洋大局》（东文报译/译东京日日报西十一月初十日），《时务报》第30册，光绪二十二年十一月初一日（1896年12月5日），影印本第1册，总第882页。

③ 原文是："是时中人横行黑龙江，断东洋（指东方亚洲而言，非指日本也。中国在亚洲，是亦居东洋之中也。人每误以日本为东洋，故附辨焉）至西伯利亚内地之要路，于西伯利亚内地之贸易不能畅销……"古城贞吉译《俄国外交政策史》（东文报译/译东邦学会录），《时务报》第48册，光绪二十三年十一月二十一日（1897年12月14日），影印本第4册，总第3298页。

人们表达对于外在世界之认知的词汇，是如何形成的，本即是历史与现实纠缠绕结的课题。好比说，"拉丁美洲"（Latin America）乃是19世纪中叶的法国学者创造出来的名词，用来指称美洲这方土地上说西班牙语、葡萄牙语和法语的人。就在此际，拿破仑三世（Napoleon Ⅲ）统治下的法兰西帝国正试图在这里开创一个新帝国，所以，"拉丁"这个概念的实质，乃是要把法兰西与这些说西班牙语或葡萄牙语的国家拉在一起，让这等意图显得是如此顺理成章，自然之至。正如布罗代尔（Fernand Braudel）所谓："'拉丁美洲'是法国约在1865年首先使用的，大部分是由于它自己的理由，而后，竟为整个欧洲所接受了。"① 中国人从将日本称为"东洋"，转变到认识"东洋"乃"指东方亚洲而言"，而且中国亦位于"东洋"之中，这样的认知变迁，显示了中国人对于地理/空间概念认识变化的轨迹，《时务报》则在这道轨迹上刻画了一道镂痕。

　　《时务报》不仅开启了中国人转换地理/空间概念的可能空间，也对中国人调整时间坐标的认知，提供了参照系统。它告诉读者，当阅读讯息的此际，不只是中国本身的纪年而已，还更有一个"普世"的标准。在一篇述说英国驻北京公使向本国禀报中国通商各口岸"商务情形"的译稿里，标题采用的是清朝纪元（大清光绪二十一年），却明白告诉读者：光绪二十一年即是"一千八百九十五年"；② 另一篇述说土耳其情势的译稿里也指出"西人以百年为一世纪"；③ 在介绍"俄国陆军少将铺加脱氏"关于中国财政意见的译稿里，则

① 参见 Martin W. Lewis and Kären E. Wigen, *The Myth of Continents: A Critique of Metageography* (Berkeley: University of California Press, 1997), p. 181。

② 张坤德译《中国通商各口二十一年份商务情形》（英文报译/译伦敦东方报西十月初二日），《时务报》第13册，光绪二十二年十一月初一日（1896年12月5日），影印本第1册，总第853页。

③ 古城贞吉译《土耳其论》（东文报译/译东京日日报西十月廿二日），《时务报》第11册，光绪二十二年十月十一日（1896年11月15日），影印本第1册，总第735页。

更明白以按语指陈："西人以百年为一世纪，现世纪即公历千八百年也。"[①] 我们今天生活的世界，在某些方面，其实可能是个单一的世界（a single world），拥有共同单位的经验框架（a unitary framework of experience），好比说，基本的时空坐标（basic axes of time and space），即为一例。这可以说是"现代性"（modernity）的特征之一，媒体在形塑/创造现代性的这个面向上，即有着重要的贡献。[②]《时务报》通过译稿（并添加附语）来促使中国人转换地理/空间的概念，调整时间坐标的认识系统，实亦可视为中国被编织进入"现代性"样态的历史经验的一个面向。

媒介提供的信息，制造了人们认识世界的凭借。中国士人屡屡信笔立言，痛陈中国人好似"地理文盲"（geographical illiteracy）[③] 一般，必然得遭受失地亡土的国族之耻：

> 若夫度数地图之事，虽极浅近者，未尝稍问津焉。然以帖括之故，得掇高科，而跻权要，则有以词馆之英，而问四川之近海与不近海，日本之在东在西者；有以外部之要，而言澳门在星架坡之外者；若亲藩极贵，问安南在何处？与广西近否？则固然矣。是以割混同江、精奇里江、乌苏里江六千里之地与俄，可谓从古割地未有之事，而中朝若不知之。其它割黑顶子、帕米尔于俄，分缅甸土司于法，割野人山于英，皆茫然于其名，况于抚有其地哉……[④]

---

① 古城贞吉译《俄将论中国财政》（东文报译/译东邦学会录），《时务报》第 14 册，光绪二十二年十一月十一日（1896 年 12 月 15 日），影印本第 2 册，总第 931 页。

② 参见 Anthony Giddens, *Modernity and Self-Identity: Self and Society in the Late Modern Age*, pp. 4 - 5。当然，吉登斯也承认，各式各样新式的分殊与散裂形式亦被创造出来。此题涉及广泛，不拟详究。

③ 引自 Martin W. Lewis and Kären E. Wigen, *The Myth of Continents*, "Preface", p. x。

④ 徐勤：《中国除害议》，《时务报》第 42 册，光绪二十三年九月二十一日（1897 年 10 月 16 日），影印本第 4 册，总第 2842 页。

那么，像《时务报》这样的媒介快速制造/提供的“世界知识”，俨
然可以成为打造中国人对于“中国”乃是一个“地理体”（geo-
body）的信息泉源。①

三 “世界知识”的确证与转向

光绪二十二年七月二十四日（1896 年 9 月 1 日），一直关心《时务
报》的邹代钧，终于收到了它的第一期。披读之后，深为“狂喜”，大加
赞誉，也期待它可以“精益求精”，提出了不少意见。像是翻译文稿的
“西报地名”有不少都是他未得知之的，所以建议应列出《中西文地名
表》，如此，“阅报之人都知地名所在，其获益良多”。② 邹代钧是晚清

---

① “地理体”的观念，依据 Thongchai Winichakul 的论述，他借由暹罗国族情境
（nationhood）如何被创造出来的例子，具体显现出地理这门科学及其最主要的
致知方式：地图的绘制，如何为国族的建构提供了基础。就鉴别一个国家的最
具体的特征而言，领土（territory）所至（包括与之相关的价值与实践），或可
名曰“地理体”（geo-body），其实乃是被创造建构出来的。如其所述，暹罗自
身实有其传统的认识空间的知识和技术，但在“现代”地理知识的“入侵”
之下，“传统”知识被赋予“科学”形象的“现代”地理知识所取代，但这
不只是个纯粹“知识”领域或“学术”里的结果，更是与战争及以利益关系
为基础的外交/政治实践相关的。就某个国家的“地理体”的内容而言，相关
的概念、体制与实践，包罗广泛，诸如领土完整与主权的概念；也包括边防、
武装冲突、侵略、战争等事件；余如领土范围以内的经济活动，生产、工业、
贸易、税收、海关、教育、行政、文化等等皆是。然而，不该只把“地理体”
视为用以指涉领土或空间的对象，它乃是某个国家之生命的成分（a component
of the life of a nation），是国家骄傲、荣光、忠诚、赤忱、热情、憎恶、理性与
非理性的泉源；当它与其他国族构成要素结合起来的时候，更可以创造出其他
许多的概念与实践。因此，可以把地理学看成是一种类型的调解者
（mediator），它提供的不是地球上某个角落的对象，而是这样一种类型的知识：
对某种被认定为客观的实体的概念抽象（a conceptual abstraction），一套有系统
的象征（signs），一个论述（discourse）。参见 Thongchai Winichakul, *Siam
Mapped: A History of the Geo-body of a Nation*（Honolulu: University of Hawai'i Press,
1994）；承沈松侨教授提示注意此论，特谨深致谢悃。

② 《邹代钧函》（二十三），《书札》3：2658；张元济亦说《时务报》“所译地名，
每无一定之字，能熟外国地理者有几人，似宜留意”，见《张元济函》（九），《书
札》2：1685。

地理学名家，① 如果连他对《时务报》译稿里言及的地名，都有这样的困扰，遑论其他读者？邹代钧的提议，首先得到了报馆方面的公开响应：

> 来书有谓：所译各报地名前人已译有定名者，宜仍勿改；未译定者，宜注明经纬度或附注西文于下者，此最精密之论。惟十日三万字，为期极速，而办事人少，实难逐处查明。且翻译自幼即习西文，故于中国旧译之名多不详悉。若按注西文，则非钞胥之所克任，处处须翻译自写，实觉不胜其劳……

其苦衷如此，应可得到读者的谅解。《时务报》方面也努力实现这项建议，先在翻译稿里以双行夹注的方式加以解释，如《时务报》第 4 册的"路透电音"报道"善齐拔"这个国家的"国主"逝世的消息，便注明道"善齐拔"是"阿非利加东南一小国也"；② 从第 13 册则开始刊登《中西文合璧表》，③ 以便检索（以后各册不定期刊出；从第 47 册起，则将地名、人名以中英对照并列的方式刊出，"以便阅者一目了然，不烦查检"）。④ 对《时务报》的编者来说，关于地名的翻译与确证或许不是件难事，⑤ 要他们把《时务报》译稿述说的异域大千世界涉及的方方面面，都能以一致的词

---

① 参见翟忠义《邹代钧》，收入氏著《中国地理学家》，山东教育出版社，1989，第 419~423 页。

② 张坤德译《路透电音》，《时务报》第 4 册，光绪二十二年八月初一日（1896 年 9 月 7 日），影印本第 1 册，总第 239 页。

③ 《中西文合璧表》，《时务报》第 13 册，光绪二十二年十一月初一日（1896 年 12 月 5 日），影印本第 1 册，总第 889 页。

④ 《本馆告白》，《时务报》第 47 册，光绪二十三年十一月十一日（1897 年 12 月 4 日），影印本第 4 册，总第 3247 页。

⑤ 其实，邹代钧对《时务报》的地名译文前后不能统一，还是有所批评，如他说"波斯湾"一词在"十二册报中忽又作布斯湾"，《邹代钧函》（四十三），《书札》3：2697。

语表达出来，并让它的读者可以知其含义，却没那么简单。好比说，《时务报》第 3 册刊载了一篇它的日文翻译古城贞吉从日本《经济杂志》译过来的稿子，主题是美国共和党为角逐 1896 年美国总统而提出的政纲，其中涉及外交方面的主张即是"门绿政治"：

> 我党现拟遵门绿遗意，申明其理：若有欧洲诸国侵略在美洲内我友邦，友邦请我干涉时，我国应速诺之，是实我国之权利也。欧西诸国现有版图在美洲内者，我党固不与之生事，然必不许借端狡焉思启也……①

可是，同一位译者在从《东京日日报》译出，述说英国海外政策的稿子里，谈到英国虎视眈眈于亚美利加之地而为美国抗争的段落时，则说美国抗争的理由是"门绿律旨"，且未加任何解释。② 另一位译者张坤德在《时务报》第 31 册发出一篇从《温故报》译过来的文稿，主题是《德国有整水师之议》，述说德、英、美之间的军备竞争，文中说明了美国所采的外交政策大略一直还是依循"孟绿道理"，则有按语解释"孟绿道理"的意义：

> 按，美前总统孟绿者，曾倡言美洲地土概不准外人干预，后

---

① 古城贞吉译《美国共和党宣论新政》（东文报译/译经济杂志西七月廿五日），《时务报》第 3 册，光绪二十二年十月二十一日（1896 年 8 月 29 日），影印本第 1 册，总第 174 页。

② 原文是："……英人又见亚美利加之地，以尼加拉虞运河开通之期在即，欲得一要冲之地于其旁边，情焰益燃。前年注目于尼加拉虞东岸，借名布教，简派宣教师矣，于晃达拉士无故而以兵力拓境矣，于威尼结儿借口于境界不明，派探险队以将占有金矿，及阿米那河口矣。然皆为美国执门绿律旨以抗之……"见古城贞吉译《俄人论英国海外政策》（东文报译/译东京日日报西八月二十日），《时务报》第 4 册，光绪二十二年八月初一日（1896 年 9 月 7 日），影印本第 1 册，总第 248 页。

人遵守其言，即谓之孟绿道理。①

就我们当下的认识言之，不论是"门绿政治"或是"门绿律旨"也好，"孟绿道理"也罢，含义所指，乃是美国总统门罗（James Monroe，1758－1831）于1823年提出的"门罗主义"（Monroe Doctrine）。从整体的脉络来看，当时的媒体上并不缺乏有关"门罗主义"的讯息与解释，例如1896年2月出刊的《万国公报》在翻译自"英伦电报"的一则讯息里即有"若论委内瑞拉事，我非以孟绿民主之道为不合也"一句，也附加按语曰：

> 美洲本欧国之新疆，华盛顿既立美国后，有民主孟绿定美国及巴西、委纳瑞拉等皆为民主国，不许欧人再至美洲展拓新疆，欧美人目为孟绿之道。②

对译者而言，相互之间，并未意识到将这个词进行"统一"的需要；对读者来说，要厘清"门绿政治""门绿律旨""孟绿道理""孟绿民主之道""孟绿之道"的意义是否相同，恐怕得费上好一番工夫。当时梁启超即提出编辑"名物书"的主张，以为"尽读群书，无不能解者"之助，③良有以也。在我们当下的读书活动里，百科全书或是字典/辞典之为用，且统一译名规范的行动与呼吁仍持续不辍，可以想见，在导入西方词汇/思想的历程里，

---

① 原文是："……美国近言孟绿道理（按，美前总统孟绿者，曾倡言美洲地土概不准外人干预，后人遵守其言，即谓之孟绿道理）已屡说不一说……"见张坤德译《论德国有整水师之议》（英文报译/译温故报西四月十五日），《时务报》第31册，光绪二十三年六月初一日（1897年6月30日），影印本第3册，总第2103页。

② "电传竿牍"，《万国公报》第85册，光绪二十二年正月（1896年2月），影印本第25册，总第15858页。

③ 梁启超：《论学校·五·幼学》（变法通译三之五），《时务报》第16册，光绪二十二年十二月初一日（1897年1月3日），影印本第2册，总第1175页。

类似读书/知识实践遭遇的困难和化解之道，实有其历史的连续性。

　　在现代高度发展的新闻交换体系之下，"天涯若比邻"，震惊世人的大事，迅即为我们共知同晓，把国外的事务国内化（domesticating the foreign）成为新闻传播的重要面向。然而，在这个"国内化"的过程里，却不可避免地会受到自身国内文化/社会/意识形态的编码，以自己的观念/语汇来解读/认识那些形形色色的外国新闻。①例如，《时务报》刊出一篇从日本《时事新报》译出的文稿，介绍"俄相儿那巴拿弗"（应即 Prince Aleksei B. Lobanov-Rostovskii）②之事迹，便将他比喻为"其外交权术与拿破仑等"，也说他居然"甘作民贼，毒痡四海，囊括宙合，方遂厥志，殆魏武帝、张献忠、李自成之流亚"，然而，他能够"安内攘外，掠地取邑"，是"当今之世，罕有伦比"的人，"揆诸申、

---

① 参见 Michael Gurevitch, Mark R. Levy and Itzhak Roeh, "The Global Newsroom: Convergences and Diversities in the Globalization of Television News," in Peter Dahlgren and Colin Sparks, eds., *Communication and Citizenship: Journalism and the Public Sphere in the New Media Age* (London & NY: Routledge, 1991), pp. 206 – 207。当然，本文主要以电视新闻的报道为论述对象而指陈这种趋向，笔者借用其论述，无意深究其论述涵括之全面样态。

② 据秦郁彦编『世界诸国の制度・组织・人事（1840～1987）』东京大学出版会、1988、367 页。按，据《时务报》上同样由古城贞吉担任译事的另一篇译稿云，"儿那巴拿弗"为"俄国总理大臣兼外务大臣"［见古城贞吉译《俄国首相逝世》，《时务报》第 7 册，光绪二十二年九月初一日（1896 年 10 月 7 日），影印本第 1 册，总第 464～465 页］；至如《时务报》上由刘崇惠担任译事的一篇译稿则将其官职与名讳译为"俄国外政大臣鲁马能务王"［见刘崇惠译《俄国外政大臣鲁马能务王事略》（俄文报译），《时务报》第 16 册，光绪二十二年十二月初一日（1897 年 1 月 3 日），影印本第 2 册，总第 1071～1074 页］。不过，《时务报》从刊登刘崇惠的译稿后，凡涉及此君之译稿，其名讳皆统一为"鲁马能务"，如古城贞吉译《俄前相鲁马能务逸事》，《时务报》第 36 册，光绪二十三年七月二十一日（1897 年 8 月 18 日），影印本第 3 册，总第 2452～2453 页；古城贞吉译《鲁马能务王遗策》，《时务报》第 46 册，光绪二十三年十一月初一日（1897 年 11 月 24 日），影印本第 4 册，总第 3163～3164 页。

韩，未遑多让"，实在可谓"才士"。① 这篇译稿以拿破仑、曹操、张献忠、李自成、申不害和韩非这等新旧杂糅的形象譬喻这位人物。曹操、张献忠、李自成、申不害和韩非，对中国读书人来说并不陌生；"拿破仑"则是 19 世纪始进入中国的异邦人物。② 显然，在译者看来，以他们为譬喻，读者应可知晓其意，亦实显示像拿破仑这等来自异域他邦的人物，已然成为晚清历史舞台上"公众人物"之一的潜流样态。③ 因此，当论者动笔为文劝说中国人应该知国耻而奋起的时候，与拿破仑相关的历史事迹，便可成为具体的例证（而为读者同知共晓），像寿富即以"拿破仑"如何鼓动了英国和普鲁士以为论说之资。④ 在这样的状态下，可以想见，晚清以降中国士人的读书与知识世界，实已显现出相当的混杂性格（hybridity）。

　　可是，如果将这些译稿和原刊形态进行对比，则可发现译稿传递的讯息，往往是译者自身创造出来的。从比较宽广的脉络来说，自晚清以降，又一波的翻译活动浪潮勃兴，各式各样的新词语、意义、话语以及表述的模式，沛然而生。即如刘禾的论说，在这等"跨语实践"的历程里，当概念从客方语言走向主方语言时，

---

①　古城贞吉译《论俄相儿那巴拿弗》（东文报译/译时事新报西九月廿五日），《时务报》第 9 册，光绪二十二年九月二十一日（1896 年 10 月 27 日），影印本第 1 册，总第 595～597 页。

②　关于"拿破仑"在晚清的形象，参见陈建华《拿破仑与晚清"小说界革命"：从〈泰西新史揽要〉到〈泰西历史演义〉》，《汉学研究》第 23 卷第 2 期，2005，第 321～352 页。

③　试举一例：刘永福《谕黑旗军士檄》即谓："法酋拿破仑第一颇善用兵，其国人称之天神……"见陈忠倚编《皇朝经世文三编》第 52 卷"兵政八·兵机二"，国风出版社 1965 年影印本，总第 788 页。

④　原文是："更观地球百年以来，拿破仑席卷西欧，逞其权力，英人耻之，合全国之力，与之周旋海上，卒乘其敝，英人至今执柄欧洲牛耳。普鲁士见弱于拿破仑，法人视之如奴隶，普人耻之，合全国之力，讲武兴学，卒摧强邻，房路易，围巴黎，一战而霸，法人至今不能报，法人耻之……"寿富：《知耻学会后叙》，《时务报》第 40 册，光绪二十三年九月初一日（1897 年 9 月 26 日），影印本第 3 册，总第 2762 页。

意义与其说是发生了"改变",不如说是在主方语言的本土环境中被发明创造出来。① 《时务报》刊出的译稿,正展现了这等样态。就以这篇述说"俄相儿那巴拿弗"的译稿而言,如取日本《时事新报》原件对比,② 即可见它非仅删减了原来的小标题,关于"殆魏武帝、张献忠、李自成之流亚""揆诸申、韩,未遑多让"等表述,更根本是原稿所未见。③ 印度学者 Tejaswini Niranjana 既从历史也从殖民脉络的后结构主义立场阐述曰,翻译作为一种实践,它如何在殖民主义的操作之下,塑造了并且也得以成形于不对称的权力

---

① 刘禾:《跨语实践——文学民族文化与被译介的现代性》,宋伟杰等译,生活·读书·新知三联书店,2002,第 36 ~ 37 页。原著是 Lydia H. Liu, *Translingual Practice: Literature, National Culture, and Translated Modernity: China, 1900 - 1937* (Stanford: Stanford University Press, 1995)。

② 「外交のナポレオン」『時事新報』1896 年 9 月 25 日、復刻本 15 巻 5 冊、253 頁。

③ 此题涉及广泛,不拟一一对比,仅取略相关述说,对照如下:

日本《时事新报》	《时务报》译稿
公は外交のナポレオンなり：或は公を評して其大望心の盛なろはイグナチーフ將軍に酷似すれも彼か如く寛容人を親しましむる度量を備へぎるふそ即ち人望を收攬するを得ぎりし所以なれ實は公は其心死灰の如く絶て人情を顧みず世の平和を攪擾する無遠慮冷血の人物なりも云ふ者ゆれぞも甚け其當を失ひたろ批評にして假會ひ多少の欠點はふりもするも大政治家もしては今日實に露國のみならず他の國々にも比肩す可さ俊才ながろ可し……	其外交权术与拿破仑等,至雄心之盛,酷似伊官拿次呼将军,而宽容稍逊。惟丰裁峻整,度量酷隘,故不能允协舆情,此其弊也。然窥其宗旨,甘作民贼,毒痛四海,囊括宙合,方遂厥志,殆魏武帝、张献忠、李自成之流亚欤。夫武健严酷,仁者羞言;然安内攘外,掠地取邑,当今之世,罕有伦比,揆诸申、韩,未遑多让。如儿那巴拿弗者,可谓才士也。……

就此例而言,显然必须比对古城贞吉负责《时务报》"东文报译"取材之日本原文报刊,始可发其妙谛;而如陈一容之研究,即有此弊:陈一容《古城贞吉与〈时务报〉"东文报译"论略》,《历史研究》2010 年第 1 期。

关系。① 这等"翻译的政治"的思想视野，确实提醒我们应当注意西方的思想霸权，如何通过翻译，对于（晚清以来的）中国知识分子开展自我理解，可能产生的权力作用。② 然而，与其说《时务报》这篇述说"俄相儿那巴拿弗"的译稿是对原稿的"误译"；不如说，这是"俄相儿那巴拿弗"的形象，必须透过中国自身的历史文化脉络，才能被解释阐明；因此，"翻译的政治"的知识权力关系的形塑过程，绝对不会是殖民者单向的施为；看似居于弱势的，得仰仗翻译以汲取新知的（文化思想上的）被殖民者，（在特定的文本里）还是有某种主体性，笔下绝未完全臣服于西方的思想霸权（即便这篇译稿的生产者是日本人古城贞吉）！③

从《时务报》的译稿屡屡被当时论者引以为论说之资的情况，也可展现它作为读其书者皆可自由取用的公共空间的面貌。例如，《时务报》载有大量有关科学知识的资料（共138篇），其中如引介"曷格司射光"

---

① Tejaswini Niranjana, *Siting Translation*: *History*, *Post-Structuralism*, *and the Colonial Context* (Berkeley: University of California Press, 1992).

② 关于这一方面的考察，成果尚称繁多，笔者捧读受益甚众者，厥推此作：刘人鹏《"中国的"女权、翻译的欲望与马君武女权说译介》，收入氏著《近代中国女权论述：国族、翻译与性别政治》，台湾学生书局，2000，第75～126页。刘禾则以国际法（及其文本）在中国的实践/翻译/应用为例，提示曰，我们对这样的情境首先得思考的是一部被翻译的文本如何（有意的或是无意的）在不同语言的论述脉络（the discursive contexts）之间生产意义，参见 Lydia H. Liu, *The Clash of Empires*: *The Invention of China in Modern World Making* (Cambridge: Harvard University Press, 2004), pp. 108－139；余不详引。

③ 关于这等"翻译的政治"的课题，涉题广泛，笔者未可多所阐释，然而笔者同意德里克之倡言历史的认识论（historical epistemology）的观点，他认为，这样的认知，至少澄清了现在如何利用/误用"过去"的方式（the ways in which the present uses and abuses the past），也可以提醒我们思考自身的历史性（historicity）：我们现在的所言所为，为什么和过去的人们所言所为，有这样或那样的差异，Arif Dirlik, "Is There History after Eurocentrism? Globalism, Post Colonialism, and the Disavowal of History," in *Postmodernity's Histories*: *the Past as Legacy and Project* (Lanham: Rowman & Littlefield Publishers, 2000), pp. 63－89。

（即 X 光），① 即为论者引用，作为讨论中西医术差别的一个方面。②
《时务报》介绍"海底行船新法"（即潜水艇）的文章，③ 也成为主
张从讲求制造武器入手而始可立海军的论者所征引的对象。④ 当论者
声言应该以日本为榜样来"变通学校"的时候，《时务报》的译稿也
可以成为阐释日本学术情况的依据之一。⑤ 在解释各种与农学相关的

---

① 《时务报》刊出的文章共计 4 篇：孙超、王史译，利瓦伊格勘定《曷格司射光》（英
文报译/译美国格致报西七月廿四日），《时务报》第 38 册，光绪二十三年八月十一
日（1897 年 9 月 7 日），影印本第 3 册，总第 2589 页；孙超、王史译，利瓦伊格勘
定《又曷格司射光一则》（英文报译/译上海字林西报西八月十九日），《时务报》
第 38 册，光绪二十三年八月十一日（1897 年 9 月 7 日），影印本第 3 册，总第 2590
页；孙超、王史译，利瓦伊格勘定《曷格司射光》（英文报译/译上海字林西报西十
月十三日），《时务报》第 43 册，光绪二十三年十月初一日（1897 年 10 月 26 日），
影印本第 4 册，总第 2947~2948 页；孙超、王史译，利瓦伊格勘定《曷格司射光》
（英文报译/译上海字林西报西十月十九日），《时务报》第 44 册，光绪二十三年十
月十一日（1897 年 11 月 5 日），影印本第 4 册，总第 3017~3018 页。
② 原文是："……若夫全体之学扎割之法，有回光镜以代哥罗多……有曷格司射光以
照脏腑（见《时务报》三十八册）。"另见黎祖健《弱为六极之一说总论》，甘韩
辑《皇朝经世文新编续集》第 1 卷"通论下"，影印本总第 191 页；本书征引版本
为：甘韩辑，杨凤藻校正《皇朝经世文新编续集》，文海出版社 1972 年影印本（本
版封面误书编者为杨凤藻）。
③ 张坤德译《海底行船新法》（英文报译/译英国公论报西十月初九日），《时务报》第 13
册，光绪二十二年十一月初一日（1896 年 12 月 5 日），影印本第 1 册，总第 866 页。
④ 原文是："……《时务报》译英国《公论报》纪海底行船之法云：……观此知泰西
制造之法，真可谓层出不穷矣……"见《论欲立海军宜先讲求制造》，《皇朝经世文
统编》第 81 卷"经武部十二·海军"，总第 3347~3348 页。
⑤ 如谓："问：今日变通学校，不骛今，不悖古，当以何国为善？曰：日本哉！日本
哉！日与我同洲之国，又同宗孔教……其人聪明，其俗悍劲，其政专制，其操业勤，
其用财俭，大类吾华。其学或祖程朱……或宗阳明……或守汉学（《使东述略》：维
新以来，犹有硁硁守汉学者；《时务报》亦译有《汉学再兴论》），或主实用……"
见《日本学校变法详述问答》，《皇朝经世文新编续集》第 5 卷"学校下"，影印本
总第 422~423 页。按，所谓《时务报》亦译有《汉学再兴论》，即古城贞吉译《汉
学再兴论》，《时务报》第 22 册，光绪二十三年三月初一日（1897 年 4 月 2 日），影
印本第 2 册，总第 1502~1504 页。所谓《使东述略》，即大清帝国首任出使日本钦
差大臣何如璋的《使东述略》，为其于光绪三年（1877）使日留下的记录，其言曰：
"（日本）近趋欧俗，上自官府，下及学校，凡制度、器物、语言、文字，靡然以泰
西为式；而遗老逸民不得志之士，尚有敦故处谭汉学硁硁以旧俗自守者……"见何
如璋《使东述略》，王锡祺辑《小方壶斋舆地丛钞》第 10 帙，上海著易堂印行本，
中研院历史语言研究所傅斯年图书馆藏，第 280A 页。

知识时，也说当时出现了各种新耕具，仅仅知晓《时务报》已然译
介的"电犁牛机器"（即耕耘机），"其它新法"，"余俱未闻"。① 奉
《时务报》译稿刊布的科学新知为论说依据，正可显示它提供的信
息，俨然被视为可堪信任的知识；在政治、社会、外交方面的信息，
也有类似的样态。高凤谦认为《时务报》"翻译美总统出身"的文章
"用意至为深远"。的确，当时便有论者可能依据这篇得到高凤谦赞
誉的文章②，开展论说，指陈"美国总统起家法律者，十居五六。西
人之重法律如此"。③ 当德国拒绝黄遵宪为清朝驻德国公使的消息见
诸《时务报》译稿的时候，④ 论者忿忿不平，即引《时务报》另一
篇译稿里对黄遵宪的赞赏，批评德国的举措失当。⑤

　　从这些例子看来，《时务报》的译稿，在当时的读书界里确实占有某
种"权威"的地位，是值得论者再三参照征引的对象。因此，《时务报》

① 原文是："……各种耕具其他新法，只得《时务报》（第三册）所译电犁牛机器一
　说，余俱未闻……"见《农学论》，《皇朝经世文新编续集》第 7 卷"农政上"，
　影印本总第 559～587 页。按，即张坤德译《电犁新法》，《时务报》第 3 册，光
　绪二十二年十月二十一日（1896 年 8 月 29 日），影印本第 1 册，总第 161～
　162 页。

② 即古城贞吉译《美国总统出身》，《时务报》第 8 册，光绪二十二年九月十一日
　（1896 年 10 月 17 日），影印本第 1 册，总第 526～527 页。

③ 《交涉学》，《皇朝经世文统编》第 46 卷"外交部一·交涉"，第 14A 页；作者
　"阙名"。

④ 即张坤德译《论德国不接华使》（英文报译/译上海字林西报西十二月十四日），
　《时务报》第 16 册，光绪二十二年十二月初一日（1897 年 1 月 3 日），影印本第 2
　册，总第 1061～1062 页。

⑤ 原文是："……案：英国《公论报》（《时务报》译）云：中朝新简罗君丰禄充使
　伦敦，因材器使，人与事宜，其与同时使德者有黄君。在华人中能洞知西人心思，
　通晓西国文字者，首推两君，噫！英人之推服甚至，德与中向称和好，何以固执
　若此？或曰：此事不出自德廷，然则彼国使华之使失国体，违公法，不且为环球
　诸国所窃笑乎！……"见《公使觐见原始》，《皇朝经世文新编续集》第 15 卷
　"交涉"，影印本总第 1192～1193 页。所谓"英国《公论报》（《时务报》译）"，
　即张坤德译《论新派驻英钦使》（英文报译/译英国公论报西正月廿二日），《时务
　报》第 20 册，光绪二十三年二月十一日（1897 年 3 月 13 日），影印本第 2 册，总
　第 1349～1350 页。

的译稿即为当时的各种论著纂辑成编,好比说层出不穷的各类"经世文编"①,便屡屡收录之(参见本章附三),不仅显示了这些译稿是可资"经世"的权威知识,也显示出中国传统的"经世思想"的"思想边界"的扩张样态,表明"经世思想"与时代互动,因应现实需求的"实用"意义。例如,陈忠倚编辑的《皇朝经世文三编》第73卷"洋务五"里有一篇总篇名为《外洋国势卮言》②的文章,其实乃是汇集《时务报》的各篇译稿而成的(参见本章附四)。可是,究其实际,这些文章只具有短期信息的意义,如《俄国添兵论》一篇提供的只是1896年"其驻东方之水师"的情况而已,③他的兵力部署,不可能永恒不变。这样看来,收录这些文章也许正反映了"经世思想"蕴含的实用主义面向。④

　　同样的,晚清时期汇集世界地理与局势之文献于一编的大书——王锡祺纂辑的《小方壶斋舆地丛钞》⑤,也从《时务报》的译稿里取材(参见本章附五),既展现了这些译稿的"实用"价值,也反映编者把这些稿子提供的信息当成永恒不移的知识。好比说,《古巴岛述略》一文言及其人口"计一百六十八万四千人",⑥这个数字,如何

① 关于各类"经世文编"的讨论,参见黄克武《经世文编与中国近代经世思想研究》,《近代中国史研究通讯》第2期,中研院近代史研究所,1986年9月,第83~96页。相关研究讨论,参见丘为君、张运宗《战后台湾学界对经世问题的探讨与反省》,台北《新史学》第7卷第2期,1996年6月,第181~231页;解扬《近三十年来有关中国近世"经世思想"研究述评》,台北《新史学》第19卷第4期,2008年12月,第121~151页;韩承桦《评介两岸学界近十年有关〈经世文编〉的研究概况》,《史原》复刊第2期,2011年9月,第205~238页。其余文献,多乏善可陈,不详一一征引。

② 《外洋国势卮言》,《皇朝经世文三编》第73卷"洋务五",影印本总第1093~1096页。

③ 张坤德译《俄国添兵论》,《时务报》第9册,光绪二十二年九月二十一日(1896年10月27日),影印本第1册,总第574~576页。

④ 张灏:《宋明以来儒家经世思想试释》,《近世中国经世思想研讨会论文集》,中研院近代史研究所,1984,第3~19页。

⑤ 关于王锡祺及其纂辑的《小方壶斋舆地丛钞》,参见潘光哲《王锡祺(1855~1913)传》,郝延平、魏秀梅主编《近世中国之传统与蜕变——刘广京院士七十五岁祝寿论文集》,中研院近代史研究所,1998,第395~425页。

⑥ 古城贞吉译《古巴岛述略》(东文报译/译日本新报西八月廿六日),《时务报》第6册,光绪二十二年八月二十一日(1896年9月27日),影印本第1册,总第391页;《小方壶斋舆地丛钞再补编》同。

可能永不增减？用今天的话来说，这都是"新闻"变成了"知识"的具体表征。

从论者依据《时务报》的译稿立论成说，也从各类"经世文编"与《小方壶斋舆地丛钞》将之汇编为书的情况来看，张元济说读者对于《时务报》所刊载的"西事均不甚留意"① 的观察，可能只是一孔之见。《时务报》的读者，从这方可以任意自由取用的公共空间里，找到自己关心的信息，作为开展自身独特思考/悬想/读书/编书的活动历程的起点。这些活动，既是对于《时务报》提供的"世界知识"的确证，也是中国士人转向媒体，以之作为知识探索对象的表征。

结　论

新闻媒体传播的内容与阅听人的反应，向来错综复杂。可是，一旦"新闻作为公共知识"（news as public knowledge）的样态问世，它便如音响的扩音器一样产生了不可思议的扩大作用，引发了公众的注意。② 《时务报》刊发各式各样的译稿，激起的回响固然不一而足，它提供的"世界知识"，则俨然为中国的变迁前景，在思想层域积蓄了无数可能潜在的动力。

当然，《时务报》提供的讯息，未必产生直接而现实的单线效果。就如本尼迪克特·安德森的"想象的共同体"的论证而言，可能过于简易乐观。人们不会只从一个途径得到各式各样的"世界知

---

① 《张元济函》（十九），《书札》2：1682。

② 这是 Michael Schudson 对于美国媒体（报纸、杂志、广播、电视等）的反省，他提出了"新闻作为公共知识"的论说。在他看来，媒体向公众提供了某条新闻，它就被授予了某种公共正当性（public legitimacy），阅听人在公共论坛上便可一起讨论之。这样，新闻报道不仅是散布传播而已，更是产生了像音响扩音器一样的作用，引发了公众的注意力，参见 Michael Schudson, *The Power of News*（Cambridge：Harvard University Press, 1995）, pp. 19 - 21。当然，他亦指陈，这是在人们相信在稳定可靠的民主体制之下，公民应随时获得有效信息的理想情境下的论说。

识"。就大英帝国及其领地之间的情况而论，本尼迪克特·安德森的论点可能忽略了各地区的地方认同与利益也处于持续不断的打造/维系过程中，人们阅读的，不见得是在帝国范围内的全国性报刊（也不会只阅读一份），许多区域性的报刊其实会鼓动极其复杂的认同面向。例如，身兼报人与加拿大参议员（Senator）二职的 Grattan O'Leary，是在爱尔兰大饥荒时期移往加拿大的爱尔兰人后裔。他回忆说他在魁北克成长的青年时期，阅读的多是爱尔兰人的报纸，"从都柏林来的《自由人》（*Freeman's Journal*），从纽约来的《爱尔兰世界》（*Irish World*），从明尼阿波利斯来的《爱尔兰旗帜》（*Irish Standard*）"。也就是说，他正是从这样特别的视角积累关于不列颠政局的知识。[1] 晚清士人知道国族危难/世界变局的渠道，也可能多重复杂（正如前述，孙宝瑄、宋恕与皮锡瑞如何知悉"胶州湾事件"的讯息，目前尚不得而知），他们得到的认知也是千样万态。更何况，媒体的报道不见得就是"真相"的再现，也不可能无所不包，《时务报》译稿提供的讯息，应该都是经过《时务报》的编者/译者进行"筛选"的结果；文稿的展现，用字遣词也屡屡不一，更会让读者可能"一头雾水"，莫识其妙，显示出"跨语实践"的困境。[2]

　　无论如何，就晚清的读书世界而言，像《时务报》这样的媒体刊布的译稿可以快速提供的讯息，非仅可以让读者尽快掌握世局之变，也成为他们理解/认识/阐释世界的依据之一。显然，以传教士为主要翻译者的中译西书，不再是他们获得"世界知识"的最主要泉源。正如 James W. Carey 所谓，报纸与其他媒体扮演的角色是"建构与维系一个井然有序而又意义无穷的文化世界"，在他看来，阅报的最重要的效果，并不是读者可以得到各式各样的事实信息，而是他或她可以

---

[1]　引自 Simon J. Potter, *News and the British World*: *The Emergence of an Imperial Press System, 1876 - 1922*, p. 215。

[2]　"跨语实践"的视野，自然首推刘禾的引路之功，参见刘禾《跨语实践——文学民族文化与被译介的现代性》。

"作为观察者，参与了一个各种力量相互竞逐的世界"。①《时务报》作为供应"世界知识"的载体，正容许晚清士人自由进出，共享同润，并开展自身独特的精神/思想活动，读者对于它的响应，更是千样万态。② 就这个面向而言，自 1890 年代中期起，像《时务报》这样的传播媒介，为打造中国的公共空间，提供了无穷的动力来源。如果选取与《时务报》同期存在的其他媒体（如《万国公报》《知新报》等）提供的翻译讯息，相互对比，那么我们对于晚清时期关于"世界知识"的多重样态，对于当时士人读书世界的构成，对于当时的公共空间的表现风貌，应当可以有更形丰富精致的认识。

附一 《时务报》译稿与世界主要国家讯息相关者分类

日本

类别	篇数	比例（%）
总论	6	4.3
政治	7	5.1
国际关系	17	12.3
经济财政商务农业展博物会	53	38.4
帝国主义	3	2.2
社会人口风俗劳工	6	4.3
科学	1	0.7
军事新武器	23	16.7
交通	10	7.2
邮政	1	0.7
教育	6	4.3
人物	3	2.2
学术文化	2	1.4
总篇数	138	

① James W. Carey, *Communications as Culture*, pp. 18 – 20, 转引自 Jeremy D. Popkin, "Media and Revolutionary Crises," in Jeremy D. Popkin, ed., *Media and Revolution: Comparative Perspectives*（Lexington: University Press of Kentucky, 1995）, p. 23。

② 参见潘光哲《〈时务报〉和它的读者》，《历史研究》2005 年第 5 期，第 60 ~ 83 页。

法国

类别	篇数	比例（%）
国际关系	4	9.5
政治	1	2.4
帝国主义	4	9.5
经济财政商务农业展博物会	9	21.4
科学	9	21.4
社会人口风俗劳工	3	7.1
军事新武器	8	19.0
奇闻轶事	1	2.4
教育	1	2.4
大众传播	1	2.4
法律	1	2.4
总篇数	42	

俄国

类别	篇数	比例（%）
总论	7	4.2
政治	9	5.5
国际关系	16	9.7
经济财政商务农业展博物会	25	15.2
帝国主义	30	18.2
社会人口风俗劳工	5	3.0
科学	2	1.2
大众传播	3	1.8
交通	23	13.9
学术文化	1	0.6
军事新武器	27	16.4
教育	4	2.4
人物	13	7.9
总篇数	165	

美国

类别	篇数	比例（%）
国际关系	1	1.1
政治	12	13.8
帝国主义	4	4.6
经济财政商务农业展博物会	23	26.4
科学	11	12.6
社会人口风俗劳工	11	12.6
交通	4	4.6
奇闻轶事	3	3.4
军事新武器	8	9.2
大众传播	1	1.1
教育	2	2.3
学术文化	1	1.1
人物	6	6.9
总篇数	87	

英国

类别	篇数	比例（%）
国际关系	25	17.6
政治	12	8.5
帝国主义	17	12.0
经济财政商务农业展博物会	24	16.9
科学	7	4.9
社会人口风俗劳工	5	3.5
交通	5	3.5
文学	4	2.8
军事新武器	22	15.5
邮政	3	2.1
教育	3	2.1
奇闻轶事	3	2.1
人物	8	5.6
大众传播	2	1.4
学术文化	1	0.7
法律	1	0.7
总篇数	142	

德国

类别	篇数	比例（%）
总论	2	3.2
政治	11	17.7
国际关系	12	19.4
经济财政商务农业展博物会	8	12.9
帝国主义	5	8.1
社会人口风俗劳工	1	1.6
科学	5	8.1
奇闻轶事	1	1.6
交通	2	3.2
大众传播	1	1.6
军事新武器	11	17.7
教育	1	1.6
人物	2	3.2
总篇数	62	

附二　《时务报》译稿与世界列国彼此交涉讯息相关者分类

国家/地区	国家/地区	国家/地区	国家/地区	篇数
中	俄			18
中	英			9
中	日			6
中	德			1
中	美			1
中	印度			3
中	越			1
中	韩			1
俄	英			12
俄	法			15
俄	日			11
俄	德			2
俄	美			1
俄	奥匈帝国			1
俄	土耳其			3

国家/地区	国家/地区	国家/地区	国家/地区	篇数
俄	丹麦			1
俄	韩			7
英	法			6
英	日			9
英	德			7
英	意			1
英	美			2
英	欧洲			1
英	非洲			1
英	埃及			1
英	土耳其			1
英	印度			1
英	韩			1
法	日			2
法	德			4
法	美			1
法	暹罗			1
日	古巴			1
日	德			1
日	美			19
日	奥匈帝国			2
日	加拿大			1
日	西班牙			1
日	暹罗			2
德	意			1
德	奥匈帝国			1
德	非洲			1
德	欧洲			1
美	加拿大			1
美	西班牙			8
美	夏威夷			5
意	秘鲁			1
欧洲	亚洲			1

国家/地区	国家/地区	国家/地区	国家/地区	篇数
欧洲	美			3
土耳其	希腊			7
古巴	墨西哥			1
西班牙	古巴			1
中	俄	日		2
中	俄	英		1
中	俄	德		1
中	英	法		1
中	日	韩		1
中	缅甸	暹罗		2
俄	英	日		1
俄	英	德		1
俄	法	非洲		1
俄	法	德		2
俄	日	德		1
俄	日	韩		2
俄	德	奥匈帝国		1
英	日	德		1
英	日	美		1
英	法	非洲		1
英	俄	韩		1
英	美	法		1
英	美	挪威		1
美	西班牙	古巴		2
日	美	欧洲		1
德	奥匈帝国	意		2
中	俄	法	德	3
中	俄	英	法	2
中	土耳其	波斯	摩洛哥	1
俄	英	日	韩	1
俄	日	英	美	1
英	德	美	夏威夷	1

主 题	篇 数
与俄国相关者	92
与英国相关者	67
与日本相关者	67
与中国相关者	54
与美国相关者	50
与法国相关者	41
与德国相关者	32
与韩国相关者	14
与西班牙相关者	12
与土耳其相关者	12
与奥匈帝国相关者	7
与意大利相关者	5
与暹罗相关者	5
与印度相关者	4

统计上表彼此相涉之范围,再列表统计如下:

附三 《时务报》译稿收入各类"经世文编"者

原篇名与出处	被收录情况	备 注
郭家骥译《节录各国新报论俄皇游历》,《时务报》第 20 册[1]	《论俄皇游历》,《皇朝经世文新编》(1898)第 2 卷"君德"[2] 《论俄皇游历》,《皇朝经世文新编》(1902)第 2 卷"君德"[3]	1. 改易篇名。 2. 注明作者为"阙名",并未注出译者
	《论俄皇游历事》,《皇朝经世文四编》第 49 卷"外部"[4]	1. 改易篇名。 2. 注明作者为"阙名",并未注出译者

原篇名与出处	被收录情况	备　注
古城贞吉译《伯拉西儿风土记》,《时务报》第 38 册[5]	《巴西风土记》,《皇朝经世文新编》(1898)第 16 卷下"外史"[6] 《巴西风土记》,《皇朝经世文新编》(1902)第 16 卷下"外史"[7]	1. 改易篇名。 2. 注明作者为"日人阙名",未注出译者
	《巴西风土记》,《皇朝经济文新编》之 23,"外史"第 3 卷[8]	1. 改易篇名。 2. 注明作者为"日人阙名",未注出译者
古城贞吉译《过波兰记》,《时务报》第 15 册[9]	《过波兰记》,《皇朝经世文新编》(1898)第 16 卷下"外史"[10] 《过波兰记》,《皇朝经世文新编》(1902)第 16 卷下"外史"[11]	1. 删去《时务报》原刊本起首的这段话:"本报馆主笔某游历欧洲,现在征途过波兰废墟,偶坐车上染翰作记,远送于本馆曰……" 2. 注明作者为"日人阙名",未注出译者
古城贞吉译《过波兰记》,《时务报》第 15 册[9]	《过波兰记》,《皇朝经世文统编》第 16 卷"地舆部一·地球时事通论"[12]	1. 删去《时务报》原刊本起首的这段话:"本报馆主笔某游历欧洲,现在征途过波兰废墟,偶坐车上染翰作记,远送于本馆曰……" 2. 注明作者为"日人阙名",未注出译者
	《过波兰记》,《皇朝经济文新编》之 23,"外史"第 3 卷[13]	1. 删去《时务报》原刊本起首的这段话:"本报馆主笔某游历欧洲,现在征途过波兰废墟,偶坐车上染翰作记,远送于本馆曰……" 2. 注明作者为"日人阙名",未注出译者
	《过波兰记》,《皇朝经世文编五集》第 28 卷"各国新政论"[14]	1. 内容与《时务报》原刊本一致(包括原出处)。 2. 未注明译者与原刊处
古城贞吉译《论台湾宜亟变法》,《时务报》第 33 册[15]	《论台湾宜亟变法》,《皇朝经世文新编》(1898)第 16 卷中"外史"[16] 《论台湾宜亟变法》,《皇朝经世文新编》(1902)第 16 卷中"外史"[17]	1. 删除《时务报》原刊本起首的这段话:"日本名士蒲生氏语人云……" 2. 将作者更名为"蒲生氏"
	蒲生氏《论台湾宜亟变法》,《皇朝经济文新编》之 23,"外史"第 2 卷[18]	1. 删除《时务报》原刊本起首的这段话:"日本名士蒲生氏语人云……" 2. 将作者更名为"蒲生氏"

续表

原篇名与出处	被收录情况	备　注
张坤德译《日本度支》,《时务报》第 1 册[19]	《日本度支》,《皇朝经世文编五集》第 26 卷"日本新政论"[20]	1. 内容与《时务报》原刊本一致(包括原出处)。 2. 未注明译者与原刊处
	《驻日本英使豫计日本度支》,《皇朝蓄艾文编》第 18 卷"财政二"[21]	1. 改易篇名。 2. 注明作者为"英人阙名",未注出译者。 3. 删除《时务报》原刊本起首的这段话:"英国驻扎日本使臣将日本预算国用,具报本国外部大臣曰……"
曾广铨译《论中国度支》,《时务报》第 50 册[22]	《论中国度支》,《皇朝蓄艾文编》第 18 卷"财政二"[23]	1. 注明作者为"英人阙名",未注出译者。 2.《时务报》原刊本起首的这段话:"中国向胡厘哲米生公司借款之事",误为"中国胡厘哲米生公司借款之事"。 3.《时务报》原刊本"胡厘哲米生公司"有旁注英文原名 Hooley-Jameson,《皇朝蓄艾文编》本未录(其他字词不同部分,不一一注明)
古城贞吉译《论台湾财政》,《时务报》第 9 册[24]	日本文学士阪谷《论台湾财政》,《皇朝经世文编五集》第 26 卷"日本新政论"[25]	1. 内容与《时务报》原刊本一致(但未注明原出处)。 2. 注明作者为"日本文学士阪谷",未注出译者与原刊处
	阪谷《论台湾财政》,《皇朝蓄艾文编》第 18 卷"财政二"[26]	1. 注明作者为"日人阪谷",未注出译者。 2. 删去《时务报》原刊本起首的这段话:"文学士阪谷论曰……"
曾广铨译《中国时务论》,《时务报》第 48 册[27]	《中国时务论》,《皇朝蓄艾文编》第 3 卷"通论三"[28]	注明作者为"英人阙名",并未注出译者
张坤德译《论英国首相执政之权》,《时务报》第 15 册[29]	《论英国首相执政之权》,《皇朝经世文编五集》第 27 卷"英俄政策"[30]	1. 内容与《时务报》原刊本一致。 2. 注明原出处为"译《泰晤士报》",但未注出译者与原刊处
	《论英国首相执政之权》,《皇朝蓄艾文编》第 12 卷"官制"[31]	注明作者为"英人阙名",并未注出译者

原篇名与出处	被收录情况	备　注
张坤德译《论俄皇出游》,《时务报》第 11 册[32]	《论俄皇出游》,《皇朝蓄艾文编》第 11 卷"君德"[33]	注明作者为"阙名",并未注出译者
古城贞吉译《美国共和党宣论新政》,《时务报》第 3 册[34]	《美国共和党拟举总统宣论新政》,《皇朝经世文新编》(1898)第 2 卷"君德"[35]《美国共和党拟举总统宣论新政》,《皇朝经世文新编》(1902)第 2 卷"君德"[36]	1. 改易篇名。 2. 注明作者为"日人阙名",并未注出译者。 3.《时务报》原刊本起首的这段话"美国统领定制四年一举……"改易为"美国总统定制四年一举……"
	《美国共和党拟举总统宣论新政》,《皇朝经世文统编》第 16 卷"外交部十·外史"[37]	1. 改易篇名。 2. 注明作者为"日人阙名",并未注出译者。 3.《时务报》原刊本起首的这段话"美国统领定制四年一举……"改易为"美国总统定制四年一举……"
	《美国共和党宣论新政》,《皇朝经世文编五集》第 28 卷"各国新政论"[38]	1. 内容与《时务报》原刊本一致。 2. 出处注明为"《泰晤士报》";然《时务报》原刊本出处为"《经济杂志》西七月廿五日"。 3. 注明作者为"日人阙名",并未注出译者
古城贞吉译《麦见尼氏币制论》,《时务报》第 10 册[39]	麦见尼《币制论》,《皇朝经世文新编》(1898)第 11 卷"币制"[40]麦见尼《币制论》,《皇朝经世文新编》(1902)第 11 卷"币制"[41]	1. 改易篇名。 2. 注明作者为"美人麦见尼",并未注出译者。 3. 删除《时务报》原刊本起首的这段话:"美国共和党候补总统麦见尼氏,考货币制度,直摅己见,移书于党员,其略曰……"
	日本东京古城贞吉译《麦见尼氏币制论》,《皇朝经世文编五集》第 19 卷"圜法·银行·国债"[42]	1. 内容与《时务报》原刊本一致。 2. 未注明出处
	《论美国币制之盛》,《皇朝经世文新编续集》第 11 卷"币制"[43]	1. 改易篇名。 2. 未注明作者与译者

续表

原篇名与出处	被收录情况	备 注
古城贞吉译《美新总统麦见尼传》,《时务报》第13册[44]	《美新总统麦见尼传》,《皇朝经世文新编》(1898)第2卷"君德"[45]《皇朝经世文新编》(1902)无此文	1. 内容与《时务报》原刊本一致。2. 注明作者为"日人阙名",并未注出译者。
	《美新总统麦见尼传》,《皇朝经世文统编》第55卷"外交部十·外史"[46]	1. 内容与《时务报》原刊本一致。2. 注明作者为"日人阙名",并未注出译者
古城贞吉译《英俄合从策》,《时务报》第9册[47]	《外洋国势厄言·英俄合从策》,《皇朝经世文三编》第73卷"洋务五"[48]	1. 改易篇名。2. 内容与《时务报》原刊本一致
	《英俄合从策》,《皇朝经世文编五集》第27卷"英俄政策"[49]	1. 内容与《时务报》原刊本一致。2. 出处注明为"译《爹尔古伦古报》";然《时务报》原刊本出处为"译《国民新报》西十月初二日"

注:1. 郭家骥译《节录各国新报论俄皇游历》(法文报译/译中法新汇报),《时务报》第20册,光绪二十三年二月十一日(1897年3月13日),影印本第2册,总第1357~1359页。

2. 《论俄皇游历》,麦仲华编《皇朝经世文新编》(1898)第2卷"君德",第24B~26A页;据日本近代中国研究委员会编辑《经世文编总目录》(东京:近代中国研究委员会,1956),麦仲华编辑的《皇朝经世文新编》有两种版本:一为光绪二十四年(1898)上海大同译书局刊本(《经世文编总目录》第2册,第141页),中研院近代史研究所郭廷以图书馆藏有该版本;以下征引简写为:麦仲华《皇朝经世文新编》(1898);一为光绪二十八年(1902)瑶林书馆刊本(《经世文编总目录》第2册,第159页),影本为麦仲华编《皇朝经世文新编》,文海出版社1972年影印本;以下征引简写为:麦仲华《皇朝经世文新编》(1902)。

3. 《论俄皇游历》,麦仲华编《皇朝经世文新编》(1902)第2卷"君德",第9B~10B页。

4. 《论俄皇游历事》,何良栋辑《皇朝经世文四编》第49卷"外部",第6B~7B页。本书征引版本为:何良栋辑《皇朝经世文四编》,文海出版社1973年影印本。

5. 古城贞吉译《伯拉西儿风土记》,《时务报》第38册,光绪二十三年八月十一日(1897年9月7日),影印本第3册,总第2605~2606页。

6. 《巴西风土记》,麦仲华编《皇朝经世文新编》(1898)第16卷下"外史",第35A~36B页。

7.《巴西风土记》，麦仲华编《皇朝经世文新编》（1902）第 16 卷下"外史"，第 12B ~ 13A 页。

8.《巴西风土记》，宜今室主人编《皇朝经济文新编》之 23，"外史"第 3 卷，第 3B ~ 4A 页；本书征引版本为："近代中国史料丛刊三编"，文海出版社 1987 年影印本。以下引用时，只注明影印本在"近代中国史料丛刊三编"中的总册数和页数。

9. 古城贞吉译《过波兰记》，《时务报》第 15 册，光绪二十二年十一月二十一日（1896 年 12 月 25 日），影印本第 2 册，总第 1009 ~ 1011 页。

10.《过波兰记》，麦仲华编《皇朝经世文新编》（1898）第 16 卷下"外史"，第 34A ~ 35A 页。

11.《过波兰记》，麦仲华编《皇朝经世文新编》（1902）第 16 卷下"外史"，第 12A ~ 12B 页。

12.《过波兰记》，邵之棠辑《皇朝经世文统编》第 16 卷"地舆部一·地球时事通论"，第 47A ~ 48B 页。

13.《过波兰记》，《皇朝经济文新编》之 23，"外史"第 3 卷，影印本第 286 册，总第 104 ~ 106 页。

14.《过波兰记》，求是斋校辑《皇朝经世文编五集》第 28 卷"各国新政论"，第 11A ~ 12A 页；本书征引版本为："近代中国史料丛刊三编"，文海出版社 1987 年影印本，第 273 册，总第 911 ~ 913 页。以下引用时，只注明影印本在"近代中国史料丛刊三编"中的总册数和页数。

15. 古城贞吉译《论台湾宜亟变法》，《时务报》第 33 册，光绪二十三年六月二十一日（1897 年 7 月 20 日），影印本第 3 册，总第 2260 ~ 2262 页。

16.《论台湾宜亟变法》，《皇朝经世文新编》（1898）第 16 卷中"外史"，第 10B ~ 12A 页。

17.《论台湾宜亟变法》，《皇朝经世文新编》（1902）第 16 卷中"外史"，第 4B ~ 5A 页。

18. 蒲生氏：《论台湾宜亟变法》，《皇朝经济文新编》之 23，"外史"第 2 卷，影印本第 286 册，总第 81 ~ 82 页。

19. 张坤德译《日本度支》，《时务报》第 1 册，光绪二十二年七月初一日（1896 年 8 月 9 日），影印本第 1 册，总第 31 ~ 36 页。

20.《日本度支》，《皇朝经世文编五集》第 26 卷"日本新政论"，影印本第 273 册，总第 840 ~ 845 页。

21.《驻日本英使豫计日本度支》，于宝轩编《皇朝蓄艾文编》第 18 卷"财政二"，第 34A ~ 36B 页；本书征引版本为：于宝轩编《皇朝蓄艾文编》第 3 册，"中国史学丛书"，学生书局 1965 年影印本，总第 1657 ~ 1662 页。以下引用时，只注明影印本册数和页数）。

22. 曾广铨译《论中国度支》（西文译编/中国时务/译太晤士报西十一月五号），《时务报》第 50 册，光绪二十三年十二月十一日（1898 年 1 月 3 日），影印本第 4 册，总第 3401 ~ 3407 页。

23.《论中国度支》，《皇朝蓄艾文编》第 18 卷"财政二"，影印本第 3 册，总第 1665 ~ 1671 页。

24. 古城贞吉译《论台湾财政》，《时务报》第 9 册，光绪二十二年九月二十一日（1896 年 10 月 27 日），影印本第 1 册，总第 602 ~ 604 页。

25. 日本文学士阪谷:《论台湾财政》,《皇朝经世文编五集》第 26 卷"日本新政论",影印本第 273 册,总第 849~851 页。

26. 阪谷:《论台湾财政》,《皇朝蓄艾文编》第 18 卷"财政二",影印本第 3 册,总第 1662~1665 页。

27. 曾广铨译《中国时务论》,《时务报》第 48 册,光绪二十三年十一月二十一日(1897 年 12 月 14 日),影印本第 4 册,总第 3274~3277 页。

28.《中国时务论》,《皇朝蓄艾文编》第 3 卷"通论三",影印本第 1 册,总第 417~419 页。

29. 张坤德译《论英国首相执政之权》,《时务报》第 15 册,光绪二十二年十一月二十一日(1896 年 12 月 25 日),影印本第 2 册,总第 988~990 页。

30.《论英国首相执政之权》,《皇朝经世文编五集》第 27 卷"英俄政策",影印本第 273 册,总第 872~874 页。

31.《论英国首相执政之权》,《皇朝蓄艾文编》第 12 卷"官制",影印本第 2 册,总第 1135~1137 页。

32. 张坤德译《论俄皇出游》,《时务报》第 11 册,光绪二十二年十月十一日(1896 年 11 月 15 日),影印本第 1 册,总 707~709 页。

33.《论俄皇出游》,《皇朝蓄艾文编》第 11 卷"君德",影印本第 2 册,总第 1089~1091 页。

34. 古城贞吉译《美国共和党宣论新政》,《时务报》第 3 册,光绪二十二年十月二十一日(1896 年 8 月 29 日),影印本第 1 册,总第 171~176 页。

35.《美国共和党拟举总统宣论新政》,《皇朝经世文新编》(1898)第 2 卷"君德",第 30B~34A 页。

36.《美国共和党拟举总统宣论新政》,《皇朝经世文新编》(1902)第 2 卷"君德",影印本总第 187~190 页。

37.《美国共和党拟举总统宣论新政》,《皇朝经世文统编》第 55 卷"外交部十·外史",影印本第 715 册,总第 2215~2218 页。

38.《美国共和党宣论新政》,《皇朝经世文编五集》第 28 卷"各国新政论",影印本第 273 册,总第 903~908 页。

39. 古城贞吉译《麦见尼氏币制论》,《时务报》第 10 册,光绪二十二年十月初一日(1896 年 11 月 5 日),影印本第 1 册,总第 666~670 页。

40. 麦见尼:《币制论》,《皇朝经世文新编》(1898)第 11 卷"币制",第 4B~7B 页。

41. 麦见尼:《币制论》,《皇朝经世文新编》(1902)第 11 卷"币制",影印本总第 563~566 页。

42.《麦见尼氏币制论》,《皇朝经世文编五集》第 19 卷"圜法·银行·国债",影印本第 273 册,总 635~640 页。

43.《论美国币制之盛》,《皇朝经世文新编续集》第 11 卷"币制",影印本总第 910~913 页。

44. 古城贞吉译《美新总统麦见尼传》,《时务报》第 13 册,光绪二十二年十一月初一日(1896 年 12 月 5 日),影印本第 1 册,总第 873~875 页。

45.《美新总统麦见尼传》,《皇朝经世文新编》(1898)第2卷"君德",第34A ~ 35A页。

46.《美新总统麦见尼传》,《皇朝经世统编》第55卷"外交部十·外史",影印本第715册,总第2219 ~ 2220页。

47. 古城贞吉译《英俄合从策》,《时务报》第9册,光绪二十二年九月二十一日(1896年10月27日),影印本第1册,总第599 ~ 600页。

48.《英俄合从策》,《皇朝经世文三编》第73卷"洋务五",影印本下册,总第610 ~ 611页。

49.《英俄合从策》,《皇朝经世文编五集》第27卷"英俄政策",影印本第273册,总第869 ~ 870页。

附四　"外洋国势卮言"出自《时务报》译稿者

"外洋国势卮言"篇名	《时务报》出处
《论太平洋大势》	张坤德译《论太平洋大势》,《时务报》第3册,光绪二十二年十月二十一日(1896年8月29日),影印本第1册,总第151 ~ 152页
《德国怀雄志东亚》	古城贞吉译《德国怀雄志东亚》,《时务报》第17册,光绪二十二年十二月十一日(1897年1月13日),影印本第2册,总第1161 ~ 1162页
《英俄合从策》	古城贞吉译《英俄合从策》,《时务报》第9册,光绪二十二年九月二十一日(1896年10月27日),影印本第1册,总第599 ~ 600页
《在丧服中之日本》	古城贞吉译《在丧服中之日本》(东文报译/译国民新报西八月廿八日),《时务报》第8册,光绪二十二年九月十一日(1896年10月17日),影印本第1册,总第535 ~ 536页
《俄国首相逝世》	古城贞吉译《俄国首相逝世》,《时务报》第7册,光绪二十二年九月初一日(1896年10月7日),影印本第1册,总第464 ~ 465页
《土如累卵》	郭家骥译《土如累卵》,《时务报》第10册,光绪二十二年十月初一日(1896年11月5日),影印本第1册,总第663页
《非洲瓜分》	朱开第译《非洲瓜分》,《时务报》第19册,光绪二十三年二月初一日(1897年3月3日),影印本第2册,总第1301 ~ 1302页
《英国版图扩大》	古城贞吉译《英国版图扩大》,《时务报》第19册,光绪二十三年二月初一日(1897年3月3日),影印本第2册,总第1297 ~ 1298页

续表

"外洋国势危言"篇名	《时务报》出处
《俄国形势》	古城贞吉译《俄国形势》,《时务报》第 19 册,光绪二十三年二月初一日(1897 年 3 月 3 日),影印本第 2 册,总第 1299 ~ 1300 页
《论俄法同盟》	古城贞吉译《论法俄同盟》,《时务报》第 18 册,光绪二十三年正月二十一日(1897 年 2 月 22 日),影印本第 2 册,总第 1225 ~ 1226 页
《德皇愤俄法同盟》	古城贞吉译《德皇愤俄法同盟》,《时务报》第 14 册,光绪二十二年十一月十一日(1896 年 12 月 15 日),影印本第 2 册,总第 944 页
《法国书记官窥探蒙古》	古城贞吉译《法国书记官窥探蒙古》,《时务报》第 12 册,光绪二十二年十月二十一日(1896 年 11 月 25 日),影印本第 1 册,总第 806 ~ 807 页
《英国海军》	古城贞吉译《英国海军》,《时务报》第 19 册,光绪二十三年二月初一日(1897 年 3 月 3 日),影印本第 2 册,总第 1298 页
《俄国添兵论》	张坤德译《俄国添兵论》,《时务报》第 9 册,光绪二十二年九月二十一日(1896 年 10 月 27 日),影印本第 1 册,总第 574 ~ 576 页
《英人愤德》	古城贞吉译《英人愤德》,《时务报》第 13 册,光绪二十二年十一月初一日(1896 年 12 月 5 日),影印本第 1 册,总第 879 ~ 880 页
《俄国阴谋将露》	古城贞吉译《俄国阴谋将露》,《时务报》第 13 册,光绪二十二年十一月初一日(1896 年 12 月 5 日),影印本第 1 册,总第 876 ~ 877 页
《意国振兴海军》	古城贞吉译《意国振兴海军》,《时务报》第 10 册,光绪二十二年十月初一日(1896 年 11 月 5 日),影印本第 1 册,总第 676 ~ 677 页

附五　《小方壶斋舆地丛钞补编再补编》出自《时务报》译稿者

《小方壶斋舆地丛钞补编再补编》篇名与出处	《时务报》出处	备　注
阙名《义火可握国记》,《小方壶斋舆地丛钞再补编》第 10 帙[1]	古城贞吉译《义火可握国记》,《时务报》第 16 册[2]	

续表

《小方壶斋舆地丛钞补编再补编》篇名与出处	《时务报》出处	备　注
日本村田《古巴述略》，《小方壶斋舆地丛钞再补编》第 12 帙[3]	古城贞吉译《古巴岛述略》，《时务报》第 6 ~ 7 册[4]	1. 改易篇名。 2. 删去《时务报》原刊本起首的这段话："日本军医村田为考求军阵间摄养情形，遂抵古巴岛，亲临战地，归而报其所见于政府。兹录其要领如左。" 3. 注明作者为"日本村田"，未注出译者
阙名《过波兰记》，《小方壶斋舆地丛钞再补编》第 11 帙[5]	古城贞吉译《过波兰记》，《时务报》第 15 册[6]	1. 删去《时务报》原刊本起首的这段话："本报馆主笔某游历欧洲，现在征途过波兰废墟，偶坐车上染翰作记，远送于本馆曰：呜呼！"。 2. 注明作者为"阙名"，并未注出译者。 3. 删除《时务报》原刊本起首的这段话："美国共和党候补总统麦见尼氏，考货币制度，直摅己见，移书于党员，其略曰……"
宛平郭家骥译《革雷得志略》，《小方壶斋舆地丛钞再补编》，第 11 帙[7]	郭家骥译《革雷得志略》，《时务报》第 13 册[8]	

注：1. 阙名：《义火可握国记》，《小方壶斋舆地丛钞再补编》第 10 帙，影印本第 6 册（无总页）。

2. 古城贞吉译《义火可握国记》（东文报译/译时事报西十一月廿八日），《时务报》第 16 册，光绪二十二年十二月初一日（1897 年 1 月 3 日），影印本第 2 册，总第 1087 ~ 1088 页。

3. 日本村田：《古巴述略》，《小方壶斋舆地丛钞再补编》第 12 帙，影印本第 8 册（无总页）。

4. 古城贞吉译《古巴岛述略》（东文报译/译日本新报西八月廿六日），《时务报》第 6 册，光绪二十二年八月二十一日（1896 年 9 月 27 日），影印本第 1 册，总第 390 ~ 393 页；第 7 册，光绪二十二年九月初一日（1896 年 10 月 7 日），影印本第 1 册，总第 465 ~ 466 页。

5. 阙名：《过波兰记》，《小方壶斋舆地丛钞再补编》第 11 帙，影印本第 8 册（无总页）。

6. 古城贞吉译《过波兰记》（东文报译/译国民新报西十一月廿二日），《时务报》第 15 册，光绪二十二年十一月二十一日（1896 年 12 月 25 日），影印本第 2 册，总第 1009 ~ 1011 页。

7. 宛平郭家骥译《革雷得志略》，《小方壶斋舆地丛钞再补编》第 11 帙，影印本第 8 册（无总页）。

8. 郭家骥译《革雷得志略》（法文报译/译法国拉卢士集），《时务报》第 13 册，光绪二十二年十一月初一日（1896 年 12 月 5 日），影印本第 1 册，总第 883 ~ 884 页。

第三章　西方政体类型知识"概念工程"在晚清中国的创发与建设（1845～1895）

引　言

1862 年 12 月，在日本近代思想史上占有一席之地的加藤弘之[1]，完成了《邻草》一书的写作。[2] 这是一部假中国之情势而呼吁日本自身推动改革的论著，对"立宪政体"之导入日本，影响深刻。[3] 在加藤弘之看来，世界万国的"政体"可以区分为"君主政治（片假名モナルキー）"与"官宰政治（片假名レプュブリーキ）"两大类型，前者可再细分为"君主握权（片假名オンベペルクテ.モナルキー）"与"上下分权（片假名ベペルクテ.モナルキー）"两种，后者则可细分为"豪族专权（片假名アリストカラチセ.レプュブリーキ）"与"万民同权（片假名デモカラチセ.レプュブリーキ）"两种。在

---

① 相关研究如田畑忍『加藤弘之』吉川弘文館、1986 新装版；吉田曠二『加藤弘之の研究』大原新生社、1976；李永炽《加藤弘之的早期思想与日本的近代化（一八三六～一八八二）》，《日本近代史研究》，稻禾出版社，1992，第 41～111 页。

② 加藤弘之「鄰艸・政治篇」『明治文化全集』第 3 卷、日本評論社、1952（改版）、3～14 頁；加藤弘之完成《邻草》的写作时间，据松岡八郎『加藤弘之の前期政治思想』駿河台出版社、1983、7 頁。

③ 鳥海靖『日本近代史講義：明治立憲制の形成とその理念』東京大学出版会、1988、27 頁；奥田晴樹『立憲政体成立史の研究』岩田書院、2004、35～37 頁。

这四种类型里，"上下分权"及"万民同权"乃是"公明正大而最协天意合于舆情"的"政体"，未来世界万国都会朝逐渐建立这两种"政体"的方向前进，"此乃自然之势，非人力所能阻"。① 加藤弘之以述说世界万国的"政体"类型，比较彼此之优劣为视角，寻觅改革之道的思路，更不以《邻草》为终点。②

　　这样说来，19 世纪的日本知识人一旦知晓西方世界多样多彩的政体（political regimes）及其渊源已久的类型知识，③ 就会对他们的思想世界带来冲击，加藤弘之正是具体而微的个例表征。因此，加藤弘之撰述《邻草》的资料依据，值得注意。如清朝官僚徐继畬编撰的《瀛寰志略》（初刻于 1848 年），就可能是加藤论说的引据之一，④ 显示了当时应该存在着足可让东亚知识人分润共享的"共同知识文本"。集而观之，可以将这些"共同知识文本"比喻为一座包罗万象，并且时时刻刻都处于建设中，好似永无完工之日的"知识仓

---

① 加藤弘之「鄰艸・政治篇」『明治文化全集』第 3 卷、6、11 頁。

② 如加藤弘之稍后出版的《立宪政体略》（1868）虽仍倡言"君民同治"的"立宪政体"，对"政体"之分类，与《邻草》则有异同，不详论，参见奥田晴樹『立憲政体成立史の研究』、63 頁。

③ 正如 Mark J. Gasiorowski 的述说，早从亚里士多德（Aristotle, 384 B. C. – 322 B. C.）以降，民主与其他政体类型（types of political regime）的问题，始终是政治探讨的核心焦点；自从第二次世界大战以来，现代政治学与政治社会学对政体的探讨，一直是学界的前沿课题，当代对于民主转型（democratic transitions）的研究，也是在这样的脉络下出现的，参见 Mark J. Gasiorowski, "The Political Regimes Project," *Studies in Comparative International Development* 25∶1 (1990), pp. 109 – 125 （至于他本人提出研治斯题的构想，不详论）。

④ 刘岳兵认为，加藤弘之《邻草》描述英国制度的词"爵房""乡绅房"，即援引自徐继畬《瀛寰志略》。参见劉岳兵「日本における立憲政体の受容と中国—加藤弘之の『鄰艸』をめぐって」『北東アジア研究』17 号、2009 年 3 月、94、101 頁。不过，普鲁士传教士郭实猎（Karl Friedrich August Gützlaff, 1803 – 1851）主持编纂的《东西洋考每月统记传》，在 1838 年刊出之《英吉利国政公会》系列文章，言及英国"国政公会"，已使用"爵房"与"乡绅房"两个词，徐继畬《瀛寰志略》对英国政体构成之述说，其实本乎《东西洋考每月统记传》。参见潘光哲《追寻晚清中国"民主想象"的轨迹》，刘青峰、岑国良主编《自由主义与中国近代传统："中国近现代思想的演变"研讨会论文集》（上），香港中文大学出版社，2002，第 136 页。

库"，它是激荡东亚知识人多样思考想象的"思想资源"。只是，在东亚世界流通的"共同知识文本"引发的回响效应，各国不同，即如回溯徐继畬的《瀛寰志略》，是书便未曾使用过"君主政治"与"官宰政治"等词；可以揣想，加藤弘之论说的引据，实在另有所本。无论加藤弘之究竟是以"知识仓库"里何等的"知识储备"作为论说依傍，他以述说世界万国"政体"类型，比较彼此之优劣为视角，寻觅改革之道的思路，在清朝知识人的思想世界里，也有"异曲同工"的展现。本章之作，即对 1845～1895 年西方政体类型知识的"概念工程"在晚清中国思想界的创发与建设历程，[①] 进行比较详密的考察，[②] 尝试将各家的论说"脉络化"，具体指陈其"贡

①　本章以 1845 年为起点，系因在当年葡萄牙人玛吉士（Jose Martins-Marquez，生卒年不详）撰成的《新释地理备考全书》首次提供了有关西方政体类型知识的基本内容。此后相关述说流衍无已，逮至 1895 年，何启（1859～1914）与胡礼垣（1847～1916）的《新政论议》问世，超越突破伴随着政体分类"概念工程"相随而生的"政体抉择"课题及其现实意义的范围，象征政体分类"概念工程"的完工。在以后的言论/文化市场上，后继者以既存政体分类"概念工程"的建设行动，固然余波荡漾，但基本已无新意。且孙中山（1866～1925）于 1894 年 11 月组织了兴中会，以"驱除鞑虏，恢复中国，创立合众政府"为入会誓词；1895 年 2 月，孙中山至香港，与杨衢云（1861～1901）等组成的辅仁文社相结合，建立兴中会总机关部，确定誓词为"驱除鞑虏，恢复中华，创立合众政府"，揭橥"民族主义"与"民权主义"的革命宗旨（参见张玉法《清季的革命团体》，中研院近代史研究所，1982，第 159～165 页）。彼等意念所向，实要与清朝"势不两立"，与前此"政体抉择"的问题，更完全无涉。故以是年为下限。相关述说与论证，详下。

②　就相关研究史而言，举凡述说研究民主/共和相关思想在晚清思想界的认识或流传者，皆与本文主旨多少有所涉及，举其要者，例如王尔敏《晚清士大夫对近代民主政治的认识》，收入氏著《晚清政治思想史论》，华世出版社，1980，第 220～276 页；吕实强《甲午战前西方民主政制的传入与国人的反应》，中华文化复兴运动委员会主编《中国近代现代史论集》第 18 编《近代思潮》，台湾商务印书馆，1986，第 277～316 页；方维规《"议会"、"民主"与"共和"概念在西方与中国的嬗变》，香港《二十一世纪》第 58 期，2000 年 4 月，第 49～61 页；熊月之《中国近代民主思想史》（修订本），上海社会科学院出版社，2002；胡维革、于秀芹主编《共和道路在近代中国》，东北师范大学出版社，1991；闾小波《近代中国民主观念之生成与流变——一项观念史的考察》，江苏人民出版社，2011。在前行研究之基础上，本文将对王韬述说之取材依据等方面，做出比较精密的考察。

献"所在，庶几可为近代中国政治知识与思想多样繁复的变迁样态，提供深入的认识理解。

一 政体类型知识"概念工程"在晚清中国思想界的起步

在传统的思想架构里，中国处于所谓"世界秩序"的核心地位。这一观点，其实是被建构出来的"神话"。[①] 在中国已然被迫和西方国家开始密切互动的 19 世纪，支配人心的正是这样的观念和过往与"蛮狄"交往的"历史经验"。随着诸种著述的问世，总汇为足可让人们得以渐次了解世界局势的"知识仓库"，让任何读书人都可以随其关怀所至，自由进出，据以了解域外国家的历史沿革及现势，认识与理解世界局势的变化，采撷吸纳各式各样的"思想资源"，开展自身的独特知识/思想旅程。"知识仓库"蕴含了关于西方政体类型的知识与信息，为中国政治思维的世界添加了新鲜的素材，让中国得以知晓在中国的政治传统之外，别有天地。葡萄牙人玛吉士在 1845 年左右撰成的《新释地理备考全书》[②]，就有这样的概括记述：

---

① 杨联陞：《从历史看中国的世界秩序》，收入氏著《国史探微》，第 1～19 页。
② 本书征引版本为：玛吉士《新释地理备考全书》，海山仙馆丛书，道光二十三年番禺潘氏镌刊本，中研院历史语言研究所傅斯年图书馆藏。作者署名不一，或作"大西洋人玛吉士辑译"（如第 1、5 卷），或作"大西洋人玛吉士著"（如第 2、3卷）；第 3 卷述及："粤稽太（泰）西纲鉴俱记：乾坤始奠以来，迄今大清道光二十五年，共计五千八百五十二载。"（第 2A 页）是以此书当为道光二十五年（1845）左右的作品。王家俭指出，《外国地理备考》（*Geography of Foreign Nations*），葡人玛吉士撰，十卷，道光二十七年（1847）广东潘氏刊入"海山仙馆丛书"（王家俭：《十九世纪西方史地知识的介绍及其影响》，收入氏著《清史研究论薮》，文史哲出版社，1994，第 284～285 页）。熊月之指出，玛吉士为久居澳门的马葵士家族之一员，初为澳门葡萄牙当局的翻译，1847～1866 年为法国驻华使馆的翻译，《海国图志》引用《地理备考》凡 91 处，约 12 万字（熊月之：《〈海国图志〉征引西书考释》，刘泱泱等编《魏源与近代中国改革开放》，湖南师范大学出版社，1995，第 142～143 页）。

　　欧罗巴中所有诸国，政治纷繁，各从其度。有或国王自为专主者，有或国主与群臣共议者，有或无国君，惟立冢宰执政者。[1]

域外诸国的政体，纷繁无已，这段话是当时的"知识仓库"里首度提出的概括论说（此后，内容更为繁复的类似概括论说，更陆续入藏于"知识仓库"之中）。对比清朝自身皇帝"乾纲独断"的政体，"国王自为专主"的制度，并不让人陌生；只是，它却还提醒人们，世界上还存在着与皇帝体制大相径庭的政治制度，其中一种是"国主与群臣共议"的制度，另一种则为"无国君，惟立冢宰执政者"的制度。而且，放眼望去，后两种制度，竟然普遍存在于域外世界，不独欧罗巴洲为然，更自成法度，运作不已。

　　就"国主与群臣共议"的制度而言，其内容包括两个要项：第一，存在着一个可以限制统治者权力的体制；第二，这个可以限制统治者权力体制的部分成员，经由"推选"产生，英国则是这等制度的典范国家。[2] 就"无国君，惟立冢宰执政者"的制度来说，亦普遍于世。《新释地理备考全书》即谓欧洲有"苏益萨"国，由二十二个几乎都"不设君位"的小国组成，如"伯尔尼国"，"不设君位，共立官长二百九十九员，办理国务"。[3] 徐继畬的《瀛寰志略》则记述，欧洲有一个叫作"瑞士"的国家，"初分三部，后分为十三部，皆推择乡官理事，不立王侯。如是者五百余年，地

---

①　《新释地理备考全书》第 4 卷，第 21B 页。本段记述，《海国图志》作："欧罗巴中所有诸国，政治纷繁，各从其度。或国王自为专主者，或国主与群臣共议者，或无国君，惟立冢宰执政者。"［100 卷本，第 37 卷，第 38B 页（影印本第 743 册，总第 727 页）；本段论述不见于 60 卷本］

②　潘光哲：《晚清士人对英国政治制度的认识（1830～1856）》，《政治大学历史学报》第 17 期，2000 年 5 月，第 147～196 页。

③　《新释地理备考全书》第 5 卷，第 22A～28B 页。

无鸣吠之扰，西土人皆羡之"，还誉之为"西土之桃花源"：

> 惩硕鼠之贪残，而泥封告绝，主伯亚旅，自成卧治。王侯各拥强兵，熟视而无如何，亦竟置之度外，岂不异哉？①

徐继畬赞誉瑞士制度可以"惩硕鼠之贪残，而泥封告绝"，②显示了他认为此等制度具有一定的合理性，可以消除政治弊病。

魏源纂辑的《海国图志》，也是"知识仓库"里的重要著作之一，总汇当时相关资料为一帙，③既引用了《新释地理备考全书》与《瀛寰志略》的记述，不仅确定"苏益萨"即"瑞士"，是"不设君位"（或如《瀛寰志略》所云"不立王侯"）的国家，④也传达了徐继畬的好评。⑤而且，这种制度非仅行之于瑞士而已，明代后期始纳入中国地理知识范围的美洲（当时或以墨利加州，或以哑美哩咖州称之），⑥其中有许多国家，更实行了一种与瑞士甚为类似的政治制度：

> 各国朝纲多有不设君位，大半皆立官宰理。其宰理之员，有黎庶公举者，有历代相传者。⑦

---

① 徐继畬：《瀛寰志略》第 5 卷，《徐继畬集》第 1 册，第 155 页。
② 按，"惩硕鼠之贪残，而泥封告绝"的典故，出自《诗经·国风》。
③ 关于《海国图志》引用相关"西书"著述的整体状况，参见熊月之《〈海国图志〉征引西书考释》，刘泱泱等编《魏源与近代中国改革开放》，第 132~146 页。
④ 魏源：《海国图志》100 卷本，第 47 卷，第 11B~12B 页（影印本第 744 册，第 43 页）。
⑤ 有论者误将徐继畬对瑞士制度的赞誉"惩硕鼠之贪残，而泥封告绝"等语，当成魏源的好评［例如熊月之《中国近代民主思想史》（修订本），第 78~79 页］，实误。余例不详举。
⑥ 即如魏源的论说，"墨利加州"，"明代始有闻，故前史无可考。今述沿革，自明代西人之书始"。《海国图志》60 卷本，第 39 卷，第 1A 页（影印本总第 2183 页）；100 卷本，第 59 卷，第 1A 页（影印本第 744 册，第 198 页）。
⑦ 《新释地理备考全书》第 9 卷，第 10A 页。本段记述，《海国图志》作：美洲"各国多有不设立君位，立官宰理，有黎庶公举者，有历代相传者……"［100 卷本，第 59 卷，第 14B 页（影印本第 744 册，第 204 页）。本段论述不见于 60 卷本］。

对于这些国家的分别述说，更可见其大概情况，从《新释地理备考全书》与《海国图志》的记述中略举数例，可见一斑（见表3－1）。

表3－1　《新释地理备考全书》与《海国图志》中关于美洲国家的记载

国家	《新释地理备考全书》	《海国图志》100卷本【资料来源】
墨西哥	"美时哥国"："不设君位，国人各立官长，司理地方。朝内有正副首领，权理国政。"（第9卷，第15A页）	"美诗哥国，一作墨西科"："不设君位，国人各立官长，司理地方。朝内有正副首领，权理国政。"【地理备考】［第64卷，第6B页（影印本第744册，第277页）］ "麦西可国"："每八万人择一贤士会议掌政令，麦西哥选首领以摄其权。"【外国史略】［第64卷，第10B页（影印本第744册，第279页）］
得克萨斯共和国[1]	"德沙国"："不设君位，庶民自立官长，权理国政。"（第9卷，第17A页）	"德沙国"："无国王，惟择官司理事。"【瀛寰志略】［第66卷，第1A页（影印本第744册，第291页）］
危地马拉	"瓜的吗啦国"："不设君位，黎庶各立官长，权理国政。"（第9卷，第18B～19A页）	"瓜的马拉国"："不设君位，各立官长理政。"【地理备考】［第66卷，第3B页（影印本第744册，第292页）］ "瓜亚地马拉国"："各部自立，国举首领。"【外国史略】［第66卷，第5B页（影印本第744册，第293页）］
哥伦比亚	"哥伦比亚国"："不设君位，国人各立官长，司理政事。"（第9卷，第21B页）	"哥伦比亚国"："不设君位，国人各立官长理事。"【地理备考】［第67卷，第3B页（影印本第744册，第294页）］
秘鲁	"北卢国"："不设君位，庶民自立官长，宰理国政。"（第9卷，第25A页）	"北卢国"："不设君位，庶民自立官长理政。"【地理备考】［第67卷，第12A页（影印本第744册，第299页）］

续表

国家	《新释地理备考全书》	《海国图志》100 卷本【资料来源】
玻利维亚	"波里维亚国,又曰高北卢":"不设君位,庶民自立官长,宰理国政。"(第 9 卷,第 26B 页)	"破利威国,又作波里维亚国":"不设君位,立官理政。"【地理备考】[第 67 卷,第 13B 页(影印本第 744 册,第 299 页)]
智利	"济利国":"不设君位,庶民自立官长,司理国政。"(第 9 卷,第 28A 页)	"济利国":"不设君位,立官司,以理国政。"【地理备考】[第 69 卷,第 5A 页(影印本第 744 册,第 307 页)]
阿根廷	"巴拉大河合众国,又曰阿尔仁的纳":"不设君位,庶民自立官长,司理国政。"(第 9 卷,第 30A 页)	"巴拉大河国,又曰阿尔仁的纳":"官守自立,国人摄政,不设君位。"【地理备考】[第 68 卷,第 1B 页(影印本第 744 册,第 300 页)]
乌拉圭	"乌拉乖国":"不设君位,庶民自立官长,司理政事。"(第 9 卷,第 33A 页)	"乌拉乖国":"不设君位,公立官长,以司政事。"【地理备考】[第 68 卷,第 5B 页(影印本第 744 册,第 302 页)]
海地	"海地国":"不设君位,国人自立官长,司理政事。"(第 9 卷,第 36B 页)	"海地岛国":"不设君位,国人自立官长,以理事。"【地理备考】[第 70 卷,第 5B 页(影印本第 744 册,第 314 页)]

注: 1. 即今日之美国得克萨斯州 (Texas)。

2. 徐继畬《瀛寰志略》对于美洲国家制度的叙述,并未均如《新释地理备考全书》或《海国图志》几皆述及各国之制度,有所述及者,皆同此表所列。如《瀛寰志略》谓墨西哥于道光三年"废国王,分为十五部,各推择官长理事","其制大略仿米利坚"(第 287 页);秘鲁"推择长官理事,不立国王"(第 294 页);阿根廷"效米利坚推择统领"(第 298 页)。

　　这种"不设君位"的制度,在域外国家非仅确有其实,在"知识仓库"的积累里,此等制度还有一个俨然成为典范的国家:美国。关于它的知识/信息,在"知识仓库"里亦称丰富,魏源《海国图志》收录的各种述说,即足可确证(见表 3-2)。

表 3 - 2　《海国图志》中收录的有关美国的记述

著作	《万国地理全图集》（《万国地理全集》）[1]（1843～1844）	《新释地理备考全书》[2]（约 1845）	《地球图说》[3]（1848）	《外国史略》[4]（1840 年代末期）
总统名称与选举方式	不立国王,公择元首	不设君位,国人各立长官理事,班次首领正副,权理国政	各（部）总统公举一极正至公之贤士,总摄三十部之全政,名伯理师天德	每三年,庶民择一长领,统管各部
总统任期与说明	四年后则退职	四载一举,周而复转	总摄国政者,四年为一任	每三年,庶民择一长领,统管各部
国会	公择忠臣良士二位,以为都城公会之官,供职六年而退			立两会,一曰尊会,即长领并大官办重务;一曰民会,论民人所献之议,所禀求之事
国会产生方式				均"每四万人择一人"
地方首长制度			部分三十,每部各立一贤士以为总统	
其他说明	凡事会议而后行			

注：1. 魏源：《海国图志》60 卷本，第 39 卷，第 27B～28A 页（影印本总第 2314～2315 页）；100 卷本，第 60 卷，第 27B～28A 页（影印本第 744 册，第 234 页）。

2. 《新释地理备考全书》第 9 卷，第 12A 页；《海国图志》100 卷本作："不设君位，国人各立长官理事，班次首领正副，权理国政，四载一举，周而复转。"［第 61 卷，第 3B 页（影印本第 744 册，第 238 页）］本段论述不见于 60 卷本。

3. 魏源：《海国图志》100 卷本，第 61 卷，第 1A～1B 页（影印本第 744 册，第 237 页）。本段论述不见于 60 卷本。

4. 魏源：《海国图志》100 卷本，第 61 卷，第 8B 页（影印本第 744 册，第 241 页）。本段论述不见于 60 卷本。

这些记述虽然简单，但基本一致述说了美国的元首以选举产生的原则，① 显示美国"不设君位"制度的具体样态。通过"知识仓库"，人们可以掌握美国政治制度的基本样态，对其也都有相当一致的好评。如徐继畬以"创古今未有之局"赞誉美国制度；② 由林则徐主导，于 1839 年 12 月开始翻译工作③的《四洲志》④，也称誉美国"虽不立国王，仅设总领"，却可"变封建、郡县、官家之局，而自

---

① 当然，这些记述对相关具体制度内容的描述，则各有不同，甚而彼此扞格，形成"知识冲突"，如对于有权力选举国家元首的"人"，述说却有不同。究竟是如《地球图说》所称由"各（部）总统公举"，抑或是《外国史略》所言"庶民择一长领"？总统的任期年限，也有三年或四年的差异。《外国史略》对国会的述说，固和其他述说有一致之处，却提供总统任期为三年的讯息。具体辨析，本文不能详论。

② 徐继畬：《瀛寰志略》第 9 卷，《徐继畬集》第 1 册，第 285 页。

③ 林永俣：《论林则徐组织的迻译工作》，福建社会科学院历史研究所编《林则徐与鸦片战争论文集》，福建人民出版社，1985，第 130 页。来新夏则以为，此事是在 1839 年下半年或 1840 年进行的，参见氏著《林则徐年谱新编》，南开大学出版社，1997，第 451 页。

④ 《四洲志》的原本为《世界地理大全》（Hugh Murray, *An Encyclopedia of Geography*: *Comprising a Complete Description of the Earth*, *Physical*, *Statistical*, *Civil and Political*: *Exhibiting its Relation to the Heavenly Bodies*, *its Physical Structure*, *the Natural History of Each Country*, *and the Industry*, *Commerce*, *Political Institutions*, *and Civil and Social State of All Nations*, 3 vols., London: Longman, Rees, Orme, Brown, Green & Longman, 1834）；依据佐佐木正哉『近代中国における对外认识と立宪思想の展开』（二），是美国公会传教士、马礼逊教育社负责人勃朗（Samuel Robbins Brown, 1810 - 1880）牧师送给林则徐的，由参与林则徐翻译工作成员之一的梁进德翻译（『近代中国』卷 17、岩南堂书店、1985、191 頁）。梁进德，梁阿发之子，曾从裨治文学习英文和希伯来语，约在 1839 年 5~6 月为林延揽进行翻译（林永俣《论林则徐组织的迻译工作》，福建社会科学院历史研究所编《林则徐与鸦片战争论文集》，第 123~125 页）。目前学界广泛引用的《四洲志》，均引用这个版本：林则徐译《四洲志》，王锡祺辑《小方壶斋舆地丛钞再补编》第 12 帙。但是，由于《四洲志》可能并无刊本，《小方壶斋舆地丛钞再补编》版的《四洲志》，应系自《海国图志》辑出（其间详情，本章不详论），故本章除引用《小方壶斋舆地丛钞再补编》本之外，亦注明《海国图志》60 卷本与 100 卷本的出处（个别字词若有出入，不详核校）。

成世界者"，① 独具一格。魏源则说美国国家元首（他用的词是"大酋"）由"公举"，"不世及"，居然可以"一变古今官家之局，而人心翕然"。② 梁廷枏于 1846 年撰述完成的《海国四说》，包括专门述说美国的《合省国说》，③ 也赞誉美国制度改变了"君治于上，民听于下"的规则，并实现"视、听自民"的理想，而且由于"任期"的关系，美国总统（他用的词是"大统领"）当然不会"贪侈凶暴"。④

　　简要言之，玛吉士以"国王自为专主"，或是"国主与群臣共议"，或是"无国君，惟立冢宰执政"对西方国家的政体类型进行概括，在"知识仓库"里都可得到确证，对瑞士、美国等"无国君"政体的认知，也引发知识人的思考和好评。可以说，政体类型知识"概念工程"在晚清思想界的起步，一开始就引发了回响；此后，随着"知识仓库"的扩展，陆续增添多彩多样的相关知识，更是涟漪泛远，激荡无限。

---

① 魏源：《海国图志》60 卷本，第 39 卷，第 21A～21B 页（影印本总第 2301～2302 页）；100 卷本，第 60 卷，第 21A～21B 页（影印本第 744 册，第 231 页）。

② 魏源：《海国图志》60 卷本，第 39 卷"总序"（影印本总第 2177～2178 页）；100 卷本，第 60 卷"总序"（影印本第 744 册，第 197 页）。

③ 本书征引版本为：梁廷枏《海国四说》，骆驿、刘骁点校，中华书局，1993。按，《海国四说》包括《耶稣教难入中国说》《合省国说》《兰仑偶说》《粤道贡国说》等四书，他将四书合称为《海国四说》之"海国四说序"，撰于道光丙午 [廿六（1846）] 年；是以，《海国四说》最初于 1846 年完成。不过，骆驿等校点所据之《海国四说》原本，作者题署有"钦加内阁中书衔"（1851 年事），且《兰仑偶说》有引《瀛寰志略》（1848 年初刻）处，所以，此一版本的《兰仑偶说》至少是 1848 年以后的作品。另，梁廷枏著有《英吉利国记》，不分卷，其"序"系年为道光二十五年（1845），述说内容稍简，字词与《兰仑偶说》略有不同，当为《兰仑偶说》初稿。本书征引版本为：梁廷枏《英吉利国记》，文海出版社 1978 年影印本。

④ 梁廷枏：《合省国说·序》，《海国四说》，第 50 页。

二 《大英国志》、《大美联邦志略》、蒋敦复与政体类型 知识"概念工程"的现实含义

1850 年代末期的上海人一直都不太清楚，才 30 岁出头的王韬，和比他年纪大上 20 岁的蒋敦复（字剑人），为什么有这样好的交情。[①] 1859 年 5 月 6 日，王韬又和蒋敦复聊起来，议论风发。在上海墨海书馆帮助西洋传教士"佣书"已逾十年的他，[②] 显然得到不少新鲜的信息，这回他又把自己的观察心得，告诉蒋敦复：

> 西国政之大谬者，曰男女并嗣也，君民同治也，政教一体也。

从 1847 年就来到上海，专门协助管理上海墨海书馆的伟烈亚力（Alexander Wylie）[③] 听到了王韬这番议论，不太以为然：

> 是不然。泰西之政，下悦而上行，不敢以一人揽其权，而乾纲仍弗替焉。商足而国富，先欲与万民用其利，而财用无不裕焉。故有事则归议院，而无蒙蔽之虞；不足则筹国债，而无捐输之弊。今中国政事壅于上闻，国家有所兴作，小民不得预知。何不仿行新闻月报，上可达天听，下可通民意。况泰西之善政颇多，苟能效而行之，则国治不难。

---

① 王韬自述，与蒋敦复结识于"壬子十二月十有三日"（1853 年 1 月 21 日），参见王韬《淞滨琐话》，齐鲁书社，1986，第 106 页。

② 王韬 1849 年进入上海墨海书馆工作，参见张志春《王韬年谱》，河北人民出版社，1994，第 19～20 页。

③ 关于伟烈亚力的研讨，参见汪晓勤《伟烈亚力的学术生涯》，《中国科技史料》1999 年第 1 期，第 17～34 页。

王韬不太服气，和伟烈亚力辩论起来：

> 泰西列国地小民聚，一日可以遍告。中国则不能也。中外异治，庶人之清议难以佐大廷之嘉猷也。中国多涂泥之区，土松气薄，久雨，则泥泞陷足，车过则倏洞窟穴。电器秘机，决然难行。他如农家田具种刈利器，皆以轮轴机械运转，事半功倍，宜其有利于民。不知中国贫乏者甚多，皆借富户以养其身家。一行此法，数千万贫民无所得食，有不生意外之变乎？中国所重者，礼义廉耻而已。上增其德，下懋其修，以求复于太古之风耳。奇技淫巧凿破其天者，摈之不谈，亦未可为陋也。①

伟烈亚力是不是被说服了，莫得其详；王韬本人则很看重这回的辩论，详细地记诸日记。蒋敦复也很同意王韬的想法，翌年他写作《英志自序》，② 把王韬的这番话，改写了一下，当成是"英国之纲领"：

> 君民共主也，政教一体也，男女并嗣也，此三者，英国之纲领也。

蒋敦复这里提到的"君民共主"这个词，应当是汉语世界之首见；19世纪的中国人称呼英国为"君民共主"的国家，"发明权"属于他。作为至交的王韬，日后大概也依据老友的意见，放弃了自己

---

①　方行、汤志钧整理《王韬日记》，咸丰九年四月初四日（1859年5月6日），中华书局，1987，第112~113页。

②　蒋敦复：《英志自序》，《啸古堂文集》第7卷，同治七年上海道署刊本，中研院历史语言研究所傅斯年图书馆藏，第2B~6A页；另参考中研院近代史研究所编《近代中国对西方及列强认识资料汇编》第1辑第2分册，中研院近代史研究所，1972，第1085~1086页。该文写作时间系年为"咸丰十年（1860）"。

使用过的"君民同治"一词，转而使用"君民共主"来展开自己的议论：

> 泰西之立国有三，一曰君主之国，一曰民主之国，一曰君民共主之国……①

王韬提出的"君民同治"，究竟是什么意思，他没有清楚地说明。② 蒋敦复提出了"君民共主"这个词，却又和自己在《英志自序》里谈到的世界各国的三种"立国之道"有些不同：

> 地球九万余里，邦土交错，立国之道，大要有三：一、君为政，西语曰恩伯腊（中国帝王之称），古来中国及今之俄罗斯、法兰西、奥地利等国是也；一、民为政，西语曰伯勒格斯，今之美利坚（俗名花旗，在亚墨利加州）及耶马尼、瑞士等国是也；一、君民共为政，西语曰京，欧州诸国间有之，英则历代相承，俱从此号。王者仅列五等爵上，衣食租税而已。③

---

① 王韬：《重民》（下），《弢园文录外编》第 1 卷，第 19A～19B 页。当然，王韬另有其他分类述说（下详）。本书征引版本为：王韬《弢园文录外编》，丁酉仲夏弢园老民刊于沪上本，中研院历史语言研究所傅斯年图书馆藏；又，《弢园文录外编》初刊于 1883 年，参见忻平《王韬著作目录及版本》，收入氏著《王韬评传》，华东师范大学出版社，1990，第 244 页。

② 王韬与蒋敦复此番谈话前，即已称"西国立法大谬"之一为"君民同治"："中国立治之极者，必推三代。文质得中，风醇民朴，人皆耻机心而贱机事。而西国所行者，皆凿破其天，近于杂霸之术，非纯王之政。其立法之大谬者有三：曰政教一体也、男女并嗣也、君民同治也……借口于只一天主而君臣之分疏，只一大父而父子之情薄……"参见王韬《与周弢甫征君》，朱维铮、李天纲编校《弢园文新编》，生活·读书·新知三联书店，1998，第 194 页。该函系年 1859 年 2 月 27 日（依据张志春《王韬年谱》，第 43～44 页）。

③ 蒋敦复：《英志自序》，第 2B 页（《近代中国对西方及列强认识资料汇编》第 1 辑，第 1085 页）。

　　一个是"君民共为政"，一个是"君民共主"，但都可以用来指英国的政体。作为词的首创者，蒋敦复对于应该使用哪些词区分世界各国的政体类型，还不够精确；他自己使用这些不见于汉语世界里的新名词，也经历过概念的变化（在政体类型知识"概念工程"的建设过程里，也有相同贡献的论者，如王韬，有相类似的情况）。但是，即便词的使用并不精确，表达的基本理念还算一致，都是要划分世界各国政体的类型。回源溯流，这样的思考倾向，其实来自于以英国伦敦传道会的牧师慕维廉（William Muirhead）[①] 作为主要翻译者的《大英国志》（1856 年首度出版）。[②] 蒋敦复既是此书译事的合作者，[③] 也接下了继续进行这项工程的圆锹，他开展了新的思考路向。

（一）《大英国志》与政体类型知识"概念工程"的进展

　　慕维廉为主要翻译者的《大英国志》在 1856 年首度出版，完整述说了英国这个国家的历史变迁；透过它，19 世纪的中国人，知晓了英国历史的经纬样态，对于它的政治制度的认识与理解也渐次深化；《大英国志》还提供了许多新的知识，引起中国士人的反思。

[①] 慕维廉于 1847 年抵中国，其生平事迹参见魏外扬《中国教会的使徒行传：来华宣教士列传》，宇宙光全人关怀机构，2006，第 372～376 页；邹振环《西方传教士与晚清西史东渐：以 1815 至 1900 年西方历史译著的传播与影响为中心》，上海古籍出版社，2007，第 125～148 页。

[②] 慕维廉：《大英国志》，一八五六年江苏松江上海墨海书院刊本，中研院历史语言研究所傅斯年图书馆藏。此版本卷末附有《〈大英国志〉续刻》，已说及英法联军攻陷北京，1860 年十月"二十四日，和约立；十一月初五日，英、法兵退自北京；十二月二十七日，英京城宣讲和约事"；查《中英北京条约》确实于 1860 年 10 月 24 日"盖印画押"（陈志奇：《中国近代外交史》上册，南天书局，1993，第 394 页），是则，此一版本当出版于 1860 年 12 月 27 日以后。

[③] 王韬在 1853 年荐蒋敦复于慕维廉进行译事，稿成于 1856 年，参见滕固《蒋剑人先生年谱》，广文书局，1971，第 19、21 页。

　　慕维廉主译的这部《大英国志》，称系"依英士托马斯米尔纳所
作《史记》译出"，① 他推动译事的用心，则颇有宣教之意味。② 全
书依据时序，述说自英国源始起，下迄 1856 年克里米亚战争结束，
议订《巴黎和约》之际的历代史事。19 世纪的中国士人，批卷展读，
正可知晓英国的历史经纬及其政治社会制度；它提供的新知识，更往
往引起反思，如述说"清教徒革命"时期英王查理一世（Charles I，
《大英国志》谓之"查尔斯第一"）被送上断头台的故史陈绩，③ 就
被中国士人视为"大逆不道"，引发了多样的回响。以过往学界认为
思想上很少受到西方影响的朱一新为例，④ 述说"英王查尔斯为叛党
所弑，至声王罪而肆诸市朝，振古所未闻也"一事的来源，就是这部
书，⑤ 可见一斑；汉语世界至今描述英国政体的若干词，更以其为滥
觞。例如，是书将英国的 Parliament 译为"巴力门"，⑥ 即是汉语世界

① 《大英国志·凡例》，第 1A 页。据邹振环研究，是书"前七卷是译自与慕维廉同
　时代的英国历史与地理学家托马斯·米尔纳（Thomas Milner）的原著《英格兰
　史》（History of England）……可能是 1856 年前由 Religious Tract Society 出版的卷
　八……由 8 种'志略'组成，资料来自……英文版《钱伯斯百科全书》
　（Chamber's Information for the People）等书"，参见邹振环《西方传教士与晚清西史
　东渐：以 1815 至 1900 年西方历史译著的传播与影响为中心》，第 128 页。
② 慕维廉序云："英之创始何日，史无可稽。云作史者衡量古今盛衰升降之势若何，
　其理若何，有以知所以盛衰升降者，原于上帝之手。上帝之手不特垂于霄壤，抑
　且以天时人世事，翻之覆之，俾成其明睿圣仁之旨。读者勿徒览战争之故，兴亡
　之迹云尔。"略可想见其用心所在。
③ 慕维廉：《大英国志》第 6 卷，第 12A ~ 33B 页。
④ 如张灏即引钱穆《中国近三百年学术史》而提出这一观点，参见 Hao Chang，
　Liang Ch'i-ch'ao and the Intellectual Transition in China（Cambridge：Harvard University
　Press，1971），p. 4.
⑤ 朱一新：《无邪堂答问》第 2 卷，光绪二十一年广雅书局刊本，中研院历史语言研
　究所傅斯年图书馆藏，第 30B ~ 31B 页。又，《无邪堂答问》在他处亦征引过《英
　国志》（如第 2 卷，第 18A 页；不详举）。
⑥ 《大英国志》明确记载：1225 年"法王路易取英之地在法者罗舌，英人群议于巴
　力门"（第 4 卷，第 17A 页）；偶作"巴立门"，如"英史记载，首重法律，必君
　相与巴立门上、下两院会议乃行"（"凡例"，第 2A 页）。通观全书，以"巴力
　门"为主。

之首见。①《大英国志》提供的某些词，进入汉语世界已经超过一个
半世纪，它的生命力尚不曾中止。

《大英国志》在"民主知识仓库"里，提供许多新鲜的面向。它
发凡起例，首先将英国政治制度的意义，安排在"天下万国，政分
三等"的整体脉络中述说，

> 天下万国，政分三等：礼乐征伐自王者出，法令政刑，治
> 贱不治贵。有国者，西语曰恩伯腊（译即中国皇帝王之号），
> 如中国、俄罗斯及今法兰西等国是也。以王者与民所选择之人
> 共为政，君、民皆受治于法律之下。有国者，西语曰京（译
> 即王与皇帝有别），泰西诸国间有之，而英则历代相承，俱从
> 此号。又有无帝、无王，以百姓推立之一人主之，限以年数，
> 新旧相代，西语曰伯勒格西敦（译即为首者之称），如今之合
> 众部是也。②

较诸 1845 年左右问世的《新释地理备考全书》提出的简略论
说，"欧罗巴中所有诸国，政治纷繁，各从其度。有或国王自为专主
者，有或国主与群臣共议者，有或无国君，惟立冢宰执政者"，③《大
英国志》的分类论说，显然更进一层。首先，它阐明了三种不同政
体的国家元首，有什么样的不同称谓，为政体类型之划分提供了简洁
明了的依据；其次，在后两种类型里，又以"民"（或"百姓"）推
择人选参与政治事务的权力到达什么样的程度——是"王者与民所
选择之人共为政"，抑或"以百姓推立之一人主之"——作为分类标

---

① 马西尼（F. Masini）则称"巴力门"一词首见于 1874 年出版的《教会新报》，实
　误。参见马西尼《现代汉语词汇的形成——十九世纪汉语外来词研究》，黄河清
　译，汉语大词典出版社，1997，第 189 页。
② 《大英国志·凡例》，第 1A~1B 页。
③ 《新释地理备考全书》第 4 卷，第 21B 页。

准。由是,《大英国志》明确地表述了"天下万国"如何可以"政分三等"的理据,还说明了它们各有什么样的内容。它的读者,不单可以知晓英国的政体在"天下万国"里具有什么样的地位/独特意义,也得以初步理解其他国家(甚至包括中国在内)的政体,在这样的类型里又居于何等位置。可以说,《大英国志》在中国政治思维的领域里,提供了崭新的"思想资源"。《新释地理备考全书》提出的分类论说,已完成了它的历史使命,被遗忘在历史的一角。

在晚清中国的思想界,政体类型知识"概念工程"的成果繁多。《大英国志》首开风气,它提出的基本述说架构,亦为后人承袭,影响力持续几近半个世纪。不过,随着"知识仓库"里积储的信息越发丰富,其内涵则产生某种程度的变形,非复《大英国志》述说的本来面貌了。

(二)《大美联邦志略》与政体类型概念的再导入

《大美联邦志略》① 是第一位来中国传教的美国籍传教士裨治文(Elijah Coleman Bridgman,或译高理文)② 在 1861 年完成的作品,对建设"知识仓库"贡献绝大,问世后即得到传教士同行的引介宣传,赞誉它具有增长知识的效用。③ 它也流传到日本,以各种"翻刻本"

---

① 裨治文:《大美联邦志略》,辛酉夏沪邑墨海书馆活字本,中研院近代史研究所郭廷以图书馆藏影印本。此影印本附有钢印总页码,亦引据之。又,《大美联邦志略》系裨治文修订其旧著《美理哥合省国志略》(1838 年刊印)而成,内容大有变化(邹振环:《西方传教士与晚清西史东渐:以 1815 至 1900 年西方历史译著的传播与影响为中心》,第 114~117 页);然而,《美理哥合省国志略》并未涉及西方政体类型知识的述说。

② 关于裨治文的生平,参见 Michael C. Lazich, *E. C. Bridgman (1801 - 1861), America's First Missionary to China* (Lewiston: Edwin Mellen Press, 2000)。又,《大美联邦志略》自署为裨治文"受业"的"端溪梁植"写的《跋》云:裨治文"名仪来哲,字高理文,裨治文者,其姓氏也",故本文统一作裨治文。

③ 如《教会新报》尝刊出介绍词曰:"有一书名《联班(邦——引者按)志略》,系花旗国人有名望之裨治文先生作也。其书言花旗国之原原本本,颇极详明。此书上海亦有出售之处,今特印出一则于本《新报》,以达同好……"《教会新报》,期数不详,本书征引版本为:京华书局 1968 年影印本,第 1 册,总第 33~34 页。

形式流传，[1] 影响所及，非仅中国而已。就其在中国之流传影响而言，《大美联邦志略》始终是"知识仓库"里关于美国的重要"知识储备"，晚清思想界的巨子型人物如王韬就是它的读者。王韬将它和慕维廉的《大英国志》等同并列，赞誉它们述说完整，"自创国至今，原本具备"，对于"一邦之制度、史实，有所考证"，都是"中国史册中所必采"的著作。[2] 出版三十余年后，裨治文的心血仍受肯定，像是 1897 年 8 月湖南出版的《湘学新报》便将它列入"史学书目提要"中。[3] 它也成为当时想要通过科举这道"成功的阶梯"，从而"一举成名天下知"的一般士人必读之书，如湖南学政徐仁铸于 1898 年在宝庆府出题考试，要求应试士人回答的"掌故"题目之一便是"《联邦志略》书后"，[4] 没有读过这部书的应考者，恐怕只能瞠目以对。凡此可见，这部《大美联邦志略》始终被视为美国史的"标准读本"，在"知识仓库"里始终维持长久的生命力。

当《大美联邦志略》问世之前，"知识仓库"里已然存在着《大英国志》首创的政体类型知识。《大美联邦志略》则踵步其后，也将美国政治制度的意义，安排在"宇内之国政，大要不同者有三"的整体脉络里述说，将之与《大英国志》的述说进行比较。两者表达的意念还算一致，采取的分类标准及论述内容，却不相同（见表 3-3）。

---

[1]　杉井六郎「『大美聯邦志略』の翻刻」『史窓』47 号、1990、1～43 頁。相关细节，不详述。

[2]　原文是："近日西儒入中国，通览中国文字，著书立说者，纷然辈出……言史学，则有慕维廉之《英志》、裨治文之《联邦志略》，自创国至今，原本具备，于一邦之制度、史实，有所考证，中国史册中所必采也。"参见王韬《西儒实学》，收入氏著《瓮牖余谈》第 5 卷，原本出版时间不详，第 1A 页。本书征引版本为："丛书集成三编"第 6 册，新文丰出版公司 1997 年影印本，总第 159 页。

[3]　此文原刊《湘学新报》第 12 册，1897 年 8 月 8 日，参见上海图书馆编《中国近代期刊篇目汇录》，上海人民出版社，1980，第 718 页。本书征引版本为：《湘学新报》，华文书局 1966 年影印本，总第 1643 页。

[4]　《徐大宗师按试宝庆府属经古题并复试经古题》，《湘报》第 39 号，光绪二十四年四月三十日（1898 年 4 月 20 日）。

表 3-3　《大英国志》和《大美联邦志略》政体分类比较

《大英国志》[1]	《大美联邦志略》[2]
天下万国,政分三等	宇内之国政,大要不同者有三
礼乐征伐自王者出,法令政刑,治贱不治贵。有国者,西语曰恩伯腊(译即中国皇帝王之号),如中国、俄罗斯及今法兰西等国是也	一曰权由上出,惟君是专,如中华、安南、土耳其等国也
王者与民所选择之人共为政,君、民皆受治于法律之下。有国者,西语曰京(译即王,与皇帝有别),泰西诸国间有之,而英则历代相承,俱从此号	一曰君民同权,相商而治,如英、法等国也
无帝、无王,以百姓推立之一人主之,限以年数,新旧相代,西语曰伯勒格西敦(译即为首者之称),如今之合众部是也	一曰君非世及,惟民所选,权在庶民,君供其职,如我联邦国是也

注:1.《大英国志·凡例》,第1A~1B页。
　　2.《大美联邦志略》卷上,第25A~25B页(影印本总第49~50页)。

　　《大美联邦志略》以"权力"的掌握者之不同——"权由上出,惟君是专"、"君民同权,相商而治"与"君非世及,惟民所选,权在庶民,君供其职"——作为分类的依据,与前此的《大英国志》,大有不同,可谓别唱新调,导入了划分政体类型的新标准。《大美联邦志略》在论说美国制度在这个类型里的地位后,还加上一段总结:

　　　　夫我联邦之政,法皆民立,权不上操。其法之已立者,则着为定例,上下同遵;未立者,则虽事关国计,君人者亦不得妄断焉。盖其庶务以众议为公,凡政以无私为贵,故立法于民义有取也。[1]

　　这样的论断,代表裨治文个人对母国政治制度的总评,显然也有意强调美国制度在诸般政体里的优越地位,是政体类型知识"概念工程"里罕有的强音。

———————————

　　①　裨治文:《大美联邦志略》卷上,第25B页(影印本总第50页)。

《大美联邦志略》是裨治文修订旧著《美理哥合省国志略》（1838 年刊印）的成果。[1] 可是，《美理哥合省国志略》未曾介绍过西方政体类型的知识。那么，裨治文在《大美联邦志略》里易调别唱，导入划分政体类型的新标准，是否有意与《大英国志》进行"知识竞争"，因此另吟新声呢？后世虽自难揣测，却具体彰显西方政体类型知识"概念工程"再有进展的样态。

（三）蒋敦复对政体类型知识"概念工程"的再开拓

蒋敦复作为《大英国志》翻译事业的合作者，对这部书提出的政体类型的观点与词汇，应该是相当熟悉的。不过，起先他好似混淆了《大英国志》的述说，既将"伯勒格西敦"改为"伯勒格斯"，并曰"伯勒格斯"为"君民共政之称"。[2] 迨乎 1860 年，他写作《英志自序》时，则称呼"民为政"的国家元首为"伯勒格斯"，此后就不再变易了。本章现将他分别述说的政体类型，比较如下（见表 3-4）。

表 3-4　蒋敦复对政体类型的描述变化

著作	《大英国志》 （1856）	《英志自序》 （1860）	《拟与英国使臣威妥玛书》 （1866～1867）
总述	天下万国,政分三等	地球九万余里,邦土交错,立国之道,大要有三	泰西各国,政有三等
君主		君为政	
元首名称	有国者,西语曰恩伯腊（译即中国皇帝王之号）	西语曰恩伯腊（中国帝王之称）	西语曰恩伯腊者,即中国帝王之号
国家	如中国、俄罗斯及今法兰西等国是也	古来中国及今之俄罗斯、法兰西、墺地利等国是也	今俄罗斯、法兰西、墺地利诸国是也

---

① 邹振环:《西方传教士与晚清西史东渐:以 1815 至 1900 年西方历史译著的传播与影响为中心》,第 114～117 页。
② 蒋敦复:《海外两异人传:华盛顿》,《啸古堂文集》第 5 卷,第 6B～7A 页。关于此文的撰写时间,参见本章附一。

续表

著作	《大英国志》 (1856)	《英志自序》 (1860)	《拟与英国使臣威妥玛书》 (1866～1867)
说明	礼乐征伐自王者出,法令政刑,治贱不治贵		政刑大事,君自主之
君民共主	泰西诸国间有之,而英则历代相承,俱从此号	君民共为政	君民共为主
元首名称	有国者,西语曰京(译即王,与皇帝有别)	西语曰京	西语曰京
国家		欧州诸国间有之,英则历代相承,俱从此号	今之英国是也
说明	王者与民所选择之人共为政,君、民皆受治于法律之下		
民主		民为政	民为主
元首名称	西语曰伯勒格西敦(译即为首者之称)	西语曰伯勒格斯	西语曰伯勒格斯
国家	如今之合众部是也	今之美利坚(俗名花旗,在亚墨利加州)及耶马尼、瑞士等国是也	今南、北美利加等国是也
说明	无帝、无王,以百姓推立之一人主之,限以年数,新旧相代		

　　蒋敦复的论说内容,和《大英国志》略有不同,基本的论说格局则称一致,都以国家元首的称呼作为分类的标准。在政体类型知识"概念工程"开展的时候,本来并没有"民为政""君民共为政"/"民为主""君民共为主"这等提法,显然,正是从蒋敦复开始,政体类型知识"概念工程"的成果,更进一层。

　　就 1860 年代的言论脉络观察,蒋敦复将美国政体视为"民为政"(或"民为主")的认识,其实另有"竞争者"。以日后担任过清廷驻英公使的张德彝为例,出身于同文馆的他,年仅 19 岁就就出

洋远游，得以见识异国风情的多番样貌；① 他在 1866 年 7 月 19 日访
问俄国时，就议论说"美国乃官天下民主之国也，传贤不传子，每
四年众举一人为统领，称伯理玺天德。如人胜其任，公正廉明，仍领
之，然至多者不过十二年而已"。② 未及弱冠之年的张德彝，知道美
国"每四年众举一人为统领"，他的认知与"知识仓库"的述说完全
一致，显示将美国政体诠释为"官天下"的意义，已然形成"共
识"；他使用"伯理玺天德"来称呼美国总统，也显示这个词在"知
识仓库"出现的迹象。③ 然而，他对于美国总统可以担任 12 年之久
的认知，则与"知识仓库"的既有述说绝不相符，他的错误认知，
也还一直持续；④ 只是，张德彝说美国是一个"民主之国"，则又是
"知识仓库"里新鲜的述说。

---

① 关于张德彝的出身及其历次出国情况和著述，参见钟叔河《走向世界——近代中
国知识分子考察西方的历史》，中华书局，1985，第 87～107、177～192 页；苏精
《清季同文馆及其师生》，作者自印本，1985，第 174～178 页。

② 张德彝"同治五年六月八日（1866 年 7 月 19 日）日记"，收入氏著《航海述奇》，
《稿本航海述奇汇编》第 1 册，北京图书馆出版社 1997 年影印本，第 301～302
页。本段记述，《小方壶斋舆地丛钞》收录之版本作："现者五洲称帝者三国：中
华、法郎西、俄罗斯也，而此三国则以俄地为最广，按度论，俄倍于中华者五，
其他各国有倍于俄者，亦有不及俄者，皆称王。至美国乃官天下民主之国也，无
君无臣，每四年众保一人为首，称百理玺天德。如其人克统大事，明哲公正，仍
坐四年，然至多亦只八年而已。"张德彝：《航海述奇》，第 33B 页。

③ 按，晚清时期以"伯理玺天德"一词来称呼美国总统，是个"流行"。但是这一
称呼首创于谁，尚难得悉。早在 1844 年时，清廷官方文书里即已使用"伯理玺
天德"，如《两广总督耆英奏为照录美使所译汉字国书呈览折》[道光二十四年八月
十四日（1844 年 9 月 25 日）奏呈] 附《咪唎坚汉字国书》云："亚美理驾合众国
伯理玺天德玉罕泰禄恭函，专达于大清大皇帝陛下……"参见文庆等纂辑《筹办
夷务始末》第 72 卷，故宫博物院 1930 年影印道光清内府抄本，第 47B 页。相关
研究成果，略可参考熊月之《晚清中国对美国总统制的解读》，《史林》2007 年第
1 期，第 1～11 页。余例不详举。

④ 张德彝在 1868 年随总理衙门章京记名海关道志刚等人访问欧、美有约各国，抵达
华盛顿后，他仍说美国"统领四年任满，集众议之，众以其贤，则再留四年，至
多不过十二年"[张德彝"同治七年闰四月廿七日（1868 年 6 月 17 日）日记"，
《再述奇》，《稿本航海述奇汇编》第 1 册，第 528～530 页]。可以想见，他的认
知犹未"纠正"。不过，《再述奇》并未公开出版问世。

约略同一时代里，对于美国政体有类似认知的例证，是张德彝的老师，曾任同文馆总教习的传教士丁韪良翻译的《万国公法》（1864年出版）。[1] 是书于述说"自主之国"在"内政"方面"自执全权，而不依傍于他国"的脉络里有谓：

> 若民主之国，则公举首领官长，均由自主，一循国法，他国亦不得行权势于其间也。[2]

这里的"民主之国"，是汉语世界里首度出现的词，从上下文脉络来看，即指"公举首领官长"的国家。不过，依据惠顿原书核校，"民主之国"的原文是 republican form of government，[3] 而在同书中亦称"美国合邦之大法，保各邦永归民主"，[4] 其原意当谓美国宪法第 4 条第 4 款规定"合众国保证联邦中的每一州皆为共和政体"（The United States shall guarantee to every State in this Union a Republican Form of Government）。所以，《万国公法》所谓的"民主之国"，其实指的是"共和形式的政府"。[5]

张德彝所谓的"民主之国"，其含义未必即与《万国公法》相同；然而，两者交集所示，至少呈现出将美国这种国家称为"民主之国"的趋同态势。日后政体类型知识"概念工程"的进展，会确定美国是"民主之国"之一，始终不易，应当是以 1860 年代为起点。

---

① 丁韪良译《万国公法》，同治三年（1864）岁在甲子孟冬月镌京都崇实馆存板本，中研院历史语言研究所傅斯年图书馆藏。

② 《万国公法》第 2 卷，第 13B 页。

③ 参见 Lydia H. Liu, *Translingual Practice: Literature, National Culture, and Translated Modernity: China, 1900–1937*, p. 267。

④ 《万国公法》第 2 卷，第 13A 页。

⑤ 不过，"民主"一词在《万国公法》里出现 18 次，有时也等于 democratic republic 与 democratic character 的翻译，参见金观涛、刘青峰《观念史研究：中国现代重要政治术语的形成》，香港中文大学当代中国文化研究中心，2008，第 230 页。

随着 "知识仓库" 的持续扩建，"民为政" 与 "民为主" 这两组词，渐次被简称为 "民政" 和 "民主"，并往往交互并用，可以等同。不过，"民主" 仍还有传统中国 "民之主"（即国家元首）的意思。① 像是张德彝在 1870 年再随崇厚出使法、英，他在记述此行的著作《三述奇》② 里就说自从法国在普法战争战败后，于 1870 年 9 月 7 日当日：

> 巴里（今译巴黎——引者按）闻各处失守，国君被俘，众议改为民政。遂于是日拟定各官……而以民主执国政焉。③

他在这段话里说 "众议改为民政"，当即指称一种政治制度，"民主执国政" 则当指国家元首。然而，在 10 月 31 日时，他则称法国要员已然商议 "以立民主之邦"。④ 由是可见，"民政" 和 "民主" 固可交互等同；"民主" 仍与其传统意味交杂相陈。张德彝的用法，在1870 年代初期并不是孤例。创始于 1873 年，广泛报道西方各国消息

---

① 如《尚书·汤誓》："匹夫匹妇，不获自尽，民主罔以成厥功。"《尚书·蔡仲之命》："乃惟成汤克以尔多方，代夏作民主。"《左传·襄公三十一年》："穆叔……见孟孝伯。曰：'赵孟将死矣。其语偷，不似民主。'"《国语·晋语四》："（勃鞮）曰：'君实不能明训，而弃民主。'" 笔者利用中研院 "汉籍全文资料库"，就 "民主" 一词在二十四史与十三经进行查检得到的资料，率皆此意义，不详举。

② 张德彝：《三述奇》（书前《〈三述奇〉叙》系年为 "同治十二年（1873）岁次癸酉春"），收入氏著《稿本航海述奇汇编》第 2～3 册，后易名为《随使法国记》。本书征引版本为：张德彝《随使法国记》，左步青标点，米江农校订，收入钟叔河主编 "走向世界丛书"《西学东渐记·游美洲日记·随使法国记·苏格兰游学指南》合刊本，岳麓书社，1985。

③ 参见张德彝《三述奇》，《稿本航海述奇汇编》第 2 册，第 342 页；并参见张德彝《随使法国记》，第 376 页。

④ 原文是："法外部遣告英、俄、澳、义四国，乞代议和，即日派员赴德营，乞暂停兵，以便选举各省会堂官，毕驷马（俾斯麦——引者按）未允。……是日，前往四国之员，各同使臣奉命而往德营会议：一为法国选举各省会堂大官，以立民主之邦……" 张德彝：《三述奇》，《稿本航海述奇汇编》第 2 册，第 349～350 页；并参见张德彝《随使法国记》，第 380 页。

的《西国近事汇编》①，在创刊伊始同样将"民政"与"民主"二词混合使用，关于古巴独立的消息报道，便即如是：

> 古巴岛之叛于西班牙也，以欲更民政，而王不从，故狡焉思逞，大启兵端。今既改为民主之国，自是如愿相偿，想不日就抚罢兵矣。②

从上下文脉络观之，"欲更民政"，致启兵端，"既改为民主之国"则"不日就抚罢兵"，显然，"民政""民主之国"两者的意思相同。而它也称法国、瑞士都是欧洲"主民政"的国家，并提供法国"开国而后凡三易民政"的讯息。③

从整体脉络来看，自蒋敦复创始的"民为政"与"民为主"这样的词，被简称为"民政"和"民主"，两者可以交互并用，互相等同，都用以指称像美国、法国或瑞士那些经由选举程序而产生国家元首的国家。大约从 1870 年代初期出现的这股态势，持续不绝。清朝出使英法钦差大臣郭嵩焘或以"民政"，或以"民主"称述法国的政治体制，④ 即为一例。大众媒体亦从之袭用，甚至可以

---

① 关于《西国近事汇编》之述说，众说纷纭，立基于前行研究而有比较精确之介绍者，当推原付川、姚远、卫玲《〈西国近事汇编〉的期刊本质及其出版要素再探》，《今传媒》2010 年第 5 期，第 104～106 页。

② 金楷理口译，姚棻笔述《西国近事汇编》第 1 卷，同治十二年江南制造局刊本，中研院历史语言研究所傅斯年图书馆藏，第 46A 页。

③ 原文是："欧洲诸国，除西班牙而外，主民政者，一为法国，一为瑞士。瑞士之主民政也，历年多，施泽于民久，凡有更张成例，率多因时制宜，且复三令五申，缓而不急，为之下者率循较易，故能久道化成。今则盟主是宗，浸假而成合众之势矣。法国之主民政也，历年少，施泽于民未久，而且求治太急，好事更张，为之下者积习相沿，骤难变易，故自开国而后凡三易民政，而卒不能久……"（《西国近事汇编》第 1 卷，第 47B～48A 页）

④ 郭嵩焘于 1878 年 7 月 27 日游历法国"议政院"时即谓"路易第十六被弑，改为民主之国"，1879 年 2 月 21 日则感叹法国本为"强国"，"立君千余年，一旦改从民政，群一国之人挈长较短，以求逞其志，其势固有岌岌不可终日者矣"。参见《郭嵩焘日记》第 3 册，湖南人民出版社，1981，第 581～582、775 页。

夹杂交缠使用既存的各种概念，以为评骘之资。如《申报》于 1876 年刊出署名"呆呆子"之文稿，评论英国"意欲于英王君主加上印度皇帝"一事即谓：

> ……泰西立国有三，国主之称谓亦有三：一为民主之国，西语曰"伯勒格斯"，南北花旗与现在之法兰西是也；一为君民共主之国，西语曰"密施"，即英国是也；一为君主之国，西语曰"的士坡的"，俄罗斯是也……①

蒋敦复不曾言及的"民主之国""密施""的士坡的"② 与他创发的"伯勒格斯"等词，同时跃然于读者眼目之前。这篇文稿的作者，未必直接援用蒋敦复，对政体类型的表述，基本无误，既可想见既存的认知广传流远的情况，也具体彰显政体类型知识的"概念工程"，在思想言论的舞台上，已然占有一席之地。

（四）政体类型知识"概念工程"与"政体抉择"："蒋敦复式"的问题

在政体类型知识"概念工程"发展的历程里，蒋敦复对于应该使用什么样的词汇开展分类，定下基调，实有开风气之先的"功劳"。不过，蒋敦复的思绪所至，与现实结合，竟让他意识到政体类型的知识，不会只是单纯的"知识"，反而可能引发"政体抉择"的问题，关涉所及，实非同小可。

蒋敦复清楚地知晓"巴力门"在英国政治运作里的关键地位：

> 操君民政教之权者曰巴力门。巴力门，上、下二院，君有举

---

① 呆呆子：《论西报英王加号议爰及中国帝升王降之说》，《申报》1876 年 5 月 4 日，第 1 版。

② 笔者怀疑，所谓"密施"或即 monarch，"的士坡的"或为 despotic。

措，诏上院，上院下下院；民有从违，告下院，下院上上院；国
中纳赋，必会议乃成。律法定自两院，君、相不能行一法外
事。①

正是因为英国"巴力门"拥有如此大的权力，他即认为中国若仿而
效之，"大乱之道也"。蒋敦复的论证，本乎中国传统"君纲"至上
的观点，他强调，"《春秋》大义明于中国，君臣之分甚严也"，"未
闻王者不得操予夺生杀之柄"，"未有草野细民得曰立君由我"。所以
他一旦知晓查理一世被送上断头台之后，"举朝宴然，无所谓戴天之
仇与讨贼之义"，竟"不觉发指"。《大英国志》述说过，"巴力门"
不只是单纯限制君主权力的体制而已，它可以废黜、迎立国王，或使
国王成为阶下囚，甚至行"悖乱之事"，把国王送上断头台。蒋敦复
的批判，显然"有的放矢"。

　　蒋敦复的整体论说，更带有某种程度的"民族主义"情绪。
他论证了"君民共主也，政教一体也，男女并嗣也"作为"英国
之纲领"，并感叹英国"骎骎乎民制其君，教隆于政，女先乎
男"，全无可取，所以，"几何不以外夷轻中国也"。但是，现实
却是"奈之何，而我中国而为外夷所轻也"，故他"为此惧，作
《英志》"。② 蒋敦复写作这篇文章的 1860 年，类似伟烈亚力提出
的"泰西之善政颇多，苟能效而行之，则国治不难"这样的观
点，可能已经在他周遭的生活世界弥漫开来；王韬之所以开始批
判"西国政之大谬者"，郑重其事地反驳伟烈亚力的论点，并书
之日记，也是他们在思考是否该效行"泰西之善政"这等问题的
旁证。蒋敦复"放矢"之"的"，看来可能更不仅限于《大英国

---

① 蒋敦复：《英志自序》，第 3B～4A 页（《近代中国对西方及列强认识资料汇编》
　　第 1 辑，第 1085 页）。
② 蒋敦复：《英志自序》，第 6A 页（《近代中国对西方及列强认识资料汇编》第 1
　　辑，第 1086 页）。

志》而已。

然而，"中国"/"外夷"的对立局面，一日重于一日，甚至"外夷"竟大言不惭地提出"试问中国将来能常为自主之国否"的质疑。蒋敦复利用他可以掌握的知识，"理直气壮"地论证中国当然是"自主之国"，毫不客气地予以回应。但是，老问题依然存在。蒋敦复竭力论证模仿"民为主""君民共为主"——也就是说，以美国和英国为样式的制度——都是"大乱之道"，却阻止不了士人政治思维的变化趋向。蒋敦复"敏感"地展开批评的1860年代，政体类型知识"概念工程"的成果，除了他自己的建树之外，只有《大英国志》和《大美联邦志略》打下的基础而已。此后，政体类型知识"概念工程"的发展则大有进境，后继者纷纷将《大英国志》和《大美联邦志略》的分类标准，熔炉并冶，添加了许多内容要项，使得它作为理解世界各国政治制度的工具，更为清晰有效，也成为论者做出"政体抉择"的依据。连本来也还认为"君民同治"是"西国政之大谬者"之一的王韬，其思绪竟也都朝相反的方向前进。"蒋敦复式"的忧虑与思考，影响久远，正证明了蒋敦复的"独到"眼光。

当蒋敦复开展思虑的时候，"知识仓库"里除了《大英国志》提供的知识之外，《大美联邦志略》也踵步继之，与他的努力形成有趣的对比。裨治文是否承继蒋敦复就政体类型知识与"政体抉择"之关涉提出的思考模式，以标榜美国制度的优越地位来响应"蒋敦复式"的问题，后世难能真解确证，却可显示"政体抉择"的问题，在1860年代的思想界已是萌芽待生的场景。不过，"蒋敦复式"的问题的真正"挑战者"，来自老友王韬对法国历史的介绍而导引出来的成果。王韬述说法国历史沿革的名著《法国志略》（《重订法国志略》，以下均引为此名）①　与

---

① 本书征引版本为：王韬《重订法国志略》，光绪十六年淞隐庐刊本，中研院历史语言研究所傅斯年图书馆藏。

《普法战纪》① 出版问世之后，政体类型知识的"概念工程"又得到一个变迁繁复，几令人目不暇接的例证，从而再有进展。

三 "法国例证"的导入与政体类型知识"概念 工程"的跃进

（一）"法国例证"的混沌

19 世纪的法国政体历经了重大的变化。中国人对这个国家的认识，也随着它政体的变动而困惑不已。仅就《海国图志》收录的讯息而言，它的政体，即相当繁杂（见表 3 - 5）。

表 3 - 5 《海国图志》中描述的法国政体

资料	内容	备注
《四洲志》	政事：设占马阿富衙门一所，官四百三十员，由各部落互相保充，如英国甘文好司之例……	
《外国史略》	道光十年后，佛国王自操权，按国之义册，会商爵士、乡绅，以议国事…… （法国有）公会，必派国之大爵有名望者，百姓中每年纳饷银五千员以上者，推为公会之乡绅，预论国事，能言之士最多	本段论述不见于 60 卷本
《地球图说》	道光二十七年，民叛，国王逃避于英国，国民又自专制，不复立君矣	本段论述不见于 60 卷本

注：本表仅节录《海国图志》100 卷本的不同述说。不详引所有之述说。俱参见《海国图志》100 卷本，第 41 ~ 42 卷，不详注出处。

---

① 本书征引版本为：王韬《普法战纪》，韬园王氏刊·遁叟手校本，中研院历史语言研究所傅斯年图书馆藏。《普法战纪》最先自 1872 年 9 月 3 日起刊登于香港《华字日报》，自 1872 年 10 月 2 日起至 1873 年 8 月 4 日止连载于上海《申报》，1874 年初集结为专书（14 卷本）在香港刊行，参见吕文翠《文化传译中的世界秩序与历史图像——以王韬〈普法战纪〉为中心》，收入氏著《海上倾城：上海文学与文化的转异，一八四九——九〇八》，第 86 ~ 87 页。

与《海国图志》相比，《瀛寰志略》的述说比较简略，也很明快：

> 其制：宰相一人，别立五爵公所，又于绅士中择四百五十九人，立公局。国有大政，如刑赏征伐之类则令公所筹议，赐关税饷则令公局筹办。相无权，宣传王命而已。①

正因为法国政治变动的复杂，如何确知其貌，述其本相，令人煞费苦心。朱克敬②的《通商诸国记》，③ 就是一例。朱克敬的述说，既是对《瀛寰志略》述说的复制，他显然也知道法国在这些年间几经沧桑，所提供的讯息，即形构为相当有趣的组合（见表3-6）。

表3-6　《瀛寰志略》与《通商诸国记》关于法国描述的比较

著述	内容
《瀛寰志略》[1]	……路易即位数年卒，弟查理立（一作加尔禄斯），愚戆不任事，在位九年，国人废之，择立支属贤者路易非立（一作卢义斯非里卑），即今在位之王也。以道光九年嗣立，性宽仁，好纳谏，有贤声…… 其制：宰相一人，别立五爵公所，又于绅士中择四百五十九人，立公局。国有大政，如刑赏征伐之类则令公所筹议，赐关税饷则令公局筹办。相无权，宣传王命而已……

---

① 徐继畬：《瀛寰志略》第7卷，《徐继畬集》第1册，第202页。
② 关于朱克敬的生平，参见朱克敬《瞑庵杂识·瞑庵二识》，杨坚点校，岳麓书社，1983，前言，第1页。
③ 朱克敬：《通商诸国记》，《小方壶斋舆地丛钞》第11帙。该文云日本于"光绪初夏大攻灭琉球"（第6B页），此当为1875年事；又云墨西哥、巴西"请通商，尚未定约"（第8A页）。按，北洋大臣李鸿章奏巴西遣使议约折（1880年7月12日），言巴西于是年"遣使来华议约"，而《中巴会订和好通商条约》签订于1881年10月3日，1882年6月3日在上海互换（田涛主编《清朝条约全集》第2卷，黑龙江人民出版社，1999，第667～675页），故该文当视为1870年代下半期的作品。

续表

著述	内容
《通商诸国记》[2]	……路易即位数年死,弟查理立,愚戆不任事,在位九年,国人废之,择立支属贤者路易非立,名曰人民王,谓土地不属王,而公属人民也(时为泰西一千八百三十年……),性宽仁,好纳谏,有贤声。会用兵摩洛哥,又连年水旱,公会绅士欲废古法及财产传家之例,均贫富,一男女之权;奸民乘间作乱,聚众攻王。王兵败出奔,臣民共推前王拿破仑之侄锐鲁斯路易为总统……未几,废公举法,黜陟惟上,劫臣民留己为总统十年。又大会国人,尊己为法国世袭皇帝……同治九年……兴兵伐德,四战皆北……法王力尽出降……乃推爹亚为总统……爹亚旋以老辞位,麦马韩代之,仍改民国旧制…… 国置宰相一人,别立五爵公所,又于绅士中择四百五十九人,立公局。国有大政,公所议之,相无权,宣命而已……

注:1. 徐继畲:《瀛寰志略》第 7 卷,《徐继畲集》第 1 册,第 198、202 页。
2. 朱克敬:《通商诸国记》,第 2B 页。

朱克敬的述说,出现在 1870 年代初,增添的记录本乎于何,莫知其详。[①] 他的述说,大致无误,在制度方面的述说则一承《瀛寰志略》,几无变易。较诸同一时代亲履其地的张德彝对于法国制度的详尽记述,[②] 朱克敬的"辛劳",对"知识仓库"的扩建,没有太大的贡

---

① 例如,朱克敬说"路易非立"立,"名曰人民王,谓土地不属王,而公属人民也",此一述说,与"知识仓库"其他的述说相较,惟王韬《重订法国志略》有相似的述说:1830 年法国发生政变,"上、下两议院公举"路易腓立,"曰民之王,谓国土不属于王而属于民也"(《重订法国志略》第 7 卷,第 3B 页)。可以推想,两者的述说,当必有其本源。朱克敬述说英国的部分,曾引用王韬的《普法战纪》:"《普法战记》称英国兵十万……"(《通商诸国记》,第 4A 页)但看不出来他引用《重订法国志略》的前身《法国志略》的迹象。

② 张德彝记述"法国国政"曰:"其权不归统领而归国会:分为两堂,曰上会堂、下会堂。""下会堂共五百三十二人,届时各县公举一人。若居民数逾十万,准加一额。凡被举之人,至幼者亦须二十五岁;其出名荐主亦必年逾二旬方准列衔。入会堂者,限以六年为定制。"不详引,俱见张德彝"光绪四年四月十日(1878 年 5 月 11 日)日记",收入氏著《四述奇》,《稿本航海述奇汇编》第 4 册,第 69～72 页。对比之下,朱克敬对法国制度方面的述说,承袭《瀛寰志略》,几无变易,并无太大的价值。

献。这也正清楚显示，没有机会得到更多信息渠道的士人，难能确切掌握法国政体变化的完全样态。而补缺弥陷的工作，则由王韬承其职责。

（二）王韬导入的"法国例证"与政体类型的变化轨迹

王韬毕生笔耕不辍，约略在 1870 年代初期，他就完成两部与法国历史密切相关的著述《重订法国志略》与《普法战纪》，它们都是19 世纪中国人认识法国历史沿革与现况的主要依据之一。整体而言，《重订法国志略》是对法国历史沿革、舆地、物产、人口等的综合记录，《普法战纪》则描摹 1870 年法国和普鲁士战事的全面情形，各有特色。透过后者，中国人对这一场战争的前因后果及其经过，可以有清楚的了解；[①] 而前书的读者则能够掌握法国这个国家的"历代治乱兴废之迹"。[②] 可以说，王韬的努力，贡献多样，不仅让"知识仓库"里增添了关于法国情势的知识，透过法国政体变迁的概括论说，更使政体类型知识"概念工程"的"完善化"，得到又一有力的佐证。

《重订法国志略》历数 1789 年法国大革命之后政体变化的轨迹，和《大英国志》异曲同工。它亦将法国政体的变化，安排在"泰西国例"的整体脉络里述说：

> 泰西国例，有自主之国，有民主之国，有君民共主之国。其为民上者，操权既异，而名号亦因之以别。自主者，称恩伯腊，译言帝；民主者，称伯理玺天德，译言大统领；君民共主者，称

---

① 王韬之《普法战纪》的回响，参见吕文翠《文化传译中的世界秩序与历史图像——以王韬〈普法战纪〉为中心》，收入氏著《海上倾城：上海文学与文化的转异，一八四九——一九〇八》第 88～101 页。
② 如梁启超即将王韬的《重订法国志略》列为"西史之属"的推荐书之一，参见梁启超《读西学书法》，第 6B 页《西学书目表》。本书征引版本为：梁启超《西学书目表》，"慎始基斋丛书"本，中研院历史语言研究所傅斯年图书馆藏。按，梁启超《西学书目表序例》，系年为光绪二十二年（1896）九月；又有卢靖《附识》，系年为"光绪丁酉（二十三年，1897）长夏"。

为京，译言王。称帝者，如俄罗斯、法兰西、墺地里诸国是也；称王者，如英吉利、西班牙诸国是也；称统领者，如美利坚之联邦是也，而欧洲之瑞士国亦属近是。法国向时本是国君主政，自一千七百九十二年易为民主之国；一千八百四年，又易为世及，拿破仑第一即位，是为拿破仑朝。一千八百十四年，波旁朝恢复旧物，传世者两君。千八百三十年，波旁支派约奥理杭雷斐烈者，重改为民主。千八百四十八年，民乱，逐王于外，于是国中无君，乃议改为黎拔布勒（译即众大臣合议国政）。是时柄国诸大臣中推拿破仑涡那拔为首，是即拿破仑第三。……拿破仑第三权力才略素为众所折服，因举之为大统领，主国事职，若联邦之伯理玺天德。初议视联邦成例，以四年一易。涡那拔居位既久，渐骄横，专恣一切，政令悉自裁决，不复咨访臣民……千八百五十二年……十一月七日，涡那拔议将伯理玺天德改号曰帝……群论佥同，遂改伯理玺天德曰帝，传国世次，曰拿破仑第三，国位以世代递嬗，无子传弟或兄弟冢嗣。……一千八百七十年普法构兵，拿破仑第三兵败被俘，国中无主。一千八百七十一年二月十七日，在濮杜军次，众推大臣参亚暂摄国政，八月三十一日，改号伯理玺天德。一千八百七十三年五月二十四日，参亚辞位，众复推大将军麦马韩为伯理玺天德，时年六十有六岁，遂摄国位。当公议分定之时，可者三百六十人，否者三百四十人；十一月，议定权主国政，以七年为期，于是法遂为民主之国，以迄于今，未之有改也。①

这段述说虽不免含混之处（如"波旁支派约奥理杭雷斐烈"当政，究竟是"民主"，还是"王"），但还算清楚地表达了法国政体的变迁脉络：国君主政→民主之国→世及→民主→黎拔布勒→伯理玺天德→帝→民主之国。然而，王韬在这里以统治者的名称作为区分三种政体

---

① 王韬：《重订法国志略》第 16 卷，第 1A～3A 页。

的标准，则和他在《普法战纪》的区分标准一致：

> 泰西诸邦立国有三等，曰君为主，如昔之法兰西及今之俄罗斯、墺地里、普鲁士是也；曰民为主，如今之法兰西及瑞士、美利坚等国是也；曰君民共为主，如英吉利、荷兰、意大利、西班牙、葡萄牙、日耳曼列邦皆是。君为主者，称帝，西语曰恩伯腊；民为主者，称总统，西语曰伯理玺天德；君民共为主者，称王，西语曰京。此三者名谓虽殊，实则无所区别，盖不以是为大小也……①

再与王韬在 1883 年出版的《弢园文录外编》里提出的分类述说相较：

> 泰西之立国有三，一曰君主之国，一曰民主之国，一曰君民共主之国。如俄，如墺，如普，如土等，则为君主之国，其称尊号曰恩伯腊，即中国之所谓帝也。如法，如瑞，如美等，则为民主之国，其称尊号曰伯理玺天德，即中国之所谓统领也。如英，如意，如西，如葡，如嗹等，则为君民共主之国，其称尊号曰京，即中国所谓王也。顾虽称帝，称王，称统领，而其大小强弱尊卑则不系于是，惟其国政令有所不同而已。一人主治于上，而百执事万姓奔走于下，令出而必行，言出而莫违，此君主也。国家有事，下之议院，众以为可行则行，不可则止，统领但总其大成而已，此民主也。朝廷有兵刑礼乐赏罚诸大政，必集众于上、下议院，君可而民否不能行，民可而君否亦不能行也，必君民意见相同，而后可颁之于远近，此君民共主也。论者谓：君为主，则必尧、舜之君在上，而后可久安长治；民为主，则法制多纷

---

① 王韬：《普法战纪·凡例》，第 1A 页。

更，心志难专一，究其极，不无流弊；惟君民共治，上下相通，民隐得以上达，君惠亦得以下逮。都俞吁咈，犹有中国三代以上之遗意焉。①

把王韬个人提出的三种分类，对照列表（见表3-7）。

表3-7　王韬提出的三种政体分类

著作	《重订法国志略》	《普法战纪》	《弢园文录外编》
总述	泰西国例，有自主之国，有民主之国，有君民共主之国。其为民上者，操权既异，而名号亦因之以别……	泰西诸邦立国有三等，曰君为主……曰民为主……曰君民共为主……此三者名谓虽殊，实则无所区别，盖不以是为大小也……	泰西之立国有三，一曰君主之国，一曰民主之国，一曰君民共主之国……顾虽称帝、称王、称统领，而其大小强弱尊卑则不系于是，惟其国政令有所不同而已……
君主	自主之国	君为主	君主之国
元首名称	自主者，称恩伯腊，译言帝	君为主者，称帝，西语曰恩伯腊	其称尊号曰恩伯腊，即中国之所谓帝也
国家	称帝者，如俄罗斯、法兰西、墺地里诸国是也	如昔之法兰西及今之俄罗斯、墺地里、普鲁士是也	如俄，如墺，如普，如土等
说明			一人主治于上，而百执事万姓奔走于下，令出而必行，言出而莫违，此君主也
君民共主	君民共主之国	君民共为主	君民共主之国
元首名称	君民共主者，称为京，译言王	君民共为主者，称王，西语曰京	其称尊号曰京，即中国所谓王也
国家	称王者，如英吉利、西班牙诸国是也	如英吉利、荷兰、意大利、西班牙、葡萄牙、日耳曼列邦皆是	如英，如意，如西，如葡，如嗹等

————————

① 王韬：《重民》（下），《弢园文录外编》第1卷，第19A～19B页。

著作	《重订法国志略》	《普法战纪》	《弢园文录外编》
说明			朝廷有兵刑礼乐赏罚诸大政,必集众于上、下议院,君可而民否不能行,民可而君否亦不能行也,必君民意见相同,而后可颁之于远近,此君民共主也
民主	民主之国	民为主	民主之国
元首名称	民主者,称伯理玺天德,译言大统领	总统,西语曰伯理玺天德	其称尊号曰伯理玺天德,即中国之所谓统领也
国家	称统领者,如美利坚之联邦是也,而欧洲之瑞士国亦属近是	如今之法兰西及瑞士、美利坚等国是也	如法,如瑞,如美等
说明			国家有事,下之议院,众以为可行则行,不可则止,统领但总其大成而已,此民主也

即可发现，《重订法国志略》与《普法战纪》的述说分类，比较简洁，也都以称呼国家元首的词作为标准，和蒋敦复的两种分类亦复相同，可见蒋、王这两位好朋友的论说，应当都同源于《大英国志》。然而，《弢园文录外编》的论说，在分辨国家元首的称谓之外，添加了"国家政令"所出的标准，即以"权力"来源作为政体类型之判断标准。可以说，《弢园文录外编》的述说，应当是王韬个人政体类型知识"概念工程"的最后"定本"。①

---

① 又，王韬既指称1789年法国大革命之后的政体为"共和"，但是，他本人则将之与"民主"混用，如或说法国于1792年9月21日"议会宣告创立共和政体，以是日为共和第一月第一日"，又谓1793年8月，"筹国会下令国中改古来政体，称民主国"（王韬：《重订法国志略》第5卷，第28A～28B页），或于介绍"麦须儿之诗"的脉络里说1792年法国"自立为民主之国"（王韬：《普法战纪》第1卷，第25A～25B页）。至于王韬混用"共和"与"民主"的情况，是否承袭于日本著述，不涉大旨，不详比对。

王韬在《弢园文录外编》里的述说，明确使用"君主之国"、"民主之国"与"君民共主之国"这样的"标准词"，也是前此政体类型知识"概念工程"的一个初步总结。他还非常鲜明地指出"君为主，则必尧、舜之君在上，而后可久安长治；民为主，则法制多纷更，心志难专一，究其极，不无流弊"，赞誉"君民共治，上下相通"，"犹有中国三代以上之遗意焉"，做出了个人"政体抉择"的一个表态。①

整体来看，王韬撰述的法国史志，是"知识仓库"里叙说法国历史最称规模的作品。他的努力，不仅让"知识仓库"里增添了法国情势的知识而已，对政体类型知识"概念工程"的建设而言，透过法国政体的概括论说，更使这项工程的"完善化"，得到有力的又一佐证。就政体类型知识"概念工程"的历程而言，与1870年代末期和1880年代初期的其他述说相较，王韬在1883年提出的这一论说，最称完整，更具有激发后继者思索"政体抉择"的可能。以1880年代中期为定点，可以将王韬的论说，评价为当时"知识仓库"里政体类型知识"概念工程"的最高成就。

四　政体类型知识"概念工程"的杂音与同调

在蒋敦复之后，政体类型知识"概念工程"的进展，大步迈进，相关的述说陆续出现，知悉政体类型知识的论者亦日渐增多，众象纷呈。可是，同样也要为天下万国的政体找出类型规律；阐释其含义的述说，并不尽然采用同样的分类标准，采用的词汇也

① 不过，赞赏"君民共治"的王韬，对于中国是否应当实行在此一体制里有其重要性的"议院"，不曾有过清楚的要求。整体言之，王韬在晚清中国"议院论"的形成过程里，扮演的是中介者的角色，详见薛化元、潘光哲《晚清的"议院论"——与传统思惟相关为中心的讨论（1861～1900）》，《国际学术杂志中国史学》第7卷，中国史学会，1997，第124～127页。

非一致。进行这样的分类工作，是否具有"政体抉择"的现实意义与启发价值，论者本身也未必有深切的思考。在 1870 年代末期和 1880 年代中期，政体类型知识"概念工程"的进行，既有趋于同调的表征，合响奏鸣之际的突兀杂音，却也清晰可闻。将王韬在《弢园文录外编》中提出的论说与思考，与这个时段里的其他述说对照，既可显示其论说的独特价值，也显示了当时众说纷呈的多样迹象。

从整体的趋势来看，大约从 1860 年代末期开始，"民主之国""君民共主之国"这些词已经在汉语世界里有了比较固定的含义，前者指的是如美国（与 1870 年以后的法国）这样的国家，国家元首的名称是"总统"或"伯理玺天德"；后者则主要以英国为代表，国家元首的名称是"王"。"法国例证"被导入之后，它的政体转变的轨迹，更可丰富人们的认识。王韬在这一方面有相当的贡献；不过，他不是唯一公开述说法国情势变动的论者，如朱克敬与王韬对法国的述说，即颇称类似，可以想见，他们的述说，当必有共同本源。在当时的文化市场上，必定还存在着得以为"知识仓库"扩充建设的其他史料，有待史家广求文献，以明其实，使之浮出历史地表。

相对的，前此对于"知识仓库"的扩建贡献巨大的传教士，在这个时段前后，也加入了政体类型知识"概念工程"的建设行列。例如，美国传教士林乐知（Young John Allen）[1] 主导的《教会新报》（1868 年创刊）及相继的《万国公报》（始于 1874 年，休刊于 1883 年），自从创刊以来，始终是有心追求"西学"知识的士人瞩目的对

---

[1] 关于林乐知与《万国公报》之研究，繁多难尽，举其精要者如 Adrian A. Bennett, *Missionary Journalist in China: Young J. Allen and His Magazines, 1860 - 1883* (Athens: The University of Georgia Press, 1983)；梁元生《林乐知在华事业与〈万国公报〉》，香港中文大学出版社，1978。其他论著，将在相关段落举引，暂不详举。

象，如康有为即是其读者之一。① 至于傅兰雅（John Fryer）② 主译的《佐治刍言》，③ 在 1885 年问世后，同样一直广受推崇。④ 从整体脉络来看，《万国公报》与《佐治刍言》都深具"思想资源"的意义；⑤ 只是，它们对于政体类型知识"概念工程"的贡献及其"思想资源"的价值，实在值得细为考察。

（一）两声巨大的"不和谐音"：《万国公报》与《佐治刍言》

蒋敦复逝世的翌年，《教会新报》创刊了，随之相继的《万国公报》，则在 1883 年暂告休止。这份绵延十余年的刊物，对于输入"西学"有着相当的贡献。有意思的是，《佐治刍言》这部内容广泛

① 梁元生：《林乐知在华事业与〈万国公报〉》，第 138 页。
② 关于傅兰雅之研究最称精要者，当推 Adrian A. Bennett, *John Fryer: The Introduction of Western Science and Technology into Nineteenth-Century China* (Cambridge: East Asian Research Center, Harvard University, 1967)。其他单篇论文繁多，不详举。
③ 本书征引版本为：傅兰雅口译，应祖锡笔述《佐治刍言》，江南制造总局锓版本，中研院历史语言研究所傅斯年图书馆藏。据 Adrian A. Bennett, "Complete List of John Fryer's Translations",《佐治刍言》原出版资料为 "Homely Words to Aid Governance," in W. and R. Chambers, eds., *Chamber's Education Course* (Edinburgh: Chambers, 1836 – 1894), 与应祖锡合译，1885 年出版 (Adrian A. Bennett, *John Fryer: The Introduction of Western Science and Technology into Nineteenth-Century China*, p. 100)；又，据孙青研究，《佐治刍言》之英文底本为钱伯斯兄弟 (William Chambers & Robert Chambers) 所编教育丛书之一种 *Political Economy, for Use in School, and for Private Instruction*，出版于 1852 年。孙青并据日本学者水田洋之研究，指出是书作者为 John Hill Burdon (1809 – 1881)，由傅兰雅口述，上海广方言馆毕业生应祖锡笔译，江南制造局翻译馆 1885 年出版。孙青并指出，《佐治刍言》有多种版本，其中最早者为"江南机器制造总局"1885 年版，其他版本皆非"江南机器制造总局"版 (参见孙青《晚清之"西政"东渐及本土回应》，上海书店出版社，2009，第 164 ~ 166 页)；是以傅斯年图书馆庋藏之《佐治刍言》，当系 1885 年版。
④ 晚清时期对于《佐治刍言》的推崇，参见熊月之《西学东渐与晚清社会》（修订版），中国人民大学出版社，2011，第 407 ~ 409 页；《佐治刍言》的流传接受，参见孙青《晚清之"西政"东渐及本土回应》，第 189 ~ 200 页。
⑤ 例如，刘广京即注意到晚清流行的"人人有自主之权"和《万国公报》《佐治刍言》之论说的关系，参见刘广京《晚清人权论初探——兼论基督教思想之影响》，台北《新史学》第 5 卷第 3 期，1994 年 9 月，第 1 ~ 22 页。

的大书，则在 1885 年出版，很有正好填补上暂时的"知识空窗"的意味。只是，就政体类型知识"概念工程"的进展而言，它们却谱出了这个时段里最为响亮的"不和谐音"。

1.《教会新报》及《万国公报》的纷乱述说

创刊于 1868 年的《教会新报》，初期的内容以"教务"为多，[①]后渐次减少，与世俗讯息（secular news）相关的报道则大量增加。[②]从整体观察，在它的篇幅里，也持续出现关于政体类型概念的述说；然而，就它自身的言论脉络来看，其论说并不一致；和这个时段的其他述说相较，也有相当的差异。它谱出的是一首多样的"不和谐音"。

从《教会新报》到《万国公报》，它述说政体类型的词，在这个阶段里一直没有统一过。像是 1871 年左右出现在《教会新报》的这篇报道，详细说明法国政体的变化，甚至还提供了法国政局的预测，涵括了多样的内容：

> 法国欲自立为民主之国，七十余年业已数次矣。废王拿破仑第一之先，即以国乱无君，国中臣民公举之为统领者也，而后竟升大宝，遂拥尊号，此第一次也。法前王路易非力，宽仁纳谏，甚有贤声，徒因国人之不悦，遂群起而废之。而今拿破仑第三遂为众所推戴，遽握大权，渐升皇位，此第二次也。及今法王之蒙尘也，国人遂因乱废王，自称民主，今已举爹亚为总统，即花旗之所谓大伯理玺天德也。黜胄子之例，立传贤之局，国人之意，欲一秉于公……爹亚既居总统，位在百执事上，而心殊忽忽不乐，仍谋立王以统一国家，臣民中亦有知其心而疑之者。爹亚谕

---

①　梁元生指出，《教会新报》前 50 期的内容以"教务"文章最多，高达总数的 52%（梁元生：《林乐知在华事业与〈万国公报〉》，第 74～78 页）。

②　Adrian A. Bennett 分析指出，《教会新报》每卷（volume）关于"教务"的文章，渐趋减少，而世俗讯息的述说与报道益发增加，甚至有高达 64% 者，参见 Adrian A. Bennett, *Missionary Journalist in China：Young J. Allen and His Magazines, 1860 - 1883*, pp. 111 - 112。

之曰：我今为众拥戴，职统群僚，位无有尊于此者，何乐而不为
哉？设使迎立一王，退居臣服，则极其量之所至，亦不过一首
相。彼此相较，何者足贵，而谓我为之乎？闻今前法王旧时将帅
皆已旋法，仍统戎行，握师旅。大帅麦马韩、巴彦、坚拉白等
议，欲立王治国，一时同会集议者四十余人，皆麾下部曲也。然
虽有是谋而未敢遽发，惧众故也。以是观之，不必十年，必仍有
王矣。盖按上天下泽之义，莫如立王；而维民为邦本之言，则莫
如君民共主。法他日者或将如英、意诸国乎。①

这篇报道采用"民主之国""君民共主"这样的词，和此前的蒋敦
复、此后的王韬基本一致，可以作为这些词在 1870 年代初期已然进
入汉语世界的证据；它更清楚述说了法国"自称民主"的内容是
"黜胄子之例，立传贤之局，国人之意，欲一秉于公"，并将第三共
和初期"保皇党"蠢蠢欲动的讯息，和中国传统"民为邦本"之类
的概念结合起来，推衍出"君民共主"是比较好的"政体抉择"的
结论。可以想见，这则报道的撰写者，对政体类型的词与内涵颇称熟
悉，也经过一番思考（否则不会结合"上天下泽之义"与"维民为
邦本之言"而肯定"君民共主"的价值），信笔拈来，自成规模。它
还展现了这样的思维倾向：政体类型知识的意蕴，可以借由比附和诠
释传统中国经典涵括的概念而获得。

　　即便《教会新报》与"知识仓库"的其他述说一样确证美国是
"民主之国"，对其国家元首的称谓，却非与众同声，称为"总统"
或"伯理玺天德"。如它报道美国总统即将改选的新闻，居然称美国

① 《法国爹亚摄位》，《教会新报》，期数不详，影印本第 3 册，总第 1405～1406 页。按，
　 "爹亚"指 Adolphe Thiers（1797－1877），今译梯也尔，他在 1873 年 5 月 24 日宣布辞去
　 总统职，故此当为 1873 年以前的报道；而在此则报道之前，《教会新报》刊有王韬的
　 《法臣花父议和始末》（影印本第 3 册，总第 1319～1322 页）；刊出时间为 1871 年 5 月
　 （Adrian A. Bennett, *Missionary Journalist in China: Young J. Allen and His Magazines,
　 1860－1883*, p. 123），故本则报道的刊出时间也可能是 1871 年。

之"君"为"美国皇帝"：

> 美国，民主之国也，传贤不传子。凡立君，则臣民集议，选
> 于众，众服其贤者，立为君。其为君，以四年为期，届期又选于
> 众，择贤立之。旧君逊位，退处如凡民。使旧君而众仍爱戴也，
> 可展期再为君四年。今美国皇帝御名格兰德，已为君四年矣，大
> 约众服其贤，仍愿其为君，再为君四年。①

凡是可见，在《教会新报》的言论脉络里，述说政体类型的词，向
难一致，它自己本身吟唱的就是一曲多样的"不和谐音"。

同样的，出现在《万国公报》里的述说，也是前后不一。1878 年 8 月
刊出的《公报弁言》以讲解"天下各国，政法不同"为宗旨，以统治者称
谓的差异，作为分类的标准。② 而后，林乐知在 1881 年发表于《万国公
报》介绍"合众国开国原始"的文章，则基本依据《大美联邦志略》为
述说之资，以"权力"掌握者的不同作为区分的标准。③ 先将《万国公
报》依据《大美联邦志略》开展述说的情况，对比列表（见表 3 - 8）。

表 3 - 8　《万国公报》与《大美联邦志略》关于政体论述的比较

《大美联邦志略》（1861）[1]	《万国公报》（1881）[2]
夫宇内之国政，大要不同者有三	夫宇内之国政，大要不同者有三
一曰权由上出，惟君是专，如中华、安南、土耳其等国是也	一曰权由上出，惟君是专，如亚西亚洲之中华、土耳其，欧洲之俄罗斯是也

① 《美国近事》，《教会新报》，期数不详，影印本第 4 册，总第 1662 页。按，"格兰
　　德"即格兰特（Ulysses S. Grant，1822 - 1885），1869～1877 年担任美国总统，因
　　此这篇报道应是 1873 年左右的事。
② 《公报弁言》，《万国公报》第 10 年 503 卷，光绪四年八月初四日（1878 年 8 月 31 日），
　　影印本第 9 册，总第 5361 页。据说此文由慕维廉执笔，参见 Adrian A. Bennett,
　　Missionary Journalist in China: Young J. Allen and His Magazines, 1860 - 1883, p. 184。
③ 林乐知：《续环游地球略述第二十六次·建国立政并图》，《万国公报》第 13 年 642 卷，
　　光绪七年五月初八日（1881 年 6 月 4 日），影印本第 13 册，总第 8141～8145 页。

《大美联邦志略》(1861)[1]	《万国公报》(1881)[2]
一曰君民同权,相商而治,如英、法等国是也	一曰君民同权,相商而治,如英吉利、意大利、西班牙国是也
一曰君非世及,惟民所选,权在庶民,君供其职,如我联邦国是也	一曰君非世及,惟民所选,如法兰西、美国是也
夫我联邦之政,法皆民立,权不上操。其法之已立者,则着为定例,上下同遵;未立者,则虽事关国计,君人者亦不得妄断焉。盖其庶务以众议为公,凡政以无私为贵,故立法于民义有取也	独权者,称曰皇帝,统理国政,治世尚武,以力服人也。同权者,称曰君主,君传其位,民权公议,临治天下,允文允武也。民权者,称曰民主,权在庶民,君供其职,治世以文也

注:1. 裨治文:《大美联邦志略》卷上,第25A～25B页(影印本总第49～50页)。
　　2. 林乐知:《续环游地球略述第二十六次·建国立政并图》,《万国公报》第13年642卷,光绪七年五月八日(1881年6月4日),影印本第13册,总第8141～8145页。

　　《万国公报》的述说,大体仍以《大美联邦志略》为本,而又自出机杼;可以想见,在"知识仓库"的整体建立过程中,"知识再复制"的局面,在所难免,[1] 也意味着身为后继者的林乐知,对裨治文先行者地位的肯定。前辈当初耗费的心血,此际还被认为是"正确"的知识。[2]

　　只是,《万国公报》自身对政体类型的论说,并不一致。将1878年的《公报弁言》与林乐知在1881年的述说列表对比,可以发现,这两种相隔约三年的论说,内容比较丰富的述说出现于前,却未持之以续,形成基本的述说依据(见表3-9)。

---

① 例如,《续环游地球略述第二十六次·建国立政并图》一文,即刊布美国宪法之内容,基本依据《大美联邦志略》,本文不详论。
② 事实上,林乐知本人早在1875年的《万国公报》就发表过《译民主与各国章程及公议堂解》,意欲"阅《公报》者,知民主之所由来及各西国章程与公议堂之详细耳"[《万国公报》第7年340卷,光绪元年五月初九日(1875年6月12日),影印本第2册,总第1083～1085页],也谈到美国政治制度的基本情况,更可以想见,《大美联邦志略》的述说,确实受到《万国公报》的肯定,故而再径予征引,更有期望此一信息可以广泛传播的用心。

表 3 - 9　林乐知 1881 年与 1878 年关于政体论述的比较

著作	《公报弁言》 （1878）	《续环游地球略述第二十六次》 （1881）
总述	天下各国,政法不同,其君上之称谓,亦复不同,有皇帝、君主、统领等称,其中颇有分别	夫宇内之国政,大要不同者有三
君主	第一等皇帝政法	一曰权由上出,惟君是专
元首名称	皇帝	皇帝
国家	德、奥、俄、日本	亚西亚洲之中华、土耳其,欧洲之俄罗斯
说明	设官九品,分治佐理,凡事之细者,由各属官员审得其情,以凭曲直。事之巨者,必由京外大员上奏朝廷,俟遵于施行之后,乃可遵旨举行也。 德、奥政法,由议会院汇商,选举司事,议成之,而后皇帝斟酌施行。 惟俄之国政小异,不设议会院,皇帝一人操之也	统理国政,治世尚武,以力服人也
君民共主	第二等论大英之政法	一曰君民同权,相商而治
元首名称	君主	君主
国家	英国有诸相治内理外,其余官大小有差,固无不同	英吉利、意大利、西班牙国
说明	亦以科目为登进之阶,惟不以诗赋文章取士,国人皆曰贤,然后用之耳。 国有议院,凡国事均于议院议之,无论上下人等,均可入院听议。 如百姓所不惬于心者,可以另择公正诚实之人以理院事,或拣选二三人入院参议。必欲论其地之大小,其民之多寡,拣选一人,送入议会,商议国政。或所送之人,若有大谬,仍当遴选他人而易之也。至于所费一切,凭各地方所选之人自出己财。 若或有诸相,议会中有大事,偶有不合,即称不便,遂襥其职,议会亦散,各士归籍,使民选择参议。 中有二等,何者为最多,由此选举枢密操权而行国政也。 每年议会集议七八月,在每日下午直至夜阑乃散。若有紧要之事,辨论热闹,余日不至也	君传其位,民权公议,临治天下,允文允武也
民主	第三等论美国之主	一曰君非世及,惟民所选

续表

著作	《公报弁言》 （1878）	《续环游地球略述第二十六次》 （1881）
元首名称	统领	民主
国家	美国	法兰西、美国
说明	其率有属，不以国传子，而以国传贤，雍雍然有古时禅让之风焉。 一统领立，必以四年为度，如四年已满，则须更举统领。而旧统领将去，新统领未立，以旧统领贤而不忍其去，则留之复位，仍以四年为期，斯前后可得八年，此后亦未可再留矣。 亦有议政会，各官大小衙门共理国政	权在庶民，君供其职，治世以文也

由此可见，《公报弁言》指出了三大政体类型里都存在议事机构，在述说"大英之政法"的脉络里，更标举出"大英之政法"对中国可能有这样的现实意义：

> 此事实有益于朝廷，能上下无所隔阂，惜中国不行此法，而实颇有裨益也。①

诱发读者思考"政体抉择"的意味，相当浓厚，也具有呼唤人们开始思考以英国制度作为样板的意义。不过，当年《大美联邦志略》在述说政体类型的整体脉络之后，曾加上一段总结论式，强调"我联邦之政，法皆民立，权不上操"，"庶务以众议为公，凡政以无私为贵，故立法于民义有取也"，② 有意强调美国制度的优越地位。这段高度评价的述说，却不见于《万国公报》刊本，显然，在与政体类型的知识相随而生的"政体抉择"的思考中，关于美国式制度的

① 《公报弁言》，《万国公报》第10年503卷，光绪四年八月初四日（1878年8月31日），影印本第9册，总第5361页。

② 裨治文：《大美联邦志略》卷上，第25B页（影印本总第50页）。

面向，暂时被《万国公报》取消了。与同一时期的述说相对比，《万国公报》使用的词汇与述说，固然别树一帜，却是相当纷乱，它传达的讯息／知识，也不见得特别突出。

2.《佐治刍言》的异调述说

《佐治刍言》问世的 1885 年，各种关于政体类型的述说在"知识仓库"里早已百家争鸣。可是，它在这一方面却另起炉灶，自成一说，较诸《万国公报》的纷乱，其突兀之处，甚而过之。

整体而言，《佐治刍言》全书论述内容广泛，与社会群体生活相关的内容，均有涉及，举凡家室、交涉、国政、法律、劳动、通商、钞票等课题，各自分章述说。它亦列有"论国政分类"一章，提供了这样的讯息：

> 地球所有国政，约分三种：一为君主国之法，一为贤主禅位之法，一为民主国之法。间有于三种中，择一法行之者；亦有于三种中，参用二法者；又有合三法而并用者，如今之英吉利是也。①

与其他分类述说相较，这一段论述是"知识仓库"里最称突兀的述说。依书中叙说的"民主之国"的内容来看：

> 民主之国，其原意欲令众人若干时公举若干人，为众人代立律法，又为众人选择一才德兼备者，以为国主。美国行此法已经

① 以下引用《佐治刍言》的述说，除特别注明者外，均参见《佐治刍言》第十章"论国政分类"，第 36B～43B 页。至于核校原著，如"地球所有国政，约分三种：一为君主国之法，一为贤主禅位之法，一为民主国之法"一句，原文是"It is usual to say there are three kinds of governments—Monarchy, or the rule of one; Aristocracy, or the rule of a superior hereditary class; and Democracy, or the rule of the people through representatives by election…"（引自孙青《晚清之"西政"东渐及本土回应》，第 181 页），阐释译文与原著之"落差"等意涵，非本文所可为。

数代，百姓称便焉。

那么，如何能称英国"合三法而并用"？它提供的信息，显然和"知识仓库"里既存的知识，大有矛盾。

《佐治刍言》并不特别强调要选择哪一种"政法"，因为处理"国政"并无举世一致的共同法则：

> 自古迄今，尚无一定之法，能知何种人，应用何种法，并用何法能成何事。

所以，它虽然亦表明"公议院之法"在西方"各国政令内，可称第一良法"，也述说了英国"公议院"的情形；[①] 可是，从这种举世无一致共同法则的立场上出发，它指出，能行于英国者，他国未必可行，它未倡言应当仿而行之，理有应然。就在这样的脉络下，《佐治刍言》更不无讥评地说，英国"预闻国政者，国王而下，又有上、下两公议院"，是"国政如此纷繁"的例证。幸而，英国"国王与上、下两公议院，尚能彼此推让，凡有利于百姓之事，无不商酌行之"，故而犹能相安无事。实际上，《佐治刍言》强调的正是这种"凡有利于百姓"的立场，它提出了与中国传统的"民本论"很类似的原则：

> 凡一国之政，无论依靠何种，并所设立者为古为今，俱以能悦民心，能使民服为本，即不能使人人悦服，亦必悦服者多，不悦服者少，国政方能平稳。盖不悦服者少，国家尚可以宽和之道待之，若不悦服者多，则不能不用威力以慑其众，而国家多事矣。

---

① 《佐治刍言》第十一章"论律法并国内各种章程"，第50A～52A页。

它以这两个例子为证：

> 昔奥王福兰西司第二，权力极大，待民又极宽和，故百姓皆受其福。又一千八百四十八年，法兰西改为民主国，民间受累无穷。因其时，百姓持民主之议者极少，故更张后，国中公事极难办理，百姓因以不安。

因此强调曰：

> 国家立政，若不能洽于人情，则百姓怨怒渐深，必有猝然变乱，废革国朝之事，此亦国家之无可如何者。

《佐治刍言》更以"钟之有摆"为譬喻，指出"人心中有一中正道理，丝毫不能偏倚"，"国政亦然"，就像钟摆不能过度一样。若"百姓有受国家虐政之累者，在上一边，已经过度，一旦有衅可乘，民之所以报复国家者，亦必过度"。它举的例子是法国大革命后那一幅惨不忍睹的画面，并严声斥责人民的行动：

> 如一千七百九十二年，法国百姓，久苦国家虐政，国内大乱，遂将国朝全行灭去，民情之凶横，亦为向来所未见。其后改为民主之国，人民权柄过大，国中异常骚扰，其凶暴残刻，较之前朝，犹有甚焉。

它如此刻画法国"改为民主之国"后的惨况，斥责其人民"凶暴残刻"更胜前朝，已然显示了它与统治者同调的立场。它会提出这样的"圣人期待"的论说观点，并不意外：

> 故平情而论，如有一国久无全权国王，或因国事乖张，百姓不

> 堪其害者，如能得一大经济之人，出为管理，则将全权归之，使国
> 内可以靖乱，百姓亦可安居乐业。即新主初立，未能事事尽洽人情，
> 然一人为害有限，终不如民乱之骚扰无穷也。尝有百姓不服国家，
> 急思鼎革，为之兴利除弊，迨至改朝以后不特无益，且愈滋弊，始
> 知以暴易暴，其祸尤烈，犹不若前尚可勉强相安也，悔已晚矣。

所以，它用统治者的口吻谆谆劝导，当"各国有政不妥之处，即欲更改"之时，"亦须与国家婉转商办，万不可猝然作乱"，"必须渐渐更张，方为妥善"，从逻辑上根本否定了人民的革命权力。

整体来看，《佐治刍言》翻来覆去强调的"悦民心"，"能使民服"，是出于统治者立场的观点；书中更屡屡举证述说万一虐民以逞，使民心不悦的悲惨结果。这样的论说立场与内容，勉强可以称为"民本论"（然而，那却是一种只能与统治者同调的"民本论"），有趣的是，它又引进了诸如"无论何种人，皆应自立主见"，"为之上者，亦当听其自然，使人人各得自主之益"等与"天赋人权"颇为相关的概念，[①] 有别开"思想资源"的意义。[②] 由此观之，它提供的是一种新旧杂混的"思想资源"，既可以和某种中国传统相契合，也提供了新的理念，它会在晚清时期深受推崇，理有应然。

可是，《佐治刍言》对"国政分类"的述说，并未提供直接而且确定的讯息，[③] 在政体类型知识"概念工程"的历程里，实是完全别

---

① 《佐治刍言》第二章"论人生职分中应得应为之事"，第5A~8B页。
② 苏联史家齐赫文斯基指出，《佐治刍言》影响了康有为的《大同书》，参见 Adrian A. Bennett, *John Fryer: the Introduction of Western Science and Technology into Nineteenth-Century China*, p. 43。
③ 虽然《佐治刍言》也指出，"由国内人民公举一人为王者，令其统属一国之权，不得援古时继体之例。此种国亦有由此强盛者，然终不及历世相传之国裨益尤大，盖易继体为民举，一切更张，不能无弊"（《佐治刍言》第九章"论国政之根源"，第35B~36A页），好似更肯定"历世相传之国"。然而，它却又说美国实行"民主之国"之法"已经数代，百姓称便焉"。两相对比，很难说它有固定一致的立场。

音异调的展现。对比"知识仓库"里其他的述说，它在"政体抉择"
这方面的"思想资源"意义，也不理想（《佐治刍言》这种不述说
"政体抉择"，或许可能也是一种"表态"）。[1] 当然，《佐治刍言》的
述说不会被它的阅读者全盘接受，它的深远影响，应该也不会是那些
和统治者同调的论述。[2] 它作为"知识仓库"的一个重要组成部分，
还是刻画了一道深刻的历史轨迹。

（二） 政体类型知识"概念工程"的趋同

相较于《万国公报》自身难成一致的述说，也对比《佐治刍言》
的突兀述说，1870 年代末期中国士人笔下的述说则已有一定程度的
趋同倾向，特别是三大政体类型的基本词"君主""民主""君民共
主"，大致已有固定的趋向。像是买办出身的郑观应，[3] 在 1870 年代
末期定稿的著作《易言》（36 篇本），[4] 就论说"泰西有君主之国，
有民主之国，有君民共主之国"；[5] 出洋远游体会异国风土的中国士
人，亦可清楚掌握政体类型知识，论说也颇称完整。如清朝驻德使馆
幕僚钱德培（生卒年不详），记述德国政体的内容曰：

> 德意志为君民共主之国，凡政令议于下，决于上。下议院

---

① 在《佐治刍言》之后，类似的以"民本论"为立场，不特别强调"政体抉择"的
　述说，也见诸 1889 年复刊后的《万国公报》，下详。
② 如唐才常与廖平于自身立论之际，信手征引《佐治刍言》以证己说，正显示《佐治刍
　言》的影响，参见孙青《晚清之"西政"东渐及本土回应》，第 198～200 页。
③ 郑观应之生平与思想，参见易惠莉《郑观应评传》，南京大学出版社，1998。余例
　不详举。
④ 关于《易言》之撰写、版本与研讨，参见刘广京《郑观应〈易言〉——光绪初年
　之变法思想》，收入氏著《经世思想与新兴企业》，联经出版事业公司，1990，第
　419～521 页。易惠莉更对《易言》若干篇章撰写的大概时间，有精细的考证，参
　见易惠莉《郑观应评传》，第 106～119 页。
⑤ 原文是："泰西有君主之国，有民主之国，有君民共主之国，虽风俗各有不同，而
　义理未能或异……"参见郑观应《论公法》，《易言》，《郑观应集》上册，第
　65 页。

绅，以各乡邑之富绅充之，富则产业多，必自顾其身家，国固则民安，使其不自吝以失身家也。凡兵饷、官俸、水利、道途、树荫，一切国用，计其次年之所需，预先开院会议，计数征税，不足者，继之以国债、城债。会议则以允者过半为定。下院定议，则上之于上议院，上院定，而批决于君，然后施行。亦有特筹一饷、特增一税，发下院议办者。苟民之所不愿，必相辩驳，以理为曲直，不以尊卑定可否也。①

钱德培虽然未明白提出三大类型概念，但诸如他对德国议院的描述"苟民之所不愿，必相辩驳，以理为曲直，不以尊卑定可否也"，等于为"知识仓库"里关于议事殿堂的"理想形态"的描摹，又添上了德国的例证；他对德国议院之掌握预算权力的述说，也是当时"知识仓库"里罕见的记录。又如1883年时，尝出洋目睹异国风情的袁祖志，② 也清楚知晓法国本为"君主之国，自经德国挫败之后，改为民主之国"的变化。③ 亦称德国"为君民共主之国"，对其议院掌握预算权力的述说，颇类似钱德培。④ 再以约略同一时期《申报》的述说报道为例，大都可以清楚明确表达政体类型的认知，或说英国

①　钱德培：《欧游随笔》，第4A页，《小方壶斋舆地丛钞》第11帙。此为1878年的记述。

②　袁祖志于1883年随招商局总办唐廷枢（1832～1892）游历法、德等西欧各国，凡十个月，归国后于1884年出版《谈瀛录》，参见吕文翠《晚清上海的跨文化行旅——谈王韬与袁祖志的泰西游记》，收入氏著《海上倾城：上海文学与文化的转异，一八四九——一九〇八》，第177、189～194页。

③　原文是：法国"本为君主之国，自经德国挫败之后，改为民主之国。其主四年一更，由民间公推，称为伯理玺天德，虚拥高位，毫无权柄，一切国政皆由议院主持，议既成，但请伯理玺天德画诺而已。一既退位，遂与齐民无异，各官退位亦然。至于暴征苛敛，甚于他国，民不堪命，每怀旧君……"参见袁祖志《谈瀛录》第1卷，《瀛海采问纪实》，光绪十年上海同文书局石印本，中研院近代史研究所郭廷以图书馆藏，第8A页。

④　原文是：德国"为君民共主之国……国虽有君，亦设上、下议院。每岁国用于前一年核定，计数征税，不足，则济之以国债……"参见袁祖志《谈瀛录》第1卷，《瀛海采问纪实》，第11A页。

与美国"一为君民共主之国，一为民主之国"；① 或云美国为"民主之国，君称总统，四年一易"；② 或报道俄国出现了仿效美国"改为民主之国，如美国总统之由民间推举"这等主张的讯息；③ 或从"海外各国有君主之国，有民主之国，有君民共主之国"的脉络里，历数法国如何走过"忽而君主，忽而民主，现在则已定为民主"的历史道路。④ 凡此诸端，正可想见，三大政体类型的知识，已经得到一定程度的响应。

约在 1870 年代末期开始提出思考所得的张自牧（字笠臣，一作力臣，1833~1886）⑤，也展现类似的认知，其思考所至，且更进一层。张自牧虽然只说"泰西有君主之国，有民主之国"，未及于"君民共主之国"的类型，仍有若干开创性的贡献。张自牧在述说"君主之国"方面，另行创造新词，谓国家元首之名为：

君主古称亚古司朵，今称恩秘拉，译言皇帝也。

他并述说了王位继承方式的普遍规律与其可能的结果：

君主者，父子世继，子弱者立妻，妻死立子，无子者立女，

---

① 《医国论》，《申报》1876 年 6 月 8 日，第 1 版。
② 《论欧洲各国人才》，《申报》1878 年 2 月 13 日，第 1 版。
③ 《论俄国大局》，《申报》1879 年 6 月 19 日，第 1 版。
④ 《法界燃灯事考证》，《申报》1882 年 7 月 19 日，第 1 版。
⑤ 生卒年与字号，据陈乃乾编《清代碑传文通检》，中华书局，1959，第 198 页；小传参见杨恩寿《浙江候补道张君传》，氏著《坦园文录》第 9 卷，光绪间长沙杨氏坦园刻本，第 2A~4A 页。本书引用的版本是：林庆彰等主编《晚清四部丛刊》第三编第 106 册，文听阁图书有限公司 2010 年影印本，第 247~251 页。又，张自牧的主要撰述为《瀛海论》与《蠡测卮言》（均收入《小方壶斋舆地丛钞》第 11 帙；另有其他版本，不赘），这两部书的写作，可能到 1879 年告一段落，应皆视为 1870 年代末期问世的论著，参见潘光哲《张自牧论著考释札记：附论深化晚清思想史研究的一点思考》，台湾《新史学》第 11 卷第 4 期，2000 年 12 月，第 105~121 页。

即传其所生之子。……间有女主既赘，而推位于婿；或赘邻国之
君，则二国合为一。至于国乱无主，则大臣迎立他国之王子，而
族类统绪益棼……

张自牧还举出了许多例证来说明这些原则，无疑对政体类型知识
"概念工程"添加了新的内容。他对"民主之国"的述说亦有独特之
处，以他搜罗的资料，综合归纳，改变了既有"知识仓库"里的标
准述说形态：

民主者，设首领以治国事。……今称伯理玺天德，美利坚、
法兰西之俗也。君无常人，简立贤者。有岁期，或四年，或八年，
或七年，期尽则退，退位者与齐民齿。有退位而复推者，华盛顿、
马哲法生、拮册司、们奴（皆美利坚）是也。有退位而入朝为大
臣者，华盛顿是也（华盛顿再居伯里玺天德位，退后数年复出，为
大将军御敌）。有退位而入院为议绅者，踢矮士（法兰西）是也。

张自牧对美国政治制度的内容有清楚的认识，[①] 他将"民主之
国"的总统任期综合归纳言之，也述说"伯理玺天德"再任公职的
可能，这些都是"知识仓库"里少见的论说。

张自牧竭尽心力，广泛收集资料，[②] 对西方各国的历史与现实情
势，都有密切的观察。[③] 就 1870 年代末期的整体言论脉络来说，他

----

① 他说："华盛顿为创业之主，乃不以位传子孙。分国二十余部，每部设统领，而以
伯理玺天德主之，为合众国，四岁一易，退位者与齐民齿。民无常奉，而百年无
争战之事……"（张自牧：《瀛海论》，第 1A～1B 页）
② 例如，郭嵩焘就曾提供关于西方情势的资料："顷郭侍郎寄示英人马格里所录英国
一千八百七十五年经制所入……"（张自牧：《蠡测卮言》，第 7A 页）他也引过
《万国公报》的论说："《万国公报》云：教人猛如虎，贪如狼。德意志博而缚之，
翦其爪牙，弥尾帖耳，不复能肆凶残……"（张自牧：《瀛海论》，第 3B 页）可见
一斑。
③ 然而，张自牧究竟依据哪些资料而提出这些述说，尚难得悉。

的这些综合式的述说，绝无仅有，确可展现其个人之思维能力，确实卓异群伦。张自牧非仅明确指出这两种政体都有"议政院"，并述说了"议政院"的"理想形态"，他对于这两种政体也有高度的赞誉，也可能激起进一步的对于"议院"之含义与现实关联的思考取向，与其他的述说，相汇并合，共同形构了此后"议院论"发展的潜流。①

从整体的言论脉络观之，政体类型知识"概念工程"在1870年代末期，已呈现出趋同的样态，那么，这个阶段的《万国公报》在"概念工程"的建设方面，实在并未交出一份理想的成绩单。不过，就如同《佐治刍言》的突兀述说，是在众家论议纷然杂陈的时代里出现的一样，"知识仓库"里确实也存在着趋同共奏以外的杂音。问世于1880年代初期，作者不详的《欧洲总论》②，就是一个例证。

和《佐治刍言》相较，《欧洲总论》明确提供"政体抉择"的对比思考。它将欧洲各国政体分为三种类型，除"君主之国""民主之国"以外，另一种则是"君民参治国"，而这是比较不理想的形态。三种形态的政体都有"议政院"，然而，在"民主之国"里，"颁制定律之权，则全在议政院"，"国中之事无大小，凡有关于民生利弊者，皆得与闻而参议之"，"制治之权"，"操自庶民"。在"君主之国"里，"议政院"对"国家大事"与"制度律例"可以"各陈己见，畅所欲言"，再由"人君乃审其论理之短长，舆情之拂洽，取舍之利害，而定其行止"。它述评道：

谕旨既降，上、下皆一体遵行，不得再生拟议。此一道同风之治，王者之制也。

_____

① 当然，张自牧也未曾明白主张中国是否该设立议院。但是，他表达的论议和思考取向，在此后的历史脉络里都逐渐开展，参见薛化元、潘光哲《晚清的"议院论"》，《国际学术杂志中国史学》第7卷，第123～124页。
② 阙名：《欧洲总论》，《小方壶斋舆地丛钞》第11帙。文中云"前年土俄之役"（第2B页），按当指1877～1878年之俄土战争，是以该文应视为1880年代前期的作品。

相形之下，在"君民参治国"里，"颁定制度之前，必须为上者将一己之旨意，咨达于议政院，使其详考勘定"，可是，当"议若不协"之际，"王得专施禁令，罢议寝事"；但若仍有异见，"物议沸腾，势将酿祸，又得散其议院，而另着民间选举他人以充其职"。所以它评论道：

此其为治若掣肘殊多，恐难为法。[①]

这样看来，《欧洲总论》的述说，固然与其他"知识仓库"的述说不尽符合，[②] 唯其不以"君民参治国"为理想形态的述说，认为那是"恐难为法"的体制，则具有提供思考"政体抉择"的意义，又显示了和当时的言论/思想潮流颇相一致的趋同样态。

与《欧洲总论》相类的思考述说，亦可见诸大众媒体。如《申报》早于1878年即刊出《论泰西国势》一文[③]，综合论说"泰西之国有所谓君主者，有所谓民主者，更有君民共主者"的内容："君主者则世及为常，权柄操之自上，如普鲁士、土耳机诸国是也。""民主者，则由众推举，任满而去，与齐民无异，如法兰西、瑞士等国是也。"至于"君民共主则尤为泰西土风所尚，犬牙相错，靡国不然"。"议院"体制更为"民主"与"君民共主"的共同特色，而且正因此一体制，遂能产生"君臣同体，上下相联，初无贵贱之分，情伪可以周知，灾患无不共任，有害则去，有害则趋"的现实效果，故对"民主"与"君民共主"政体出以赞语："泰西之强，职由于

---

① 阙名：《欧洲总论》，第4B～5A页。
② 如《欧洲总论》以"罗玛宗国、俄罗斯、普鲁士、土耳其"是"君主之国"，并谓这些国家都有"议政院"，即与"知识仓库"里其他的述说甚不一致，盖俄国没有此一体制，是当时一致的记述。
③ 《论泰西国势》，《申报》1878年1月12日，第3版。又，是文末注记"选录香港《循环日报》"。众所周知，《循环日报》是王韬主掌笔政的报纸，唯据西里喜行「循環日報論說見出し一覽」「王韜と循環日報について」（『東洋史研究』43卷3号、1984、96～110頁），未有《循环日报》刊载是文之记录，而该文是否王韬所作，亦难确证。

此。"即令如此，面对"政体抉择"的问题，是文话锋一转，批判
"民主"乃是"续乱易滋"的政体，"盖因神器既无专属，凡身居草
莽者，亦得奋其私智，各立党徒以期闇干大命，而国中自此多故
矣"，诸如"各树其党……势成聚讼，咸欲立其所私"等弊失，一一
浮现，并举法国总统"麦马韩"① 之行止为例，谓其总统任期即将届
满，却仍"不欲大权旁落，自去其党，以致势成孤立"，所以立意与
不直于己者相拒，由是进而论证"统绪相承，子孙相继，似属私于
一姓，实为万世立其大防"的道理。这样说来，这篇文稿意欲指陈
的是，"君民共主"作为"统绪相承"，且复存在"议院"体制的政
体，应是比较理想的。面对"政体抉择"的问题，该文作者的答案，
不言而喻。

　　诸如《欧洲总论》或是《申报》上的这篇论议，固然好似政体
类型知识"概念工程"发展历程里的异声杂音，对于"政体抉择"
的问题，却自有思考响应，正和当时的言论/思想潮流同路并行。对
比之下，《万国公报》与《佐治刍言》的述说，纷乱突兀，亦未必都
能对"政体抉择"的问题，提供独特的"思想资源"。因是，它们在
政体类型知识"概念工程"发展历程里的贡献，不宜过度高估。②

　　整体观之，在 1880 年代中期这个时间点上，政体类型的述说，
共呈同现，蓬勃无已。王韬在《弢园文录外编》的述说，最称完整，
代表政体类型知识"概念工程"在当时"知识仓库"里的最高成就。
不过，"知识仓库"里的述说，虽然已出现趋同一致的景象，但在整

---

① 　即 Marie E. P. de MacMahon，1873~1879 年任法国总统。

② 　例如，卢明玉说林乐知在 1875 年发表于《万国公报》的《译民主国与各国章程
　　及公议堂解》"是对西方民主政治制度在中国的最初译介"（卢明玉：《译与
　　异——林乐知译述与西学传播》，首都经济贸易大学出版社，2010，第 69 页），即
　　为误论。至如杨代春与王林研究《万国公报》的成果，皆涉及初期《万国公报》
　　关于"民主制度与民主思想"的介绍述说（杨代春：《〈万国公报〉与晚清中西文
　　化交流》，湖南人民出版社，2002，第 141~147 页；王林：《西学与变法：〈万国
　　公报〉研究》，齐鲁书社，2004，第 72~74 页），都未与同一时期的言论对比。

体脉络里，时有杂音响鸣，彼此之间，也没有必然的内在理路关系可言。在这个时间点上，趋同的样态，只是表面形式的，各式论说之间，异多于同。各式论说使用的词汇，仍有不同，区分各种政体的标准，也各有歧异。特别是以议事机构的存在与否作为区分"君民共主之国"和"君主之国"的标准之一这一点上，犹未形成共识。诸如《万国公报》指出了三大类型里都存在着议事机构，对"皇帝政法"的述说，则还要以有"议会院"的德、奥二国为一类，无此体制的俄国为一类；① 像袁祖志知道德国与西班牙、英国都有"上、下议政院"，但他称前者"为君民共主之国"，后二者"世为君主之国"；② 《欧洲总论》则记述三种类型的政体都有"议政院"。由此可见，在当时的"知识仓库"里，还是有不少记述仍以国家元首的称谓不同，作为"君民共主之国"与"君主之国"的分别。然而，除了《佐治刍言》以外，面对"政体抉择"的问题，各家则又众说纷呈，各逞辩锋，"知识仓库"里的政体类型知识"概念工程"的现实意义，普受重视和思考，却又显示一定的趋同景象，证明了当年"蒋敦复式"的思考，已然跃登历史舞台。

从1840年代开工的政体类型知识"概念工程"，历经40年，至王韬于《弢园文录外编》提出的类型论说与思考，初步集其总成。原先，它是作为认识异域制度的"概念工具"而问世的；《大英国志》与《大美联邦志略》在1850年代中期到1860年代初期问世，也各自提出两组政体类型的述说，以彰显英国和美国的政体在这个类型架构里的特殊地位，形成政体类型知识"概念工程"的基础建设。到了蒋敦复那里，政体类型的述说，则被赋予现实意义；1860年代开始，有关"政体抉择"的思考，出现在历史舞台上。王韬更适时地在1870年代初期导入了比较完整的法国例证，各种政体类型的论

---

① 《公报弁言》，《万国公报》第10年503卷，光绪四年八月四日（1878年8月31日），影印本第9册，总第5361页。

② 袁祖志：《谈瀛录》第1卷，《瀛海采问纪实》，第11A、9B、13B页。

述，亦纷纷出笼。虽然，在分类标准与词汇的一致性方面，时时传出不和谐音；但是，"蒋敦复式"的问题，已然形成无可阻遏的潮流。连本来放言"西国政之大谬者"的王韬，到 1880 年代初期都公开颂扬"君民共治"，做出了"政体抉择"的表态，宣告政体类型知识"概念工程"的初期完工。然而，下一期的工程旋即动土，未尝稍歇。

五　政体类型知识"概念工程"的转化

1880 年代中期以后，世界上存在着三种主要政体的知识/信息，在接触过"西学"的中国士人的知识领域内，已若常识，诸方论者，自可各出机杼。像是清朝出使美、秘等国钦差大臣张荫桓①在 1889 年以英国作为"君民共主"之国的代表，并用以评论时事。如张荫桓得悉"日本将沿西俗设议院"，即谓此举为"拟仿英国君民共主之意"；② 也说美国与法国"同为民主，而制度各殊"。③ 约略同时，又若康有为这等思维卓越的士人在构思"乌托邦"的未来远景时，也出以相同的认知，他的《实理公法全书》④ 以几何学论式推导人类伦

----

① 相关研究参见马忠文《张荫桓与戊戌维新》，王晓秋、尚小明主编《戊戌维新与清末新政——晚清改革史研究》，北京大学出版社，1998，第 55～86 页。

② 任青、马忠文整理《张荫桓日记》，光绪十四年十二月二十二日（1889 年 1 月 23 日），上海书店出版社，2004，第 355 页。又如，他在述说"英后用款太多，私积巨而公帑绌"，故其"议院"乃"欲与清算"一事的脉络里也评论道："英为君民共主之国，议院故有此权。"［《张荫桓日记》，光绪十五年六月十六日（1889 年 7 月 13 日），第 404 页］均可想见他的认识。

③ 《张荫桓日记》，光绪十五年十月十四日（1889 年 11 月 6 日），第 430 页。不过，他也在"略考秘鲁形胜"的脉络下称其为"总统四年一易"的"民政之国"［《张荫桓日记》，光绪十四年五月二十一日（1888 年 6 月 30 日），第 299 页］。因是可见，在张荫桓看来，"民主""民政"之意义相等。

④ 康有为的《实理公法全书》，大致可视为 1880 年代中期至 1890 年代初期的作品，参见朱维铮《从〈实理公法全书〉到〈大同书〉》，收入氏著《求索真文明——晚清学术史论》，上海古籍出版社，1996，第 235～236、253～254 页。

理/群体关系的"应然之道",关于"君臣门"的部分,即将"民主"、"君民共主"与"君主"列为三种"比例",批评其各有缺失:"民主"虽是"以平等之意,用人立之法者",然不如"公法之精";"君民共主"则是"此失几何公理之本源者也";至于"君主"之"威权无限","更大背几何公理"。① 康有为的《实理公法全书》意义深远,② 张荫桓的一般评述自难堪比拟;由他们在构思论事之际采取词汇的一致性来看,可以想见,前此政体类型知识"概念工程"的成果,已然是士人共润同享的概念语言。

然而,政体类型知识"概念工程"就好像是桩没有总体建设蓝图,更没有完工终点的伟大事业,它还持续进行,若干后继者依循着相同的方向,凭借各种机缘,深描细摹,从而开拓了新的知识/思想空间。但是在 1890 年代之后,政体类型知识"概念工程"作为"思想资源"的意义,不再仅止于促使人们省思"政体抉择"的问题,而是进一步做出实际的制度选择及其设计;既有的类型述说,成为尝试就此一方向大展身手的论者可以"动员"的论说依据。对比 1890 年代初、中期这个时间段里的各种论说,既存在着前此"蒋敦复式"的思考,突破它的问题格局的论述,也大举问世。

(一)政体类型知识"概念工程"的开拓与"政体抉择"的实践迟疑

政体类型知识"概念工程"的推展,在王韬之后,还是不曾停下脚步。后继者或是依循既有的词汇展开论述,或则凭借个人的闻

① 康有为:《实理公法全书》,《康有为全集》第 1 册,第 152~153 页。
② 黄明同、吴熙钊主编《康有为早期遗稿述评》,中山大学出版社,1988,第 43~58 页。当然,康有为后来在 1897 年刊行的《孔子改制考》里,也屡屡引用"民主"之类的词,作为变法维新的理论根据,更推翻中国传统的古史论说系统,参见王汎森《"古史辨"运动的兴起》,允晨文化实业股份有限公司,1987,第 193~208 页。

见，为其内容增添若干新的成分与要素，偶尔也会使用新词，呈现不同的述说。例如，1887 年清朝派遣游历考察各国的中下级官僚①之一的洪勋②，也使用"君主""民主""君民共主"这样的词来划分欧洲诸国的政体。在洪勋笔下，除了和张自牧一样述说"君民共主"国家的"王位继承方式"之外，③ 也将"瑞典"、"那威"（即挪威）这些国家纳入这个类型国家的行列里，为"知识仓库"增添了新的例证。④ 1893 年，清朝驻美国等国公使崔国因也使用相同的词来述说"地球各国"的政体，并还尝试提出"民主"与"君民共主"两种类型的区分标准：

> 大抵民主与君民共主之国，其大权皆在议院。惟君民共主者，君意与议院歧，可以散议院，而令再议；民主之国则不能。此中又有分别矣。⑤

崔国因的区分，未必正确，⑥ 却正代表着以"议院"为区分标准，来分辨不同类型政体的意念，展现政体类型知识"概念工程"的又一进展。

崔国因的想法，在同时代论者的脑海里也曾出现过，但彼此的思

---

① 1887 年，清朝派遣六部的 12 位中下级官僚游历考察各国，洪勋即在其列，参见佐々木扬『清末中国における日本観と西洋観』、204、214～222 頁。

② 据佐々木扬研究，1887 年时，洪勋年 32 岁，则其应生于 1855 年，系 1880 年进士，时任户部学习主事，卒年不详，参见佐々木扬『清末中国における日本観と西洋観』、204 頁。

③ 洪勋：《游历闻见总略》，第 1A 页，《小方壶斋舆地丛钞再补编》第 11 帙。

④ 洪勋：《游历瑞典那威闻见录》，《小方壶斋舆地丛钞再补编》第 11 帙。

⑤ 崔国因"光绪十九年正月二十四日（1893 年 3 月 12 日）日记"，《出使美日秘国日记》第 14 卷，光绪二十四年本，第 15A～15B 页（本书征引版本为：崔国因《出使美日秘国日记》，"近代中国史料丛刊"，文海出版社 1968 年影印本第 275 册，总第 1273～1274 页。以下引用时，只注明影印本在"近代中国史料丛刊"中的总册数和页码）。

⑥ 如法兰西第三共和国，总统也可以解散国会。

考整体趋向与现实意义，大不相同。在晚清思想舞台上有一席之地的陈炽①，思考论说的方向亦如是。陈炽从 1886 年考取军机章京起，得以参与国家机要，又任职于户部，阅历相当丰富;② 他的《庸书》（约于 1896 年刊行）③ 也是晚清倡言变法改革的名著。④ 陈炽在《庸书》里，与崔国因一样，同样以"议院"作为宇内诸国政体分类之准据：

> 今各国有君主者，俄罗斯、土耳其是已；有民主者，美利坚、法兰西、瑞士诸国是已；有君民共主者，英吉利、德意志、意大利诸国及东洋之日本是已。所谓君主者，有上议院无下议院，军国大事概掌于官，而民不得预闻焉者也。所谓民主者，有下议院而无上议院，朝章国政及岁需之款概决于民，而君亦几同守府者也。惟君民共主之国，有上议院，国家爵命之官也；有下议院，绅民共举之员也。院之或开或散有定期，事之或行或止有定论，人之或贤或否有定评。国用有例支，有公积，例支以给岁费，公积以备不虞，必君民上下询谋佥同，始能动用，公积不足则各出私财以佐之。

---

① 相关研究参见张登德《寻求近代富国之道的思想先驱：陈炽研究》，齐鲁书社，2005。

② 孔祥吉、潘光哲：《新发现的一篇陈炽重要遗稿》，《近代中国史研究通讯》第 28 期，1999 年 9 月，第 133～149 页。

③ 陈炽：《庸书》，光绪二十四年顺记书庄印本，台联国风出版社 1970 年影印本；又见赵树贵、曾丽雅编《陈炽集》，中华书局，1997，第 1～146 页。《庸书》当作于 1893～1894 年，初刊于 1896（《陈炽集》，第 1 页）。《陈炽集》系以简体字排印，故以下引用，先注明光绪二十四年顺记书庄印本页数，再注明《陈炽集》页数。所引文字，一般字词有出入者，悉依顺记书庄印本，不一一核校；关键文字有出入者，则据顺记书庄印本，并加注说明《陈炽集》的文字。

④ 小野川秀美：《晚清政治思想研究》，林明德、黄福庆译，时报文化出版事业有限公司，1982，第 70 页。

陈炽的分类述说，和"知识仓库"既有的述说，大有差异；① 但是，他的用心不是为"知识仓库"创造新的"知识储备"，而是为了要论证"议院"在西方国家已然达成的"效果"：

> 此所以举无过言，行无废事，如身使臂，如臂使指，一心一德，合众志以成城也。即敌国外患纷至沓来，力竭势孤，莫能支拄，而人心不死，国步难移，积土成山，积流成海，能胜而不能败，能败而不能亡。英人创之于前，德国踵之于后。所以威行海表，未艾方兴者，非幸也，数也。圣人复起，无以易之也。②

这段富丽的辞藻，进一步为他倡言中国应当仿行"议院"（与相关体制）并进行实际的制度设计，找寻论说的正当性。③

相互对比，洪勋和崔国因的述说，虽有贡献，却只是单纯地为"知识仓库"生产新的"知识储备"，对"蒋敦复式"的问题而言，他们并没有独特的贡献和响应。④ 相形之下，他们不但没有可与陈炽

---

① 和既有"知识仓库"的述说对比，笔者尚未发现陈炽论说"君主者，有上议院无下议院"本乎于何。

② 陈炽：《议院》，《庸书》外篇卷下，第 1A～2B 页；《陈炽集》，第 107～108 页。

③ 参见薛化元、潘光哲《晚清的"议院论"》，《国际学术杂志中国史学》第 7 卷，第 133 页。

④ 当然，他们也会提出西方国家存在若干正面意义的措施或制度的论说，如洪勋谓欧洲"各国、各省之征民财者，名色甚繁，章程互异"，"其多且刻"，但"民无隐匿，无怨谤者，诚不以损下益上为聚敛也"（洪勋：《游历闻见总略》，第 3A～3B 页）；崔国因则在叙述"日斯巴尼亚"政体变化的脉络中，除推许"瑞士国竟不设总统，此真民政也"之外，并归纳分析云"地球各国制度不一"，"各国君政、民政虽异，而设议院则无异"，亦谓"议院之通下情，同众欲，虽小疵而实大醇也"［崔国因：《出使美日秘国日记》，光绪十九年四月二十八日（1892 年 6 月 12 日），影印本第 275 册，总第 1410～1411 页］。但是这些都不是"知识仓库"里特别突出的论说。

比拟的论说倾向；① 同样为"知识仓库"创造新的知识，面对"蒋敦复式"的问题时，当时已经有论者走得更远，以倡"洋务"而著称的官僚薛福成与清朝遣驻日、美等国的外交工作者黄遵宪即为相互辉映的两个例证。他们也面对政治选项的问题，有所思考；然而，与同一时代的论者——如陈炽——相较，他们的思索在面对现实的情境时，却又"迟疑"至极，几无实践力可言。

得以奉使异域的薛福成，最先对政体类型的述说，即是"知识仓库"完全没有过的积累：

> 泰西立国有三类：曰蔼母派牙（即 empire——引者按），译言王国，主政者或王或皇帝；曰恺痕特姆（即 kingdom——引者按），译言侯国，主政者侯或侯妃；二者皆世及；曰而立泼勃立克（即 a republic——引者按），译言民主国，主政者伯理玺天德，俗称总统，民间公举，或七岁，或四岁而一易。②

后来，薛福成放弃了这样的述说，反而承袭既有的词汇而述说曰："地球万国内治之法，不外三端：有君主之国，有民主之国，有君民共主之国。"他还借后二者都有"议院"并独掌大权这等观察，提出了国家元首权力"极小化"的论说，认为"民主之国"里的

---

① 担任出使钦差大臣以前，崔国因任詹事府左中允时，在 1884 年 6 月 5 日向清廷递上了《设议院、讲洋务二条请实力实行片》，主张"设上、下议院"，被认为是中国正式向朝廷提出这种主张的第一人。但是，他的意见只着重在"练兵、筹财、筹饷"这些方面，甚至没有提到这个"上、下议院"的成员应如何产生等关系重大的问题（孔祥吉：《清廷关于开设议院的最早争论》，原刊《光明日报》1988 年 8 月 24 日，《复印报刊资料·中国近代史》1988 年第 9 期，第 24～26 页）。他在美国的亲身经历，也有许多方面的联想，他却似乎没有能够因为自己观念的进展，提出较往昔更为"进步"的主张（至少不见于他的出使记录；其他资料方面，目前史料无征，尚难悉其详），更可见一斑。

② 薛福成"光绪十六年闰二月十六日（1890 年 4 月 5 日）日记"，《出使日记》第 1 卷，第 47A 页，《庸盦全集》，光绪二十四年刊本。本书征引版本为：华文书局 1971 年影印本，总第 860 页。

"伯理玺天德无权焉"，而在"君民共主之国"里，"政权亦在议院，大约民权十之七八，君权十之二三，君主之胜于伯理玺天德者无几，不过世袭君位而已"。① 和前此的"知识仓库"相较，薛福成的这段述说并不特殊；不过，他历数天下"君主之国凡二十有六；民主之国凡二十有五；民主国之在南亚墨利加洲者凡十有六"的努力，② 则是独特的贡献。

薛福成随后也跨进了"蒋敦复式"的课题里。他首先尝试只以"民主"和"君主"两个类型，评比两者的利弊所在，认为利弊相杂（见表3－10）。

表3－10　薛福成评比"民主""君主"利弊

类型	利	弊
民主之国	其用人行政，可以集思广益，曲顺舆情，为君者不能以一人肆于民上，而纵其无等之欲；即其将相诸大臣，亦皆今日为官，明日即可为民，不敢有恃势陵人之意。此合于孟子"民为贵"之说，政之所以公而溥也	其弊在朋党角力，互相争胜，甚且各挟私见，而不问国事之损益；其君若相，或存五日京兆之心，不肯担荷重责，则权不一而志不齐矣
君主之国	主权甚重，操纵伸缩，择利而行，其柄在上，莫有能旁挠者。苟得贤圣之主，其功德岂有涯哉	其弊在上重下轻，或役民如牛马，俾无安乐自得之趣，如俄国之政俗是也。而况舆情不通，公论不伸，一人之精神，不能贯注于通国，则诸务有堕怀于冥冥之中者矣

① 薛福成"光绪十六年十二月二十九日（1891年2月7日）日记"，《出使日记》第5卷，第47B～48A页，《庸盦全集》，总第974页。
② 薛福成"光绪十六年五月十六日（1890年7月2日）日记"，《出使日记》第2卷，第49B页，《庸盦全集》，总第891页。他更一一记录拉丁美洲各国的沿革与现况，并与前此的"知识仓库"（如《瀛环志略》）的述说相较，如云："阿根廷国，即《志略》之拉巴拉巴他裁峨拿，在南亚美利加之南境，……今为合众国……国政一仿美国。"［薛福成"光绪十八年二月二十一日（1892年3月19日）日记"，《出使日记续刻》第3卷，第78B～79A页，《庸盦全集》，总第1123～1124页］不具引。

他得到的暂时思考结论，是以"得人"与否来解决究竟何者为佳的两难：

> 然则，果孰为便？曰：得人，则无不便；不得人，则无或便。①

思考未几，薛福成从中国传统里找寻"思想资源"，遂另辟蹊径，得到了"政体抉择"的最后答案，以"君民共主"为尚：

> 中国唐、虞以前皆民主也。观于舜之所居，一年成聚，二年成邑，三年成都，故曰都君。是则匹夫有德者，民皆可戴之为君，则为诸侯矣；诸侯之尤有德者，则诸侯咸尊之为天子，此皆今之民主规模也。迨秦始皇以力征经营得天下，由是君权益重，秦、汉以后，则全乎为君矣。若夫夏、商、周之世，虽君位皆世及，而孟子"民为贵，社稷次之，君为轻"之说，犹行于其间，其犹今之英、义诸国君民共主之政乎。夫君民共主，无君主、民主偏重之弊，最为斟酌得中，所以三代之隆，几及三千年之久，为旷古所未有也。②

薛福成的述说，借由对传统中国的"历史经验"和经籍古训的比附，论证异域制度的意义，和1890年代的思想界里论议的取向基本并无二致。他虽然得到了"君民共主"乃是"最为斟酌得中"之政体的结论，然而，"君民共主"的制度要项"议院"对中国的现实意义，却在他的主张之外。有机会直接观察英、法两国议事情形的

---

① 薛福成"光绪十八年三月二十八日（1892年4月24日）日记"，《出使日记续刻》第4卷，第20B～21A页，《庸盦全集》，总第1136～1137页。

② 薛福成"光绪十八年四月初一日（1892年4月27日）日记"，《出使日记续刻》第4卷，第22A～22B页，《庸盦全集》，总第1137页。

他，本身的记述，也直接承袭自"知识仓库"的积累（参见本章附二），或许正是透过对前行者论说的阅读与思考，他又捧又贬地对"西洋各邦"普遍存在的"议院"提出这样的评论：

> 西洋各邦立国规模，以议院为最良。然如美国则民权过重，法国则叫嚣之气过重，其斟酌适中者，惟英、德两国之制颇称尽善。①

薛福成的这段综论式评语，是在他 1890 年方抵异域未久便提出的；随着个人见闻的增长，他也论说"泰西诸大国，自俄罗斯而外，无不有议院"的普遍现象，描述"议院者，所以通君民之情者也。凡议政事，以协民心为本"，② 更推测独无议院的俄国"国政寖久亦必改变"，与英、法、德等国相同，③ 似乎有暗示"议院"是时势所趋的意味。可是他的公开言论，却未卷入论说所向的时代潮流，不曾明言中国是否应该仿效设立这样的制度，更没有留下具体规划论说的成果。薛福成的论著，深具启发后继者思索的"思想资源"的意义，④ 但是在"实践"面向上，与同一时代一样也倡言政体类型却具体拟摹"议院"体制，欲行之于中国的论者相较，他的态度稍显

---

① 薛福成"光绪十六年七月二十二日（1890 年 9 月 6 日）日记"，《出使日记》第 3 卷，第 48B 页，《庸盦全集》，总第 918 页。

② 薛福成："光绪十八年二月十八日（1892 年 3 月 16 日）日记"，《出使日记续刻》第 3 卷，第 75A～76B 页，《庸盦全集》，总第 1122 页。

③ 薛福成：《再论俄罗斯立国之势》，《庸盦海外文编》第 3 卷，第 12B 页，《庸盦全集》，总第 348 页。

④ 例如，江标在 1895～1897 年任湖南学政，"视学三年，岁科两试"，试后即"编校试者之作"，名曰《沅湘通艺录》，收有籍贯为湖南善化的汪都良的《书薛叔耘先生〈出使四国日记〉后》。略云："其论最中西之窾要。""所重在探西国富强之本源"，"而尤于西邦之政治、教化、学术、风俗，必详为记载"（《沅湘通艺录》第 4 卷，本书征引版本为："丛书集成初编"，商务印书馆1936 年影印本，第 233～237 册），甚有好评；而如郑观应更征引薛福成的论说（参见本章附三）。

"保守"。①

　　在这个时间点上，薛福成的"保守"并不是个案。在日本与美国等地都待过的黄遵宪，在撰成于 1887 年却到 1895 年才出版②的《日本国志》③ 里的述说，也有类似的倾向。黄遵宪以"外史氏曰"的笔法，从"环地球而居"的各国政体类型的脉络里为日本的"君主"体制做定位：

　　　　一人专制，称为君主者；有庶人议政，称为民主者；有上与下分任事权，称为君民共主者。

和"知识仓库"里既有的述说对比，黄遵宪的论说内容，大有不同。他是以"统绪"的观点来诠释"民主之位，与贤不与子，或数年一易，或十数年一易"，而"君民共主，或传贤或传子，君不得私有其国"，两者都"无所谓统也"；然而，"君主之国"，"有传之数世者焉，有传之数十世者焉"，且世界的"君主之国"里，只有日本享有独一无二的特色：

　　　　传世百二十，历岁二千余，一姓相承，绵绵延延而弗坠统绪。

---

① 薛福成卸任驻英、法等国公使职，1894 年 7 月 1 日返抵中国，7 月 21 日即逝于上海，他自然更不可能继续对这个问题提出思考。

② 李长莉：《黄遵宪〈日本国志〉延迟行世原因解析》，中国史学会、中国社会科学院近代史研究所编《黄遵宪研究新论：纪念黄遵宪逝世一百周年国际学术研讨会论文集》，社会科学文献出版社，2007，第 49～81 页。李长莉论证，黄遵宪于 1887 年撰成《日本国志》稿本，翌年将抄本送呈李鸿章，请转呈总理各国事务衙门刊印，却未得李鸿章"欣赏"，未可遂其所望，是书因之延迟行世。至如吴天任的《黄公度（遵宪）先生传稿》（香港中文大学出版社，1972）谓，《日本国志》于 1890 年即完成，1894 年刊成（第 366～367 页），应为误论。

③ 本书征引版本为：黄遵宪《日本国志》，光绪二十四年上海图书集成印书局印本，文海出版社 1981 年影印本。

黄遵宪提出这样的论说，意在说明日本天皇万世一系的"独特性"。不过，他的分类标准，并不一致，究竟该以国家元首的继承方式，还是以政体的权力掌握者为区分呢？他没有说明。但是，黄遵宪真正想表达的问题意识，不在于为政体类型另启新说，而是日本这个国家未来的方向会遇到"蒋敦复式"的问题。他敏感地感觉到，日本这样"绵绵延延而弗坠统绪"的"君主之国"的形式，可能亦将复不保。因为日本"明治维新"之初，"曾有万机决于公论之诏"，以致"百姓执此说以要君"，"请开国会而伸民权"；日本政府"仅以迟迟有待约之，终不能深闭固绝而不许，前此已开府、县会矣"，所以他认为"十年之间，必又开国会也"。既可能有此转变，黄遵宪甚为怀疑，恐怕"以二千五百余岁君主之国，自今以往，或变而为共主，或竟变为民主"。[①] 同时，他也指出，"庶人议政，倡国主为共和"是日本的四大变故之一，日本内部对于这个问题，却是议论繁多，"彼此互争，喧哗嚣竞，哓哓未已"，即令日本政府已下诏，"以渐建立宪政体许之民"，唯其前景所向，黄遵宪还是打了一个大问号："论其究竟，不敢知矣。"[②]

　　黄遵宪以日本的情势为例，对政体类型的知识，确实添增了新的例证。可是，黄遵宪对于"民主"、"君民共主"与"君主"三种政体之间的选择，并没有明确的答案。[③] 不过，他的立场所向，还是有蛛丝马迹可寻。

　　和同一时代的论者一样，黄遵宪动员传统中国的"思想资源"

---

① 黄遵宪：《日本国志》第1卷"国统志一"，第1A～1B页（影印本总第81～82页）。

② 黄遵宪：《日本国志》第3卷"国统志三"，第10A～10B页（影印本总第131～132页）。

③ 蒲地典子也说，黄遵宪的态度是开放的，参见 Noriko Kamachi, *Reform in China: Huang Tsun-hsien and the Japanese Model* (Cambridge: Harvard University Press, 1981), pp. 85－86。

展开论说,不过,他找到的是"墨子"之说。① 他以为,"东西之人盛称泰西者,莫不曰:其国大政事、大征伐皆举国会议,询谋佥同而后行;其荐贤授能,拜爵叙官,皆以公选。其君臣上下无疾苦不达之隐,无壅遏不宣之情",而且风俗纯厚,"其人皆乐善好施"等,都是"用墨之效也"。但是,他仍认为此等局面仍非臻理想,"为其流弊,不可胜言",像是"推尚同之说,则为君民同权、父子同权矣","推兼爱之说,则为父母兄弟同于路人矣"。在他看来,"天下不能无尊卑、无亲疏、无上下",如果"必欲强不可同、不能兼者,兼而同之,是启争召乱之道也"。② 传统的纲常伦理,还是制约着黄遵宪的思维世界。

日本之"许开府、县议会"的制度面向,在黄遵宪的笔下,虽然有详尽的述说,③ 其实践含义之所在,在他看来,未必"有大可观",因为当他读到日本的《府县议事录》后,实在不敢相信"果胜于官吏否也":

> 虽然,为议员者已为民荐,荐而不当,民自任之,苟害于事,民亦自受。且府、县会之所议,专在筹地方之税,以供府、县之用;官为民筹费而民疑,民为民筹费而民信,民自以为分官之权,谋己之利,而官无筹费之名,得因民之利以治民之事,其

---

① 从晚清的思潮脉络来看,"墨学"和"西学"的关系,渊源甚早,更构成"西学源于中国"说的重要部分。非仅"墨学",余若《管子》《周礼》等,也都成为建构这样的思想潮流的依据。此题涉及广泛,不详论,参见全汉昇《清末的西学源出中国说》,《岭南学报》第 4 卷第 2 期,1935 年,第 705~727 页;罗检秋《近代诸子学与文化思潮》,中国社会科学出版社,1998,第 70~80 页。类似探讨论著繁多,不详举证。

② 黄遵宪:《日本国志》第 32 卷"学术志一",第 1A~1B 页(影印本总第 787~788 页)。

③ 黄遵宪对日本"府、县议会"的制度面向,包括其选举方式、候选人及选民资格限制、议事程序与会期等,都有详尽描述,不详引,参见《日本国志》第 14 卷"职官志二",第 36A~36B 页(影印本总第 423~424 页)。

所议之当否，官又得操纵取舍于其间，终不至偏荣偏枯，使豪农富商罔利以为民害。故议会者，设法之至巧者也。民可使由，不可使知。圣人以私济公而国大治；霸者以公济私而国亦治。议会者，其霸者之道乎。[①]

显然，黄遵宪认为，在日本的实践里，"议会"这种好似"公国是而伸（申）民权"的体制，还不是真正理想的"圣人之道"。既然如此，日本如果"变而为共主，或竟变为民"，看来都不是理想的方向。他在《日本国志》里的"沉默"，可以视为他在寻找真正理想的道路途中的思考休止符。[②]

　　饱览异国风情，思维卓异的薛福成与黄遵宪的"保守"，象征着第一流人才的"迟疑"。然而，必须得对政体类型知识"概念工程"做出抉择的"蒋敦复式"的思考，早即在历史舞台占据重要的位置，是一个难能逃避的课题。面对这样的课题，言论市场里出现的响应，或是像薛福成和黄遵宪的"迟疑"，或是另启新局，尝试从"理论"层面来找寻"逃避"的出路。可是，在1890年代初、中期，某些没有新意的述说，却可勇猛奋进，直捣黄龙，突破了"蒋敦复式"的格局，径直倡言"政体抉择"的现实意义，并提出实际的设计，形构了一幅多彩的画面。

（二）"民本论"与"政体抉择"的逃避：《万国公报》的例证

　　薛福成和黄遵宪面对"政体抉择"的课题，固然"迟疑"，还是

---

① 黄遵宪：《日本国志》第14卷"职官志二"，第36B页（影印本总第424页）。
② 后来，黄遵宪在将《日本国志》付梓之同年赴英国时（吴天任：《黄公度（遵宪）先生传稿》，第38～39页），则改变了想法。他自称到英国之后，认为"二十世纪中国之政体，其必法英之君民共主乎"，但不敢将这样的想法公之于世，即便对梁启超亦"缄口结舌"，"未尝一露"（黄遵宪：《致梁启超书》，郑海麟、张伟雄编校《黄遵宪文集》，株式会社中文出版社，1991，第195页）。由是观之，他不曾真正做出政体抉择的公开述说。

对政体类型知识"概念工程"带来不同风貌；和薛、黄一样"迟疑"，瞻前顾后，莫知所循的论说，则同样也呈现新的进展。在 1890 年代的时间点上，《万国公报》上出现以"民本论"阐释政体类型，就是例证。

1889 年复刊的《万国公报》，不再是林乐知的个人刊物，而是集基督教士之力而成的"广学会"（原名"同文书会"，自 1894 年起使用广学会的名称）①的机关报。唯其长久以来向中国介绍各种新知、鼓吹变法的言论传统，仍持续无已，至甲午战争之后，有关时政与宣传变法的文章，更大量增加。②本来就曾介入过政体类型知识"概念工程"的《万国公报》，继续刊出涉及类似主题的文章，并不意外。然而，在这些相关的论说里，它颇有逃避直接表述己身"政体抉择"的倾向，取而代之的，却好似承袭《佐治刍言》一般，从"民本论"出发阐释政体类型的含义。只是，较诸《佐治刍言》站在统治者立场的述说，《万国公报》的"逃避"，并没有这样的意味。

《万国公报》复刊未几，即公开称颂"民政"为"足以久安而长治者"，次之"君民并主之政，亦为有利而无弊"的论说。此文从"君主"的起源原理和职责开始论证，强调"天生烝民，而树之君，非专为君也"，而是为了"以教、养之职尽责之于人君"。这种"为民立君"的论调，本即是中国传统"民本论"的论说内容，于今则被转化为阐发"民政"与"君民并主之政"之益处的理论根据。文中强调，这样的理想形态，"其道惟上古之圣王为能尽之"，遂形成"年历亿万世，阅千百后之仰大同之盛者，尚自余慕"的"乌托邦"。不过，作者描述道，"而今泰西民主之政，实为似之"，此外"君民并主之国"亦颇称美好，并解释"至民政与君民并主之政"所以如

是理想的原因是"大都由于上、下议院"，一切政务"无不由议院核准而后施行"，竟使"在上永无虐民之君，在下永无病民之吏"。因此，既有"泰西民政与君民并主之政"这样的制度，自是"有利而无害"。即便作者有对比暗讽的譬喻意向，却不愿公开表态言及这两种政体与中国的关系，反而话锋一转，歌颂起中国"所以养民、教民之意"更为高明：

> 若夫今之中国易禅让为世及，己（已）数千年于兹。法制之详明，纪纲之美备，上多尧舜之君，下尽皋夔之佐，朋良喜起，盛莫并焉。第疆域所判，风俗异宜。我中国教养之政，以视泰西诸国各自不同，然观所以养民、教民之意，西国诚善，我中国不又驾而上之者哉。①

这种既从"民本论"论调来阐析政体的类型知识，却又不公开表态的论说，在此后的《万国公报》中屡见不鲜。如李提摩太（Timothy Richard，1845－1919）的《〈泰西新史揽要〉译本序》，虽然述说西方"内治之新制"是"任民公举贤才，以充议员之律"，更自称这部书"于教民、养民、安民之新政尤三致意焉"，但是：

> 若以中国而言，与西国不同之事，更仆尚未可终，原不能相提并论（如民主之治、君民共主之治，断未能行于中国等类）。②

竟断然否定"民主之治、君民共主之治"在中国实行的可行性。李

---

① 海滨逸民：《论泰西国政》，《万国公报》第 19 册，光绪十六年六月（1890 年 8 月），影印本第 18 册，总第 11385～11389 页。海滨逸民是《万国公报》主编兼主笔沈毓桂的笔名，参见易惠莉《西学东渐与中国传统知识分子——沈毓桂个案研究》，吉林人民出版社，1993，第 268～271 页。

② 李提摩太著，蔡尔康（芝绂）录《〈泰西新史揽要〉译本序》，《万国公报》第 75 册，光绪二十一年三月（1895 年 4 月），影印本第 24 册，总第 15111～15117 页。

提摩太随后发表的《泰西新史揽要〈译本后序〉》则在述说"安民之法"的脉络里，又有补充：

> 总而言之，无论君主、民主，或为君民共主，皆当知国以民为本，无本则不立。故不第天人一体已也，君民亦联为一体，始克相安。[1]

《泰西新史揽要》是当时广受维新派士人好评的著作，[2] 它的译者却显然只强调"国以民为本"，至于该不该做出"政体抉择"，不必讨论。

同是从美国来的传教士李佳白（Gilbert Reid, 1857 - 1927），亦有类似的表态：

> 查泰西诸国治民之法，或君主，或民主，或君民共主。虽立国不同，使民熙熙然安其居而乐其业，皆无违于中国古昔圣贤之训，则无不同。

李佳白更以为，中国"诚不必如泰西君民共主，致多纷更也"，也不该"为成法所限，而不得因时变通"。只要"宜尊君权而建皇极，务使令下如流水"，"元首股肱各安其体，夫何致有太阿倒持之患乎？"[3]李佳白的立场，更为"保守"。[4]

---

① 李提摩太作，（中华）蔡尔康笔《〈泰西新史揽要〉译本后序》，《万国公报》第76册，光绪二十一年四月（1895年5月），影印本第24册，总第15194～15198页。

② 关于《泰西新史揽要》的介绍与影响，参见邹振环《西方传教士与晚清西史东渐：以1815至1900年西方历史译著的传播与影响为中心》，第269～307页；熊月之《西学东渐与晚清社会》（修订版），第475～478页。

③ 李佳白：《新命论》，《万国公报》第95册，光绪二十二年十一月（1896年12月），影印本第26册，总第16499～16502页。

④ 胡素萍整理了李佳白在甲午战争之后对清朝提出的改革建议，并未特别着重考察李佳白的这一观点，参见胡素萍《李佳白与清末民初的中国社会》，中山大学出版社，2009，第33～38页。

整体来看，这些论述的用心，可能在于替政体类型知识"概念工程"的现实意义，找寻一个可以避免做出"政体抉择"的出路，甚至否定"政体抉择"的必要——只要强调"民本论"，使人民"熙熙然安其居而乐其业"即可，至于"政体抉择"就不是那般重要了。可是，该用什么样的方式实现"民本"的理想？恰如林乐知的思考：

> 泰西有君民共主之国，更有民主之国。中国势殊事异，自难冒昧仿行。然天之生人，无不付以自主之理。人之待人，独不应略予以自主之权乎？

这段话出现在提出建议"政令宜划一"的脉络里，并没有明确说明究竟什么是"自主之权"；但是，林乐知的具体主张就很有现实的意味了，从"上下之情通，官民之力合矣"的立场出发，他也不得不强调：

> 民有隐衷，必期上达。宜准民间略仿议局之制，凡读书明理，能辨（办）事、通法律之人，任民公举以入局。于是，经商之有所不便者，务农之必留意者，工艺之必应推广者，皆许局商诸官长，达诸部院。分之则惠周一地，合之则泽遍万方矣。①

他提出的"议局之制"，相较于当时公开倡言仿行"议院"的论说，已无新意，却显示了既然出以"民本论"的立场，终究还是无法逃避"政体抉择"的问题，甚至得走上从具体制度面向进行思考的道

---

① 林乐知著译，蔡尔康撰录《险语对下之中》，《万国公报》第 87 册，光绪二十二年三月（1896 年 4 月），影印本第 25 册，总第 15954～15956 页。

路。林乐知的这等论说，出现在1896年，那是甲午战争以后各式维新言论遍及中国大地的时候。在这样的"思想气候"里，《万国公报》的议论，也终于在实质上突破了"蒋敦复式"的格局，做出了"政体抉择"的明确表态。①

（三）"契约论"与制度规划：何启与胡礼垣的结合

《万国公报》的"民本论"述说，代表着政体类型知识"概念工程"在"理论"层次进行建构的努力，更以林乐知的述说为代表，显示了"蒋敦复式"的议论格局的突破。可是，这样的尝试与结局，不是了不起的贡献。何启与胡礼垣②早已着先鞭，亦且更有详密的制度规划。他们在1895年初完成的《新政论议》③里说：

横览天下，自古至今，治国者唯有君主、民主以及君民共主而已。质而言之，虽君主仍是民主。何则？政者，民之事而君办

---

① 当然，这并不是说《万国公报》在1890年代的议论"铁板一块"，如李佳白稍后即指陈，就中国之现实而言，"议院虽未可遽设，而必以洪开民智为先；报馆纵已云特开，而必以捐除讳饰为要，集西方之众长，致中邦于上理，乃可以保旧传之政教礼俗，不为他歧所摇夺"［李佳白《中国能化旧为新乃能以新存旧论》，《万国公报》第97册，光绪二十三年正月（1897年2月），影印本第26册，总第16645～16646页］，并不主张迅即开设"议院"。本书强调的是，《万国公报》毕竟做出了"政体抉择"的明确表态。

② 关于何启与胡礼垣的思想定位，学界意见不同。例如，萧公权认为他们的立论宗旨实在于采西洋民权思想以彻底改革中国之政治，主张行君主立宪政体于中国，于是阐扬西洋18世纪之自由主义及天赋人权学说，以破传统之君主专制（萧公权：《中国政治思想史》，联经出版事业公司，1982，第849～858页）；后进学人则以为，他们的思想有相当强烈的契约论观点（许政雄：《清末民权思想的发展与歧异——以何启、胡礼垣为例》，文史哲出版社，1992）。

③ 何启、胡礼垣在《新政安行》自述："《新政论议》成于光绪之二十一年乙未正月"，即1895年初。见何启、胡礼垣《新政安行》，《新政真诠》第4编。本书征引版本为：何启、胡礼垣《新政真诠——何启·胡礼垣集》，郑大华点校，辽宁人民出版社，1994，第277页。

之者也，非君之事而民办之者也。事既属乎民，则主亦属乎民。民有性命恐不能保，则赖君以保之；民有物业恐不能护，则借君以护之。至其法如何，性命始能保，其令如何，物业方能护，则民自知之，民自明之，而唯恐其法令之不能行也，于是乎奉一人以为之主。故民主即君主也，君主亦民主也。孟子曰："得乎丘民，而为天子。"得之云者，谓能行其法令为民保护其身家也。故王者欲保世滋大，国祚绵长，则必行选举以同好恶，设议院以布公平。若是者，国有万年之民，则君保万年之位。所以得民，莫善于此。①

在他们看来，即便政体可以区分为三种类型，它们的实质则一："君主"应该就是人民的成员之一，他之所以被推举出来膺任斯职，只因一点，即保护人民的性命、物业。这已是某种程度的"契约论"（social contract）的观点，②《万国公报》的"民本论"理论，瞠乎其后。至于如何达到这一个目标，他们的答案是"行选举以同好恶，设议院以布公平"。何、胡同时也提出了具体的制度设计，与当时的"议院"拟制规划，形式上共汇合流。③

　　将何启与胡礼垣的思考，和同一时代也进行"议院"制度设计的论者相较，尤可见其突出之处。如翰林院检讨，曾任清朝驻英使馆二等参

---

① 何启、胡礼垣：《新政论议》，《新政真诠——何启·胡礼垣集》，第 127～128 页。
② 当然，所谓"契约论"，在西方（政治思想）世界里，也是极其复杂之构成与传统。传衍至今，罗尔斯（John Rawls, 1921–2002）之述说，尤别出新意，争议亦众，即如 Deborah Baumgold 认为，反观"古典契约论"（classic social contract theory）的具体历史脉络，特别是与罗尔斯提出的思考相对比，当可点明 20 世纪"契约论"的复兴（the revival of Contractarianism）之问题所在，详见 Deborah Baumgold, *Contract Theory in Historical Context: Essays on Grotius, Hobbes, and Locke* (Leiden & Boston: Brill, 2010)。因是，本书实无意深究何启与胡礼垣之思考所及，究竟与西方脉络里的哪种"契约论"，可堪比拟。
③ 参见许政雄《清末民权思想的发展与歧异——以何启、胡礼垣为例》，第 51～58 页。

赞，也有异域生活经验的宋育仁①的《采风记》②，动辄也声言：

　　　　西国分三等，有帝国，有君主国，有民主国（君主国亦称
　　王国、侯国）。③

宋育仁也会论说"欧、美议院为其国国政之所在，即其国国本之所
在"，④ 作为其"议院"制度设计的张本。⑤ 可是，宋育仁的论说，
固然是对"蒋敦复式"的问题的突破，其论说的理论深度，则远远
难能与何启、胡礼垣在《新政论议》中提出的"契约论"相提并论。

　　何启和胡礼垣在述说政体类型之际，即便也会将之和中国传统做
若干比附，⑥ 唯其论议的理论层次，则根本上否定了"蒋敦复式"的

---

① 生平参见萧月高《宋芸子先生传》，《国史馆馆刊》第 1 卷第 4 期，1948 年，第
108～109 页；荀实（张秀熟）《力倡变法图强的宋育仁》，《四川近现代文化人
物》第 2 辑，四川人民出版社，1989，第 23～38 页。

② 笔者所见《采风记》版本为宋育仁《采风记（附纪程感事诗）》，出版信息不详，
中研院历史语言研究所傅斯年图书馆藏。又，宋育仁《泰西各国采风记》，《小方
壶斋舆地丛钞再补编》第 11 帙；以下引用，先注明单行本页码，再注明《小方壶
斋舆地丛钞再补编》本页码。该书撰写时间，据书末附记："（光绪）二十年十
月，方著《公法驳议》，未成，倭警日甚，遂辍业。明年还自欧洲，十月检行箧
记载付印，惟此类未完。举所已成附入，见例。"（宋育仁：《采风记》第 5 卷，
第 13A 页；《小方壶斋舆地丛钞再补编》本作"二十年十月，方著《公法驳议》，
未成，倭警日甚，遂辍业"。参见《泰西各国采风记》第 5 卷，第 40B 页）是则，
《采风记》可能是宋育仁随使出国期间的作品。

③ 宋育仁：《采风记》第 1 卷，第 1A～2A 页（《小方壶斋舆地丛钞再补编》本，第
1A 页）。

④ 宋育仁：《采风记》第 1 卷，第 14A 页（《小方壶斋舆地丛钞再补编》本，第 5A
页）。

⑤ 参见薛化元、潘光哲《晚清的"议院论"》，《国际学术杂志中国史学》第 7 卷，
第 130～131 页。

⑥ 像他们在写作于 1899 年的《新政真诠前总序》中，就在论说"民权为根本于帝
王之治世也"的脉络里，述说"尧舜之世即今泰西民主之国也；汤武之世即今泰
西君主之国也；太甲成王之世即今泰西君民共主之国也。然不论君主、民主，以
或君民共主，要皆不离乎独重民权"（何启、胡礼垣：《新政真诠前总序》，《新政
真诠——何启·胡礼垣集》，第 18～19 页）。

问题。他们把君主也等同于人民，人民不再是统治关系里的客体（objects），而是主体（subjects），所以，他们论议蕴含的思想方向，不再只是做出"政体抉择"或者仅仅仿行"议院"而已，而是如何实现这样的主体意义（例如，强调人人有"自主之权"的自由、平等概念，追求保护个人"身家"的途径等）。何启和胡礼垣后来详尽发展这一方面的思考意见，更深具发展类同于西方"契约论"的理论意义（即使他们还肯定着清朝的统治地位①）。何启和胡礼垣在《新政论议》里论说的理论潜力，超越了伴同着政体类型知识"概念工程"相随而生的"政体抉择"课题及其现实意义的范围。可以说，"知识仓库"里政体类型知识"概念工程"的建设，至此终告完工。

因此，《万国公报》在 1890 年代提出的"民本论"述说，固然是对政体类型知识"概念工程"在"理论"层次上的建树，也提出"议局之制"的思考，在实质上做出了"政体抉择"的明确表态。只是，较诸何启与胡礼垣的贡献，《万国公报》之价值，不免瞠乎其后矣。②

当然，在何启和胡礼垣之后，1895 年以后的言论/文化市场上，

---

① 　何启与胡礼垣在 1899 年撰就以驳斥张之洞《劝学篇》为主旨的《〈劝学篇〉书后》，虽同样宣扬"天子之权得诸庶民"等"民权"观点，但是他们还分辩道："民权之国与民主之国略异。民权者，其国之君仍世袭其位；民主者，其国之君由民选立，以几年为期。吾言民权者，谓欲使中国之君世代相承，践天位于勿替，非民主之国之谓也。"（何启、胡礼垣：《〈劝学篇〉书后》，《新政真诠——何启·胡礼垣集》，第 406 页）

② 　当然，此后《万国公报》一直出版至 1907 年始停刊，其间亦尝刊出相关论说，如李佳白之《列国政治异同考》，自 1903 年 2 月起在《万国公报》连载 21 期，比较述说各国政体等相关课题（杨代春：《〈万国公报〉与晚清中西文化交流》，第 147～148 页；王林：《西学与变法：〈万国公报〉研究》，第 75～78 页）。查李佳白于 1902 年 10 月起在上海格致书院发表系列公开讲座，其中一题即是《列国政治异同考》，后于 1907 年出版单行本（胡素萍：《李佳白与清末民初的中国社会》，第 42 页），《万国公报》刊载之《列国政治异同考》应为其讲座文稿。然而，时过境迁，此际来自日本的各式"思想资源"更已引发多重回响，李佳白与《万国公报》之努力及对政体类型知识"概念工程"作为"思想资源"的意义，不应高估。

既存政体类型知识"概念工程"的建设行动，依旧余波荡漾，某些"炒冷饭"全无新意的记述，仍复存世，其意义和价值，不宜高估。例如，湖北布政使王之春于 1894 年奉命往俄国唁贺，此行撰有《使俄草》，[①] 言及西方国家政体之诸等类型如此：

> 泰西国例，有君主之国，有民主之国，有君民共主之国。操权既异，名号亦别。君主，称恩伯腊（译言帝也；俄称在力）；民主，称伯理玺天德（译言统领）；君民共主者，称为京（译言王也）。称帝者，俄、德、奥、突厥、日本是也；称王者，英、荷、西、瑞典是也；民主者，法、美、巴西是也。[②]

王之春提出俄国沙皇的称谓是"在力"（当即 Czar 或 Tsar），是前此不曾有过的记述；但是，整体的记述，并无新意，依旧以国家元首的称谓为区分标准。

约略同时，以提供"政体抉择"的参照要项为目的，并另辟蹊径发人深思的述说，自是仍然持续问世。例如，1896 年的《强学报》在论述"回部诸国何以削弱"的问题时，即又开展一种新鲜的述说：

> 西人将地球诸国之朝政列为一表，有曰利蒲力（即 republic——引者按）者，译言民主也，如西半球诸国及欧罗巴之法兰西国、瑞士国是。曰利灭地门拿（即 limited monarchy——引者按）者，译言君民共主之国也，如欧罗巴之英国、德国、瑞典国、丹墨国、奥国、意国、比国、希腊国、西班牙国、葡萄牙国，及由土耳其国分出之二三小国，亚细亚之日本国皆是。有曰鸭苏劣地爹士蒲地士唔（疑即 aristocracy 与 despotism；亦可能是 aristocractic

---

① 王之春：《使俄草》，文海出版社 1967 年影印本；自序系年为光绪二十一年（1895）。

② 王之春：《使俄草》第 6 卷，第 18A 页。这是 1895 年 4 月 7 日的记述。

despotism——引者按）者，译言全权无限，刑威独擅也，如回教之国皆是，即朝鲜、安南国、暹罗国、缅甸国亦是。①

这段述说，与西方政体类型知识的主流论述采取的词汇，既有颇可等同之处（如 republic），亦有不同（如 limited monarchy 未必是"君民共主"），至于"鸭苏劣地爹士蒲地士唔"，恐怕是个有趣的"误读"（aristocracy 与 despotism 在西方政体类型的传统里都自成一类，似无混用者）。② 不过，文中谓这些"鸭苏劣地爹士蒲地士唔之国，无不或弱或亡"，"夫国之易治者，莫如君权之独擅也，莫如民族之顺命也，而竟受制于英、法之议院，有识者可以思矣"，却有相当浓厚的譬喻意味，足启深思。

类似的论说，当然屡见不鲜。此等场景，固然可以显示既存政体类型知识"概念工程"，始终发人兴味；不过，"蒋敦复式"的议论格局，"政体抉择"的思考面向，既然已经被突破，类似论说，在当时的"思想气候"里，其实没有太高的"思想资源"价值。更何况，孙中山领导的以追求"合众政府"为目标的革命行动，已然问世勃兴，好似中国未来进行"政体抉择"的唯一趋向；既存政体类型知识"概念工程"的现实意义，已不复其本来样态。

（四）追求"合众政府"的革命：孙中山与"政体抉择"的唯一趋向

现代中国革命运动的兴起，当然与孙中山密切相关。相较同一时期成长阶段大多接受中国传统教育，不曾领略过异国人情风土的人，

---

① 《论回部诸国何以削弱》，《强学报》第 2 号，光绪二十一年十二月初三日（1896年 1 月 17 日），《强学报·时务报》第 1 册，第 19～20 页。

② 如亚里士多德（Aristotle）的 6 种分类为：monarchy, tyranny, aristocracy, oligarchy, democracy, monocracy；在孟德斯鸠（Charles de Secondat, Baron de Montesquieu）那里，则是 republican, monarchial, despotic 等 3 种分类。

孙中山在 14 岁的时候（1879）就前往夏威夷檀香山就学，① 此后更在香港接受了现代西方的医学教育，在西方世界有生活多年的经验。② 1894 年 11 月，孙中山于檀香山联合华侨组织了兴中会，以"驱除鞑虏，恢复中国，创立合众政府"为入会誓词。当天出席成立会的华侨仅 20 余人，至翌年发动广州起事之前，姓名可考的会众亦仅 197 人。虽然人数有限，却标志着革命力量的兴起。③ 1895 年 2 月，孙中山至香港，与杨衢云等组织的辅仁文社结合，建立兴中会总机关部，确定誓词为"驱除鞑虏，恢复中华，创立合众政府"，④ 揭橥"民族主义"与"民权主义"的革命宗旨，要与清朝势不两立。

　　从历史的脉络来看，兴中会标举的"创立合众政府"目标，正是以美国为榜样。在前此"知识仓库"的初期建设期间，美国作为由各州联合而成的国家，即有各种称谓，或谓之"合省国"（《美理哥合省国志略》），或谓之"合众国"（《新释地理备考全书》）。⑤ 早在 1844 年时，清廷官方文书里已使用"合众国"一词，⑥ 今日所称

---

① 张玉法：《孙中山在夏威夷》，收入氏著《辛亥革命史论》，三民书局，1993，第 51～74 页。

② 张玉法：《孙中山的欧美经验对中国革命的影响》，收入氏著《辛亥革命史论》，第 75～97 页。

③ 张玉法：《清季的革命团体》，第 159～160 页。

④ 张玉法：《清季的革命团体》，第 163～165 页。

⑤ 原文是："合众国，即所称花旗，又曰咪唎坚是也。"《新释地理备考全书》第 9 卷，第 11A 页。

⑥ 参见《护理两广总督程矞采奏报遵旨劝阻美使臣顾盛晋京情形折》［道光二十四年二月四日（1844 年 3 月 22 日）奏呈］，原文在报告顾盛意欲进北京的脉络里云："夷文内所称亚墨理驾，即咪唎坚之转音。该国系二十六处为一国，故有合众国之名；所称正统领即其国主。"《美公使顾盛致护理两广总督等照会》（道光二十四年二月四日奏呈）则称："照得本公使蒙本国正统领遣来，为合众国全权善定事宜公使大臣，会同中华钦差便宜行事大臣，商议两国民人相交章程……"参见中国第一历史档案馆编《鸦片战争档案史料》第 7 册，天津古籍出版社，1992，第 402 页；亦参见文庆等纂辑《筹办夷务始末》卷 71，第 9B 页。

《中美五口贸易章程》，当时实称为《亚美理驾合众国贸易条约》。[①]
约略同时的徐继畬，亦以"米利坚合众国"称呼美国。[②] 可以想见，
"合众国"一词在汉语世界里甚早即形成共识。后来如 1859 年时王
韬即称裨治文是"合众国"人，[③] 1860 年代中期张德彝亦称美国是
"合众国"，"又称花旗国"，"亦名曰美国"。[④] 他更以"合众"作为
相对于"君主"的政治体制。[⑤] 林乐知"口译"的《列国岁计政要》
（1873 年出版）也说华盛顿建立的是"合众民主国"。[⑥] 1890 年代初
期的薛福成亦说美国"合众小国以成一国，故有合众国之名"。[⑦] 直
到 1902 年，黄遵宪还以"合众国"来称呼美国。[⑧] 所以，汉语世界

---

① 《军机大臣穆彰阿等奏为遵旨核议耆英等所定咪唎坚国条约折》［道光二十四年七
　月二日（1844 年 8 月 15 日）奏呈］云："六月十四日，耆英等奏议定亚美理驾合
　众国贸易条约一折。奉朱批：军机大臣会同该部速议奏……"参见《筹办夷务始
　末》卷 72，第 21A 页。

② 徐继畬：《瀛寰志略》第 9 卷，《徐继畬集》第 1 册，第 265 页以下。

③ 《王韬日记》，咸丰九年三月二十七日（1859 年 4 月 29 日），第 111 页。

④ 张德彝"同治五年六月二十日（1866 年 7 月 31 日）日记"，《航海述奇》，《稿本
　航海述奇汇编》第 1 册，第 337～338 页。

⑤ 原文是：英国维多利亚女王"自居孀后，非公事不出……或云世子无才，君主百
　年后，恐效合众，而立伯理玺天德焉"。参见张德彝"同治七年十月十四日
　（1868 年 11 月 26 日）日记"，《再述奇》，《稿本航海述奇汇编》第 1 册，第
　668 页。

⑥ 麦丁富得力编纂，林乐知口译，郑昌棪笔述《列国岁计政要》第 11 卷，第 1A
　页。本书征引版本为："富强斋丛书正全集"，光绪二十五年小仓山房校印本，中
　研院近代史研究所郭廷以图书馆藏。

⑦ 原文是："华盛顿崛起美洲，创立民主之局，但合众小国以成一国，故有合众国之
　名……"薛福成"光绪十八年闰六月十九日（1892 年 8 月 11 日）日记"，《出使
　日记续刻》第 5 卷，第 9B 页，《庸盦全集》，总第 1173 页。

⑧ 黄遵宪在光绪二十八年（1902）五月函告梁启超，谈到自己的心路历程，也说到
　对中国政治体制的改革："将二十一行省分画为五大部，各设总督，其体制如澳
　洲、加拿大总督。中央政府权如英主，共统辖本国五大部，如德意志帝之统率日
　耳曼全部，如合众国统领之统辖美利坚联邦。如此则内安民生，外联与国，亦或
　足以自立乎？"参见《东海公来简》，《新民丛报》第 13 号，1902 年 8 月 4 日，第
　55～56 页；亦参见丁文江、赵丰田编《梁任公先生年谱长编初稿》，世界书局，
　1958，第 195 页。此函刊于《新民丛报》和《梁任公先生年谱长编初稿》时，或
　有讹误，相互核校而引之；部分内容又参见吴天任《清黄公度（遵宪）先生年
　谱》，第 166 页（略有微异）。

里以"合众国"一词作为美国的称谓,很早就形成一定的共识,也始终持续不绝。

这样说来,在1894年底组建兴中会,标举反清革命的孙中山,最初的政治理想之一是"创立合众政府",所谓"合众政府",应即是美国政府,这显示出他以建立美式政府体制为革命的目标。显然,孙中山要说服群众参与革命大业,所可建构的理论依据及词汇,就不能和群众的知识范围有太远的距离。当革命组织初兴之际,可以用来表明自己理想目标的词汇,与"知识仓库"里既有的"知识储备",其实密不可分。深有意味的是,时人对于孙中山的政治主张的理解,同样也有赖"知识仓库"的支持供应。兴中会首次的武装起事行动,以惨败收场,在批判他为"乱臣贼子"的论者看来,便是"以民主为楬橥"。[1] 正可想见,既存政体类型知识"概念工程"的成果,已然是众所同晓,习焉不察,足可信手拈来,用以评骘现实。

孙中山设定"创立合众政府"为其"革命理想",虽然不能外于"知识仓库"既有的"知识储备";更重要的是,其目标所向,他已经跳脱既存政体类型知识"概念工程"的脉络,径直追求"合众政府"作为"政体抉择"的唯一趋向,为中国政治思想的格局,另揭新页。[2]

---

[1] 这是王仁俊的意见,原文是:"迩者孙文事起,海表啸聚,闯然以民主为楬橥,君权不尊,民气嚣然,震旦且恐从此不靖矣。"(王仁俊:《实学平议卷一 民主驳议》,《实学报》第3册,1897年9月17日,中华书局1991年影印本,总第145页)他又说:"孙文者,乱臣贼子也。阴谋不轨,遁迹海表,……以欧洲为逋逃薮,悍然倡议改立民主。"(《实学报》第5册,1897年10月6日,影印本总第281页)王仁俊《民主驳议》全文(字词稍有差异)亦参见苏舆辑《翼教丛编》第3卷,第15B~23A页(引文参见第15B、17A页)。

[2] 当然,在此之后,追求"共和体制"的"革命",与追求"君主立宪"的"改革",于1900年代曾经纷争不已(参见亓冰峰《清末革命与君宪论争》,中研院近代史研究所,1966)。观察彼此此议论交涉,更与前此既存政体分类"概念工程"的脉络,基本无涉,本书不详论。

结　论

　　西方政体类型知识"概念工程"的创发与建设，在晚清中国的思想界是空前未有的大事业，在"知识仓库"里储备了多彩多姿的知识/信息。以玛吉士在1845年左右撰成的《新释地理备考全书》对域外诸国政体提出概括论说作为起点，逮及1856年首度出版的《大英国志》，作为基础建设之一，绵延传衍。耗精费神于斯业者，身份多样，或如裨治文、丁韪良、林乐知与傅兰雅等美国传教士，或如王韬这等思想巨子，或如张德彝、钱德培和袁祖志等目睹异国风情的人物，乃至《西国近事汇编》《申报》《万国公报》等报刊，各有献力，而以王韬在1883年提出的论说与思考，初步集其总成。在当时"知识仓库"里的主流论说趋向，已经使用"君主""民主""君民共主"这三组词，"议院"是后二者都有的机构，两者的差异在于"民主"类型的元首是经由选举程序产生的，至于"君民共主"类型的国家元首则为世代相袭。然而，政体类型知识"概念工程"的创发与建设，本来就没有事先已擘拟至精以便按图施工的总体蓝图；"知识仓库"储备知识的过程，也无规可循，好似随意生产堆置储放。因是，在政体类型知识的主流论说同趋共向之际，异说时现，矛盾歧出，错乱丛生，理有应然。

　　不过，早从1850～1860年代之交，政体类型知识"概念工程"之开展进行，就已经具有现实意义，诸如"蒋敦复式"的问题之面世，即促使人们省思"政体抉择"的问题，实在始终深具"思想资源"的作用。到1880年代初期，以王韬的论说和思考为具体征象，他既完整总结过往政体类型知识"概念工程"的成果，更公开颂扬"君民共治"，做出了"政体抉择"的表态，影响深远。1890年代之后，政体类型知识"概念工程"引发的效果，突破超越"政体抉择"的格局，必须进一步做出实际的制度选择及其设计。何启和胡礼垣在1895年的论说和思索，更出以契约论的观点，超越了与政体类型知识"概念工程"引发的"政体抉择"课题及其现实意义的范围，宣示了政体类型知识"概念工程"的建设，终告完工。

政体类型知识"概念工程"之开展进行，始终促使人们省思"政体抉择"的问题，实在深具"思想资源"的作用。后继者依循着相同的方向，凭借各种机缘，深描细摹，从而开拓了新的知识/思想空间。一篇出现在20世纪初，以分辨"无君党""无王化党"不可与"民权之义"混淆共视为主旨的论说，正显示了这样的意义。它说，中国历来的统治形态"咸统于君"，然每有"昏暴"之君，"一人权力辄足以倾覆一国"，"全国之命系于一人，其可危也"。可是，"古先贤哲"面对此等困局，却一直"无术以救之"，要到"中外通商"之后：

> 欧、美政法时灌输于吾人心目间，始知君主而外，又有所谓君民共主者，又有所谓民主者。虽体制不同，而其以国民之权力与政府参酌国是，不使全国之事得倾倒翻覆于一人之手，则一也。①

这篇文章的作者不详，从他使用的词汇与全文的论旨来看，② 应该是

---

① 《论民权之义与无君党、无王化党有别》，《皇朝经世文新编续集》第18卷"民政"，影印本总第1364~1365页。按，"目录"后有附语云，此书"所选者，起辛丑（1901）六月讫壬寅（1902）五月，……即偶有辛丑五月以前之文，亦为各编所未见……"，是以该文基本上当为20世纪初的作品。

② 这篇文章在引文以下的篇幅论证"民权之义"与"无君党""无王化党"大有不同，以反驳中国"悠谬之儒"，以"新党好言民权，辄举各国禁无王化党之事，以为虽西人亦恶言民权之证"的"甚谬之说"。"无君党"即无政府主义者，"无王化党"即虚无党人。

多少受过现代（广义）民主理念"洗礼"的"新派"人士。这段
述说与省思，显示了这位"无名氏"又得到崭新的"思想资源"，
竟能对既存的三大政体类型知识"君主"、"君民共主"与"民
主"，做出统摄为一的理解诠释：以"国民之权力与政府参酌国
是"为其精义。只是，正如本章的述说，前此的"知识仓库"里，
从来不曾出现过这样的表述方式。可以想见，西方政体类型知识
"概念工程"在晚清中国始终具有"思想资源"的意义，驱动着政
治思维的变易。

　　西方政体类型知识"概念工程"在晚清中国思想界的创发与建设，
固然是研析探讨"民主"思想如何导入晚清以降的中国这一课题不可
或缺的内容之一。只是，以本文述说的历史过程为视角，可以揣想，
中国/中国人开始走向"民主之路"，竭力欢迎"德先生"，并不是由于
前行者对"民主思想"进行积极"宣传"或"宏扬"的必然结果。
1840年代的徐继畬等知识人对"无国君"政体（如瑞士、美国等）的
赞誉，1860年代的蒋敦复对"英之议会"可不可以"行于中国"这个
问题的思考，1880年代的王韬对"君民共主"政体的称赏，乃至此后
1890年代的何启与胡礼垣倡言"行选举以同好恶，设议院以布公平"
等言论，都各有自身演变的言论脉络，应该返回它们问世的本来场景，
进行理解；而不是将这些繁杂的历史现象/事实简单概念化，甚至于成
为书写"中国民主思想史"理所当然的组成部分。

　　就西方政体类型知识自身的脉络而言，相关词汇与概念，本在历
史的长河历经多样的变化。如"专制"（despotism）这个词在政体类
型知识系谱里，固然向为标准范畴之一，它在不同时期的具体内容，
屡有变易。① 以具体个案言之，西方将奥斯曼土耳其帝国政体的定
位，从"暴政"（tyranny）变为了"专制"（despotism），反映了

---

① 参见 Melvin Richter, "despotism," in Philip P. Wiener, editor in chief, *Dictionary of
the History of Ideas: Studies of Selected Pivotal Ideas*（NY: Charles Scribner's Sons,
1973）, vol. 2, pp. 1–18。

"欧洲中心论"（Eurocentrism）的面向。① 至于在西方政体类型知识
创生的过程里，所谓"东方专制论"（Oriental despotism）甚嚣尘上，
其实更是在"宗教改革"之后始被欧洲发明建构，作为与西方"共
和论"（republicanism）恰成对照项的论述。② 可以说，西方政体的
类型知识如何被建构成为一种"传统"，绝非不证自明。何况西方
政体的类型知识也和"政体抉择"的现实密不可分，既存政体的类
型知识，往往会因应现实需要，面临被"修正"的命运。如在西方
政体类型知识系谱里始终占有不可或缺地位的孟德斯鸠，与前行者
一般，强调领土大小规模是共和政体的条件，从而对所谓"小共和
国命题"（the small-republic thesis）的建构，影响深远。当 1787 年
美国召开制宪会议通过新宪法草案后，在等待各州的批准过程里，
孟德斯鸠的理论，正让反对这部新宪法的"反联邦派"（the anti-
federalists）得以"振振有词"，以为广土众民如美国，是没有办法
实现共和的。相对的，支持拥护这部新宪法的汉弥尔顿（Alexander
Hamilton），邀请了麦迪逊（James Madison）及约翰·杰伊（John
Jay），三人联合以"帕布里亚斯"（Publius）为笔名，发表意见，阐
释新宪草的意义，与"反联邦派"论战。"帕布里亚斯"既批判
"反联邦派"仰仗的孟德斯鸠的"小共和国命题"，却也依据孟德斯
鸠关于"联邦共和国"（confederate republic）的述说，指陈通过这部
新宪法对美利坚合众国前景的重要性。③ 孟德斯鸠创发的政体类型知

---

① Asli Çirakman, "From Tyranny to Despotism: The Enlightenment's Unenlightened Image of the Turks," *International Journal of Middle East Studies* 33 (2001), pp. 49 – 68.

② Patricia Springborg, *Western Republicanism and the Oriental Prince* (Cambridge: Polity, 1992).

③ 研究批准美国新宪草的论辩历程及其理论依据之述说，不可胜数，本章简述，基本依据 Terence Ball, "A Republic- If You Can Keep It," in Terence Ball and J. G. A. Pocock, eds., *Conceptual Change and Constitution* (Lawrence: University Press of Kansas, 1988), pp. 137 – 164; Levy Tomlinson, "Beyond Publius: Montesquieu, Liberal Republicanism, and the Small-Republic Thesis," *History of Political Thought* 27: 1 (2006), pp. 50 – 90.

识，其实可以因应立场不同的论者的现实需要，各取所需，以证己说。这样说来，政体类型知识的创造生产与消费流通，其实不能外乎具体的历史场景。

因是，本章取"脉络化"的路径，书写讨论出现在晚清中国历史舞台上的各种政体类型知识"概念工程"与导入西方"民主"相关思想之历程，应可展现，诸家论者各有"贡献"，前行者的思想努力及其轨迹，率皆自成理路，各有独特的"思想资源"的价值和意义，更出现在具体的历史情境里，难可一言概括。所以，进行"民主"思想在中国的知识生产事业，必须将错综复杂的历史场景，尽可能详缜细密地还诸其本来的历史时空。如果采取这等"脉络化"的研究取径，持续考察相关的课题，或可拓宽我们对晚清以降中国思想史的认识空间。

附一　蒋敦复《海外两异人传：华盛顿》撰述时间考

蒋敦复撰述《海外两异人传》，分别述说"该撒"（即 J. Caeser）与华盛顿的生平，并有评语，类似史论之作。其确切撰述时间不详，述说"该撒"者，刊于 1857 年出版的《六合丛谈》；[①] 述说华盛顿者，可能也是同一时期的作品。

这篇《海外两异人传：华盛顿》说，美国建国后：

> ……其罢帝号，勿传世，勿终身执国柄，分建列邦，邦之百姓推择一人统其众，为伯勒格斯（君民共政之称），众伯勒格斯中推择一人为大伯勒格斯，军国大事咸取决焉……

以蒋敦复个人使用"伯勒格斯"一词的前后脉络来看，1860 年，

---

① 蒋敦复：《海外异人传：该撒》，《六合丛谈》第 2 号，1857 年 2 月 24 日，据上海图书馆编《中国近代期刊篇目汇录》，第 1 页。

蒋敦复撰《英志自序》，曰：

> 地球九万余里，邦土交错，立国之道，大要有三：……一、民为政，西语曰伯勒格斯，今之美利坚（俗名花旗，在亚墨利加州）及耶马尼、瑞士等国是也……①

1866~1867 年，撰《拟与英国使臣威妥玛书》，则曰：

> 泰西各国，政有三等：一、民为主，西语曰伯勒格斯，今南、北美利加等国是也……②

两文都明确说明，在"民为政"或"民为主"的政体里，其国主之称谓曰"伯勒格斯"。可以想见，在 1860 年后，他已固定使用"伯勒格斯"一词来称美国体制下的"总统"一职。因此，他在这篇《海外两异人传：华盛顿》里说，"伯勒格斯"为"君民共政之称"，应当是在此之前的观念。所以，这篇《海外两异人传：华盛顿》，可能也是 1857 年左右的作品；或保守估计为 1860 年以前的作品。

附二　薛福成《出使日记》与刘启彤《英政概》关于英国制度述说的对照

薛福成的《出使日记》里的这段话，很可以视为他对于"议院"的思考选项：

> 西洋各邦立国规模，以议院为最良，然如美国则民权过重，

---

① 蒋敦复：《英志自序》，《啸古堂文集》第 7 卷，第 2B~6A 页。写作时间系年为咸丰十年（1860），参考《近代中国对西方及列强认识资料汇编》第 1 辑，第 1085~1086 页。

② 蒋敦复：《拟与英国使臣威妥玛书》，《啸古堂文集》第 3 卷，第 15A~22B 页。

法国则叫嚣之气过重，其斟酌适中者，惟英、德两国之制，颇称
尽善。

紧接着这句话之后，他写道"德国议院章程尚待详考"，以下旋即
考证起英国巴力门的沿革与各种制度面向。这一大段考证，基本
上承袭自刘启彤①《英政概》②的述说。先将薛福成《出使日记》
关于英国制度的述说与刘启彤《英政概》的叙述对照列表（见表
3－11）。

表 3－11　《出使日记》与《英政概》关于英国议会描述的比较

薛福成《出使日记》[1]	刘启彤《英政概》[2]
西洋各邦立国规模,以议院为最良,然如美国则民权过重,法国则叫嚣之气过重,其斟酌适中者,惟英、德两国之制,颇称尽善。德国议院章程尚待详考	
英则于八百年前,其世爵或以大臣分封,或以战功积封,聚而议政,谓之巴力门,即议院也。其后分为二:凡世爵大者、富者,辅君治事,谓之劳尔德士,一名比尔士,即上议院员绅也。其小者、贫者,谓之高门士,即下议院员绅也	先是八百年,英之世爵或战功分封,或以大臣积封,聚而议政,谓之议院,君亲主之。其后分而为二:凡世爵之大者、富者,辅君治事,谓之上议院;其小者、贫者则为下议院

---

① 刘启彤为 1887 年清朝派遣游历考察各国的中下级官僚之一，据佐佐木扬研究，
1887 年时，刘启彤年 33 岁，则他应生于 1856 年，44 岁逝，则应逝于 1900 年，系
1886 年进士，时任兵部学习主事。参见佐々木扬『清末中国における日本観と西
洋観』、202～203 页。

② 《英政概》即为刘启彤游历考察报告书之一，收入《小方壶斋舆地丛钞续编》
第 11 帙（广文书局 1964 年影印本）。又，据薛福成"光绪十六年八月十八日
（1890 年 10 月 1 日）日记"："总理衙门保奖出洋游历人员一疏略云：……兵
部主事刘启彤等，各呈有札记及翻译编撰之册。……刘启彤亦采访精详，有裨
时务。……刘启彤请发往北洋差遣委用。"（《出使日记》第 4 卷，第 7B～8A
页，《庸盦全集》，总第 932 页）可以推断，薛福成应借此而知晓刘启彤，进而
读其著。

薛福成《出使日记》[1]	刘启彤《英政概》[2]
宋度宗元年,英廷始令都邑公举贤能,入下议院议事,而上议院之权渐替。上议院人无常额,多寡之数,因时损益。曰王,曰大教师,曰公侯伯子男,曰苏格兰世爵,每七年由其院之爵首以时更易,至阿尔兰世爵则任之终身。世爵古有专职,今止存其名。上议院之谳狱,皆以律师之贤者封爵以充之,不得世袭	南宋度宗元年,始令京外城邑公举贤能入下议院议事,而上议院之权自是渐替。上议院之人无常额,多寡之数,因时增损。今则五百有六人,王六人,大教师二人,公二十一人,侯十九人,伯一百十七人,子二十六人,教师二十四人,男二百五十七人,苏格兰世爵十六人,每七年随其院之爵首以易,阿尔兰世爵二十八人,任之终其身。世爵古有专职,今止存其名。……
上议院之谳狱,皆以律师之贤者封爵以充之,不得世袭。政府必有世爵数人,故上议院中皆有政府之人。宰相得举百官之有才能者入上议院	上议院之谳狱者,皆以律师之贤者封爵充之,爵止封其身,不世袭。政府大臣必有世爵数人,故上议院中皆有政府之人。宰相得举百官之有才能者,使入上议院
而下议院之人,皆由民举。举之之数,视地之大小、民之众寡。其地昔寡而今众,商务日兴,举人之数可增;反是,或减,或废。举而不公,亦废其例,使不得举	下议院之人,皆民举。举之数,视地之大小、人民之众寡以定。其人昔众而今寡,商贾日稀,则废其举人之例,或减其数;其人昔寡而今众,商贾日兴,则增其举人之数。或自无而有,举而有不公,则废其地,使不得举
英格伦与威尔司分五十二部,举一百八十七人,大邑百九十七,举二百九十五人,有国学之邑三,举五人。苏格兰分三十一部,举三十二人,大邑二十二,举二十六人,有国学之邑四,举二人。阿尔兰分三十二部,举六十四人,大邑三十有三,举三十九人,有国学之邑一,举二人	今所举者凡六百五十二人:英格伦与维而司分五十二部,举一百八十七人,大邑一百九十有七,举二百九十五人,有国学之邑三,举五人。苏格兰分三十二部,举三十二人,大邑二十二,举二十六人,有国学之邑四,举二人。阿尔兰分三十二部,举六十四人,大邑三十有三,举三十九人,有国学之邑一,举二人
上议院之世爵多世及,无贤愚皆得入,故其人多守旧,无故不建议。下议院所议,上诸上议院,允者七八,否者二三,其事简。下议院为政令之所出,其事繁	上议院世爵多世袭,有生以后,无贤、愚皆得入,故其人多守旧,无故不建议,亦不知所议。下议院所议事,上诸上议院,允者十之八,否者十之二焉。其事简,每日议事之时短。下议院为政令之所出,其事繁,每日议事之时长

续表

薛福成《出使日记》[1]	刘启彤《英政概》[2]
	西例：七日一休沐，一日、二日、四日、五日，自申正始，至子正或丑正止；其三日，自申正始，至酉正止；六日或议或不议；七日休浴则不议，周而复始。事繁之日，日议者再。晨自午至申，暮自酉至子、丑之交。议绅必日日至院，若无大事，则不至者听，至者不及四十人，则止。议有大事，召集众绅，先期示于外，有不至者必罚。至而不议者听。议院之人，欲居于远方，必有故，必告而后行。……
西例：每七日一礼拜则休沐，礼拜一、二、四、五日，议事时长，礼拜三议时较短，礼拜六、日，议否不定	
每岁大暑前后则散议院，议绅皆避暑居乡，订于立冬前后再议。然使国无大事，则常俟立春前后始再开议院云	
议院人无早暮，皆得见君主，上议院人独见，下议院人旅见	凡诏书至上议院，则上公宣之；下议院则赍诏使宣之。议院启事以笺，皆躬进，合启则上议爵首进之，分启则爵首、绅首分进之。议院之人，无蚤（早）、暮，皆得见君，上议院之人独见，下议院之人则旅见
凡议院坐次，宰相、大臣及与宰相同心之官，皆居院长之右；不同心者居左；其有不党者，则居前横坐。世爵不在议院及各国公使入听议者，皆坐楼上	凡下议院坐次：国之宰相、大臣及官之党，皆居司批克之右；其与官异党者，则居左；其有不党者，名之曰音敌盆等，则居前横坐。上议院之世爵、外国之使臣入而听议者，皆坐于楼上；报馆之人，不妄报，许其入而听焉，且与之坐；有密事，则禁之。……
余于前月尝往听一次焉	

注：1. 薛福成"光绪十六年七月二十二日（1890年9月6日）日记"，《出使日记》第3卷，第48A～50A页，《庸盦全集》，总第918～919页。

2. 刘启彤：《英政概》，第1B～2A页，《小方壶斋舆地丛钞续编》第11帙。

本表依据薛福成《出使日记》的叙述列序，凡表中刘启彤《英政概》空白处，表示无此段落，添加……表示原有述说，而不见于薛福成《出使日记》。

从这里的比对来看，可以确证，薛福成这一大段对于英国制度的考证，承袭自刘启彤的《英政概》。然而，他也有可能从"知识仓库"里的其他"知识储备"中吸收"养料"，像是这一段对于英国巴力门的述说，颇有不同（见表3－12）。

表 3 - 12　《出使日记》记载英国议会不同于《英政概》处举例

薛福成《出使日记》	刘启彤《英政概》
英则于八百年前,其世爵或以大臣分封,或以战功积封,聚而议政,谓之巴力门,即议院也。其后分为二:凡世爵大者、富者、辅君治事,谓之劳尔德士,一名比尔士,即上议院员绅也。其小者、贫者,谓之高门士,即下议院员绅也	先是八百年,英之世爵或以战功分封,或以大臣积封,聚而议政,谓之议院,君亲主之。其后分而为二:凡世爵之大者、富者,辅君治事,谓之上议院;其小者、贫者则为下议院

薛福成不但明确使用"巴力门"一词,并说"谓之巴力门,即议院也",并且称上院成员为"劳尔德士,一名比尔士",下议院成员"谓之高门士",即是袭取刘启彤的叙述之外,参照"知识仓库"里其他成果(很有可能是《大英国志》)的论述。薛福成的其他述说里亦不乏使用巴力门一词的情况。[1] 整体而论,薛福成对英国制度的认识,虽有沿袭刘启彤的《英政概》之处,也来自"知识仓库"里的其他"知识储备"。

然而,薛福成的述说里则又有所增添,像他说"每岁大暑前后则散议院,议绅皆避暑居乡",这一段可能来自他的实际观察。是以,他的记述,既包括了对前此"知识仓库"的继承,也应当包括他个人的经验。

附三　薛福成《出使日记》与郑观应《议院上》关于英国制度的述说对照

郑观应在 1870 年代末定稿的著作《易言》(36 篇本)里就提出"泰西有君主之国,有民主之国,有君民共主之国"的论说,[2] 他也

---

[1]　例如"英国财赋出于关税、地租及国债,均由巴力门议纳,视国家缓急为轻重,实无定额"。参见薛福成"光绪十九年八月初六日(1893 年 9 月 15 日)日记",《出使日记续刻》第 8 卷,第 41A 页,《庸盦全集》,总第 1321 页。

[2]　原文是:"泰西有君主之国,有民主之国,有君民共主之国,虽风俗各有不同,而义理未能或异。"参见郑观应《论公法》,《易言》,《郑观应集》上册,第 65 页。不过,郑观应并未述说各种政体的内容。

称道"泰西诸国"在"都城设有上、下议政院"，"颇与三代法度相符"，因此，他希望"中国上效三代之遗风，下仿泰西之良法"，[①] 显然也主张将议院体制纳入学习的范围。1894 年，郑观应刊行《盛世危言》五卷本，又再度论证"议院"的必要，赞誉"斟酌损益适中经久者，则莫如英、德两国议院之制"，便即论说"英国议院之制"。这段述说，乃袭取自薛福成的《出使日记》（见表 3 - 13）。

表 3 - 13　郑观应《议院上》对薛福成《出使日记》的借鉴

郑观应《议院上》[1]	薛福成《出使日记》[2]
然博采旁参，美国议院则民权过重，因其本民主也。法国议院不免叫嚣之风，其人习气使然。斟酌损益适中经久者，则莫如英、德两国议院之制	西洋各邦立国规模，以议院为最良，然如美国则民权过重，法国则叫嚣之气过重，其斟酌适中者，惟英、德两国之制，颇称尽善。德国议院章程尚待详考。 ……
英之上议院，人无定额，多寡之数因时损益，盖官不必备，惟其贤也。其员皆以王公侯伯子男及大教师与苏格兰世爵为之，每七年逐渐更易，世爵则任之终身	宋度宗元年，英廷始令都邑公举贤能，入下议院议事，而上议院之权渐替。上议院人无常额，多寡之数，因时损益。曰王，曰大教师，曰公侯伯子男，曰苏格兰世爵，每七年由其院之爵首以时更易，至阿尔兰世爵则任之终身。世爵古有专职，今止存其名。上议院之谳狱，皆以律师之贤者封爵以充之，不得世袭
下议院议员则皆由民间公举，举员之数，视地之大小、民之多寡。举而不公，亦可废其例，停其举，以示薄罚	而下议院之人，皆由民举。举之之数，视地之大小、民之众寡。其地昔寡而今众，商务日兴，举人之数可增；反是，或减，或废。举而不公，亦废其例，使不得举。 ……

---

①　郑观应：《论议政》，《易言》，《郑观应集》上册，第 103 页。

续表

郑观应《议院上》[1]	薛福成《出使日记》[2]
下议院为政令之所出,其事最繁,员亦较多,大约以四五百人为率	英格伦与威尔司分五十二部,举一百八十七人,大邑百九十七,举二百九十五人,有国学之邑三,举五人。苏格兰分三十一部,举三十二人,大邑二十二,举二十六人,有国学之邑四,举二人。阿尔兰分三十二部,举六十四人,大邑三十有三,举三十九人,有国学之邑一,举二人。……
惟礼拜日得告休沐,余日悉开院议事	西例:每七日一礼拜则休沐,礼拜一、二、四、五日,议事时长,礼拜三议时较短,礼拜六、日,议否不定
大暑前后则散院,避暑于乡间,立冬或立春则再开院	每岁大暑前后则散议院,议绅皆避暑居乡,订于立冬前再议。然使国无大事,则常俟立春前始再开议院云
议员无论早暮,皆得见君主,上议院人员独见,下议院人员旅见	议院人无早暮,皆得见君主,上议院人独见,下议院人旅见
议院坐次,宰相大臣等同心者居院长之右,不同心者居左,中立者则居前横坐。各国公使人听者皆坐楼上	凡议院坐次,宰相、大臣及与宰相同心之官,皆居院长之右;不同心者居左;其有不党者,则居前横坐。世爵不在议院及各国公使入听议者,皆坐楼上
德之规制大概亦同。盖有议院揽庶政之纲领,而后君相、臣民之气通,上下堂帝之隔去,举国之心志如一,百端皆有条不紊,为其君者恭己南面而已。故自有议院,而昏暴之君无所施其虐,跋扈之臣无所擅其权,大小官司无所卸其责,草野小民无所积其怨,故断不至数代而亡,一朝而灭也	余于前月尝往听一次焉

注：1. 郑观应：《议院上》，《盛世危言》，《郑观应集》上册，第311~314页。

2. 薛福成"光绪十六年七月二十二日（1890年9月6日）日记"，《出使日记》第3卷，第48A~50A页，《庸盦全集》，总第918~919页。

本表依据郑观应《议院上》的叙述列序，凡表中薛福成《出使日记》添加……，表示原有之述说，而不见于郑观应《议院上》。

第四章 创造"革命想象"的知识文本：以章士钊"译录"的《孙逸仙》为中心*

引 言

在中国革命先驱黄兴的人际关系网络世界里，宫崎滔天①占有相

---

* 本书引文，或有称中国为"支那"者，悉据原著，非有他意，识者谅之。本书引用孙
中山著作简写如下："文章篇名，册数：页数"，如：《学生要立志做大事不可做大官》
(1923 年 12 月 21 日在广州岭南学生欢迎会演讲)，《国全》2：590~591；《在广州岭南
学生欢迎会的演说》(1923 年 12 月 21 日)，《孙全》8：540~541，即指引自《国父全
集》第 2 册，第 590~591 页；《孙中山全集》第 8 卷，第 540~541 页（文章篇名相同
者，不详注出；不同者，则一一注出）。本书征引孙中山著作版本为：

简　写	原 书 名 与 出 版 信 息
《国全》	中国国民党中央委员会党史委员会编《国父全集》，中国国民党中央党史史料编纂委员会，1973
《国全》补	中国国民党中央委员会党史委员会编《国父全集补编》，中国国民党中央委员会党史委员会，1985
《孙全》	中国社会科学院近代史研究所中华民国史研究室等编《孙中山全集》，中华书局，1981~1986
《孙全》外	陈旭麓、郝盛潮主编《孙中山集外集》，上海人民出版社，1994

① 相关研究成果，不可胜数，日语专书方面最称精审者，当推上村希美雄之研究：
上村希美雄『龍のごとく：宮崎滔天伝』葦書房、2001；上村希美雄『宮崎兄弟
伝』葦書房、1984~2004；全书 5 册，分为「アジア篇」3 册、「日本篇」2 册，

当重要的位置。①他者毋论，黄兴长子黄一欧自 1907 年起就寄住在东京的宫崎家里，和宫崎的次子一起上学念书；当翌年黄兴躲避高利贷债务的时候，也在东京宫崎家藏匿了 50 余日。② 两人之间，交濡以沫，情义深厚，可见一斑。回源溯流，促成黄兴和宫崎滔天践履友朋之伦的根源之一，则是章士钊取宫崎滔天的自传《三十三年之梦》③（1902 年出版）④ "译录"为《孙逸仙》（1903 年出版）⑤ 一书。黄兴作为这部书的读者，在 1904 年亡命日本来到东京

<hr>

　　总合研究述说宫崎滔天及其兄弟之行谊思想。渡辺京二『評伝宫崎滔天』大和書房、1976，以早出之故，稍有误失，亦甚可观。其余日语论文不一一详举，当随本章相关段落征引讨论。汉语世界之研究，彭泽周之成果，亦以早出之故，稍有误失，仍甚可观：彭泽周《宫崎滔天与中国革命》，收入氏著《近代中日关系研究论集》，艺文印书馆，1978，第 256～306 页。惟在汉语世界里，陈鹏仁对宫崎滔天之研究译介，居功厥伟，以下当随本章相关段落征引讨论。

①　相关研究最称精审者，当推陳鵬仁「宫崎滔天と黄興：黄興との出合い」『东亚论坛』455 期、2007、79～99 页。余例不详举。

②　毛注青编著《黄兴年谱长编》，中华书局，1991，第 120、135 页。

③　本书征引日语原著版本为：宫崎滔天著、宫崎龍介・衛藤瀋吉校注『三十三年の夢』平凡社、1967（参考宫崎滔天著、島田虔次・近藤秀樹校注『三十三年の夢』岩波書店、1993）。本书征引汉译版本主要为：宫崎滔天《三十三年之梦：宫崎滔天自传》，陈鹏仁译，水牛图书出版事业有限公司，1989（参考宫崎滔天《三十三年之梦》，林启彦译注，广西师范大学出版社，2011。林启彦此一译本之其他版本，不详举引）。

④　宫崎滔天《三十三年之梦》以"白浪庵滔天"为署名，自 1902 年 1 月 30 日起连载于《二六新报》，至同年 8 月 20 日发刊单行本，见近藤秀樹「宫崎滔天年譜稿」宫崎龍介・小野川秀美編『宫崎滔天全集』卷 5、平凡社、1976、675～676 页；参考《宫崎滔天书信与年谱：辛亥革命之友的一生》，陈鹏仁译，台湾商务印书馆，1982，第 107～108 页。寇振锋则指出，《三十三年之梦》于 1902 年 1 月 31 日起开始连载于《二六新报》，似为误论，见「『三十三年の夢』の漢訳本『孫逸仙』について」『言語文化研究叢書』8 号、2009、39 页。

⑤　本书征引版本为：黄中黄《大革命家孙逸仙》，吴相湘主编"中国现代史料丛书"第 1 辑，文星书店 1962 年影印本。是书正文篇首署"支那黄中黄译录"（第 1 页），而光汉（刘师培）之《跋》亦言："吾友中黄译录《孙逸仙》成，凡二万余字……"（第 59 页）是以当据原著旨意称为章士钊"译录"《孙逸仙》为宜。通说章士钊"译录"《三十三年之梦》为《孙逸仙》一书，出版于 1903 年，寇振锋指出，是书之出版时间应定为 1903 年 10 月 12 日之后为宜（「『三十三年の夢』の漢訳本『孫逸仙』について」『言語文化研究叢書』8 号、2009、40 页）。

之后，窘于衣食和居住等问题，"灵机一动"，认为是书原著者宫崎滔天必定乐意帮助他，因而自告奋勇地去寻求帮助，[①] 两人从此缔缘结谊。就此一例，可以想见章士钊笔耕所得的《孙逸仙》，对 20 世纪初期的中国"革命"风潮，必有影响。[②] 本章回归文本，考索检讨章士钊"译录"之《孙逸仙》与宫崎滔天《三十三年之梦》原著之关联，[③] 进而论证 20 世纪初期中国"革命想象"的思想基础。

一 从"海贼"到"新中国新发现之名词"：打造 革命领袖

1911 年 12 月 31 日，出生于安徽绩溪，当时正在上海的胡觉

[①] 吉野作造：《宫崎滔天著〈三十三年之梦〉解说》，《宫崎滔天论孙中山与黄兴》，陈鹏仁译，正中书局，1977，第 156 页；寇振锋「『三十三年の夢』の漢訳本『孫逸仙』について」『言語文化研究叢書』8 号、2009、47 頁。

[②] 与本章题旨相关之研究，首推郭双林《试论章士钊编译的〈孙逸仙〉在清末革命宣传中的地位和作用》，《河南大学学报》（社会科学版）2000 年第 2 期，第 8～12 页（唯未精确比对宫崎滔天《三十三年之梦》原著，为其憾失）。寇振锋对宫崎滔天《三十三年之梦》之诸种汉译本及其具体影响（如被敷衍为小说家言的情况），考索甚精致：寇振锋「『三十三年の夢』の漢訳本『孫逸仙』について」『言語文化研究叢書』8 号、2009；寇振锋「『三十三年の夢』の漢訳本『三十三年落花夢』について」『言語文化論集』31 卷 1 号、2009、49～62 頁；寇振锋「『孽海花』における『三十三年の夢』の受容」『言語文化論集』31 号 2 号、2010、95～112 頁；寇振锋「『痴人説夢記』における『三十三年の夢』の受容」『言語文化研究叢書』9 号、2010、154～172 頁。本章就彼等业绩为基础，具体释论 20 世纪初期中国"革命想象"的思想基础，或可另显新意。

[③] 宫崎滔天《三十三年之梦》一书汉译版本甚众（参见陈鹏仁《关于"三十三年之梦"及其中文译本》，收入氏译《三十三年之梦：宫崎滔天自传》，附录三，第 255～262 页），在章士钊"译录"的《孙逸仙》以外，1904 年 1 月即有金松岑翻译的《三十三年落花梦》问世，由上海国学社刊印，金松岑之译本日后仍有各种版本行世（参见寇振锋「『三十三年の夢』の漢訳本『三十三年落花夢』について」『言語文化論集』31 卷 1 号、2009、49～62 頁。检讨这两种出版时间最为相近译本之间的差异（并及与原著之关联），比较其影响，非本章主旨，应俟他作。

（字嗣秬）写信给在美国康奈尔大学念书的弟弟胡适，告诉他 10 月
10 日武昌事起之后祖国山河的情况，"祖国一切情形，迄未恢复"，
不过孙中山已经返国，并当选临时大总统，"一跃万丈，洵不愧当今
之人杰"。[①] 他在忧心忡忡之余，对孙中山的赞誉之情，则是跃然纸
上。同一时期，隶属僧籍，自 1902 年起在湖南长沙开设僧学堂的水
野梅晓[②]，自称虽在中国多年却"没见过孙逸仙这个人"，对他完全
"不认识"。水野回述自己在华中旅行的经验，公开指陈"发现学者、
军界、政界，而至于贩夫走卒，都具有革命思想，尊敬孙逸仙如神仙
如救星"。[③] 此际受到这般推崇的孙中山，在发动"革命"事业的初
始时分，却不是众所仰望的"英雄"。

　　孙中山于 1895 年在广州发动第一次"革命"军事行动，却落得
惨败的下场。此后，关于他的行动与身世，陆续见诸中国自身的媒
体，但基本上都无好评。例如，《申报》报道斯事，即称孙中山与杨
衢云两位主其谋者为"匪首"，凡是能够"拿获"他们两人的，"每
名赏洋银一千大圆"。[④] 当时《申报》对孙中山，或冠以为倡言"广
种莺粟"制造祸害的"匪类"之名，[⑤] 或称曰"一意谋叛，依然怙
恶不悛"的"孙匪"。[⑥] 即便孙中山这番事起之后，对他曾有好评，

① 《胡觉致胡适函》（1911 年 12 月 31 日），台北胡适纪念馆藏，馆藏号：HS -
　　 JDSHSC -0692 -009。按，本函函末系年为"十一月十二日"，当即 1911 年 12 月
　　 31 日；惟内文曰："昨日南京各省代表投票选举大总统……"此为 1911 年 12 月
　　 29 日事，揣想胡觉始草此函于 1911 年 12 月 30 日，完稿于翌日。
② 水野梅晓的生平简历，参见陶德民《郑孝胥与水野梅晓的交往及其思想初探——
　　 以霞山文库所藏〈使日杂诗〉滚动条为线索》，『关西大学中国文学会纪要』26
　　 号、2005、37～39 页。
③ 水野梅晓：《孙逸仙在长江一带的声望》，《中央公论》1911 年 11 月号，收入宫崎
　　 滔天等《论中国革命与先烈》，陈鹏仁译，黎明文化事业股份有限公司，1979，第
　　 228～229 页。按，本文原作应为：水野梅晓「長江一帶における孫氏の人望」
　　 『中央公論』44 号、1911，参见陈固亭《国父与日本友人》，幼狮书店，1965，第
　　 158 页。
④ 《示拿匪首》，《申报》1895 年 12 月 24 日，第 1 版。
⑤ 《禁种莺粟议》，《申报》1895 年 12 月 29 日，第 1 版。
⑥ 《又萌叛意》，《申报》1896 年 4 月 3 日，第 1 版。

谓之为"聪颖绝伦之士"，实为"人才"的《镜海丛报》[1]，也说孙中山的行动是"引诱匪徒，连筹划策"之举，[2] 以为"有乱天下之才，所结党众，半为雄杰，况又有欧人助之"的孙中山，虽然已经出洋离境，"后患其可胜穷耶"。[3] 1896 年，孙中山在大英帝国的首都伦敦遭劫遇难，濒于险境。只是，"祸兮福之倚"，孙中山在伦敦的这场"劫难"，竟为打造他的"英雄"形象，提供了契机。[4] 即令当时如《时务报》等媒体，对于孙中山的这场遭遇，报道连篇累牍，[5] 若《申报》则仍于报道消息之外，或称孙中山之所为，乃系"犯弥天大罪"，[6] 或加以"粤东逆犯"的称呼，[7] 或说他是"革命之党"的"渠魁"，并认为他们这些"革命党"，即便怀抱"阴谋秘计，亦徒自取覆亡耳"。[8] 乃至认为，"革命党以粤东逆犯孙文为首"，他们是"为最足为害而又最未易除者"，盖孙中山"每在海外创为革命之说"，以致"一时信从者众"，因此，当道者"再不振作也，窃恐其党潜滋暗长，一发难收"。[9] 诸如此等或予负面评价，或予批判言辞的讯息，广传流播，可以说，孙中山的"英雄"形象，实非众所肯认。即如 1899 年时尚持"变法"思想立场的

---

① 本书征引版本为：澳门基金会、上海社会科学院编《镜海丛报》，澳门基金会、上海社会科学院出版社 2000 年影印本。以下引用时，只注明影印本页数。

② 《是曰邱言》，《要电汇登》，《镜海丛报》第 16 号，1895 年 11 月 6 日，影印本第 365 ~ 366、369 页。

③ 《势必再发》，《镜海丛报》第 19 号，1895 年 11 月 27 日，影印本第 387 页。

④ 关于孙中山的"伦敦蒙难"及其"英雄"形象的塑造，如何结合在一起，广受众知，主要是黄宇和的创获，参见黄宇和《孙逸仙伦敦蒙难真相：从未披露的史实》，联经出版事业公司，1998。黄宇和其余的类似论著，不详举。

⑤ 关于《时务报》对于孙中山在伦敦的这场遭遇之报道，参见闾小波《中国早期现代化中的传播媒介》，第 161 ~ 165 页。

⑥ 《论本报所纪拿犯轇轕事》，《申报》1896 年 11 月 2 日，第 1 版。

⑦ 《与客谈中西律例之各殊》，《申报》1896 年 12 月 21 日，第 1 版。

⑧ 《论胶人仇德事》，《申报》1898 年 1 月 10 日，第 1 版。

⑨ 《防内患说》，《申报》1898 年 1 月 29 日，第 1 版。

章太炎,[①] 虽和孙中山见过面谈过话，却把他看成是东汉时期领导"黄巾军"的张角，或是唐朝时期领众引发动乱的王仙芝一类的人物。[②] 日后在国民党内被尊为"大老"的吴敬恒（稚晖，1865～1953），回忆孙中山行谊，便说他自己起初以为孙中山是"最利害的公道大王"，把孙想象成绿林好汉，也怀疑孙是"不识字"的老粗，吴在日本留学的时候，更还拒绝和孙中山见上一面。[③] 孙中山日后回想，自己首度"革命"失败之后，"举国舆论莫不目予辈为乱臣贼子、大逆不道，咒诅谩骂之声，不绝于耳；吾人足迹所到，凡认识者几视为毒蛇猛兽，而莫敢与吾人交游也"，[④] 实为惨痛的生命经历。

　　正是在这样的脉络里，章士钊取《三十三年之梦》"译录"为《孙逸仙》，出版问世之后，即对打造孙中山身为"近今谈革命者之初祖，实行革命者之北辰"[⑤] 的"革命领袖"形象，提供无限的动力。就像思想道路已然倾向于"反满"和"革命"，乃至于在1901～1902年之交成为孙中山与留日学生界知识界交通媒介的秦力山[⑥]以"巩黄"之名为《孙逸仙》写"序"便说，他自己本来认为孙中山不过只是"广州湾之一海贼"而已，即至"访吾国之遁臣于东南群岛，复求草泽无名之英雄于南部各省"，复得与孙中山往来，始知孙在"举国熙熙皞皞，醉生梦死"的情况下，"不惜其头颅性命，而虎

---

① 即如汪荣祖之分析，章太炎直到 1900 年庚子事变后，方始割辫，决心革命。他修订《訄书》，将之由声言变法之书转易成为革命之书，参见 Young-tsu Wong, *Search for Modern Nationalism: Zhang Binglin and Revolutionary China, 1869 - 1936* (Hong Kong & NY: Oxford University Press, 1989)，pp. 24 - 34。

② 汤志钧：《章太炎年谱长编》，中华书局，1979，第 83 页。

③ 吴敬恒：《我亦一讲中山先生》（1925 年 3 月 20 日）、《总理行谊》（1939 年在中央训练团党政训练班讲），中华民国开国五十年文献编纂委员会编《革命之倡导与发展》，《中华民国开国五十年文献》第 1 编第 9 册，编者印行，1963，第 3、11～13 页。

④ 《有志竟成》，《孙文学说》，《国全》1：496。

⑤ 巩黄：《大革命家孙逸仙·序》，第 1 页。

⑥ 王德昭：《清季一个知识分子的转变——秦力山研究》，收入氏著《从改革到革命》，中华书局，1987，第 171～203 页。

啸于东南重立之都会广州府"，其用心所在，乃系"独以一人图祖国之光复，担人种之竞争，且欲发现人权公理于东洋专制世界"。秦力山特别提醒是书读者，应该"注意"并且"极宜自励"的是孙中山"异乎寻常之志士"之处，因为面对"前途有无限之荆天棘地"，孙与一般"热心家"大不相同，他不会因为"一旦失败，则又徜徉于歧路，是以朝秦暮楚"。秦力山还表示，自己本来也有意著书介绍孙中山，"以三年来与孙君有识，人将以我为标榜也"，故打消这番念头，及得见章士钊"译录"的《孙逸仙》一书之述说，"与吾眼中耳中之逸仙，其神靡不毕肖"，[①] 夙愿遂借以得偿矣。秦力山的言下之意，章士钊的这番"文字劳动"工作，确可让举世知晓，在"革命"的道路上，孙中山实在深具"楷模"意义。

只是，就章士钊"译录"的《孙逸仙》文本而言，其展现孙中山的形象，固然有雄伟人杰，却多为其笔走龙蛇的"创造"，既与《三十三年之梦》原著距离遥远，也非孙中山生平的本来面貌。

即如《孙逸仙》卷首之始，描述孙的出身：

> 孙文，字逸仙，广东香山县人。先世业农，君幼时亦继其业。稍长，明斯业之劳与功不相偿也，去而之商，暇则读汉籍，学英语，以为常，不数岁而获资巨万。其时英语亦谙熟，乃从香港之洋医某而学医。及卒业，至澳门开一医局，送诊于贫民，取资于豪富，声望财资，兼斯二者。未几为洋医所嫉，思有以中伤之。适其地之支那青年，有组织会党之举，君与焉。乃大抒其蕴蓄，部勒群从，而戒以此会之前途，众皆悦服，推为首领，则兴中会之起源也。自是以来，养练益邃，识力益宏，殷忧故国之念日益切，乃决废医业，而虎啸于一隅……[②]

---

① 巩黄：《大革命家孙逸仙·序》，第 3~4 页。
② 黄中黄：《大革命家孙逸仙》，第 1 页。

对比《三十三年之梦》原著：

> 孙文，字逸仙，广东省香山县人，祖先世世务农。逸仙幼时
> 亦拿锄锹以协助祖业，十三岁时，到在夏威夷成功的长兄（孙
> 眉）处，进美国人经营的意奥兰尼学校，因受其感化而信基督
> 教，由之触怒长兄而被赶回故乡，再过农夫的生活。年十七时，
> 乡人惜其才，捐款令其进广东省城的医学院（广东博济医院），
> 念一年以后，与英国人经营的香港医学院（香港西医书院）开
> 学的同时转学该校，在学五年，以优等毕业，即到澳门开药铺，
> 义诊贫民，取之富翁，名利双收，因而招致洋医的嫉妒，更遭遇
> 到无可忍受的妨害。此时，在该地方成立中国青年党，逸仙加入
> 为党员，大力披沥其平生的学识，以鼓励党的前途。众皆悦服其
> 见识和抱负，推而为首领，是为兴中会的起源。尔后，修练愈
> 深，益广智见，忧虑祖国状态之念日切，终于断然废医而虎啸一
> 隅……①

在章士钊笔下，删除了原书记述孙中山因信仰基督教而与兄长冲突的段落；他增添的文字，洋洋洒洒，好似刻意要突显孙中山既博通中西，还能营商学医的多方面才能，但是对原著的"背叛"。

章士钊"背叛"《三十三年之梦》原著，对孙中山形象的创造，尤可见于他从整体历史脉络里，述说孙中山如何"倡革命于举世不言之中，争此不绝如发之真气"，因是得列于"深足为吾国民之先导"的地位。这段完全不见于《三十三年之梦》原著的论述，首先以清政权为对象，控诉曰"逆胡之盗窃我土地，既二百六十年，奉天承运之伪敕，以掩吾之目，马蹄鸟尾之胡装，以梏吾之体"，虽有"吕留良、曾静、斋（齐——引者按）周华之徒，于网络密布之朝，

---

① 宫崎滔天：《三十三年之梦：宫崎滔天自传》，第95页。

曾一发其狂噱，至今谈革命者，尤想望其风采，阐扬其绪论"，然以其"革命之精神，而倾注于既死不可复生之一私姓"，故仍不足取。迄乎太平天国事起，其既"以颓放恣肆，未竟其业"，复又有"曾左起于湘中，大奋其奴隶之力，剿灭我同胞之革命军，而举世方传为口碑，谧为命世，曷曾有以民权革命之眼孔，眇及洪杨者"，令人深感"膻虏之恶德，沁人肝脾之至于是也"。及至晚近，"号称维新之领袖者，初犹矜矜于保中国不保大清之说，一睹其改革之伪诏，遂乃一归于保皇"，然或"遭满奴之僇辱"，或虽声言"勤王亦卒莫逃后党之搜获"。就在康有为的"伪说之风靡天下，天下之人，无不惑之"的时候，"有立于反动之点，与之抗对，收集一部之人士，与之鏖战者"，遂使"爱新觉罗之王气，至此一泄；中国一线之血脉，正赖以延"：

> 伊何人？得毋今之所称孙逸仙其人者乎。孙君者，其出现之日不久，方之吕、曾，为能实行其主义，且洞见非我族类之不可污我一寸土，且必不可有丝毫兴灭继绳（绝——引者按）之假托。方之洪杨，则成功乃逊之，然力为行星之初出地平，当行之轨道，正不可测。且其宗主，其方略，多洪杨之所不能望者。夫由孙而溯之，与吕、曾之相去，已二三百年，洪杨之相去，亦四五十年。世界之进步，运会当与之为变迁，人才者由运会而生者也。则今日之有孙，与康乾之有吕、曾，咸同之有洪、杨，其难易之比较。第一之孙起，当有无量之孙以应之。噫！何以二万万方里辽阔之幅员，竟如阒其无人也。是故二十世纪新中国之人物，吾其愚孙以为之招，诚以其倡革命于举世不言之中，争此不绝如发之真气，深足为吾国民之先导。①

---

① 黄中黄：《大革命家孙逸仙》，第 7 ~ 8 页。

章士钊的这段论说，在当时倡言"革命"的言论市场上，并非一声独唱。稍早，章太炎为邹容的《革命军》撰"序"（1903 年 5 月）时[1]即已出以同样的笔法，他同样强调"中国吞噬于逆胡，已二百六十年矣"，感慨前此"尚有吕留良、曾静、齐周华等，持正议以振聋俗，自尔遂寂泊无所闻"。章太炎也指责剿灭太平天国的曾国藩、左宗棠与李鸿章之罪咎："曾、李则柔煦小人，左宗棠喜功名，乐战事，徒欲为人策使，顾勿问其趑非枉直。"因是特别赞誉邹容《革命军》一书"是为义师先声"，自可使"民无异志，而材士亦知所反"，甚至于"屠沽负贩之徒，利其径直易知，而能恢发智识"，从此加入"革命"队伍，"则其所化远矣"。[2] 至于邹容《革命军》同样批判曾、左、李"为封妻荫子，屠戮同胞，以请满洲人再主中国也"，都是"中国人为奴隶之代表也"。[3] 凡此诸端，略可想见思想认知随时势转移的面向。[4]

在章士钊的"文字劳动"之后，孙中山的"本土革命家"形象，好似确立不移。如 1904 年刊出的《大陆报》就指陈，当时"青年之士自承为革命党者虽多"，未必"真有革命思想"，相对的，"真有革命思想而又实行革命之规画者，舍孙文之外，殆不多见也"。[5] 章士钊"译录"的《孙逸仙》，对打造孙中山革命领袖的形象，确有其功。

---

[1] 汤志钧：《章太炎年谱长编》，第 163 页。

[2] 章太炎：《〈革命军〉序》，《苏报》（1903 年 6 月 10 日），汤志钧编《章太炎政论选集》，中华书局，1977，第 192～193 页。

[3] 邹容：《革命军》，张枏、王忍之编《辛亥革命前十年间时论选集》，生活·读书·新知三联书店，1960，第 672～673 页。

[4] 布琮任：《"曾左李"——简称的由来与内容涵义之演变》，台北《思与言：人文与社会科学杂志》第 48 卷第 3 期，2010 年 9 月，第 1～36 页。

[5] 《（谭丛）如是我闻：孙文之言》，《大陆报》第 2 年第 9 号（1904 年 10 月 28 日），第 7 页（总第 55 页）。桑兵指出，这是戢元丞（翼翚）的观点，参见桑兵《孙中山与国内知识界》，收入氏著《孙中山的活动与思想》，中山大学出版社，2001，第 120 页。

二 "康有为之确为伪物也"：康有为的"污名化"

章士钊对于孙中山崇伟形象的打造，更在提出"对照组"的面向上展现，其一即是将康有为"污名化"。本来，孙中山（及其党人）和康有为（及其弟子）在1898年以前便曾有互动，此后的关系即使未必密不可分，也或有合作之举，"兴汉会"之组织和庚子年的"勤王"军事行动，即为显例。[①] 就宫崎滔天方面言之，他对康有为也多少有所期待，特别是宫崎曾经在戊戌政变后亲自护送康到日本，[②] 既有此等交情，他在1899年发表的文章里，赞赏康有为是"支那思想界的革命王"，只是感慨他"选择了与主义为敌，接受皇帝知遇的道路"，所以"康有为与革命党的携手合作，就是以化学作用也办不到"。抑且，康也不可能与"以满清为敌人而组织"的"秘密结社"相结合，所以"康有为在中国的地位真是孤立孤行，其将来的处境更是可怜"。康有为在日本方面的境遇，则也同样"非常可怜"，不但日本把他"当作累赘，民间志士对康的同情也日趋淡薄"。只是，宫崎赞同副岛种臣的意见，"康有为如果成功就是豪杰，失败就不是豪杰这种说法是不公道的"。因此，宫崎滔天说，康有为是比李鸿章更杰出的人物，像他这样的"豪杰人物"，乃是"日本六十余州的各个角落"都没有的。[③] 其赞誉服膺而兼拳拳叹息之意，跃然纸上。

---

① 参见孔祥吉《孙中山康有为早期关系探微》，收入氏著《戊戌维新运动新探》，湖南人民出版社，1988，第219～239页；桑兵《庚子勤王与晚清政局》，北京大学出版社，2004，第153～212页。

② 1898年10月19日，宫崎与康有为等搭日本邮船河内丸自香港出发，25日抵达神户，再转东京，参见《宫崎滔天书信与年谱：辛亥革命之友的一生》，第87～88页。

③ 宫崎滔天「東京だより」（原刊『九州日報』、1899年2月18日）『宫崎滔天全集』第5册、238～243页。译文参考宫崎滔天等《论中国革命与先烈》，第26～29页（不过，陈鹏仁未译毕全文）。

宫崎滔天在《三十三年之梦》里述说康有为之地位及思想，本与孙中山齐名同伍，"皆倡民权和共和"。当孙中山"亡命海外，令人感觉其东山再起之难"之际，康有为则仍在其私塾（万木草堂）"谔谔倡说自由共和之义，挥椽大之笔痛论时弊，其前途似不可测"。[1] 此后，他回想自身与康有为在戊戌政变之后的言谈交涉，显然多少还存念旧情：

> ……康君以草莽一介书生感泣于皇上的礼遇，而放弃其原来主张出仕清朝，所以自不便也不能三变其立场以做革命党。皇上与他的情谊应该这样，就是由于偶然发生的关系也应当如此。而革命党又把他当做变节汉，因此除非退一步乞怜，要主动操纵革命党是做不到的，故他自不会接受我的意见。加以当时他仍自醉于其声名，更醉心于皇上的礼遇，所以欲利用改革的惰力以扭转现势，重执政柄以达成其初衷，这是不无道理的。但他在国内不仅无援，更无栖身之所，将如何挽回大局？[2]

在章士钊的笔下，对宫崎滔天对比康有为与孙中山的述说的"译录"，大致忠实，表示他们"皆藉民权共和之说，以号召天下者也"，当孙中山以"革命之急先锋，一起而蹶，遂乃逋逃于海外"之时，康有为"则依然在其村塾，振谔谔之辩，以说自由共和等主义，且驰滔滔之笔，痛论时弊，一纸之出，传诵遍天下，其前途实不可测"。[3] 只是，章士钊笔锋一转，对康有为在戊戌政变之后的行止，极力丑化，说康乃是一心一意"感激伪朝之殊遇"，要与"革命党"划清界限，对彼等"退避不暇"，以免"授人口实，以妨碍己之前途，而丧其出入腐败社会之资格"的人。对于康有为"自醉于其声

---

① 宫崎滔天：《三十三年之梦：宫崎滔天自传》，第 94 页。
② 宫崎滔天：《三十三年之梦：宫崎滔天自传》，第 108～109 页。
③ 黄中黄：《大革命家孙逸仙》，第 8～9 页。

名，更醉心于皇上的礼遇，所以欲利用改革的惰力以扭转现势，重执政柄以达成其初衷"的心怀，宫崎大致还能体谅，故曰"这是不无道理的"。章士钊则大做文章，既斥责康有为"无是非之可言，无次第之可按"，并谓即使其"欲利用改革之惰力，以急转现势，再执政柄，而遂行其初志"，亦不过"是可谓无理取闹，直不知其设想之如何麻乱已耳"。宫崎也知晓，"革命党"已视康有为是"变节汉"，除非康"退一步乞怜"，否则他想"要主动操纵革命党是做不到的"。章士钊虽亦表达双方没有合作空间的意思，却误译为"革命党曾不自让一步，为乞怜之态，以与彼等合，而欲立于主动之地位，以操纵彼等"，以致主客易位，"革命党"变成意欲居于"主动之地位"的一方：

　　……盖彼以草莽书生，感激伪朝之殊遇，不惜掷从前之主义，屈仕满清。初非不主张民权共和之论，至于此时，则已三变其说。革命党者，彼视之，退避不暇者也。心即然之，万不敢一泛其言论，侵之革命之界线，授人口实，以妨碍己之前途，而丧其出入腐败社会之资格。何也，彼固以为为王前驱，皇上与彼一己之情谊当然，至节义上之当然与否，不遑顾也，故革命党以此目彼为变节汉。革命党曾不自让一步，为乞怜之态，以与彼等合，而欲立于主动之地位，以操纵彼等。噫！是亦不可能之事。盖彼之意之不倾向于兹也，无是非之可言，无次第之可按，至流离败裂之时，犹自醉其声名，深溺皇上之知遇，欲利用改革之惰力，以急转现势，再执政柄，而遂行其初志，是可谓无理取闹，直不知其设想之如何麻乱已耳。即令其种种条理之不紊，亦岂有国内无援，置身无处，既不自造时势，而怖畏破坏，此可挽转沉沉之大陆者乎。①

---

① 黄中黄：《大革命家孙逸仙》，第 12～14 页。

当康有为到日本之后，孙中山有意见之而遭拒，宫崎滔天既说孙中山此举"撇开主义方针，只是同情其现况，而欲安慰其托命异乡之旅情，完全是古义照人的行径"，并替康有为解释说：

> ……康君之回避见面也有其理由。因为从清帝看来，孙君是无道的逆贼，[1] 悬赏要其脑袋者；而孙君心目中，清帝不仅是不共戴天之仇人，而且欲予以打倒的对象。而就康君本身来讲，其事虽失败而亡命异邦，但却还在幻想挽救大局，迎回皇上，自己做其幕后人，以建立空前的大功。因此，就是由于偶然的义理，怕世上的嫌疑，以及利害的衡量，他之不欲与孙君见面是有道理的……

宫崎滔天更指出，流亡日本的孙与康不能同舟共济，"日本的有心人却都在婉惜这件事"，而且，双方"末派之间发生倾轧反目，更出于虚构文字，中伤孙君，两者之间由之日疏，的确可惜"。[2]

章士钊述说此事的文字功夫，大体忠实，却总是要描摹孙中山、康有为对清朝立场态度两相径庭的面貌，既增添了孙中山是"胸中夙无所谓皇上者也"一段文字，复铺陈康有为怀持"赐环之梦想"，始终"必赖百日维新之圣主，以建其万世开幕之功"，因此"欲结圣主之欢，万不肯稍涉背叛之象"：

> ……盖孙者，自清帝之眼窥之，则无道之逆贼，所欲悬万金之赏以得其首。而孙之于清帝，亦若有不共戴天之仇，而亦欲乘机一蹴而倒之，其胸中夙无所谓皇上者也。康则事虽蹉跌，亡命

---

① "无道的逆贼"，为陈鹏仁译语（第117页），『三十三年の梦』日语原文为「無道の逆賊」（平凡社本、134页；『岩波書店』本、202页）；林启彦译为"大逆不道的叛徒"（第139页），似较雅驯。

② 宫崎滔天：《三十三年之梦：宫崎滔天自传》，第117～118页。

异国，其赐环之梦想，所欲得而藉手，终必赖百日维新之圣主，以建其万世开幕之功，故欲结圣主之欢，万不肯稍涉背叛之象，而所交非人，以惹世人之疑忌。此其绝孙之故，彼固自以为得计者也……

宫崎滔天原著里对孙、康双方未可携手合作的感慨惋惜之辞，在章士钊那里则是自做文章，既刻镂康有为如何辜负日本人士的期待，实可证其"确为伪物"的形象，复展现彼等构陷孙中山，实乃对清朝"忠心耿耿"的表态行为：

日本人之志存支那大陆者，以为康既遭清廷之摈逐，对于清廷，已有十分之绝望。前之温和改革，欲利用最高团体之一部，或亦具有苦心。今其苦心无一人之能谅，何所施其利用。则不由温和而趋于急进，以与急进党戮力中原者，是可以见康有为之确为伪物也。不料其不独无与孙联合之心，而于末派之间，至演出轧轹反目之秽态。并虚构文字，以中伤孙，冀博满洲政府之欢心，而售其一己之私意。故两党日益疏隔，人皆憾之。①

宫崎滔天对孙、康双方之间始终不协乃至势如水火的分析，未必准确；②唯如章士钊笔下之"加油添醋"，以坐实对康有为"确为伪物"与彼等"博满洲政府之欢心，而售其一己之私意"的控诉，则具体展现其"非康"之意态。

宫崎滔天叙述康有为之行止将毕，特别取与清廷诸权臣李鸿章、

---

① 黄中黄：《大革命家孙逸仙》，第 15～16 页。
② 如宫崎滔天谓以"虚构文字，中伤孙君"，可能是指 1898 年 9 月《国闻报》载《中山樵传》诋毁孙中山一文，谣传该文为康门子弟徐勤撰写，徐勤即尝致函宫崎为己辩诬，参见李吉奎《孙中山与日本》，广东人民出版社，1996，第 79～80 页。

张之洞与刘坤一相互比较的角度，总体评价康有为"不愧为中国的豪杰"。① 章士钊固然依循宫崎滔天原来之比较述说，② 却又自逞己意，增添"必有孙党以破康党之伪，而后支那之真命有所归，此亦自比较上得之者也"之声言，并论断评价康有为"适成为支那过去之英雄矣"。③ 凡此诸语，正和宫崎滔天之认知评价，完全相反。

章士钊有谓，宫崎滔天此著"于康党之行动，言之亦详，以孙康二派，非对勘无以见其真"。④ 然其"对勘"所为，用心所在，乃是借康有为的"污名化"，以其"伪"证成孙中山之"真"，进而"感化"读者追随孙中山，选择"革命"的道路。

就时代思潮脉络言之，即便康有为与以其为首脑的保皇党内部，对于"革命"的立场态度并非始终一致，水乳交融，⑤ 在 1902～1903 年，康有为确实公开反对"革命"的姿态，众所周知，自是招引当时激进趋向于"革命"的诸方之士的多重批判。章士钊"污名化"康有为的作为，亦见诸章太炎同一时期之笔锋。章太炎撰于 1903 年 5 月的《驳康有为论革命书》（与是著之节选《康有为与觉罗君之关系》，刊于《苏报》1903 年 6 月 29 日），既论证"革命"之必要，斥责康有为"力主立宪以摧革命之萌芽者，该固终日屈心忍志以处奴隶之地者尔"，复詈光绪帝为"载湉小丑，未辨菽麦"，⑥ 引发无限风潮。同一时期由章士钊主持笔政的《苏报》⑦，同样也对康有为大

① 宫崎滔天：《三十三年之梦：宫崎滔天自传》，第 119～120 页。
② 不过，宫崎滔天谓，康有为在 1898 年戊戌变法时期，"使李鸿章一时在清廷中失去威力"（宫崎滔天：《三十三年之梦：宫崎滔天自传》，第 119 页）；章士钊则谓，康有为当时"致李莲英一旦无力于清廷者"（黄中黄：《大革命家孙逸仙》，第 18 页）。两相比对，疑"李莲英"当为章氏原作之笔误或排印错误。
③ 黄中黄：《大革命家孙逸仙》，第 15～16 页。
④ 黄中黄：《大革命家孙逸仙·凡例》，第 11 页。
⑤ 桑兵：《庚子勤王与晚清政局》，第 365～381 页。
⑥ 汤志钧：《章太炎年谱长编》，第 164、169 页。
⑦ 章士钊于 1903 年 5 月 1 日受聘为《苏报》主编，见袁景华《章士钊先生年谱》，吉林人民出版社，2001，第 17 页。

加批判，批评"康有为必欲为革命之反动力"，那么"天下之激徒"
必将"得制刀先生之腹而甘心焉"，"暗杀之风"之欲"一试其锋
者"，目标也必将是"为德不卒，认贼作子"的康有为。[1] 在香港革
命派机关报《中国日报》任职的黄世仲，同时亦有《辨康有为政见
书》之作，斥责康有为"以拥护一姓之窃产为名词，以图复一己之
官阶为主义"，"欲保护异族窃据之版图，以隐抗革命风潮之膨胀"。[2]
凡此诸端，既是对康有为形象的斫伤，俨然同是对其主张之证否，进
而要为"革命"风潮添加动力。

三 "共和主义"与"革命之责任者"："革命想象"的"主义化"

1885 年，宫崎滔天进入德富苏峰创办的大江义塾就读。[3] 自称为
"先天的自由民权家"的他，固然对同学不忘情于个人功名颇为失
望，却也不得承认其间的自由放任学风，在同学之间的辩论演讲会
里，"滔滔之辩实令人惊愕"。西方民主共和革命的领袖，更都是他
们引据的内容。[4] 在他入学前的 1882 年 12 月 9 日举行的辩论演讲会

① 《康有为》，《苏报》1903 年 6 月 29 日；本书征引版本为：罗家伦主编《中华民国
史料丛编》，中国国民党中央委员会党史史料编纂委员会 1968 年影印本，第 210 ~
211 页。至于 1903 年《苏报》对于康有为与保皇党的批判，所在多有，参见周佳
荣《苏报与清末政治思潮》，昭明出版社有限公司，1979，第 48 ~ 55 页。

② 黄世仲：《辨康有为政见书》，颜廷亮编《黄世仲与近代中国文学》，甘肃人民出
版社，2000，第 140 ~ 141 页。黄世仲于 1907 ~ 1908 年撰有小说《党人碑》，以正
面形象塑造孙中山，而对康有为亦出以负面形象的刻画，参见颜廷亮《晚清小说
中孙中山形象塑造的成功尝试——黄世仲〈党人碑〉略论》，《社科纵横》2004
年第 2 期，第 77 ~ 81 页；廖书兰《黄花岗外：〈党人碑〉与孙中山首次起义》，
香港商务印书馆，2009。至于《党人碑》之取材来源，与宫崎滔天《三十三年之
梦》的汉译本是否有关，本章不详论。笔者感谢香港树人大学历史系区志坚教授
的提示并惠示廖书兰的著作。

③ 《宫崎滔天书信与年谱：辛亥革命之友的一生》，第 59 页。

④ 宫崎滔天：《三十三年之梦：宫崎滔天自传》，第 7 ~ 11 页。

上,持"共和主义"的学生辩论议案既毕,大呼"共和万岁、吾党万岁",其声振厅;在他就读期间,"共和主义"一词虽然比不上"自由"一词在校刊《大江义塾杂志》上出现的次数,但也是其中的重要词之一。① 宫崎滔天在这所学校里习得了有关民主共和的基本认识,也是他致力"革命"的目标,他回想与孙中山见面之初,正欲了解孙中山怀持"革命的主旨和方法、手段",究竟是什么,孙竟以"共和主义"应之,让宫崎"心服口服",推许孙中山真是"东方之珍宝"。

回顾孙中山的言论脉络,早将"共和"列为"革命"的目标。1895 年 2 月 5 日和 4 月 17 日,孙中山在发动第一次军事行动之前两次往见日本驻香港领事中川恒次郎,请其援助,已表达欲"使两广独立为共和国"。② 1900 年义和团事件爆发后,5 月底或 6 月初孙中山得到李鸿章幕僚刘学询函,谓李欲以两广独立,请其来粤为助,孙中山即表示,"我们的最终目的,是要与华南人民商议,分割中华帝国的一部分,新建一个共和国"。③ 尔后,孙中山为争取法国援助,在 1901 年 3 月 20 日交给法国驻东京的公使何尔芒(Jules Harmand)英文备忘录,题为《我们的计划与目标》(*Our Plans and Our Aims*),明列了 9 条革命纲领(revolutionary program),"首要目标"(the first objective)是将清政府驱逐出华南后,在广东、广西、云南、贵州、四川、湖南、江西与福建建立一个共和政府(a republican government),其中还说:"在列强中法国是我们唯一能要求协助与支持的国家,因为它的政府形式正是我们奉为典范的。"

---

① 上村希美雄『宫崎兄弟伝 日本篇』上册、311、316 頁。

② 在 1895 年 2 月 5 日的谈话中,"孙答曰:其党称兴中会,即振兴中国之会……统领乃广东省海南岛人康祖诒(儒者,其著作禁止刊行)、原任神户领事吴(佚名,号汉涛)、曾纪泽之子、某等四人。中川问及成功后谁为总统?孙告以尚未考虑及此……"[《与日本驻香港领事中川恒次郎的谈话》(1895 年 2 月 5 日),《孙全》外:122]在 4 月 17 日的谈话中其言曰:"自澳门近傍运禁兵器之计划已成功,只需本邦稍事声援,即可起事。并言:使两广独立为共和国。"[《与日本驻香港领事中川恒次郎的谈话》(1895 年 4 月 17 日),《孙全》外:123]

③ 《离横滨前的谈话》(1900 年 6 月上旬),《国全》补:172;《孙全》1:189。

（The French nation is the only one among the foreign powers from which we should request help and support because of the very form of its government, which we should use as model.）[1] 1901 年春，孙中山在接受美国《展望》（*The Outlook*）杂志记者林奇（George Lynch）采访后，林奇称"以联邦或共和政体来代替帝政统治，这是孙逸仙的愿望"。[2] 只是，这些述说，基本上都是"私密"之论，未必喧腾传播于外，知晓者罕。迄乎《三十三年之梦》出版，孙中山以"共和主义"为其"革命"目标之完整述说，公开问世，再经章士钊之手，顿时为已以"革命"为尚的思想界，添加"主义化"的内容（见表 4 - 1）。

表 4 - 1　《三十三年之梦》与《孙逸仙》内容对比

《三十三年之梦》[1]	《孙逸仙》[2]	说　明
（宫崎滔天问——引者按）"我知道你以中国革命为职志，但还不知道它的详细内容，因此请你告诉我你革命的主旨和方法、手段。"	滔天乃先发问曰："君之志在革命，仆曾知之，但未曾其详，愿君将革命之宗主（旨）与附属之方法及手段，明以教我。"	
他（孙中山——引者按）开口慢慢地说	孙君徐言曰	
我相信人民自己来统治才是政治的极则。所以在政治精神上我采取共和主义。基于这一点，我有革命的责任	余以人群自治为政治之极则，故于政治之精神执共和主义。夫共和主义，岂平手而可得，余以此一事，而直有革命之责任者也	
	况羁勒于异种之下，而并不止经过君民相争之一阶级者乎	此句为章士钊增添

① 据巴斯蒂夫人研究，《我们的计划与目标》原文是英文，但是在法国外交部档案里只存有法文译本，何尔芒注明，该文系在 1901 年 3 月 20 日，以孙中山的名义交给他的，参见 Marianne Bastid-Bruguière, "Sun Yat-sen's Republican Idea in 1911," in Etō Shinkichi and Harold Z. Schiffrin, eds., *China's Republican Revolution: Interpretive Essays*（Tokyo: University of Tokyo Press, 1994），p. 210。

② 《惠州起义经过及革命前途的展望》（译文·1901 年春在横滨与展望杂志记者林奇谈话的报导），《国全》补：176～179；《孙全》1：211（标题作《与林奇谈话的报导》）。

《三十三年之梦》[1]	《孙逸仙》[2]	说　明
何况清虏执政柄三百年,以愚人民为治世之第一要义,官吏以绞其膏血为能事,亦即积弊推萎,致有今日之衰弱,因而陷于沃野好山坐任人取的悲境	清虏执政,于兹三百年矣,以愚弄汉人为治世第一义,吸汉人之膏血,锢汉人之手足,为满奴升迁调补之符。认贼作父之既久,举世皆忘其本来,经满政府多方面之摧残笼络,致民间无一毫之反动力,以酿成今日之衰败,沃野好山,任人割取,灵苗智种,任人践蹈,此所以陷于悲境而无如何也	章士钊增添之语,高扬"满""汉"之别,将批判矛头指向清政权
凡有心者,怎么能忍心袖手旁观	方今世界文明日益增进,国皆自主,人尽独立,独我汉种,每况愈下,滨于死亡。丁斯时也,苟非凉血部之动物,安忍坐圈此三等奴隶之狱以与终古	章士钊改写之语,特别强调"汉种"之惨局:"每况愈下,滨于死亡……坐圈此三等奴隶之狱。"
我辈之所以不自量力,欲乘变乱举义而蹉跌,理由在此	是以小子不自量力,欲乘变乱,推翻逆胡,力图自主。徒以时机未至,横遭蹉跌,以至于是	
人或许要说,共和政体不适于中国这种野蛮国。但这是不知情者之言。是以所谓共和,乃是我国治世之精髓,先哲之遗业。亦即我国民之所以思古,皆因慕三代之治,而所谓三代之治,才是共和之精髓的显现。勿谓我国民无理想之资,勿谓我国民无进取之气。是即所以慕古,正是具有大理想之证据,也是将要大事迈进之前兆。请到未浴清虏秕政之僻地荒村去看看,他们现在仍然是自治之民,其立尊长以听诉,置乡兵以御强盗,其他一切共同之利害,皆由人民自己商议和处理,凡此决非简单的共和之民。所以,今日如豪杰之士起来打倒清虏,代之以善政,就是约法三章,亦随喜渴慕和歌颂。因此应以爱国心奋斗,以进取之气奋起	人或云共和政体不适支那之野蛮国,此不谅情势之言耳。共和者我国治世之神髓,先哲之遗业也。我国民之论古者,莫不倾慕三代之治,不知三代之治,实能得共和之神髓而行之者也。勿谓我国民无理想之资,勿谓我国民无进取之气,即此所以慕古之意,正富有理想之证据,亦大有进步之机兆也。试观僻地荒村,举无有浴虏政之恶德,而消灭此观念者,彼等皆自治之民也,敬尊长所以判曲直,置乡兵所以御盗贼,其他一切共通之利害,皆人民自议之而自理之,是非现今所谓共和之民者耶?苟有豪杰之士,起而倒清虏之政府,代敷善政,约法三章,慰其饥渴,庶爱国之志可以奋兴,进取之气可以振起也	章士钊对孙中山以"三代之治"诠解"共和"之译笔,大致忠实

续表

《三十三年之梦》[1]	《孙逸仙》[2]	说　明
共和之治为政治之极则，它不仅合乎中国国民之需要，而且有益于行革命。征诸中国古来之历史，国内一旦发生动乱，地方之豪杰便割据要地以互相争霸，长者数十年不能统一。无辜之民，为此不知蒙受多少灾祸	且夫共和政治，不仅为政体之极则，而适用于支那国民之故，而又有革命上之便利者也。观支那古来之历史，凡经一次之扰乱，地方豪杰，互争雄长，亘数十年不能统一，无辜之民，为之受祸者不知几许	章士钊对"共和政治"有可免"地方豪杰，互争雄长"之益的译笔，大致忠实
今之世，亦不能保证无乘机营私之外强		章士钊未译此句
	其所以然者，皆由于举事者无共和之思想，而为之盟主者，亦绝无共和宪法之发布也。故各穷逞一己之兵力，非至并吞独一之势不止，因有此倾向，即盗贼胡虏，极其兵力之所至，居然可以为全国之共主。呜呼！吾同胞之受祸，岂偶然哉	章士钊之增添，强调"共和之思想"与"共和宪法"之重要
避此祸之道，唯有在于进行迅雷不及掩耳之革命，同时令地方之享有盛名者各得其所	今欲求避祸之道，惟有行此迅雷不及掩耳之革命之一法，而与革命同行者，又必在使英雄各充其野心	
如令享有盛名者为局部之雄，并由中央政府予以驾驭，则终不致有太大混乱而底定	充其野心之方法，惟作联邦共和之名之下，其夙著声望者，使为一部之长，以尽其材，然后建中央政府以贺（驾）驭之，而作联邦之枢纽	章士钊之增添，强调了"联邦共和"体制的重要
	方今公理大明，吾既实行此主义，必不至如前此野蛮割据之纷扰，绵延数纪，而枭雄有非分之希望，以乘机窃发，殃及无辜	章士钊之增添，进一步解释"共和主义"的意义
我之所以说有益于推行共和政治之革命，就是此意	此所谓共和政治有革命之便利者也	

注：1. 宫崎滔天：《三十三年之梦：宫崎滔天自传》，第97~100页。
　　2. 黄中黄：《大革命家孙逸仙》，第2~6页。

通过以上的对比，足可展示，章士钊之译笔，未必忠实于《三十三年之梦》原著，却对孙中山"革命"的宗旨做出了"共和主义"的解释，描摹孙中山怀持"共和主义"，故自诩为"革命之责任者"，有志"倒满"以拯救"汉种"之惨局，而其"共和主义"既和传统"三代之治"有相通之意义，并有足可免除群雄割据、"同胞受祸"等弊病之益。章士钊更还添加"联邦共和"体制之所以重要的内容，将"共和主义"的意义，阐释毕尽。

"共和"一词，汉语古已有之，它被赋予现代意义，则源于日本。在1896~1897年的报刊中，已颇有使用"共和国"来称某些国家的情势。如风行一时的《时务报》，谓南美有"伯剌西儿共和国"，[1] 它刊出一篇取材自《日本新报》论述1896年世界局势的文章说：

> 亚美利加已无一王国在焉，其立国于此者，皆共和国耳。美欲囊括此等小共和国，而尽总统之。[2]

1898年的《湘报》也使用"共和政体"这样的词。[3] 这些消息都来自日本，显见"共和"（或"共和国"）的流行，应当是来自

---

① 原文是："南美伯剌西儿共和国人与意民械斗，互有死伤。意国驻伯公使奉政府命，严责伯政府……"见古城贞吉译《意责南美政府》（东文报译/译时事新报西九月二十七日），《时务报》第9册，光绪二十二年九月二十一日（1896年10月27日），影印本第1册，总第600页。

② 见古城贞吉译《列国去年情形》（东文报译/译日本新报西正月初一日），《时务报》第19册，光绪二十三年二月初一日（1897年3月3日），影印本第2册，总第1287页。

③ 原文在论述"西班牙王统"的标题下说："一千七百八十八年，查列士四世王践祚不久，而与各国相联合，以反抗法国共和政体……"见《各国新闻·西班牙王统》，《湘报》第95号，光绪二十四年五月初八日（1898年6月26日）。按，原文注明此报道系"录《汉报》"，而消息报道之首即云："大阪《朝日新闻》载西班牙王统纪略，云……"故《汉报》的消息来源应是日本大阪《朝日新闻》。

东瀛的影响。1899 年，梁启超翻译加藤弘之的作品《各国宪法异同论》，[①]将旧称的"民主之国"改易称为"共和政体"，[②]当时在他的心目中，"共和"乃是"日本译西书之语句"之一，[③]并且他也将美国视为"全地球创行共和政体之第一先进国"。[④]"共和"这个词在 20 世纪初始的中国思想界，迅即引起反响，[⑤]像在1900 年的"庚子勤王"之役中，尽管参与者的政治主张有相当的

---

① 梁启超：《各国宪法异同论》，《清议报》第 12 册（1899 年 4 月 20 日）、13 册（1899 年 4 月 30 日），又见《饮冰室文集》之四，台湾中华书局，1978，第 71 ~ 79 页。该文初刊于《清议报》时，目录均署"新会梁任译"；原作为加藤弘之「各國憲法の異同」『東京學士院會雜誌』17 編 5 冊、1895、215 ~ 237 頁；『國家學會雜誌』100 号、1895、418 ~ 437 頁；『加藤弘之文集』卷 3、同朋社出版、1990（见狭见直树《梁启超研究与"日本"》，《近代中国史研究通讯》第 24 期，中研院近代史研究所，1997，第 50 页注 10）。

② 他在该文前的按语中说："宪法者……其义盖谓可为国家一切法律根本之大典也。故苟凡属国家之大典，无论其为专制政体（旧译为君主之国），为立宪政体［旧译为君官（民）共主之国］，为共和政体（旧译为民主之国），似皆可称为宪法……"（梁启超：《各国宪法异同论》，《清议报》第 12 册，第 1A 页；《饮冰室文集》之四，第 71 页）。

③ 原文的脉络是梁启超评论其友之诗作，并认为诗作应该要能采用"新语句"，他并举其友朋之作以倡论此意，原文是："郑西乡自言生平未尝作一诗，今见其近作一首云：'太息神州不陆浮，浪从星海狎盟鸥。共和风月推君主，代表琴樽唱自由。物我平权皆偶国，天人团体一孤舟。此身归纳知何处，出世无机与化游。'读之不觉拍案叫绝。全首皆用日本译西书之句，如共和、代表、自由、平权、团体、归纳、无机诸语皆是。吾近好以日本语句入文者，见者已诧赞其新异，而西乡乃更以入诗，如天衣无缝……"（梁启超：《夏威夷游记》，《新大陆游记节录》附录一，台湾中华书局，1983，第 154 页）

④ 梁启超说他往美国夏威夷之行是"将适全地球创行共和政体之第一先进国"（梁启超：《夏威夷游记·前言》，《新大陆游记节录》，第 149 页）。按，此"前言"文末系年为"光绪二十五年己亥十一月十八日"，即 1899 年 12 月 20 日。写于往夏威夷途中的《二十世纪太平洋歌》也说："亚洲大陆有一士，自名任公其姓梁……少年悬弧四方志，未敢久恋蓬莱乡。誓将适彼世界共和政体之祖国，问向求学观其光。乃于公历一千八百九十九年腊月晦日之夜半，扁舟横渡太平洋……"［梁启超：《二十世纪太平洋歌》，《新民丛报》第 1 号，1902 年 2 月 8 日，第 109 ~ 112 页；《饮冰室文集》之四十五（下），第 17 ~ 19 页］

⑤ 金观涛、刘青峰：《观念史研究：中国现代重要政治术语的形成》，第 261 ~ 265 页。

落差,① 然其中已经有不惜为"创造共和政体"而死的士人。② 这波风潮甚至也传入教育界,如 1902 年 11 月 16 日南洋公学学生发动学潮,集体退学,公开发表《南洋公学退学生意见书》,其中要求建立"共和学校",拟办《共和报》,以"加固团体,主持学界清议"。③ 他们后来组成了爱国学社,亦被描述为"排斥专制,创立共和",④ 同时也出现了倡言"共和的教育"的论者。⑤ 有心人士组织"无锡体育会",亦以"共和宪章"为号召之资。⑥ 风潮激荡,年

---

① 桑兵:《清末新知识界的社团与活动》,生活·读书·新知三联书店,1995,第44~114 页。

② 依据"独立代表人"署名的诗作《偶成》所述,略可得知此一情势。诗云:"铁血头颅换太平,欧美前途例已成。组织共和基大墓,千秋功罪总分明。"在"组织共和基大墓"一句后原有注语云:"汉口烈士傅君慈祥曰,吾辈不能创造共和政体,即以南方作一大墓可也,壮哉言乎。"(独立代表人:《偶成》,《开智录》第 2 期,1901 年 1 月 5 日,《中国文化研究集刊》第 4 辑,复旦大学出版社,1987,第 379 页)按,"汉口烈士傅君慈祥",即指参与"勤王运动"而死的傅慈祥,湖北人,出身为"湖北武备学堂及日本成城学校肄业"(参见张玉法《清季的立宪团体》,中研院近代史研究所,1985,第 264 页)。傅氏生平资料,亦见黄复《潜江傅君良弼墓表》;傅光培、傅光植《傅慈祥事略》,均收入杜迈之等辑《自立会史料集》,岳麓书社,1983,第 268~272 页(诸文皆未曾述及他有这样的认识。不过,这首诗引述的内容,已很鲜明地表达其观点)。

③ 《苏报》1902 年 10 月 26 日,转引自章开沅、林增平主编《辛亥革命史》上册,人民出版社,1980,第 395 页。

④ 《苏报》称誉此事说学生"激发公愤,解脱羁绊,排斥专制,创立共和,五日之间,焕然成一维新学校,虽华盛顿之抗英、维廉之抗法、巴西之争自主,神效速捷,殆为过之"[《南洋公学一朝而同心退学者二百人》,《苏报》年月不详,转引自丁守和主编《辛亥革命时期期刊介绍》第 1 集,人民出版社,1982,第 369 页(原书即未注明刊出日期)]。

⑤ 如 1902 年春成立的中国教育会,该会章程总则规定"本会以教育中国男女青年,开发其智识而增进其国家观念,以为他日恢复国权之基础为目的",会中的激进派成员对"恢复国权"的解释是:"我等理想的国家决非俄罗斯,决非德意志,乃纯然共和思想,所以从国民做起。……我辈欲造成共和的国民,必欲共和的教育。要共和的教育,所以先立共和的教育会。"(《爱国学社之建设》,《选报》第 35 期,1902 年 11 月 20 日,转引自桑兵《清末新知识界的社团与活动》,第 198 页)

⑥ 《无锡体育会共和宪章》,《苏报》1903 年 5 月 13~14 日,影印本第 61、68~69 页。

仅 17 岁的青年诗人柳亚子也受到感染，激昂地吹起"共和民政标新谛"的号角。① 短短两三年间，"共和"这个词迅速而广泛地流行，可以想见当时的趋势。透过章士钊的译笔，"共和主义"作为孙中山"革命"宗旨内容与意义，更广传于世，成为"革命想象"的依傍。

在 1903 年的中国大地上，"革命"风潮仿如澎湃怒涛，具体的行动或言论，率皆汹涌而起。然而，"革命宗旨"的设定，"革命想象"的内容，却如共竞并争。如那一年的 1 月 25～28 日，谢缵泰、洪全福、李纪堂等人发动了"广州起义"②，身为策动者之一的谢缵泰，早即表示"对于中国和中国人来说，'共和政体'的政府形式太先进了"，因之，他拟以"执政（Protector）为名，成立联邦政府"，③ 发动这场行动时，发布檄文，并未公开标举"共和主义"的立场，反倒声明其"宗旨"乃是：

> 专为新造世界，与往日败坏之世界迥然不同，而脱我汉人于网罗之中，行欧洲君民共主之政体。天下平后，即立定年限，由民人公举贤能为总统，以理国事。④

---

① 原诗内容是："思想界中初革命，欲凭文字播风潮。共和民政标新谛，专制君威扫旧骄。误国千年仇吕政，薪传一脉拜卢骚。寒宵欲睡不成睡，起看吴儿百炼刀。"（亚卢：《岁暮述怀》，《江苏》第 8 期，1904 年 1 月 17 日，第 145 页。本书征引版本为：罗家伦主编《中华民国史料丛编》，总第 1515 页）
② 这一次"起义"的大概情况，参见冯自由《中华民国开国前革命史》上编，良友印刷公司，1928，第 118～125 页；张玉法《清季的革命团体》，第 237～244 页。
③ 谢缵泰：《中华民国革命秘史》，江煦棠、马颂明译，中国人民政治协商会议广东省委员会文史资料研究委员会编《孙中山与辛亥革命史料专辑》，广东人民出版社，1981，第 305 页。
④ 《大明顺天国元年南粤兴汉大将军申明纪律告示》，柴德赓等编《辛亥革命》第 1 册，上海人民出版社，1957，第 324 页。至于这场行动的其他政治主张，不详述。

再以邹容《革命军》的述说而言，他自称"模拟美国革命独立之
义"，对于未来的政治体制规划，提出了 25 条方案，虽未特别标举
"共和主义"，但表示未来国名将"定名中华共和国"。然其擘拟之方
案，不少是对于新近刊布在《国民报》的《美国独立檄文》的"复
制"及"扩张"。① 在这一年的 9 月 21 日，孙中山在《江苏》第 6 期
发表《支那保全分割合论》，尚未言及"共和主义""共和"；② 唯邹容
《革命军》既风行一时，孙中山在同年 9 月 26 日离日赴檀香山时，携
带了合邹容《革命军》与章太炎《驳康有为论革命书》于一册的《章
邹合刊》③，作为"革命"的"宣传武器"，正显示孙中山对其内容
的肯认。到了檀香山后"与保皇大战"④ 的孙中山，除了极力驳斥
保皇党"借名保皇而行革命"这等言论的"戾谬"⑤ 之外，⑥ 更在公

① 潘光哲：《美国〈独立宣言〉在晚清中国》，《中央研究院近代史研究所集刊》第
57 期，2007 年 9 月，第 22～23 页。

② 《支那保全分割合论》（1903 年 9 月 21 日），《国全》2：56～61；《孙全》1：
218～224。

③ 冯自由谓其于 1903 年将邹容的《革命军》与章太炎的《驳康有为论革命书》
合刊于一册，称《章邹合刊》（冯自由：《开国前海内外革命书报一览》，收入
氏著《革命逸史》第 3 集，台湾商务印书馆，1969，第 154 页）。他并自称募
资刊印 10 万册，分寄海内外各处（冯自由：《中华民国开国前革命史》上编，
第 146 页）。

④ 《复黄宗仰望在沪同志遥作扫除保皇党声缘援函》（1903），《国全》3：31；《复黄
宗仰函》，《孙全》1：229～230。

⑤ 原文为："顷保皇党出大阻力，以搩弟之行事。彼所用之术，不言保皇，乃言欲革
命，名实乖舛，可为儍笑。……弟以今日之计，必先破其戾谬，方有下手……"
见《述平均地权与在檀苦战保皇党致国内同志函》（1903 年 12 月 17 日），《国全》
3：30；《复某友人函》，《孙全》1：229。

⑥ 例如，孙中山批判康梁保皇党人的言论云："大露其满奴之本来面目，演说保
皇立宪之旨，大张满人之毒焰，而痛骂汉人之无资格，不当享有民权。夫满
洲以东北一游牧之野番贱种，亦可享有皇帝之权，吾汉人以四千年文明之种
族，则民权尚不能享，此又何说？"［《敬告同乡论革命与保皇之分野书》
（1903 年 8 月），《国全》3：25～27；《敬告同乡书》（1903 年 12 月），《孙
全》1：230～233］孙中山在约同一时期批驳"保皇党"之其余著述，不详
引述。

开场合表明革命后将要建立共和政权的意图。[1]　两相对比，可以想见，孙中山乘势而起，彰其"共和主义"为"革命宗旨"的心态。影响所及，1904 年 12 月 24 日刊出以"新中国主人"为署名的文章《论共和政体》，即声言中国"不可无共和政体"，批判曰"至今日而犹谓不能革命者，非至愚则无血性之人也"，[2]　将"共和"与"革命"相串联，具体显示在"革命想象"的思想世界里，"共和主义"不可或缺。章士钊自称其笔耕所为，特意要更易原著书名之"标题"为"孙逸仙，乃从吾主义之所在"，[3]　显然"革命"与"共和"皆为"主义"所宗。

结　论

1916 年 10 月，宫崎滔天开始发表《支那革命物语》[4]，再度回顾他与中国"革命"的渊源，特别标举了如何受其兄宫崎弥藏之启发，怀持"支那革命主义"的认识，从此开展奋斗的历程。[5]　宫崎在《三

---

[1]　例如，孙中山在 1903 年 12 月 13 日于檀香山荷梯厘街戏院（Hotel Street Theater）演说："我们必要倾覆满洲政府，建设民国。革命成功之日，效法美国选举总统，废除专制，实行共和。"（《革命是拯救中国的唯一法门》，《国全》补：115；《在檀香山正埠荷梯厘街戏院的演说》，《孙全》1：226）同日在利利霞街戏院的演说道："观于昏昧之清朝，断难行其君主立宪政体，故非实行革命、建立共和国家不可也。"（《实行革命建立共和国家》，《国全》补：115～116；《在檀香山正埠利利霞街戏院的演说》，《孙全》1：227）同月中旬的演说表示，在推翻满清后，"将建立共和政体，因为中国各大行省有如美利坚合众国诸州，我们所需要的是一位治理众人之事的总统……"，又云："有人说我们需要君主立宪政体，这是不可能的。没有理由说我们不能建立共和制度。中国已经具备了共和政体的雏形。"（《发扬民族主义精神建立共和政体》，《国全》补：116；《在檀香山正埠的演说》，《孙全》1：227）

[2]　新中国主人：《论共和政体》，《警钟日报》1904 年 12 月 24 日，第 3～4 版。本书征引版本为：罗家伦主编《中华民国史料丛编》。

[3]　黄中黄：《大革命家孙逸仙·凡例》，第 11 页。

[4]　《宫崎滔天书信与年谱：辛亥革命之友的一生》，第 191 页。

[5]　宫崎滔天「支那革命物语」『宫崎滔天全集』卷 1、292 頁。

十三年之梦》原著里，未曾提出"支那革命主义"之述说，以概括自身的行动，却已表露要旨，凡在"弱肉强食的战场"里，有心要"尊重人权和自由"之士，当速谋恢复之策，以免黄人将永受白人欺压之祸；中国则正是关键所在，"中国虽衰，但地广人多，如能根除弊政，统一驾御予以善用，不仅能够恢复黄种人之权利，而且足以号令宇内，行道于万邦"。[①]

　　但是，宫崎兄弟的这番抱负，完全不见于章士钊笔下，而仅称孙中山为"东海之侠客也"，"志在支那大陆"；[②] 且声言"孙逸仙"固为"新中国新发现之名词也"，"谈兴中国者，不可脱离孙逸仙三字"，然其"影响之及于中国前途者，当无涯量。通纪黄帝之子孙也，有能循吾黄帝之业者，则视为性命之所在"。彼虽表彰孙中山是"近今谈革命者之初祖，实行革命者之北辰"，基本出于种族主义之视野。[③]《孙逸仙》的读者，大都也出于同样的立场。例如，刘师培以"光汉"为署名之跋语，表示孙中山"以旷世之才，惯（愤）胡虏之辱，义旗甫举，险阻备尝"。故其深望世之读此书者，"士切同仇，民怀义愤，涤瑕荡秽，力扫胡尘，赤县神州复为净土，则此书之造福汉民，岂有量耶"。[④] 柳亚子即谓宫崎滔天是协同孙中山"谋助汉族独立"的"日本奇士"，也高度推许孙中山，以东亚的华盛顿、拿破仑视之：

　　　　热心共和，舍身民族，虽遭蹉跌，志不稍懈。十年磨剑，树独立之旌旗，九世复仇，理不平于种族。他日驱除异类，光复旧

---

① 宫崎滔天：《三十三年之梦：宫崎滔天自传》，第21页。至于"支那革命主义"之其他内容述说，不具引，参见赵军《试论宫崎滔天与"支那革命主义"》，中华书局编辑部编《纪念辛亥革命七十周年学术讨论会论文集》中册，中华书局，1983，第1594~1614页。

② 黄中黄：《大革命家孙逸仙》，第2页。

③ 黄中黄：《大革命家孙逸仙·序》，第1页。

④ 光汉：《大革命家孙逸仙日跋》，第59~60页。

疆,扬自由革命之潮流,为东大陆之华、拿,其在斯人欤?其在
斯人欤?①

高旭则将孙中山视为可与岳飞、洪秀全、文天祥、郑成功并列之
"汉贤",并说读了《孙逸仙》之后,"一般热血儿,甘心为种死"。②
《警钟日报》刊出以"共和"为署名的文章,则说读"中黄译录之
《孙逸仙》"之后,实感孙中山是"粤党之魁杰,西学之巨擘,固夙
倡导民权自由之说,而最富民族思想者也"。③ 值得一提的是,陈去
病撰文叙述宫崎滔天的生平,虽然未必直接援引依傍章士钊"译录"
之《孙逸仙》,仍盛赞宫崎援助中国革命之用心深远,"足为吾祖国
光,为汉族前途庆",认为宫崎"佐大豪杰,举大事业于南部支那,
以图恢复汉室,为吾黄胤吐气",其努力所及,必将"快然于河山之
光复,黄胤之昭苏"。陈去病也推崇孙中山实为"汉族所倚仗奇人",
并认为由于身为革命领袖的他当时远赴美洲,未可领导运动之发展,
"郁林象郡之军,终无睹其成效",以致军事起义终归失败,真是
"吾黄帝子孙之不幸"。④ 凡此诸语,俱可显见陈去病仍以民族主义面
向诠释宫崎滔天支持中国革命的意义。

章士钊笔耕所得的《孙逸仙》,塑造其"倡革命于举世不言之

① 柳亚子:《中国灭亡小史》,收入氏著《磨剑室文录》,上海人民出版社,1993,
第62页。
② 郭长海、金菊贞编《高旭集》,社会科学文献出版社,2003,第33~34、38页。
③ 《共和来稿》,《〈孙逸仙〉书后》,《警钟日报》1904年12月20日,第1版。
④ 陈去病:《宫崎寅藏传》,张夷主编《陈去病全集》第2册,上海古籍出版社,
2009,第603~608页。按,该文作者篇名原题为:佩忍《日本大运动家名优
宫崎寅藏传》,原刊《二十世纪大舞台》第2期(1904),见《中国近代期刊
篇目汇录》,第1406页(不过,《陈去病全集》收录者,另有陈去病撰于
1930年之跋语;文稿内容与《二十世纪大舞台》原本亦稍有字词出入,本文
不详核校)。值得注意的是,陈去病撰述宫崎滔天的生平,当非据章士钊"译
录"之《孙逸仙》,盖是书未言及宫崎滔天曾经就学于"大江义塾"与"早
稻田专门学校",而陈去病对此事,言之凿凿。故其述说,应另有所本,本文
不详论及。

中"，因此"深足为吾国民之先导"的"革命"领袖形象，并将康有为"污名化"，以否证其主张，为"革命"风潮添加无数思想动力，① 确是"功不可没"。② 像在革命队伍里也居一席之地的田桐，多年之后，回忆宫崎滔天对中国革命的"功勋"，如是言之：

> 孙公（孙中山——引者按）起义于乙未，康有为变政于戊戌，孙之举事早于康也，康一蹶不复振，孙公再起惠州。然当壬癸之间，康之名犹高于孙，且革命、保皇不甚分别，盖当时孙公凭依会党反清复明之思潮，未能遍于文墨之士，康梁之徒与内地文墨之士息息相通故耳。是时长沙章行严（士钊）著《孙逸仙》一书，历叙孙公革命故实，苏州金松岑译宫崎寅藏所著《三十三年之梦》，而易名为《三十三年落花梦》，苏人素善点缀风景，如此可见一班。此二书出后，孙公之名深入学生之心脾，而革命、保皇之色彩亦分……松岑鼓吹革命之文甚多，尤以此书之效为最，厥后回国，端方欲得甘心，得苏绅缓颊乃罢。③

在田桐的记忆世界里，固然"遗忘"章士钊《孙逸仙》一书其实与金松岑翻译的《三十三年之梦》一样，也本乎宫崎滔天的《三十三年之梦》，而且竟说是书为章士钊"著"，然谓其书"历叙孙公

---

① 山室信一比喻这部书的地位，如同西耶斯（Emmanuel Joseph Sièyes/Abbé Sièyes）的《第三等级是什么？》（*Qu'est-ce que le Tiers-État？/What is the Third Estate？*, 1789）对于法国大革命的影响，见山室信一「夢の世に、夢を追って：宮崎滔天『三十三年の夢』の思想史脈」『アジアの思想史脈：空間思想学の試み』人文書院、2017、64 頁。

② 章士钊《孙逸仙》在革命宣传方面的影响，寇振锋做出较先行研究者更为精致的考索，参见寇振鋒「『三十三年の夢』の漢訳本『孫逸仙』について」『言語文化研究叢書』8 号、2009、46～49 頁。

③ 江介散人：《革命闲话·孙逸仙落花梦》，《太平杂志》第 1 卷第 3 号（1929 年 12 月），第 87 页。"江介散人"即田桐，见陈玉堂编著《中国近现代人物名号大辞典》，浙江古籍出版社，1993，第 112 页；邵延淼主编《辛亥以来人物年里录》，江苏教育出版社，1993，第 154 页。

革命故实"一语，确与章士钊是书的内容大致相符。略可想见，投身于革命队伍的同行者，对其人其书的"贡献"所在，不可忘怀。

即令章士钊的《孙逸仙》一书鼓动"革命"风潮确有其功，覆案文本，章士钊以"共和主义"诠解孙中山"革命"宗旨之内容与意义，成为"革命想象"之依傍，本是对原著《三十三年之梦》大体最忠实的部分，却不是《孙逸仙》的读者同润共享创造"革命想象"的主要源泉。那么，以种族/民族主义为号召与思想基础的"革命"，实为 20 世纪初期中国"革命想象"最为重要的构成要素。因是，在 20 世纪初期中国"革命想象"的构成里，"共和主义"的目标，固然亦可异声同唱，却好似难以激荡世众。此等历史图景，不免令后世读史之士深怀憾惘之意。以种族/民族主义为号召与思想基础的"革命"，固然是建立中华民国的思想动力；然而，诠解"革命"的历史遗产，实在不该仅仅局限在"中华"，而忘记了"民国"。有心之士，当三致意焉。

第五章 "世界史地"与"国际法"知识和近代东亚"地理想象"的生产、流通与嬗变：回顾与思考

一

　　西力东渐，中国人所见所闻之西风外俗，为亘古以来未曾经验。随中西接触、互动引生的历史经验极其复杂，人们渐次了解世界局势，逐渐知道中国仅只是世界诸国之一，并不特居优越地位。中国固然物盛地广，"蛮夷之邦"同样也是花花世界（甚至繁庶广博，犹而过己），对于外在世界的认知，对其面貌的了解，导生的结果相当多样，向为史家关注。[①] 在这个中西接触互动的过程里，为了要认识、了解整个世界的情势，中国知识人开始步上"世界知识"的追求之路，建立了"知识仓库"，为中国因应世局的变易，提供丰富的"思想资源"。知识人可以随其关怀所至，自由进出这座包罗万象，且建设过程好似永无完工之日的"知识仓库"，并开展自身的独特知识/思想旅程。其阅读思想之所得，或著书立说，或纂

---

① 总论式的相关研究如郝延平、王尔敏《中国中西观念之演变，1840～1895》，费正清、刘广京主编《剑桥中国史·晚清篇》下册，张玉法主译，南天书局，1987，第153～216页；王尔敏《十九世纪中国士大夫对中西观念之理解及衍生之新观念》，收入氏著《中国近代思想史论》，华世出版社，1977，第1～94页；钟叔河《走向世界——近代中国知识分子考察西方的历史》。余例不详举。

辑益世。一部又一部的书籍，在当时的"文化市场"上流通广传，从而为整体思想界的"概念变迁"，提供各式各样可能的动力来源。①

　　然而，就19世纪的东亚整体脉络观之，"知识仓库"的构成来源及其影响，非仅限于中国一隅，"知识仓库"可以供应的"思想资源"，绝非中国知识人独享，日本及朝鲜的知识人群体亦尝受益于此。如在日本近代思想史上占有一席之地的思想家横井小楠（1809～1869），于1855年读到了魏源纂辑的《海国图志》之后，始知世界大势，从"攘夷"论者转变为"开国"论者，② 还对是著里提到的华盛顿，发出了这样的长篇赞颂：

　　　　美国自华盛顿以来，创立了三大规模：一是没有任何事比天地间的惨毒、杀戮更甚者，故应以准据天意，平息宇内战争为务；一是以向世界万国求取智识，有裨益于治教为务；一是将全国大统领的权柄，让于贤而不传于子，废君臣之义，以追求公共和平为务。政法治术乃至其他各种技艺、器械，等等，凡地球上可称为善美之事物，皆悉取为吾有，就此大扬好生之仁风。……此庶可达与三代之治教相合之境也。③

---

① 潘光哲：《追索晚清阅读史的一些想法："知识仓库"、"思想资源"与"概念变迁"》，台湾《新史学》第16卷第3期，2005年9月，第137～170页。王汎森述说了日本导进的"思想资源"，参见王汎森《戊戌前后思想资源的变化：以日本因素为例》，香港《二十一世纪》第45期，1998年2月，第47～54页，对笔者甚有启发。不过，他并没有处理本文探讨的问题。
② 源了圆『横井小楠研究』藤原书店、2013、371頁。不过，松浦玲认为，即使横井小楠确实在1855年读到了魏源的《海国图志》，也不应该将他的对外认识之转变，做出泾渭分明的论断，因为横井在那一年犹然将美国视为"无道之国"；另一方面，横井从此知晓"夷狄之国"（包括美国在内）亦有其"治术"，因此必须提出改革方案，始可因应"夷狄"之来袭，见松浦玲『横井小楠』筑摩书房、2010、142～143頁。
③ 横井小楠「國是三論」山崎正董編『横井小楠遺稿』日新书院、1942、39～40頁（『國是三論』起草于1860年）。

凭借着这样的认识，横井小楠更构思各式各样的改革方案。[1]《海国图志》的影响所及，非仅日本而已，[2] 其亦已传入朝鲜，同样回响非小。[3] 就此一例，当可显示当时的"知识仓库"正储备着足可让东亚知识人分润共享的"共同知识文本"。

即如日本及朝鲜的知识人群体固曾受益于来自中国的"知识仓库"，日本知识人同样也曾扮演"知识仓库"建设者的角色（详下）。因此管见以为，此际吾人理解近代中国的变迁，实应扩张视野，超越"中国中心"的本位；同样的，日本或韩国学界的研究成果也往往各以其国族为中心视角，研析所得，难免亦有所局限。如果能在前此各国既有研究之基础上，放宽知识视野，从多重的角度与史料进行审视、理解和诠释，将中、日、韩（朝鲜时代）三国彼此交涉互联而又自显特色殊相的共同课题，进行整合探讨，可以揭示的历史空间必然宽广无边，能够再现的历史图像，也是丰富多样。"世界史地"与"国际法"的知识领域及其导引触发的"地理想象"，正是近代东亚世界曾经共有交集却又自展风华的主题。

二

整体而言，约从 1830 年代以降，西方传教士与中国知识人共同

---

① 圭室谛成『横井小楠』吉川弘文館、1988、152～155 頁。

② 魏源《海国图志》自 1851 年传入日本以后，先行研究者多谓至少共有 23 种"和刻本""和解本"，如源で圓『横井小楠研究』、115 頁。阿川修三全面调查日本收藏《海国图志》"和刻本""和解本"原件，认为只有 21 种，见阿川修三「『海国図志』と日本（その2）—和刻本、和解本の書物としての形態とその出版意図について」『言語と文化』24 号、2012、32 頁。无论如何，《海国图志》对日本的影响所及，历历可见。

③ 《海国图志》50 卷本早于 1845 年即传入朝鲜，尔后更对朝鲜"开化思想"之形成，大有影响，见李光麟「『海國圖志』의韓國傳來와그影響」『韓國開化史研究』—潮閣、1969、2～18 頁；姜在彦「近代朝鲜の思想」『姜在彦著作選』明石書店、1996、92～102 頁。余例不详举。

致力，在"世界史地"与"国际法"的知识领域里，生产制作了东亚世界能够同润均享的"共同知识文本"，除了魏源《海国图志》之外，余如徐继畬编撰的《瀛寰志略》、曾任清朝同文馆总教习的传教士丁韪良翻译的《万国公法》，也是将"国际法"知识引进东亚世界的"共同知识文本"之一，影响深远。诸如《海国图志》、《瀛寰志略》与《万国公法》等，同时在东亚世界流通，广受阅览，引发了多重多样的历史效应。由于"世界史地"知识的生产流传，挑战转化了既有"知识世界"的内部结构，知识人的国际认识借此渐形扩展，普遍知晓地球上存在着各式各样的国家，各国家民族均自有其历史、政治体制与文化，既有的宇宙观和世界观就此被倾覆，传统以"华夷观"为基础构成的世界秩序亦面临崩解，思想观念的变易就此促生了"新的思想论域"。在这样的知识/认知基础上，被西方帝国主义诸国家强力打开"门户"的东亚三国，率皆被纳入国际社群（international community）的行列，既开始接受以现代西方"国际法"知识作为应付西方帝国主义诸国家的"游戏规则"和因应处理现实事务的准则，而且也逐渐将其作为三国之间彼此往来互动的规范理据。亦即，"世界史地"与"国际法"知识实在深具"实用"的价值与意义。统摄而言，来自西方的现代"世界史地"与"国际法"知识，汇流合聚，正为"地理想象"的生产与流通，提供源源无尽的动力。借着"地理想象"开凿的空间，以西方现代民族国家为典范的国际秩序，好似不证自明，知识人将自身国族现实处境的认识定位、自身国族命运和东亚区域的关系、自身国族前景与世界寰宇的联系，结绳串联，思索想象发生在各方地理空间的诸般事件与个体（以及国族、东亚区域与世界寰宇）之间的相关性。可以说，知识人自身理解因应现实局势变化，推动各种改革事业的思维想象空间，无限扩张强化，从此为近代东亚的思想世界，编织出五彩缤纷的光谱。

　　大致而言，既存研究"世界史地"与"国际法"的知识领域在近代中国、日本和韩国的成果，丰富多样，却大都难可超越既存的国族中心视角。就"世界史地"知识的研究言之，汉语方面，如邹振环和郭双林对西方地理学在晚清中国的整体述说，[1] 熊月之对晚清社会"西学东渐"的样态，都有综合的描述。[2] 英文方面则对魏源、徐继畬之研究，已有专著，[3] 柯瑞佳（Rebecca E. Karl）讨论了"崭新的全球意识"（consciousness of a new globality）在近代中国产生的因缘。[4] 日文方面如『锁国时代日本人の海外知识：世界地理·西洋史に关する文献解题』是文献资料的介绍，姜在彦则对朝鲜时代接受"西学"的情况述论甚多。[5] 韩国方面，李光麟与李元淳之业绩，广为众知；[6] 至于韩国在接受"西学"的历程里，与其自身既有的思想脉络（如"实学"）之间的冲突、矛盾与调和，也值得注意。[7] 如何承继彼等业绩，再予深化，创生更形丰富的知识空间，任重道远。

在研究"国际法"知识方面，最具代表性的整体成果是日本东亚近代史学会发刊之『东アジア近代史』推出的两份专号：『东アジ

①　邹振环：《晚清西方地理学在中国：以 1815 至 1911 年西方地理学译著的传播与影响为中心》；郭双林：《西潮激荡下的晚清地理学》。

②　熊月之：《西学东渐与晚清社会》（修订版）。

③　Fred W. Drake, *China Charts the World: Hsu Chi-yü and his Geography of 1848* (Cambridge: Harvard University Press, 1975); Jane Kate Leonard, *Wei Yuan and China's Rediscovery of the Maritime World* (Cambridge: Harvard University Press, 1984).

④　Rebecca E. Karl, *Staging the World: Chinese Nationalism at the Turn of the Twentieth Century* (Durham: Duke University Press, 2002).

⑤　開国百年紀念文化事業會編『鎖国時代日本人の海外知識：世界地理·西洋史に関する文献解題』乾元社、1953；姜在彦『朝鮮の開化思想』岩波書店、1980；姜在彦『西洋と朝鮮：その異文化格闘の歴史』文藝春秋、1994；姜在彦著、鈴木信昭訳『朝鮮の西学史』明石書店、1996。

⑥　李光麟『韓國開化史研究』；李光麟『韓國開化思想研究』一潮閣、1979；李光麟『開化派와開化思想研究』一潮閣、1989；李元淳：《朝鲜西学史研究》，王玉洁、朴英姬、洪军译，中国社会科学出版社，2001。

⑦　参见李光來著、高坂史朗·柳生眞訳『韓国の西洋思想受容史：哲学的オーケストラの実現のために』御茶の水書房、2010。

アにおける万国公法の受容と適用』① 与『"アジアにおける近代国
際法』,② 唯因限于期刊篇幅，各文之述说，不乏可再细腻描摹之处；
即如韩相熙借检讨既有研究之成果，指陈"中华秩序之内容"与
"欧罗巴公法之性格"，作为研究"国际法"知识在东亚流播的前提
和假设这等"通说"，实应再为检讨。③ 坂元茂树虽声言拟比较"国
际法"知识在日本与朝鲜的情况，其研究已公开出版者，仍仅注意
日本方面的情形。④ 至如研究"国际法"知识进入东亚三国的个别样
态方面，成果亦称丰硕。如徐中约、田涛与鲁纳（Rune Svarverud）
俱有专著述说晚清中国的情况，⑤ 刘禾则从"后殖民理论"的视野进

① 「東アジアにおける万国公法の受容と適用」専号『東アジア近代史』通号2、
　　1999，主要收录以下三文：安岡昭男「日本における万国公法の受容と適用」；金
　　容九著、月脚達彦訳「朝鮮における万国公法の受容と適用」；川島真「中國に
　　おける万国公法の受容と適用—『朝貢と条約』をめぐる研究動向と問題提起」。
② 「アジアにおける近代国際法」専号『東アジア近代史』通号3、2000，主要收录
　　以下六文：茂木敏夫「中國における近代國際法の受容—『朝貢と条約の並存』
　　の諸相」；川島真「中國における万国公法の受容と適用・再考」；野澤基恭「日
　　本における近代國際法の受容と適用—高橋作衛と近代國際法」；伊藤信哉「一
　　九世紀後半の日本における近代国際法の適用事例—神戸税関事件とスエレス号
　　事件」；塚本孝「日本の領域確定における近代國際法の適用事例—先占法理と
　　竹島の領土編入を中心に」；廣瀬和子「アジアにおける近代國際法の受容と適
　　用」。另有从世界史角度比较讨论伊斯兰"世界秩序"情况的论文：鈴木董「イ
　　スラム世界秩序とその変容—世界秩序の比較史への一視点」。
③ 韓相熙「19世紀東アジアにおけるヨーロッパ国際法の受容（一）—日本の学者
　　達の研究を中心に」『法政研究』74巻1号、2007、204～234頁；韓相熙「19世
　　紀東アジアにおけるヨーロッパ国際法の受容（二）—中国の学者達の研究を中
　　心に」『法政研究』74巻2号、2007、203～232頁；韓相熙「19世紀東アジアに
　　おけるヨーロッパ国際法の受容（三）：韓国の学者達の研究を中心に」『法政研
　　究』74巻3号、2007、283～316頁；韓相熙「19世紀東アジアにおけるヨーロッ
　　パ国際法の受容（完）—結論と著作目録」『法政研究』74巻4号、2008、235～
　　294頁。
④ 坂元茂樹「近代日本の國際法受容をめぐる一考察（一）：日韓の比較を交えて」
　　『關西大學法學論集』、2004、50～81頁。
⑤ Immanuel C. Y. Hsü, *China's Entrance into the Family of Nations : The Diplomatic Phase, 1858 –*
　　1880 (Cambridge : Harvard University Press, 1960)；田涛：《国际法输入与晚清中国》，济南出版
　　社，2011；Rune Svarverud, *International Law as World Order in Late Imperial China : Translation,*
　　Reception and Discourse, 1847 – 1911 (Leiden & Boston : Brill, 2007). 一般研究论文不详引。

行讨论,① 而以林学忠之研究,"后来居上",最称精要。② 日本方面,
有尾佐竹猛的古典研究,③ 以及 John Peter Stern 的英语专著,④ 一般
研究论文亦称繁多。⑤ 探讨理解日本接受"国际法"知识的样态,应
该注意文献的实证研究,⑥ 重视日本思想的多重样态,⑦ 始可知晓其
来龙去脉。韩国方面,崔南烈(Nam-Yearl Chai)已有研究,⑧ 日语

① Lydia H. Liu, "Legislating the Universal: The Circulation of International Law in the
    Nineteenth Century," in Lydia H. Liu, ed., *Tokens of Exchange: The Problem of
    Translation in Global Circulations* (Durham: Duke University Press, 1999), pp. 127 –
    164.

② 林学忠:《从万国公法到公法外交:晚清国际法的传入、诠释与应用》,上海古籍
    出版社,2009。

③ 尾佐竹猛「近世日本の国際観念の発達」(1932)、「万国公法と明治維新」
    (1933)、「国際法より観たる幕末外交物語」(1926),見明治大学史資料センタ
    ー監修『尾佐竹猛著作集　維新史』13~14 巻、ゆまに書房、2005。

④ John Peter Stern, *The Japanese Interpretation of the "Law of Nations", 1854 – 1874*
    (BookSurge Publishing Co., Inc., 2008).

⑤ 不完全举例,如安岡昭男「万国公法と明治外交」『明治前期大陸政策史の研究』
    法政大学出版局、1998、22~39 頁;佐藤太久磨「加藤弘之の國際秩序構想と国
    家構想—『万国公法体制』の形成と明治国家」『日本史研究』557 号、2009、
    26~46 頁。

⑥ 高原泉「清国版『万国公法』の刊行と日本への伝播—日本における國際認識転
    換の前提として」『中央大学大学院研究年報(法学)』28 号、1998、299~309
    頁;高原泉「開成所版『万国公法』の刊行—万屋兵四郎と勝海舟をめぐって」
    『中央大学大学院研究年報(法学)』29 号、1999、299~309 頁。

⑦ 以日本自身脉络而言,丁韪良翻译的《万国公法》传入日本固是影响深远,然
    西周留学荷兰时,受业于毕洒林(Simon Vissering),取毕洒林之讲义与上课笔
    记而成《毕洒林氏万国公法》(1868 年刊行),也激发相当回响。两种《万国公
    法》内容的异同与其响应,像是西周与福泽谕吉基于对"万国公法"的不同认
    识而对具体问题之论辩(如是否同意外国人行旅日本而引发的"内地旅行论"
    论争),在在显示"万国公法"在日本的多重样态。参见大久保健晴『近代日
    本の政治構想とオランダ』東京大学出版会、2010、157~230 頁。其并追索毕
    洒林之思想倾向与讲义,和西周的笔记与译本比对,阐明双方之思想关系,深
    富兴味。

⑧ Nam-Yearl Chai, "Korea's Reception and Development of International Law," in Jae
    Schick Pae, Nam-Yearl Chai, Choon-ho Park, *Korean International Law* (Berkeley:
    Institute of East Asian Studies, University of California, Center for Korean Studies,
    1981), pp. 7 – 33.

研究有徐贤燮之专书，① 论文也称繁多。② 韩文的研究，则有金世民
的专著。③ 金容九既考察了《万国公法》译本导入中国与知识人的响
应等问题，又析论《万国公法》如何由中国传入近代朝鲜的历史过
程，是著汉译本之问世，确实嘉惠学林同好，使我们得以掌握对朝鲜
相关历史场景的认识。④ 19 世纪以降中国、日本和朝鲜的交流互动之
相关研究，亦称繁多。⑤ 不过，结合"世界史地"与"国际法"两
方面，探索中国、日本和朝鲜同润共享的"共同知识文本"的情况，
进而描述"地理想象"之生产、流通及其嬗变的场景，还是学界尚
未之见的研究角度。

　　笔者以为，正是由于"世界史地"和"国际法"知识的引
进，和诸如《海国图志》、《瀛寰志略》或《万国公法》等"共同
知识文本"在东亚世界流通不已，两者相辅，打破了既存的宇宙
观和世界观，逼促东亚三国接受西方"国际法"规范的世界秩序。

---

① 徐賢燮『近代朝鮮の外交と國際法受容』明石書店、2001。
② 项已寓目者为：趙景達「朝鮮近代のナツヨナリズムと東アヅア—初期開化派の
　『萬國公法』観を中心に」『中國—社會と文化』4 号、1989、55～72 頁；金鳳珍
　「朝鮮の万国公法の受容（上）（下）—開港前夜から甲申政変に至るまで」『北
　九州市立大学外国語学部紀要』78（1993）、80（1994）号、41～70、27～102
　頁；金鳳珍「『礼』と万国公法の間—朝鮮の初期開化派の公法観」『北九州市立
　大学外國語學部紀要』102 号、2001、115～171 頁。另见金鳳珍「朝鮮の近代初
　期における万国公法の受容—対日開国前夜から紳士遊覧団まで」（研究代表者）
　『19 世紀東アジアにおける国際秩序観の比較研究』国際高等研究所、2010、
　173～213 頁。
③ 金世民『韓國近代史와萬國公法』景仁出版社、2002。
④ 金容九：《世界观冲突的国际政治学——东洋之礼与西洋公法》，权赫秀译，中国
　社会科学出版社，2013；韩文原著是《세계관충돌의국제정치학：동양禮와서양
　公法》，出版于1997 年，未见原书，检索自 CiNii 系统 http://ci.nii.ac.jp/author/
　DA06856591，2014 年 12 月 28 日。
⑤ 个人阅见所及，近代日中關係史年表編集委員会編集『近代日中關係史年表
　1799～1949』（岩波書店、2006），非仅为大事记，且均注出相关事项之出处文献
　附于书后，使用甚便；至于中韩关系史方面，可利用黄宽重编辑《中韩关系中文
　论著目录》（增订本），中研院东北亚区域研究，2000；日本与朝鲜方面，可利用
　園部裕之編『近代日本人の朝鮮認識に関する研究文献目録』綠蔭書房、1996。
　相关研究，不一一举引。

因此，应该同时注意这两个方面的情况，不应分题而言；抑且，这些"共同知识文本"在东亚三国的流通回响，固有其合声并唱之势，但由于各国思想脉络的差异，亦绝非同声共调，反而各显特色。

像是《海国图志》与《瀛环志略》在中国士人之间的阅读回响，诸相皆呈。咸丰时期担任兵部左侍郎的王茂荫，早在 1858 年就向皇帝上奏要求"广印《海国图志》"，作为"宗室八旗子弟教本"，让他们知道"夷难御而非竟无法之可御"的道理。① 可是若王韬在 1864 年时，则认为《海国图志》与《瀛寰志略》的"时地事实，不免讹误"，遂有辑成《续海国图志》之意。② 与王韬一样不满意于《海国图志》《瀛寰志略》者，众多难言，③ 却正显示它在读书界流通广传的样态。就朝鲜情况言之，《海国图志》同样深受重视，如朝鲜"开化思想"先驱朴珪寿即将其视之为"外洋事不可不知也"的读本，传授给弟子金允植和俞吉浚，对朝鲜"开化思想"之形成，大有影响。④ 1876 年 2 月，《日朝修好条规》签订之后，朝鲜李朝政府派遣修信使金绮秀等一行访问日本，考察明治维新之后日本的情况，⑤ 金绮秀此行既撰著《日东记游》，记录参访心得，便提到《万

① 王茂荫：《请广印〈海国图志〉作宗室八旗子弟教本并变通考选之法以求人才折》[咸丰八年五月二十九日（1858 年 7 月 9 日）奏呈]，《近代中国对西方及列强认识资料汇编》第 1 辑第 1 分册，第 597～598 页。不过，王茂荫说他见到的《海国图志》是"五十卷"本。实际上，《海国图志》于 1842 年首度出版时为 50 卷本，1852 年已扩增为 100 卷刊行，即今日一般所见版本，见王家俭《魏源年谱》，第 132～134 页。

② 王韬：《代上丁观察书》，《弢园文新编》，第 194 页。该函系年为 1864 年，见张志春《王韬年谱》，第 76 页。

③ 参见邹振环《晚清西方地理学在中国：以 1815 至 1911 年西方地理学译著的传播与影响为中心》，第 317～322 页。

④ 李光麟「『海國圖志』의韓國傳來와그影響」『韓國開化史研究』、2～18 頁；姜在彦『近代朝鮮の思想』、97 頁。

⑤ 金绮秀等人此行，参考伊原泽周《近代朝鲜的开港：以中美日三国关系为中心》，社会科学文献出版社，2008，第 115～116 页。

国公法》乃是"诸国缔盟，如六国连衡之法"；① 而当他向高宗李熙（光武帝，1852～1919）报告考察心得时，高宗询之"鲁西亚"究竟是哪一个国家？金答曰即俄罗斯。高宗就问："《瀛寰志略》《海国图志》有之乎？"② 连朝鲜的最高统治者，都是这两部书的读者，实可想见其在朝鲜的流通场景。至于在日本，除《海国图志》等"共同知识文本"之外，因为前此"兰学"的脉络，已有丰富的知识，即如冈千仞③《尊攘纪事》言：

> ……余少时读新井氏《采览异言》、箕作氏《坤舆图识》、杉田氏《地学正宗》，略知五洲之大势，及得《地理全志》《海国图志》《瀛寰志略》，愈审其大势，慨然曰："彼所以致富强者，由泛通有无贸易耳。"……④

所以《海国图志》等即便不是日本知识人唯一的"思想资源"，同样却对其思想世界的变化，带来相当的影响。所以，如能确切掌握各自的脉络，分疏"共同知识文本"的共同影响及其特异场景，应可展现知识生产与流通的样式，并可看出其往往与各国本身既有的知识思想世界，密不可分。

---

① 原文是："其所谓《万国公法》者，诸国缔盟，如六国连衡之法。而一国有艰，万国救之；一国有失，万国攻之。无偏无憎，无偏攻击。此西人之法，而方规奉行，不敢有失。"见金绮秀『日東記游』第 3 卷、國史編纂委員會編纂『修信使記錄』國史編纂委員會、1958、70 頁。

② 金绮秀『修信使日記』卷 1、國史編纂委員會編纂『修信使記錄』、130 頁。

③ 冈千仞的小传，参见陈捷『明治前期日中学術交流の研究—清国駐日公使館の文化活動』汲古書院、2003、154 頁；关于冈千仞（及其著作《观光纪游》）的介绍，参见实藤惠秀『明治时代中日文化的联系』，陈固亭译，中华丛书编审委员会，1971，第 120～131 页。

④ 岡千仞『尊攘紀事』尾佐竹猛『近世日本の国際観念の発達』、53 頁，收入『尾佐竹猛著作集 維新史』卷 13、總 63 頁。

三

　　过往对于 "共同知识文本" 之认识，过于重视若干巨型著作
（如前述《海国图志》、《瀛寰志略》或《万国公法》等），未能广
拓视野，精读文本，以致对相关情况之理解认识，犹有可再深化之
空间。例如一代思想巨子王韬，毕生笔耕不辍，约在 1870 年代初
期，他就完成了两部与法国历史密切相关的著述：《重订法国志略》
与《普法战纪》。王韬撰述这两部书，用意深刻，既是补充前此
"知识仓库" 的空白，也有 "引法为鉴" 的现实意义，[①] 要让读者能
够掌握法国这个国家的 "历代治乱兴废之迹"，深受后继中国知识人
的赞誉。与日本知识人甚有往还的王韬，其著述如《普法战纪》，亦
曾流传日本，影响彼方。王韬的著作，当是 19 世纪东亚知识人认识
了解法国历史沿革与现状的主要依据之一，[②] 堪列 "共同知识文本"
之林。

　　王韬写作《重订法国志略》，大量取材日本人的著述，已有学界
先进提出论证，如柯文（Paul A. Cohen）早即征引王韬《重订法国

---

① 关于王韬撰述《重订法国志略》《普法战纪》的动机与经过，详见忻平《王韬与
　　近代中国的法国史研究》，《上海社会科学院学术季刊》1994 年第 1 期，第 166～
　　174 页。

② 参见徐兴庆《王韬与日本维新人物之思想比较》，《台大文史哲学报》64 期，
　　2006，第 131～171 页；徐兴庆《王韬的日本经验及其思想变迁》，徐兴庆、陈明
　　姿编《东亚文化交流：空间・疆界・迁移》，台湾大学出版中心，2008，第 153～
　　189 页；徐興慶「王韜と近代日本：研究史の考察から」陶德民・藤田高夫編
　　『近代日中関係人物史研究の新しい地平』雄松堂，2008、87～115 頁。《普法战
　　纪》引发的回响，另可参见吕文翠《文化传译中的世界秩序与历史图像——以王
　　韬〈普法战纪〉为中心》，收入氏著《海上倾城：上海文学与文化的转异，一八
　　四九——一九〇八》，第 88～101 页。

志略·凡例》之"夫子自道"：[①]

> 余撰《重订法国志略》，取资于日本冈千仞之《法兰西
> 志》、冈本监辅之《万国史记》，而益以《西国近事汇编》，不
> 足，则复取近时之日报，并采辑泰西述撰有关法事者，以成此
> 书。

然若细腻考察，王韬即指出，冈千仞之《法兰西志》，本乎其与高
桥二郎将法国史家"犹里氏"的《法国史要》（1866 年刊行）、
《近古史略》（1869 年刊行）及《法国史》（1870 年刊行），"撮取
其要领，译为一编"，不过，王韬认为"其尚属简略，撦拾他书以
补之"。[②] 因此，王韬撰述《重订法国志略》之材料所据，便应即
考察本源，当可臻于精密之境。如《法兰西志》[③] 与冈本监辅（冈
本韦庵）[④] 的《万国史记》（1879 年出版）[⑤] 如何为王韬所本，他怎

---

① Paul A. Cohen, *Between Tradition and Modernity: Wang T'ao and Reform in Late Ch'ing China* (Cambridge: Harvard University Press, 1974), pp. 120 – 121.

② 王韬：《重订法国志略·凡例》，第 1A ~ 1B 页。

③ 猶里原撰、高橋二郎訳述、岡千仞刪定『法蘭西志』6 卷 2 冊［東京府露月楼上梓明治十一年（1878）五月刻成本；日本東京早稲田大学蔵］；感谢陈力卫教授提供本书复印件。

④ 冈本监辅生平研究，参见有馬卓也「岡本韋庵覚書」『德島大学国語国文学』12 号、1999、9 ~ 21 頁；狹間直樹編「善隣協会・善隣訳書館関係資料——德島県立図書館蔵『岡本韋庵先生文書』所収」『東方学資料叢刊』10 冊、2002；阿波学会・岡本韋庵調査研究委員会編集『アジアへのまなざし岡本韋庵：阿波学会五十周年記念』阿波學、2004。

⑤ 岡本監輔編纂『萬國史記』明治十一年（1878）六月廿七日版權免許・岡本氏蔵版本（吹田關西大学「増田渉文庫」蔵）；又，是书书末版权页署："明治十一年六月廿七日版权免许，明治十二年（1879）五月出版。""编纂兼出版人：冈本监辅。""发兑：东京・内外兵事新闻局。"正文卷末有冈本监辅撰《后序》，自署系年为"明治十二年（1879）四月下浣"，因此，是书应于 1879 年始正式出版。

样吸收来自日本的词汇，也引录不少"东瀛史笔"。① 晚清中国通过日本转手，吸收西洋文明，王韬是首开风气者；详研其著，自可加深吾人对于王韬个人从"知识仓库"里取材，创建"共同知识文本"的认识。此等"共同知识文本"之实况，错综复杂，亟待抉幽发微者，实繁众难言。如冈本监辅的《万国史记》在日本本土方面既受到赞誉，② 于晚清读书界更一直备受推崇，实亦可视为"共同知识文本"之一。其书甫问世，当时正在日本的清朝驻日公使何如璋③与使馆参赞黄遵宪，即以地利之便，捧而读之，两人虽都略有批评之语，或以为冈本监辅"杂采西史，漫无别择"，或以为是书"无志，无表，不足考治乱兴衰之大者"，但仍都以为瑕不掩瑜，"以汉文作欧米史者，编辑宏富，终以此书为嚆矢"。④ 与冈本监辅有所往还的王

---

① 其间详情，如果详细比对《重订法国志略》《万国史记》《法兰西志》相关的日本著述，应可明其实，姑举"共和"一词为例：

《重订法国志略》	《万国史记》
1892年11月，法国"传檄四方，曰：各国人民苟有背政府、倡共和新政、排击旧宪者，法国当出援兵"（第5卷，第27A页）	1892年11月，法国"传檄四方，曰：各国人民苟有背其政府、倡共和政、排击旧宪者，法国当出援兵"（第10卷，第22A页）
"筹国会初议废王位，立共和新政……"（第5卷，第28A页）	"筹国会初议废王位，新立共和政……"（第10卷，第22B页）

因此，王韬应该承袭自日本方面，将传统中国指称周厉王时"召公、周公二相行政，号曰'共和'"（《史记·周本纪》）的"共和"概念，赋予新意，盖箕作省吾（1821～1847）的《坤舆图识》（1845），首先将Republiek译为"共和政治/共和国"，参见齋藤毅『明治のことば：文明開化と日本語』講談社、2005、119～120頁。

② 如副岛种臣、重野安绎等人都有好评，详见徐兴庆《王韬的日本经验及其思想变迁》，徐兴庆、陈明姿编《东亚文化交流：空间·疆界·迁移》，第164～167页。

③ 相关研究如：俞政《何如璋传》，南京大学出版社，1991。余例不详举。

④ 黄遵宪：《评〈万国史记序〉》（1880年6月），陈铮编《黄遵宪全集》，中华书局，2005，第246～247页。

韬，获其赠书，亦誉谓"有志于泰西掌故者，不可不观"。[1] 此后如梁启超的《读书分月课程》，是当时具有"读书入门指导"意义的作品，也将它列为"西学书"的"最初应读之书"之一。[2] 至于叶瀚的《初学读书要略》，是和梁启超《读书分月课程》意义相类的著述，也推荐《万国史记》为读本。[3] 唐才常亦推誉《万国史记》是"综贯古今中西之要津"的著作之一。[4]《湘学新报》的"书目提要"则如是阐述其意义：

> ……洞见夫万国中，惟中国文明之运早启，次埃及，次日本、希腊、罗马。今诸国多改纪其政以进富强，而埃及、罗马反远逊于前。大率研求新政、新学者胜，拥虚名而亡实际者败，古今不易之理也。至争教、争种，动糜烂数十万众，蔓延千百余年，未有所底，尤为地球万国之奇惧。读是书者，可以悚然矣。[5]

下逮 1903 年，刘师培依旧称誉这部书"以事实为主，详于兴衰治乱

---

① 徐兴庆：《王韬的日本经验及其思想变迁》，徐兴庆、陈明姿编《东亚文化交流：空间·疆界·迁移》，第 168 页。

② 梁启超：《读书分月课程》，《饮冰室专集》第 5 册，台湾中华书局，1987，第 11 页。按，《读书分月课程》撰于 1894 年冬，见李国俊编《梁启超著述系年》，复旦大学出版社，1986，第 27 页。

③ 原文是："读《欧洲史略》，可知远西中古近今成迹；倘能读日人著之《万国史记》更佳……"叶瀚：《初学读书要略》，第 5A 页，光绪二十三年（1897）仁和叶氏刊本，上海图书馆藏。

④ 原文是："《万国史记》《四裔编年表》《泰西新史揽要》，综贯古今中西之要津也。一则出日本冈本监辅，一则出英人博雅，一则出英人马恳思，中国业此者盖寡……"唐才常：《史学第三·论各国变通政教之有无公理》，《湘学新报》第 5 册，光绪二十三年五月初一日（1897 年 5 月 31 日），影印本总第 2040～2041 页。唐才常将此文更名为《各国政教公理总论》，收入他的《觉颠冥斋内言》时，完全删除这一段话，参见唐才常《史学论略》，湖南省哲学社会科学研究所编《唐才常集》，中华书局，1982，第 42 页注 3。

⑤ 《湘学新报》第 1 册，光绪二十三年三月二十一日（1897 年 4 月 22 日），影印本总第 1589 页。

之綮,为西史中之佳本"。① 各方推誉如此,② 应可刺激有志之士一览
究竟的好奇心,它在当时士人的读书世界里,应该确有一席之地。

就现实面来说,《万国史记》也被纳入教育体制,使它的生命力
持续长存,如它被规定为湖南时务学堂的学生在"专精之书"之外,
应该"涉猎之书"的书籍之一。③ 凡此诸般,显然都让《万国史记》
在书市上好似"洛阳纸贵",翻刻出版,④ 应该"有利可图",⑤ 竟让

---

① 刘师培也指出这部书"作于明治初年,于近数十年之事,概从阙如",见刘师培
《万国历史汇编序》,邬国义、吴修艺编校《刘师培史学论著选集》,上海古籍出
版社,2006,第5页。该文系年,据是书《刘师培著作系年目录》,第611页。
② 在一片"叫好声"之外,亦有批评之言。如徐维则即谓《万国史记》这部书"甚
略,然于五洲各国治乱兴衰之故,颇能摘抉其要领,华文西史无详者,姑读之"
[《东西学书录》(上),第1A页,光绪二十五年局印本,中研院历史语言研究所
傅斯年图书馆藏]。
③ 《时务学堂功课详细章程》,《湘报》第102号,1898年7月4日。
④ 笔者得见《万国史记》的另一版本为:冈本监辅《万国史记》,光绪二十三年上海六先
书局发兑校印本(中研院近代史研究所郭廷以图书馆藏)。据考察,《万国史记》在
1880年已有申报馆的翻印本,这部"上海六先书局发兑"本,应该是"海盗版"[周
建高:《〈万国史记〉传入中国考》,南开大学日本研究院编《日本研究论集(2005)》,
天津人民出版社,2005,第278~289页]。俞旦初调查,另有上海慎记书庄1897年石
印本(《美国独立史在近代中国的介绍和影响》,《爱国主义与中国近代史学》,中国社
会科学出版社,1996,第205页)。湖南实学书局《第一次校刻大板书成价目表》的广
告,亦列有《万国史记》[《湘报》第31号,光绪二十四年三月二十一日(1898年4月
11日)],是否出版,不详。由是可见,这部书除日本原版外,另有多种"翻印本"流传。
⑤ 《万国史记》在晚清"文化市场"上既有多种"翻印本"流传,将之与"知识仓
库"的其他著作比较,可见,较诸《海国图志》或《瀛寰志略》,《万国史记》
不算昂贵,且不同书店售价不一,应为利数。

销　售	《万国史记》	《海国图志》	《瀛寰志略》
上海飞鸿阁发兑西学各种石印书籍	洋八角	洋四元五角	—
上海纬文阁发兑石印时务算学新书目录	洋七角	洋四元八角	洋八角
上海十万卷楼发兑石印西法算学洋务书目	洋一元	洋六元	洋八角

资料来源:周振鹤编《晚清营业书目》,上海书店出版社,2005,第420~
421、431~432、445~447页。其他书目记录,不一一详列。

它可以各式各样的版本流通广传。

更特别的，是在晚清的"文化市场"上，这部《万国史记》屡屡被"改头换面"而与四方读者相见。"杞庐主人"等编辑的《时务通考》既直接复制抄袭《瀛寰志略》，也以同样的手法处理《万国史记》。① 至于朱大文编辑的《万国政治艺学全书》（1902 年出版），是与《时务通考》性质相类似的作品，它别出心裁，专门编列"亚墨利加洲米利坚盛衰考"的单元，内容则与冈本监辅的述说一模一样。② 凡此诸端，即可想见，像《万国史记》这等"共同知识文本"之流传阅读实况，仍隐匿于历史表象之下，有待阐发其实。

必须指出，"共同知识文本"的响应影响，必然各有不同。像是郑观应的《易言》，在中国和日本思想界回响并不大，在朝鲜思想界却大受欢迎；③ 丁韪良翻译的《万国公法》，自是"国际法"知识引进东亚世界的"共同知识文本"，在中国和日本顿即引发回响；然而在 1882 年以前，朝鲜方面斥其为"邪书"的批判之见，则是屡见不鲜。④ 丁韪良翻译的另一部书《公法会通》（1880 年出版），⑤ 在 1896 年由朝鲜"学部"推出"复刻本"，直至 1900 年代仍有影响。如 1905 年 11 月 26 日朴齐璜上疏，就《日韩保护协约》（《乙巳保护条约》）陈言，仍引此书为言。⑥ 可是，那时中国方面早已由日本得到更为新出全面的"国际法"知识，蔡锷翻译《国际公法志》（上海广智书局版），即为一例。⑦ 也就

---

① 杞庐主人等编《时务通考》第 22 卷"史学五·米利坚"，第 3A～5B 页，《续修四库全书》第 1258 册，上海古籍出版社，1997，第 91～96 页。

② 朱大文编《亚墨利加洲米利坚盛衰考》，《万国政治艺学全书》，"政治丛考"第 32 卷"盛衰考之十一"，中研院近代史研究所郭廷以图书馆藏。

③ 李光麟「開化思想研究」『韓國開化史研究』、31～33 頁；金容九：《世界观冲突的国际政治学——东洋之礼与西洋公法》，第 100～102 页。

④ 金容九「朝鮮における万国公法の受容と適用」、30～31 頁；金容九：《世界观冲突的国际政治学——东洋之礼与西洋公法》，第 102～105 页。

⑤ 丁韪良译《公法会通》，光绪六年同文馆本，哈佛大学哈佛燕京图书馆藏。

⑥ 金容九「朝鮮における万国公法の受容と適用」、37～38 頁。

⑦ 参见熊月之主编《晚清新学书目提要》，上海书店出版社，2007，第 403 页。

是说,"共同知识文本"在此国或已为明日黄花,在彼国或则犹视为密笈珍宝。显然,知识的生产与流通,也会受各国本身既有的知识思想状况之制约,并异步共踆。如能留意"共同知识文本"在同一时间点上的流通消费场景,或可以具体描摹知识生产流传的复杂多重样态。①

"共同知识文本"所可触动知识人的想象空间,固有相同面向,亦各有独特层域。例如,"国际法"知识被引进东亚世界,虽曾作为"共同知识文本",而引发的联想则各有巧妙。好比说日本的"自由民权"思想家植木枝盛认为,"今日万国公法不足完全为世界各国间万般事件交涉之宪法",进而主张追求"万国共议政府"与"宇内无上之宪法",② 为追求理想世界而驰骋其无边想象力。梁启超则将"万国公法"纳入传统"经世"思想的范畴,认为"居今日而言经世",其要旨之一即为必须"深通六经制作之精意,证以周秦诸子及西人公理公法之书以为之经,以求治天下之理",③ 将来自西方的知识和传统思想脉络融合串联。而后,名不见经传的蓝光策撰有《春秋公法比义发微》(1901),④ 屡引《万国公法》《公法会通》等书,以《左传》等经籍为旨,试图发明"公法"本义,更是"国际法"知识在中国独树一帜的样态。⑤ 可以

① 例如,注意晚清各种经世文编等类似史料汇编收录"共同知识文本"的状况,即可想见,知识的生产流传正与"文化市场"息息相关。

② 安冈昭男「万国公法と明治外交」『明治前期大陆政策史の研究』、34 页。

③ 梁启超:《湖南时务学堂学约》,《中国近代学制史料》第 1 辑下册,华东师范大学出版社,1986,第 297 页。

④ 蓝光策:《春秋公法比义发微》,光绪二十七年尊经书局开雕本,哈佛大学哈佛燕京图书馆藏。

⑤ 甚至从丁韪良 1881 年撰著 Traces of International Law in Ancient China(汉译为《中国古世公法论略》,于 1884 年由同文馆出版)以降,所谓"国际法"亦尝存在于中国古史的认知,始终不绝。如徐传保撰有《先秦国际法之遗迹》(1931),陈顾远有《中国国际法溯源》之作(1934),洪钧培则著《春秋国际公法溯源》(1939),下逮今世,仍有孙玉荣撰《古代中国国际法研究》(中国政法大学出版社,1999)。此等以现代国际法这种"西方学理"整理诠释自身之历史文化传统的知识探究工作,更与近代中国"以西释中"的思想脉络同步。佐藤慎一谓,丁韪良之为,乃系"附会论",参见氏著『近代中国の知識人と文明』東京大学出版会、1996、70~76 頁(惟其并未言及蓝光策、徐传保、陈顾远等相关论著)。是以,其间含义之展现,尚待进一步为之。

说，东亚知识人借由"共同知识文本"开凿的思想空间，显是广袤无边，如何彼此参照互较，以凸显共相殊态，当是不可忽略的课题。[①]

更具意味的是，这些"共同知识文本"深具"实用"的价值与意义。即如朝鲜的申观浩参照《海国图志》收录战舰、大炮等机械图，尝试制作火轮船和水雷炮等武器；[②] 而现代西方"国际法"的知识，既有助于东亚三国与西方帝国主义诸国家交涉，彼此往来互动，竟也逐渐依例为之。如 1877 年清朝与日本就琉球问题进行交涉，驻日公使何如璋就主张"援万国公法以相纠责"；[③] 1885 年的"巨文岛事件"，正是朝鲜以"万国公法"为据和大英帝国进行交涉之初例。[④] 下逮 1897 年，朝鲜"称帝建元"，成立大韩帝国，8 月 16 日确定光武年号，其间出现了需要改称王为皇帝的问题，农商工部协办权在衡上疏建议使用皇帝称号，论说即引用《公法会通》的具体章节内容，即便论说与原著内容略有扞格，却是最早具体援引特定国际法著作的具体论说。[⑤] 凡此可见，来自西方的现代"世界史地"与"国际法"知识，不是悬空的思想知识，而是足可应用于现实事务的知识，更是得以因应历史变局的共同驱力。因此，打破思想文化史、外交史及政治史的界限，回到历史本来场景，从具体的历史脉络里追索这些知识的来龙去脉，考察这些知识和当时现实事务/环境之间的应用互动关系，必可丰富吾人对过往历史轨迹的全面认识。

"世界史地"与"国际法"的知识，通过"共同知识文本"得

---

① 如金凤珍以福泽谕吉、郑观应与俞吉浚作为东亚"开明知识人"的代表，述说比较他们对于自身国族处于崭新世界秩序的内外处境与未来构想，进而开启的"思维空间"，即深有兴趣。参见金鳳珍『東アジア「開明」知識人の思惟空間―鄭観応・福沢諭吉・兪吉濬の比較研究』九州大学出版会、2004。

② 李元淳：《朝鲜西学史研究》，第 31 ~ 32 页。

③ 田涛：《国际法输入与晚清中国》，第 257 页；西里喜行『清末中琉日関係史の研究』京都大学学術出版会、2005、498 – 499 頁。

④ 金容九「朝鮮における万国公法の受容と適用」、第 37 页；金容九：《世界观冲突的国际政治学——东洋之礼与西洋公法》，第 140 ~ 141 页。

⑤ 金容九：《世界观冲突的国际政治学——东洋之礼与西洋公法》，第 140 ~ 141 页。

以在近代东亚世界流传汇聚，正让生产流通"地理想象"的动力，源源无止。知识人的认知视野，远越时空重洋，论说举譬，屡屡以异邦他国为例，并提出现实主张。如福泽谕吉有"脱亚入欧"之主张，他的名著《文明论概略》即声言要"以西洋文明为目标"，[①] 影响深远。中村正直翻译塞缪尔·斯迈尔斯（Samuel Smiles）的《自助论》(*Self – help, with Illustrations of Character and Conduct*) 为《西国立志编》，取西方人物"立志成材"为事例，鼓舞青年世代，也有深刻的影响。[②] 东亚区域开展的"地理想象"，亦为知识人共同分享的认知，如在日本盛极一时的"亚细亚主义"（アジア主义）[③]，好似足可抗衡西方帝国主义的势力，也曾在中国得到响应，1898 年在上海成立的"亚细亚协会"即为其例证。[④] 而如中国知识人知晓波兰"亡国"之痛，梁启超即撰有《波兰灭亡记》，唐才常读之，则谓梁启超之用心是"将以砭中国之愚顽，而亟图自异于波兰也"，因此，绝对不可以和灭亡波兰的"元凶"俄罗斯帝国联盟，相对的，唐才常主张应该"与英日联盟"，作为解决中国困境的"治标"方案。[⑤] 朝鲜半岛的独特地理位置，使之竟成为诸帝国主义国家争胜角逐的地域，[⑥] 曾

① 遠山茂樹『福沢諭吉：思想と政治との関連』東京大学出版会、1970、80～81 頁。

② 平川祐弘『天ハ自ラ助クルモノヲ助ク—中村正直と「西国立志編」』名古屋大学出版会、2006。

③ 参见三輪公忠「アジア主義の歴史的考察」平野健一郎責任編集『日本文化の変容・日本の社会文化史：総合講座』第4冊、講談社、1973、385～462 頁；平石直昭「近代日本の『アジア主義』—明治期の諸理念を中心に」溝口雄三等編『近代化像・アジアから考える5』東京大学出版会、1994、265～291 頁；並木頼寿「近代の日本と"アジア主義"」浜下武志等執筆『アジアの「近代」：19 世紀・岩波講座世界歴史』巻 20、岩波書店、1999、269～290 頁。

④ 狭間直樹「初期アジア主義についての史的考察（5）第三章亜細亜協会について」『東亜』114 号、2001、60～65 頁。

⑤ 唐才常：《论中国宜与英日联盟》，《湘报》第 23 号，1898 年 4 月 1 日，《唐才常集》，第 148～153 页。

⑥ 参见崔文衡著、齊藤勇夫訳『韓国をめぐる列強の角逐：19 世紀末の国際関係』彩流社、2008。

经留学日本与美国的俞吉浚，观朝鲜处于中、日、俄等国包围的处境下，取中亚诸国遭俄罗斯帝国吞并为借鉴，倡言"朝鲜中立"。[1] 梁启超之影响所及，更还扩张到朝鲜半岛，不少著作都被译为韩语，为韩国思想界带来相当的冲击。[2] 近代东亚知识人以自己难可亲履其地，观照其情的他国处境，作为提出论说之例证，构拟现实方案的张本，正是彼等"地理想象"驰骋无边的表现。

四

综而言之，"世界史地"与"国际法"的知识在近代东亚世界的展现，在各国既自有特色，更曾以分享"共同知识文本"的样态，进而汇聚驱动了"地理想象"的生产、流通和嬗变，涉及之面向课题，多彩共映，实难一语概括。如果能够精确调查描述"共同知识文本"的制作流传样态，也注意其特殊展现，并从具体的历史脉络里进行追索，着重各国的特异场景，描摹其间复杂多重的情境，同时拟从具体的历史脉络里追索这些知识与现实事务/环境之间的应用关系，述说近代东亚"地理想象"的整体发展局势，借由共相殊态的掌握和参照，当可扩张丰富吾人对近代东亚历史轨迹的多方位的理解。

过往有关"世界史地"与"国际法"的知识在东亚各国生产流通情况的研究，固称繁多，却基本上难可超越既存的国族中心之视角，亦未将两者结合为一，进行综合讨论。至如注意"世界史地"

① 姜萬吉「俞吉濬の韓半島中立化論」宮嶋博史訳『分断時代の歴史認識』学生社、1984、98～99 頁。

② 相关研究，如佐佐充昭「韓末における『強権』の社会進化論の展開—梁啓超と朝鮮愛国啓蒙運動」『朝鮮史研究会論文集』40 期、緑蔭書房、2002、183～213 頁（该文列表说明梁启超著述被译为韩文的情况，尤为充实）。另可参考邹振环《清末亡国史"编译热"与梁启超的朝鲜亡国史研究》，《韩国研究论丛》第 2 辑，上海人民出版社，1996，第 325～355 页。

与"国际法"知识领域的"共同知识文本"在东亚三国同润共享场景的殊相共态，进而述说描摹"地理想象"之生产、流通及其嬗变的面向，则是学界尚未之见的研究角度。笔者之构想，应可突破既有以国族为中心的研究视角，为近代东亚的整体历史脉络，做出整合性的研究，对于近代东亚的历史经验的同异，应可有更深入的认识。

此外，就一般认识而论，"世界史地"与"国际法"知识乃至"地理想象"的研究，大都会归类于思想文化史的范畴。但是笔者认为，这些知识与现实事务之间的关系，不可须臾或离，因此必须打破思想文化史、外交史及政治史等领域的樊篱，绝不画地自限，主张力求回到历史本来场景。因此，吾人应该从具体的历史脉络里追索这些知识的来龙去脉，考察知识与现实事务/环境之间的应用互动关系，描摹其间复杂多重的情境，自可为近代东亚"地理想象"错综复杂的样态与整体发展的局势，展示近历史的本来面貌，进而丰富吾人对过往历史轨迹的全面认识，突破当下历史知识之生产自分畛域，甚至趋于"零碎化"的窠臼。如是，当为近代东亚的整体历史过程，做出逼近于本来历史样态的研究。

第六章 中国近代"转型时代"的 "地理想象"（1895～1925）

一

夏敬渠的《野叟曝言》[①] 是清代著名的"才学小说"之一，是他个人才情的具体彰显。在夏敬渠汪洋闳肆的想象里，非仅主角文素臣自己功业崇隆，他的友朋也是际遇不凡。像是文素臣的好友之一景日京便"领兵航海"西行，"征伏欧罗巴洲二十余国，建国号曰大人文国"，还让"意大里、亚波而、都瓦尔、依西把尼亚，各率附属小国，降伏大人文国主，受其节制。俱秉天朝正朔，亦如中国之制，除灭佛老，独宗孔圣。颁下衣冠礼制，用夏变夷"。[②] 待得进入 20 世纪，市面上则出现了陆士谔[③]的《新野叟曝言》（1909 年初版），"故事新编"述说文素臣的子裔文衳作为多才多艺的发明家，发明

---

① 夏敬渠：《野叟曝言》，长春出版社，1993。关于《野叟曝言》的研究成果甚众，例如王琼玲《夏敬渠与野叟曝言考论》，台湾学生书局，2005；黄进兴《〈野叟曝言〉与孔庙文化》，收入氏著《圣贤与圣徒》，允晨文化实业股份有限公司，2001，第 243～258 页。余不详举。

② 夏敬渠：《野叟曝言》第 147 回"五百道赐符三男同降·七十国献寿六宝齐归"，第 1815 页。

③ 关于陆士谔的研究，尚称繁众，参见田若虹《陆士谔小说考论》，上海三联书店，2005。余不详举。

了可以远征到金星、木星的“飞舰”之后，奉了皇上圣旨，先“牛刀小试”一番，担任征欧大元帅，出征欧洲，振翮西行，不过一昼夜就到了欧洲，瞬即横扫无敌，全欧洲七十二国先后投降。随后，文礽更完成了“不可能的任务”，征服了月球和木星，不仅中国的黄龙国旗飘扬在月球上，更把木星变成了中国的殖民地。① 夏敬渠和陆士谔的小说家言，好似荒诞不经，但那种将自己步履从未可及的遥远异域，纳为己身臣属之土的意欲，却是跃然纸上。固然，夏敬渠和陆士谔身处时代之差异，他们吹鸣的两阙狂想曲所展现的思想含义，亦不可等量齐观；然而可以想见，当小说家在无限宽广的想象空间里自由驰骋的时候，还是将其自有的知识，特别是既存的地理学知识，作为他们在这方空间里逞其幻思文采的思想动力根源。

这股推动夏敬渠和陆士谔挥洒巧想幻思的知识/思想潮流，自然和“西潮东渐”的大背景密切相关。自 17 世纪以降，耶稣会教士带来的（由西方建构的“现代”）地理知识，已曾引发相当的知识震撼/争辩。② 在18 世纪清朝统一中国的历程里，来自西方的地理知识即为清朝所需，如康熙与乾隆年间分别完成的《皇舆全览图》与《内府舆图》，便是传教士的功劳。③ 在这一历程里，以各式各样的地理文字资料/图像视觉表述来界定其子民与领土范

---

① 笔者尚未得见《新野叟曝言》原著，本书引述，参考林健群《晚清科幻小说研究》，中正大学硕士学位论文，1998，第 194 ~ 195 页；田若虹《陆士谔小说考论》，第 65 ~ 73 页。

② 如关于“地圆说”的争辩，自 17 世纪起绵延不绝，参见祝平一《跨文化知识传播的个案研究：明清之际地圆说的争议，1600 ~ 1800》，《中央研究院历史语言研究所集刊》第 69 本第 3 分，1998，第 589 ~ 670 页。至于耶稣会教士带来的地理知识引发的影响，亦可参见邹振环《晚清西方地理学在中国：以 1815 至 1911 年西方地理学译著的传播与影响为中心》，第 1 章“明末清初西方地理学汉文书籍与新知识点的引入”。其余文献繁多，不详举例。

③ 孙喆：《康雍乾时期舆图绘制与疆域形成研究》，中国人民大学出版社，2003，第 37 ~ 62 页。该书述论清代康雍乾时期绘制的舆图与清朝疆域形成的关系甚详密，但研究思路不免受环境限制，颇有以现今之地理观念评价前人之意味。

围的成果（如《皇舆全览图》《蛮獠图说》和各种"采风图"等），也纷纷问世。① 各种官修《方略》②，陆续纂修，也是炫耀帝国武功之盛的表现，即可视为"地理帝国主义论述"（geo-imperialist discourse）之张本。③ 流风所及，19 世纪上半叶各式关于当时中国边疆事务的私家著述大量问世，固可视为考据学风与

---

① Laura Hostetler, *Qing Colonial Enterprise：Ethnography and Cartography in Early Modern China*（Chicago：University of Chicago Press, 2001），pp. 208 - 209. 她主要以清朝对现今中国西南地区的扩张为例进行探讨，中西对比，指出清朝与同一时期的欧洲民族国家之海外殖民扩张的作为，可谓异曲同工。惟笔者对其使用汉语（原始）材料之略有瑕疵而立是论，甚有保留，但须承认颇受其论说启发。至如邓津华借鉴萨义德的"想象地理"（imagined geography）论述，述说清朝收复台湾之后出现的大量文字与图像成果，展现清朝统一中国的另一面向，则与 Laura Hostetler 可称同调，参见 Emma Teng, *Taiwan's Imagined Geography：Chinese Colonial Travel Writing and Picture, 1683 - 1895*（Cambridge：Harvard University Press, 2004）。当然，Laura Hostetler 和邓津华之研究思路，与近来美国的"中国研究"学界倡言"新清史"的研究路向，试图从世界史进程来理解清朝的"帝国主义"（Qing imperialism），不可或离，综合诸家研究成果的述说，可以参见 Joanna Waley-Cohen, "The New Qing History," *Radical History Review* 88（2004），pp. 193 - 206；欧立德（Mark C. Elliott）：《满文档案与新清史》，台湾《故宫学术季刊》第 24 卷第 2 期，2006，第 1～18 页；本文不详论。

② 清代各种官修《方略》的简要书目，参见李宗侗《中国史学史》，中国文化大学出版部，1979，第 162～163 页；牛海桢《清代官修西北边疆史志述论》，《图书与情报》2000 年第 2 期。

③ "地理帝国主义论述"一词，取自 Morag Bell, Robin Butlin, and Michael Heffernan, eds., *Geography and Imperialism, 1820 - 1940*（Manchester & NY：Manchester University Press, 1995），p. 7。该书收文 11 篇，主要从英、法等国的个别（组织、人物、出版品等）具体例证，述说西方地理知识的成长和欧洲帝国主义的扩张（与解殖）历程两者之间的互动；宏观言之，地理知识的成长和欧洲帝国主义的扩张固然相辅相成，但也不是那样理所当然，两者之间有了错综复杂的关系。"地理帝国主义论述"之形塑与流变，亦复如是。惟即如是书收录 Robin A. Butlin, "Historical Geographies of the British Empire, c. 1887 - 1925"一文所示，在 19 世纪末、20 世纪初大英帝国问世的各式各样的历史地理学丛书，非仅卷帙浩繁，其内容和含义，则是复杂之至，既有教育宣传的作用/意义，也包括宣扬种族优越论的观念，更与帝国的商业利益、政治、军事目的挂钩（*Geography and Imperialism*, pp. 151 - 188），笔者自是无意以西方的论述/观察成果与清朝的各种官修《方略》相比拟。

经世思想的结合,① 更是展现帝国荣光的历史书写。② 约略与此同时，伴随着基督教传教士重启传播"福音"的浪潮，各式各样的地理知识与信息，也铺天盖地与之来袭。③ 大约在 1830~1840 年代，中国士人自己也开始（以传教士提供的信息为取材来源之一）纂辑述说世界地理和局势的作品，如魏源的《海国图志》与徐继畬的《瀛寰志略》，就是个中"名著"。各式各样的相关地理文本，源源不绝，同时并存，千奇百怪的大千世界与不可思议的知识，迎面扑来。由地理知识的成长和变迁而引发的知识/思想效果，涟漪外漫，波纹荡漾，既对源远流长的"知识世界"的内部结构提出了挑战；④ 那些外

---

① 彭明辉：《晚清的经世史学》，麦田出版，2002，第27~61页。不过，他对这些私家著述象征的意义，以从"元史学"到"西北史地"再到"边疆史地"的演变历程为探讨主轴，并举略几部代表著作（如张穆的《蒙古游牧记》、何秋涛的《朔方备乘》等）进行诠释；在笔者看来，这道诠释主轴，不免"弱水三千，我只取一瓢饮"的缺憾。如严如熤对"苗疆"的论述成果《苗防备览》［嘉庆二十五年（1820）序刊本］，亦可视为同类之著述。也就是说，"西北史地"与"西南史地"应该同时并存（当然，还另有"东北史地""东南史地"的可能，不详引述）。即贤如陈寅恪，尝谓"以家世因缘，获闻光绪朝胜流之绪论。其时学术风气，治经颇尚公羊春秋，乙部之学则喜谈西北史地"［陈寅恪：《朱延丰〈突厥通考〉序》，收入氏著《寒柳堂集》，《陈寅恪先生文集》（一），里仁书局1981年影印本，第144页］，亦不免此憾。如果要建构晚清"边疆史地"的概念架构来为这些著述定位，首先就得改变既存的历史叙事逻辑。

② 即如龚自珍声言"今葱岭以内，古城郭之国，既有成书，而蒙古……纵横万余里，臣妾二百年，其间所设施，英文巨武，与其高山异川，细大之事，未有志"，故拟撰《蒙古图志》（但因火而未成），见龚自珍《〈蒙古图志〉序》［道光元年（1821）］，《龚自珍全集》，中华书局，1959，第305~308页。而如张穆《〈蒙古游牧记〉自序》谓因"本朝新辟之土"，"莫不各有纂述，以明封畛而彰盛烈，独内外蒙古隶版图且二百余载，而未有专书"，故拟着手于该书之纂著，"阅者手此一编，亦足以仰窥圣神功化之万一矣"（引自《皇朝经世文续编》第88卷上）。其他著述的类似用意，尚需详细引述讨论，另俟他稿。

③ 参见邹振环《晚清西方地理学在中国：以1815至1911年西方地理学译著的传播与影响为中心》；郭双林《西潮激荡下的晚清地理学》。

④ 例如，《尚书·禹贡》的历代注释（特别是中国西北、西南区域的地理注释），固然已经知晓利用后来的地理知识和文献资料，唯"注释断不敢驳经"，只能"想方设法地弥合古代的传说以迁就经典的错误"。待得各式各样的新地理知识大量涌来，"经典"原来不容置疑的权威性，实即遭遇前所未有的挑战。参见葛兆光《七世纪至十九世纪中国的知识、思想与信仰》，复旦大学出版社，2000，第621~624页。

在于中国的世界/国家，也成为知识的对象（an object of knowledge），[1]
各式各样的探索述说，络绎而生。可以说，随着地理知识的更易增减
而引发触生的"地理想象"，让近代中国的思想观念世界，得到了无
限宽广的嬗变空间。

　　然而，在 1895 年以前的岁月里，具体反映人们"地理想象"
的认知述说，固是丰富多样，那些可以具体表现人们"地理想象"
的物质基础，基本上还是局限在传统的范畴里。王锡祺纂辑的
《小方壶斋舆地丛钞》，可称集其大成，[2] 犹为书本形式，即为一
例。[3] 相形之下，正如张灏教授的宏观论说，1895～1920 年前后
大约 25 年的时间，可名曰"中国近代思想史的转型时代"。那是
中国思想文化由传统过渡到现代、承先启后的关键时代，在思想
知识的传播媒介领域方面，也展现了突破性的巨变，报刊作为
"制度性传播媒介"的表现之一，不仅报道国内外的新闻，并具介
绍新思想及刺激政治社会意识的作用，影响深远。[4] 在这个"转型
时代"，大量出现的报刊则正是生产/表现"地理想象"的最主要
载体，非仅确证与转化既存的地理知识，更将中国与世界联结起
来，为人们提供源源不绝的认知想象动力。地球任何一个角落发
生的事务，和中国之关联所及，意义所在，都以地理空间的认知

---

①　即如 D. R. Howland 以日本作为中国士人的知识对象如何形成范畴的个例，具体
　　阐述 19 世纪问世的那些与日本相关的地理文本，如何成为当时士人理解世界之依
　　据，对他们世界观的变换（a shift in worldview）有何等影响，见 D. R. Howland,
　　Borders of Chinese Civilization: *Geography and History at Empire's End*（Durham: Duke
　　University Press, 1996）。

②　潘光哲：《王锡祺（1855～1913）传》，郝延平、魏秀梅主编《近世中国之传统与
　　蜕变——刘广京院士七十五岁祝寿论文集》，第 395～425 页。

③　当然，笔者无意否认《申报》《万国公报》等早期报刊的作用与地位；然而，即
　　如李仁渊的解说，早在 1895 年以前，新式的传播媒介（包括技术与形式）都已经
　　引进中国，却未在社会结构与文化思想上有相对的响应，参见李仁渊《晚清的新式传
　　播媒体与知识分子：以报刊出版为中心的讨论》，稻乡出版社，2005，第 1 章。

④　张灏：《中国近代思想史的转型时代》，香港《二十一世纪》第 52 期，1999 年 4
　　月，收入氏著《时代的探索》，第 37～60 页。

作为人们共享同润而又不证自明的默会之知（tacit knowledge），进而将彼此联系起来，交换讯息/意见/知识，乃至于各持己见，争论驳辩。特别是在现代高度发展的新闻交换体系之下，"天涯若比邻"，足可震惊一时的大事，迅即为人们共知同晓，也就是说，在现代新闻传播的过程里，总会展现出"把国外的事务国内化"（domesticating the foreign）的面向。当然，在这个"国内化"的过程之中，人们无可避免地会受到自身国内文化/社会/意识形态的编码，以自己的观念/语汇来解读/认识那些形形色色的外国新闻。① 同样的，人们透过这些"制度性传播媒介"而展现/表达的"地理想象"，往往也可能是真实和想象杂糅并括的"第三空间"，② 错综复杂。总而言之，在中国近代"转型时代"呈现的"地理想象"，实是五彩斑斓，引发诱生的历史结果，更是多样繁富。

二

在中国近代的"转型时代"里，"制度性传播媒介"作为生产/

---

① 参见 Michael Gurevitch, Mark R. Levy and Itzhak Roeh, "The Global Newsroom: Convergences and Diversities in the Globalization of Television News," in *Communication and Citizenship: Journalism and the Public Sphere in the New Media Age*, pp. 206 – 207；当然，本书主要以电视新闻的报道为论述对象而指陈这种趋向，笔者借用其论述，无意深究其论述涵括之全面样态。

② 这是后现代地理学家 Edward W. Soya 的识见。大体言之，Soya 认为所谓"第三空间"，即为具体、实质的第一空间（First place/concrete materiality of spatial forms）和认知、再现的第二空间（Second place/representations of human spatiality in mental or cognitive forms）的混合与延伸，是真实和想象兼具（real-and-imagined/real and imagined）的另类空间意识（an other form of spatial awareness），参见 Edward W. Soya, *Third Space: Journeys to Los Angeles and Other Real and Imagined Spaces* (Oxford: Blackwell Publishers, 1996), pp. 8 – 16。汉译本参见索雅《第三空间：航向洛杉矶以及其他真实与想象地方的旅程》，王志弘、张华荪、王玥民译，桂冠图书股份有限公司，2004，第9~20页。

表现"地理想象"的最主要载体，其具体的生产流通过程的物质条件/基础，也有巨大的变化。特别是信息生产流通的广度与速度，较诸前此大幅提升，亦迅即如雷引发多样之回响。

例如，唐才常早在 1898 年即援引日本政教社创办的《日本人》的言论，鼓动湖南同乡响应"变法""新政"；当时影响广泛的《时务报》馆经理汪康年与日本报刊界联络，亦是兴致盎然。就《时务报》而言，它刊登了各式各样译稿，都以外国报刊为"眼睛"来观察世界，是人们理解认知世局变异的凭借。它仰仗之讯息来源，更是繁复多样。如《时务报》全帙刊出 58 篇"路透电音"，盖作为大英帝国最关键的信息掮客的路透社，从 1889 年起就开始提供关于"中国与印度的特别服务"，《时务报》选译其消息，良有以也。① 然而，就《时务报》刊布的 1706 篇译稿来说，多达 682 篇来自日语报刊（比例达 39.98%），举凡日本当时重要的报刊，如《时事新报》《东京日日新闻》《国民新闻》《大阪朝日新闻》《日本新报》《读卖新闻》《东邦协会会报》《太阳杂志》《国家学会杂志》《东京经济杂志》《地球杂志》等，都是《时务报》译稿的取材依据。列名为《时务报》"东文翻译"的日本人古城贞吉提供的译稿，② 更多达 571 篇，③ 居《时务报》诸译者之首。凡此可见，日文报刊实是《时务报》译稿的最重要来源。④

时移势转，技术日新，报刊传递讯息的广度和速度，大步迈前。如 1917 年的俄国革命，震撼举世，1917 年 3 月 12 日（俄历 2 月 7 日）革命爆发（俗称"二月革命"）之后，初始却是消息

---

① 参见本书第一、二章。

② 据沈国威考证，从 1896 年夏天到 1897 年底的大部分时间，古城贞吉都在上海逗留，担任《时务报》"东文翻译"的工作，参见沈国威「关于古城贞吉的『沪上销夏录』」『或問』8 号、2004、155～160 页。

③ 陈一容：《古城贞吉与〈时务报〉"东文报译"论略》，《历史研究》2010 年第 1 期，第 102～104 页。

④ 参见本书第二章。

混沌，以《申报》言，最先仅于 3 月 16 日载有《战电》一则，谓：

> 彼得格勒电：俄国国会与帝国会议均奉政府之命停止开会。
> （十二日）[①]

这则外电，应该不会让《申报》的读者知晓/联想彼方炽热的革命风潮；翌日从东京转来一则《专电》，即已有比较明确的讯息：

> 东京电：桑港来电谓俄国发生革命事件，日本朝野深为友邦忧虑。该革命运动当不致如来电所言之甚，惟俄国政府若不容国会之要求，则此事必形重大。今后形势，正宜注目。[②]

待得 3 月 18 日的《申报》，不仅已有完整的报道，[③] 同时还刊出署名为"默"的评论文稿，虽然作者宣称"日离专制，而趋共和"与"日除强权，而重公理"是"今后之世界"最可"预料"之趋势，但是这场革命是否会对"趋共和"与"重公理"产生影

---

① 《申报》1917 年 3 月 16 日，第 3 版。
② 《申报》1917 年 3 月 17 日，第 3 版。
③ 如："北京电：外交界消息：俄国革命发端于本月十日，当时惟见饥民塞途，兵队冲突，至十二日，俄皇下国会停议之谕，议员大忿，决议抗拒，并电俄皇要求退位，又电告前敌各军司令，各司令多复电赞助，京城军队同时响应，遂由国会议长罗翔柯组织临时政府，并派兵占据要地，拘捕守旧党委员，开释狱中政治犯。俄皇见大势已去，即允退位，今已举定摄政。此次举事，军民一心，仅警察抗拒稍力，故兵民死伤者，前后不满数百人。外省闻信，已纷纷响应。现京城秩序已复，各机关多照常办事。"《申报》1917 年 3 月 18 日，第 2 版。其余讯息不详举。

响，却含糊其词，论说"不痛不痒"。① 相较之下，李大钊于《甲寅日刊》发表《俄国革命之远因近因》一文，则对"二月革命"有热烈的颂扬，声言其必会确立"自由政治基础"，"于以知自由民权之大义，无论如何屈挫，终有时而昌"。② 随后在 1917 年 11月 7 日（俄历 10 月 25 日）又狂飙而现的"十月革命"，在爆发后的第三天（即 1917 年 11 月 10 日），即由国民党人主办的上海《民国日报》以《突如其来之俄国大政变》为标题报道了这个消息。此后，有关的讯息在中国报刊上更不断出现，但来源多是西方国家通讯社的报道，内容相当混乱，真假莫辨。随着时间的推移，俄国革命局势逐渐稳定，中国舆论的态度才逐步明确起来。像是《民国日报》在 1918 年元旦的社论里，即表示他们无法理解"十月革命"的意义，从而提出了以克伦斯基为首的政府何以会被颠覆掉，使俄国重蹈于无政府状态这样的问题；然而，到同年 5 月间，其认识就逐渐往前推进了，如在报道中说："俄国数千年之专制政府亦为提倡和平之列宁政府所推翻，行见东亚大陆将为民治潮流所充布……"可见对俄国情势认识转变之一斑。③

　　凡此可见，报刊等"制度性传播媒介"在中国近代的"转型

---

① 原文是："今后之世界，有两事可预料者，对内必日离专制，而趋共和；对外必日除强权，而重公理。此大势之所可预料者也；然不可预料者，亦即此两事。欲离专制，必起革命，革命必扰乱，扰乱至若何程度而后定，则不可知也。欲除强权，必起战争，战争必纠纷，纠纷至若何程度而后定，则又不可知也。何以故？革命而不遽告成功，则革命必继续不已；战争而不遽分胜负，则战争必连结不已。故其扰乱与纠纷之程度，以常例言之，而不能预料者也。若夫革命与战争同时发生，其间有无相互之影响，影响至若何程度，此又为今日之特例，而不可预料者也。总之，今日各国之纷纷多事，即为此两事。经过此多事之关头，而后世界之变化定，而后世界之和平实现。然则今之纷扰，殆亦势所无可避免者哉。"参见默《时评·俄革命与战争》，《申报》1917 年 3 月18 日，第 2 版。

② 李大钊：《俄国革命之远因近因》，原刊《甲寅日刊》，1917 年 3 月 19～21 日，收入中国李大钊研究会编注《李大钊全集》第 2 卷，人民出版社，2006，第 1 页。

③ 彭明：《五四运动史》，人民出版社，1984，第 176～179 页。

时代"里,固然是生产/表现"地理想象"的最主要载体;仔细分析起来,信息生产流通的广度与速度,愈形提升,特别是日本以其地利之便,则好似"看不见的手",提供了相当的动力来源。① 因此,如果能够在注意报刊上各式文献的信息来源、取材依据的同时,也重视信息生产流通过程的物质条件/基础,应可深化我们对"地理想象"在这个"转型时代"之多重样态的认识与理解。

三

正是通过各式各样的"制度性传播媒介"让人们对地球其他区域的大事,可以迅速响应,也能与世界思想潮流同波共舞,不仅开启了"地理想象"的无限可能空间,引发的回响更是千样万态。正如张灏教授的睿见提示,在这个"转型时代"里,汲引世界思想潮流及其响应的态势,促生了"新的思想论域",人们面对相同的问题,讨论炽烈,更使用新的语言进行论述,视野所望,论说所及,却又自出机杼。因此,这方"新的思想论域"构成的光谱,实在是缤纷多彩。

借着各种"制度性传播媒介",人们对世界各国现实情势的认知/理解,繁复多样,可以拓延的"地理想象"空间,固是宽广无垠,更也形塑共同的认知/思想基底。例如,正是对他国异域的既成样态存有共识,便打下了人们可以分润共享的"时空压缩"(time-space compression)的思想基底,普遍认为能够将异国他邦"最新"/"最好"的学说制度,在"最短"的时间里取"拿来主义"之手段,创制立法,"毕其功于一役",遂可改造中国。如 1901 年春,孙中山在与美国《展望》杂志记者林奇谈话时即表示,他的抱

---

① 参见本书第一章。

负就是发动一次有如 30 多年前日本一样的革命，希望在中国实现
"日本化"，并认为"日本人用了三十年才办到的事，我们最多用十
五年就能办到"。^① 1905 年，孙中山对东京留学生讲演亦如是言：

> 日本维新须经营三十余年，我们中国不过二十年就可以。盖
> 日本维新的时候，各国的文物，他们国人一点都不知道；我们中
> 国此时，人家的好处人人皆知道，我们可以择而用之。他们不过
> 是天然的进步，我们这方才是人力的进步。^②

至于孙中山的《实业计划》，更可以说是试图以国家力量进行"空
间生产"（the production of space）^③ 在近代中国的第一套完整表述。
与孙中山可称同调的各式论述，在 20 世纪中国的历史进程里，不绝
如缕。

① 《惠州起义经过及革命前途的展望》（译文·1901 年春在横滨与展望杂志记者林奇
谈话的报导），《国全》补：176～179。
② 《中国应建设共和国》（1905 年 8 月 13 日在日本东京富士见楼对留学生演讲），
《国全》2：193～197。
③ "空间生产"一词，仿自 Henri Lefebvre 的名著 *The Production of Space*（trans. by
Donald Nicholson-Smith，Cambridge：Blackwell，1991）；就发展序列的后进国类似的
表现样态而言，与孙中山《实业计划》的规划理想可称同调者，不胜枚举。如当
原来称为"江户"的东京被选取为近代国家的首都，即将武士离去后已趋荒废的
"町"经由规划建设，如开展"银座炼瓦街计划"要将之建设为"开化之街"
（開化の街），进行"市区改正"，推动"官厅集中计划"等，从而创造了现代东
京（藤森照信『明治の东京计画』岩波书店、1982）。只是，在国土开发的过程
里，为追求效率而发动的"空间网络化"［空間のネットワーキング
（networking）］和让每一空间都能享受其服务而开展的"空间均质化"（空間の均
質化）等面向，看似理所当然，实践之际，总会受到各种条件的制约——如受地
方豪强的抵制，须与之周旋协调乃至镇压等——因此未必"水到渠成"（水内俊
雄「近代日本の国土空間の生産をめぐる计画化思想とその実践—地方利益と都
市利益の相克」山室信一编『空間形成と世界認識』岩波书店、2006、195～234
頁）。因是，就近代中国史的脉络而言，计划以国家力量推动进行"空间生产"
的事业，"纸面作业"看似宏伟壮观，其间可能涉及的各种纠葛，应是繁杂难言，
史学工作者如可转换视角，应可说出许多故事，本书未可涉及矣。

抑且，世界其他角落发生的大事，透过各种"制度性传播媒介"的传递，让人们即使足不出户，生平亦未临其地，却还是可以激起多重联想，展现出中国和世界好似密不可分的态势，促生出一种崭新的全球意识（consciousness of a new globality）。① 像《东方杂志》主编陶惺存（葆霖、保霖）以"景藏"为名②，在指陈今后杂志界职务之一"当以世界大势为标准"的文章里便说：

　　　　因交通机关愈益发达，各国人民往来日益频繁，凡一种现象、一种主义，其传布之速，迥非十年前可比。如各种新传染病之流行，尤其显著者焉。各国人民之起居饮食习惯既不同，体格强弱亦互异；然流行病之来，一切不顾。以此例之，则其它事物之可以流行者，亦岂能以地域之隔绝、文化程度之相悬，谓可闭门拒绝，置之不理耶？③

　　正是在认定中国和世界不可或分，相连并结的情境之下，借由各种"制度性传播媒介"传递的讯息，判断"世界大势"之走向的议论，层出不穷；而且借以思索中国前景之启发意义——或可名曰"托洋改制"——的论说，铺天盖地。如当"欧战"爆发后，众所关注，思想精英如陈独秀便即声言，历经"欧战"，"一九一六年欧洲之形势、军事、学术、思想，新受此次战争之洗礼，必有剧变，大异于前"。④ 就

---

① Rebecca E. Karl, *Staging the World: Chinese Nationalism at the Turn of the Twentieth Century*, p. 12. 不过，她认为，这种崭新的全球意识从19世纪中叶以来即开始在中国成形。

② "景藏"为《东方杂志》主编陶惺存，见王奇生《新文化是如何运动起来的——以〈新青年〉为视点》，《近代史研究》2007年第1期，第32页；陶惺存即陶葆霖（保霖），见陈玉堂编著《中国近现代人物名号大辞典》（续编），浙江古籍出版社，2001，第273页。

③ 景藏：《今后杂志界之职务》，《东方杂志》第16卷第7号，1919年7月15日，第4页。

④ 陈独秀：《一九一六年》，《青年杂志》第1卷第5号，1916年，第1～2页。

中国而言，其影响所在，甚至连小说家将眼光投注在下层民众的时候，都会带上一笔，像是描写"欧战"竟让上海港畔的苦力身受其害，"欧洲又闹起什么战事来了，洋行也关门了，海船也停驶了。土货又不能出口，洋货又不能进来，弄得我们这班苦力抱着满身的力气，却换不来一个钱使用"，① 极尽悲情。显然，这篇小说的作者与读者，对那迢遥异域的战事会对中国产生莫大影响，都有共识；只是，小说家的笔锋所及，更要唤起读者对下层民众亦莫可例外的关注之情。等到 1918 年 11 月 "欧战"结束的消息传来，中国回响热烈，② 盖中国虽然号称参战，其实只派出劳工"助阵"，③ 竟也位居"战胜国"之列，"欧战"告终之讯息遂成"喜报"。正如梁启超的观察：

> ……喜报传达以来，官署放假，学校放假，商店工厂放假，举国人居然得自附于战胜国之末，随班逐队，欢呼万岁，采烈兴高，熙如春酿。④

特别是读书人群体沉浸在这波"喜浪"之中，尤为之"狂"，⑤ 在各式报刊上都有展现。当时还是留学生的张奚若，收到胡适寄来的《新青年》等刊物，即谓《新青年》等报刊声言"公理战胜强权，以后世界将永远太平，令人叹其看事太不 critical"，实在"未免蹈混事

---

① 企翁：《欧战声中苦力界》，原刊《小说海》第 3 卷第 7 号，上海中国图书公司和记，1917，收入吴组缃、端木蕻良、时萌主编《中国近代文学大系 1840～1919·小说集》第 9 卷，上海书店，1995，第 955～961 页。
② 关于"欧战"在中国的回响，参见丘为君《战争与启蒙："欧战"对中国的启示》，《政治大学历史学报》第 23 期，2005 年 5 月，第 91～146 页。
③ 相关述论，参见陈三井《华工与欧战》，中研院近代史研究所，2005。
④ 梁启超：《对德宣战回顾谈》（1918），夏晓虹编《〈饮冰室合集〉集外文》中册，北京大学出版社，2005，第 730 页。
⑤ 关于读书人（士人）群体对于"欧战"结束的回响，可以参见罗志田《"六个月乐观"的幻灭：五四前夕士人心态与政治》，《历史研究》2006 年第 4 期，第 105～124 页。

实与希望为一之弊"。① 身处海外之人，或许难能测想鼓动这波"喜浪"的动力来源究竟何在。盖正若胡适后来的回忆，"停战的电报传出之夜，全世界都发狂了，中国也传染着了一点狂热"，究其实际，这样的"狂热"，原来乃是：

> ……不免有点"借他人之酒杯，浇自己之块磊"。我们大家都不满意于国内的政治和国际的现状，都渴望起一种变化，都渴望有一个推动现状的机会。那年十一月的世界狂热，我们认作一个世界大变局的起点，也想抓住它作为推动中国社会、政治的起点，同时我们也不免都受了威尔逊大总统的"十四原则"的麻醉，也都期望这个新世界可以使民主政治过平安日子……②

"无风不起浪"。显然，胡适等精英阶层此等"狂热"心态的背后预设，正是中国的现实处境（及其改变的可能性），和世界局势（与其变化）实是密切相连，世界格局的变易，必然影响中国。这是带动了这波"喜浪"的动力根源。

在这个"转型时代"里，尽管人们都认为中国和世界未可或分，借异域经验而阐释其间关联所在的视角则是多重繁复，展现出来的思想光谱自是五彩缤纷。例如，1910 年 10 月葡萄牙革命爆发，成立了共和国，消息传来，斯时正在"立宪"与"革命"之间必须做出抉择的中国思想界，便是"各自表述"，各有想象。立场倾向于"立宪"的《国风报》论者，联想到的是"国民之能力"与"立宪"的关系：

---

① 《张奚若致胡适》（1919 年 3 月 13 日），中国社会科学院近代史研究所中华民国史研究室编《胡适来往书信选》，香港中华书局，1983，第 32 页。
② 胡适：《纪念"五四"》，原刊《独立评论》第 149 号，1935 年 5 月 5 日，收入张忠栋、李永炽、林正弘主编《五四与学生运动》，唐山出版社，1999，第 27～28 页。

今日环球之中，何一非立宪之国，然其盛衰治乱，迥相悬绝者，则视其国民之能力，所以运用此宪政者为如何，固非谓一袭立宪之名，即可长治久安而不敝也。[1]

站在"革命"这一边的戴季陶，虽未可公然倡言"反满革命"，却提醒读者要以葡萄牙"共和"之速成为借镜：

……呜呼！葡萄牙仅以四十八小时而共和成，吾国变法数十年，而国会尚未开，吾国民其不愧死乎？虽然，二十世纪，人道昌明之时代也，世界潮流共注于是，吾国人心果未死，则来日方长，终有能达立宪之一日也。拭目俟之。[2]

宋教仁对于葡萄牙革命的结果，亦是心有戚戚焉，乃撰《葡国改革之大成功》一文，声称"葡国政治腐败达于极端"，"国王无道"，"葡人遂大起革命"，至 1911 年 5 月"新政府制定共和宪法，设立议会"，革命成功，从而盛赞葡萄牙是"近世革命史上之模范哉"。[3] 进而甚者，当革命党人的武装起事行动屡屡遭挫之际，宋教仁还以葡萄牙为例证，来譬拟自己的革命策略，以为效法葡萄牙、土耳其的"中央革命"，"联络北方军队，以东三省为后援，一举而占北京，然后号令全国"是发动革命的最佳策略；至如在长江流域各省同时大举然后北伐，或是在边隅之地发动，"进

① 元瑜：《葡萄牙革命记》，《国风报》第 1 年第 25 期，1910 年 10 月 13 日，第100 页。

② 戴季陶：《葡萄牙共和始末记》，原刊《民立报》，1910 年 11 月 5～8 日，收入唐文权、桑兵编《戴季陶集》，华中师范大学出版社，1990，第 140 页。

③ 宋教仁：《葡国改革之大成功》，原刊上海《民立报》，1911 年 9 月 25、28 日，收入中国国民党党史委员会编《宋教仁先生文集》上册，中国国民党中央委员会党史委员会，1982，第 443～447 页。

据边隅，以为根据，然后徐图进取"，则都无如此策之善。[1] 当然，日后"辛亥革命"成功，未必与宋教仁擘拟之革命策略有直接的关系，却显示了既有的异域经验，如何激发了如宋教仁这样的革命家的取法灵感。[2]

凡此可见，这样一场发生在迢遥异域的革命，固是众所周知，它的启发意义，则因人而异。只是，不论各方之诠解有何等南辕北辙的差异，彼此关怀交涉，却共有所集，都以中国国族之现实命运/未来前景为虑，见解频出。盖在这个"转型时代"里，国族命运更被形容为处于危如悬丝之势。前此世局的变动，也激起无数回响，官僚士绅屡屡以诸如"奇变""世变""大变""奇局""变局""创局"等词抒发他们的认知所在，[3] 虽是昭彰显著，从这个阶段开始，由于信息大量涌现，惨遭"瓜分""亡国"的恐惧梦魇，则挥之不去。像唐才常就从上海《字林报》和《万国公报》等报刊知晓英、俄"蚕食""剖分"中国的计策，心为之惧：

上海《字林报》曰："俄早定蚕食中国之计，满洲、蒙古及北五省，必将据为己有，我英与俄将乐缔同心，任其占据朝鲜，更计取中国八省地，英即剖分扬子江两岸地，直抵四川、西藏、云南。"（按上年《万国公报》载英人葛洪论，亦同此

---

① 原文是："上策为中央革命，联络北方军队，以东三省为后援，一举而占北京，然后号令全国，如葡、土已事，此策之最善者也。中策在长江流域各省同时大举，设立政府，然后北伐，此策之次者也。下策在边隅之地，设秘密机关于外国领地，进据边隅，以为根据，然后徐图进取，其地则或东三省，或云南，或两广，此策之又次者也。"徐血儿（天复）:《宋先生教仁传略》，收入徐血儿等《宋渔父》，民立报馆，1913，第 3~4 页；本书引用的版本是："民国丛书"第三编第 84 册，上海书店 1991 年影印本。

② 关于宋教仁的革命策略之研究成果甚众，如田中比吕志「宋教仁の"革命"論」『歴史学研究』609 号、1990、1~16、33 頁。余不详举。

③ 王尔敏:《近代中国知识分子应变之自觉》，收入氏著《中国近代思想史论》，第 381~439 页；其余研究述说，不详举证。

说）……①

当"英日同盟"的消息传来，论者看见日本《时事新报》刊有
一图，画着"英、日两大神"，"倚轮持戟"，中国与朝鲜则如受英、
日两国保护的"孩童"，令人感慨良多："吾遂为英、日膝下一弄儿
以自足乎？"② 鼓动振作兴起之情，跃然纸上。

帝国主义列强在中国竞逐的消息，层出不穷，声声入耳，令识者
实是胆战心惊：

> 亡国破家之祸，日悬于四万万人心目之间，而惧我之为波
> 兰，惧我之为印度，惧我之为埃及、罗马……③

盖除了报刊信息之外，当时以异国他族惨遭亡国灭种之痛为主题
的历史书写，更大量面世。④ 其意义所在，正是以彼等之经验为对照
项，非仅析论导致此等悲剧之因素，借以汲引教训，更铺陈各色国族
亡灭之后必得品尝的悲惨滋味，从而呼吁鼓舞人们奋然而兴。如
1903 年出版的《杭州白话报》刊有"黄海锋郎"的《世界亡国小
史》，目的即是"把世界亡国的事迹演成一部小史"，希望读者能够
"把那亡国过去的事迹，比较中国现在的情形，才好抖擞精神，造就

---

① 唐才常：《各国猜忌实情论证》，原刊《湘学报》第 21～23 号，1897 年 11 月 5～
　　24 日，收入《唐才常集》，第 122 页。

② 原文是："此约发布后数日，日本之《时事新报》刊绘一画图，为英、日两大神
　　之像，倚轮持戟，而保护中、韩两孩童于其膝下。呜呼！吾国人见此图者，当有
　　如何之慨感乎？吾遂为英、日膝下一弄儿以自足乎？"见佚名《英日同盟论》，原
　　刊《中外文献策论汇海》，收入王萍主编《近代中国对西方及列强认识资料汇编》
　　第 5 辑第 2 分册，中研院近代史研究所，1990，第 1324～1325 页。

③ 书楼：《教育会为民团之基础》，《江苏》第 3 期"社说"，1903 年 5 月，第 6 页。
　　本书征引版本为：罗家伦主编《中华民国史料丛编》。

④ 关于这一主题最称详密之研究，当推俞旦初《中国近代爱国主义与"亡国史
　　鉴"》，收入氏著《爱国主义与中国近代史学》，第 242～259 页。本段以下未注出
　　处者，皆引自该文，不一一注出。

未来的中国"。"作新社"则在 1904 年译刊了《朝鲜史略》，即取朝
鲜为"前车之鉴"：

> 东方弱国，朝鲜为最，然其政治风俗之腐败，与中国仿佛相
> 似，故亟译之以绍介于我国，俾知朝鲜积弱，已有岌岌不可终日
> 之势。我中国人直亟读之，藉为前车之鉴。

余如印度、波兰、埃及、菲律宾等国的亡国史述，亦充斥于当时的报
刊出版界，传播既广，论者忧心忡忡于中国会步诸国后尘，从而意欲
奋发而兴，自有其理：

> ……我今日即不外鉴于当世，而自念亡国为奴之惨，与其甘
> 心俯首以顺受之，而必不能免；何如并力一心，翻然变计，共谋
> 图存，而尚可有为……①

此等著述面世，引发的回响则是多面向的。如唐才常说，梁启超撰有
《波兰灭亡记》，彼之用心正是"将以砭中国之愚顽，而亟图自异于
波兰也"，因此，如何可以和灭亡波兰的"元凶"俄罗斯帝国联盟
呢？相较之下，唐才常主张应该"与英日联盟"，作为解决中国困境
的"治标"方案。② 显然，对思维样态卓异群伦如唐才常者，这些著
述提供的"思想养料"，确实是对他们构拟现实方案的帮助。
　　这样的著述固然蕴含丰富的思想意义，对于往昔清朝创生出来的
"地理帝国主义论述"则也会进行再生产的活动，它可提供的"思想
成分"，自也难免重振"帝国荣光"的色彩。例如"殷鉴社"编印的

---

① 《二十世纪之中国》，《国民报汇编》，"时论"，第 38 页；本书征引版本为：罗家
　　伦主编《中华民国史料丛编》。
② 唐才常：《论中国宜与英日联盟》，《湘报》第 23 号，光绪二十四年三月十一日
　　（1898 年 4 月 1 日），《唐才常集》，第 148～153 页。

《近世亡国史》①，对于那些原来是清朝的"藩属"之地，而自 19
世纪中叶起陆续成为帝国主义殖民地的区域，始终有"故地"之
思。像是对于越南成为法国支配之殖民地，作者既伤感中国会不
会也步上同样的道路，更希望中国"奋飞""进步"，终可成"独
立之邦"：

> 记者曰：往昔野蛮人之亡人国也，以战争；今之文明国之亡
> 人国也，以政略。战争有形，而祸仅至于亡国；政略无形，而祸
> 乃至于灭种。越南之亡，距今不过二十余年耳，而其受祸已若
> 此。若再阅数十年，其惨状又当何如耶。呜呼！君家死丧无人
> 哭，洒泪苍茫痛比邻。吾哀越南，吾不得不转而哀数千年来越南
> 祖国之中国，愿其从此奋飞，力图进步，勿再蹈因循玩泄之故
> 习，庶能免陆沉之患，而为独立之邦也夫。②

可是，作者又视越南为中国之旧领，强调这片土地对中国国防的
重要性：

> 记者曰：越南为中国旧封，自秦以降，郡县千余年，藩属千
> 余年。人种、风俗、习惯、文字，无一不被化于中国（证据事
> 实颇多，他日将专书详言之）。实滇粤之门户、海南之重镇也。
> 甲申一役，竟甘心抛弃宗主权，让彼万里外之碧眼紫髯法兰西人
> 享有其地。呜呼！使秦皇汉武有灵，当亦痛哭九原。哀越南汉族
> 之不幸，而叹十八省同胞之不肖也。迄今二十余年来，风云日
> 亟，十洲三岛（俱越地名）既已王气销沉，而金马碧鸡又闻烽
> 烟告警，西南阽危，大局何堪设想，愿我政府亟起而直图之，勿

---

① 《近世亡国史》，上海殷鉴社，1911。
② 《近世亡国史》，第 76 页。

贻噬脐之悔也可。①

同样的，缅甸等地成为帝国主义之所属，也会给中国的边疆安全带来影响：

> 呜呼！缅甸失，而云南边外诸土司危；哲孟雄、尼泊尔失，而西藏之风云急。雪山高耸，难拒碧眼胡儿；潞水南流，滴尽英雄血泪。金楼白象主有灵，睹其故宫禾黍，亡国遗黎，当亦凄然泣下也。莽莽西南，天荆地棘，风景不殊，河山易主，新亭之痛，所由来乎！我神州之健儿，其猛勇奋兴，力雪国仇，勿堕天汉之声名也可。②

在作者的心目中，这等"易主"之"河山"，乃是"神州之健儿"应当"猛勇奋兴"，"力雪国仇，勿堕天汉之声名也可"的对象，俨然视那方土地为中国国族必应拥有之领土，应被纳为打造现代国族想象时不可或缺的空间基础。就此一面向而言，这等对于中国国族应该支配/控制的空间范围开展的"地理想象"，在"转型时代"里更显露出新的样态。

四

在传统中国的思想架构里，中国处于所谓"世界秩序"的核心地位。这样的观点，不过是个被建构出来的"神话"。③ 在中国被迫和西方国家开始密切互动的 19 世纪，支配人心的则是这样的观念和过往与"蛮狄"交往的"历史经验"。随着中国士人逐渐了解世界局

---

① 《近世亡国史》，第 36～37 页。
② 《近世亡国史》，第 90 页。
③ 杨联陞：《从历史看中国的世界秩序》，收入氏著《国史探微》，第 1～19 页。

势，逐渐知道中国不过也只是世界诸多国家之一，并不特居优越地位；中国固然物盛地广，"蛮夷之邦"却同样也是花花世界（甚至繁庶广博，犹而过已）。中国人对于外在大千世界存在的认知，对其面貌的了解，为自己在因应世局变易之际，添加了许多丰富的"思想资源"。① 即如张灏教授的广视提醒，在这个"转型时代"里，中国在崭新的"世界秩序"架构之下找寻和建构自我定位，尤其展现出剧烈的变化，必须重行绘制一张簇新的"认知地图"（cognitive map）。②

就观念的变化来说，中国原先并不太重视"主权"和"领土完整"等西方的观念（注重的反而是纲常礼教与政治体制可否仍依其旧），到了民国以后，朝野之间则不断出现依靠"修约"以收回主权的呼声。③ 盖人们已然普遍知晓，中国实非居天下之中的核心地位，不过只是天下万国之一邦，因此必须遵守既存"世界秩序"的"游戏规则"，像易鼐便将"一切制度悉从泰西，入万国公会，遵万国公法"视为理所当然，因为如此始可"毅然自立于五洲之间"，让"各国知我励精图治，斩然一新，一引我为友邦"。④ 即使"改朝换代"，帝制已去，共和肇建，参与"海牙保和会"之类的世界性组织活动，⑤ 则始终一贯，正展现中国意欲加入"世界社群"（the world community）的努力。⑥ 甚

---

① 参见潘光哲《追索晚清阅读史的一些想法："知识仓库"、"思想资源"与"概念变迁"》，台北《新史学》第 16 卷第 3 期，2005 年 9 月，第 137～170 页。

② 张灏：《中国近代思想史的转型时代》，收入氏著《时代的探索》，第 51～52 页。

③ 罗志田：《帝国主义在中国：文化视野下条约体系的演进》，《中国社会科学》2004 年第 5 期，第 192～204 页。

④ 易鼐：《中国宜以弱为强说》，《湘报》第 20 号，光绪二十四年三月初八日（1898年 3 月 29 日）。当然，易鼐该文尚有倡言"黄人与白人互婚"之"同种"等其他意见，在湖南地区亦引发激烈思想冲突，不详论。

⑤ 唐启华：《清末民初中国对"海牙保和会"之参与（1899～1917）》，《政治大学历史学报》第 23 期，2005 年 5 月，第 45～90 页。

⑥ 徐国琦指出，从 20 世纪初始之交，萦绕中国人心怀未止的事，便是怎么以平等之一员加入世界社群（the world community），参见 Xu Guoqi, *China and the Great War: China's Pursuit of a New National Identity and Internationalization* (Cambridge & NY: Cambridge University Press, 2005), p. 1。

至连小说家也指陈中国应该成为和现代民族国家一样同队并列的国家："三百年老大帝国，忽成独立之邦；四百兆黄种同胞，共进文明之域。"① 特别是中国饱尝帝国主义侵略的兵锋，屡屡遭挫之后，人们知道中国虽号称"大国"，却是名不符实，如杨度即慨然而叹曰：

> 今地球上以大国被称者十数，而中国居其一。虽然，以中国之大言之，固有非各国所能及者，若以言乎富与强，则反在各国下数等……②

尤而甚者，在人们的认知里，中国非仅不可称为"大国"，其世界地位恐怕更是劣不堪言。举其著者，如孙中山创造了"次殖民地"这个"新名词"，③ 声言中国是比"缅甸、安南、高丽"还要悲惨的"次殖民地"，因为：

> 缅甸、安南、高丽不过是一国的殖民地，只做一个主人的奴隶，中国是各国的殖民地，要作各国的奴隶。④

---

① 春帆：《未来世界》第 25 回。该书原来连载于《月月小说》第 12~24 号，1907年 10 月~1908 年 12 月；本书征引版本为：董文成、李勤学主编《中国近代珍稀本小说》第 10 册，春风文艺出版社，1997，第 547~548 页。

② 杨度：《〈中国新报〉叙》（1907 年 1 月 20 日），收入刘晴波编《杨度集》，湖南人民出版社，1986，第 208 页。

③ 原文是："……中国现在不只是全殖民地，比全殖民地的地位还要低一级。我就这个情形，创立一个新名词，叫中国是'次殖民地'……"《中国内乱之因》（1924年 11 月 25 日在神户东方饭店对东京大阪神户国民党欢迎会演讲），《国全》2：760。

④ 原文是："……中国受列强的压迫，失去了国家的地位，不只是半殖民地，实在已成了次殖民地，比不上缅甸、安南、高丽。缅甸、安南、高丽不过是一国的殖民地，只做一个主人的奴隶，中国是各国的殖民地，要作各国的奴隶……"《民权主义第二讲》（1924 年 3 月 16 日），《国全》1：90。孙中山的相关述说甚众，不一一详举。

孙中山及其领导的国民党则宣誓，要让中国不再处于这等"次殖民地"的地位：

> ……本党（国民党——引者按）领有历史的使命，为中国之独立与自由而奋斗。三十年来，努力欲使中国脱离次殖民地之地位，以与各国平等共存于世界……①

对中国在世界体系里的地位做出（某种）判断，进而提出实践行动之应该努力的方向/目标，这种类似的论说/思维模式，在此后中国的政治舞台上，层出不穷，汇为长流。例如，从"革命圣地"苏联归来的瞿秋白，在1923年分析当时军阀割据的现实，指陈中国经济发展始终停滞在"宗法社会及半宗法社会的状态"，故形成"一个一个大大小小的半自然经济区域"，因此也造成了政治上"割据的局面"，军阀作为"畸形的封建制度的现象"，是有经济基础的，况乎它还凭借"外国资本家及中国奸商的经济力量"呢！所以，要打破这种"畸形的封建制度"，要达成"统一"，不能由军阀以诸如"联省自治"或是武力统一的方式为之，"军阀统一是封建变郡县的老文章，平民统一是由封建进于民治的大进步"，必须"拥护平民自由的武装革命与团结平民奋斗的群众运动"，"自上而下"地"歼灭一切军阀"，始有光明的愿景，始可"颠覆封建制度，掘帝国主义的根，绝帝国主义的命"。② 在瞿秋白看来，帝国主义、军阀与"封建"可以等同起来，并列为革命的目标，都是该被打倒的对象。稍后的胡适则批评甚嚣尘上的"革命"论说，"所谓有主义的革命，大都是向壁虚造一些革命的对象，然后高喊打倒那个自造革命的对象"，犹如捉

---

① 《中国国民党对中俄协议宣言》（1924年7月14日），《国全》1：896。其余述说，不一一详举。

② 瞿秋白：《中国之地方政治与封建制度》（1923年5月2日），收入《瞿秋白文集（政治理论编）》第2卷，人民出版社，1988，第32～38页。

妖打鬼的道士之自造狐狸精、山魈木怪也。可是，胡适自己却把
"贫穷""疾病""愚昧""贪污""扰乱"看成是应该"铲除打倒"
的"五大仇敌"。① 凡是可见，即便人们的政治立场大相径庭，论说/
思维模式的根底却如出一辙，难分轩轾。

这等论说/思维模式，多少都难免论者主观意识的判断，是非高
下，莫衷一是。相较之下，在这个"转型时代"里，对于国族疆界
所及的"领土空间"，② 则能仰仗比较精确的地图，做出可称精确的
述说；前此未必能够以明确界线来认知国族疆土的情态，③ 基本上已
不复存。只是，论者确证考订国族疆界变易之余，对疆域之"失
丧"，也是感怀良多：

> ……国界系据现时而言，在清代国初时，并不如是，且不与
> 英、日、俄、法诸强国领土毗连。当时疆域之广，实比今日多三
> 分之一，迨欧力东渐，清政失纲，陵夷至于季年，属国沦亡，藩
> 篱尽撤，重以外交不振，划界失地，日蹙百里，沿海租借，横肆
> 要求，历百余年之变迁，始酿成今日之局。今溯其最初疆域，再
> 述属国之亡，然后将最近界务之变迁，分国诠次，庶几前后境
> 域，一目了然，国人之览兹篇，其亦不能无今昔之感也乎。④

前此清朝国势如日中天之时扩张所得之土地，还被视为中国应该占

---

① 胡适：《我们走那条路》（1930 年 4 月 10 日），收入《胡适论学近著》，商务印书
　　馆，1935，第 439～453 页。至于胡适此文引发的风波，不拟讨论。
② 黄东兰「清末・民国期地理教科書の空間表象—領土・疆域・国恥」『中国研究
　　月報』59 巻 3 号、2005、25～27 頁。
③ 举例而言，对于西藏、哲孟雄之间的疆界，清廷要到 1898 年之后始可有精确的认
　　识，参见玉井阳子《国界争议与地图绘制——清朝对西藏、哲孟雄边境的地理认
　　识》，胡春惠、薛化元主编《中国知识分子与近代社会变迁》，台湾政治大学历史
　　学系，2005，第 681～699 页。
④ 苏演存：《中国境界变迁大势考》第一编概论，自署系年为"民国四年（1915）
　　冬月"；本书征引版本为："近代中国史料丛刊"，文海出版社 1968 年影印本。

有的"疆域空间"。如政治立场与梁启超相近，后来双方更结"秦晋之好"的林长民，就将"外蒙古独立"视为"令人愤惋的事"，认为这是"俄国从中作祟"的结果，"俄帝国如此，便是劳农政府也何尝没有侵略野心"。但是当中国"内地各省自相戕杀，自相纷扰的时候，我国民恐怕忘却边陲数万里的领土了"。[1] 既感慨至极，更把外蒙古看成是中国理所当然的疆域。而且，这些土地之"沦失"的历史，还被纳入"国耻"的历史书写脉络，也透过教育体制将这等理念传递给新生一代。如 1916 年中华书局出版的《国文教科书》即有述说"国耻"的专章，将缅甸、安南（越南）、朝鲜等藩属之丧失，台湾、澎湖、香港之割让，旅顺、大连之租借，视为"国耻"之一部，也制作了诸如"中华国耻图"之类的地图，以特别的颜色将"失地"标示出来。[2] 这样的手法，俨然制作/生产了一种独特的"疆域意识形态"（territorial ideology），[3] 可以被转化为政治动员的有效工具。

　　在这等"疆域意识形态"的支配下，诸如"中国神圣不可侵犯的国土/领土"的论说样式，意欲"重光故土"的想象思维，也一一衍生展现。

　　例如，陈独秀将目光朝向下层人民，使用白话写作，意欲开展"启蒙"之业，所欲传达的正是诸如此类的意念，他既阐明与现代民族国家相符合的构成原理"国家要有一定的土地""国家要有一定的人民""国家要有一定的主权"，[4] 更复声言：

① 林长民：《蒙事说略》，《努力周报》第 13 期，1922 年 7 月 30 日，第 3 版。

② 黄东兰「清末・民国期地理教科書の空間表象—領土・疆域・国恥」『中国研究月報』59 巻 3 号，2005、30～37 頁。

③ "疆域意识形态"（territorial ideology）一词，引自 Malcom Anderson, *Frontiers: Territory and State Formation in the Modern World*（Cambridge: Polity Press, 1996），pp. 34–35。

④ 陈独秀：《说国家》，原刊《安徽俗话报》第 5 期，1904 年 6 月 14 日，收入任建树等编《陈独秀著作选》第 1 卷，上海人民出版社，1993，第 55～57 页。

　　土地、利权、主权三样，被外国占夺去了就算是亡国。我们中国已经灭亡的现象，正是这三样呀。

　　在陈独秀看来，香港、台湾等地都是"我们中国神圣不可侵犯的国土"，却居然"睁着眼睛让外洋各国占了"，[①] 这正是将诸方土宇作为国族"象征性空间"（symbolic space）的思维表现样态。[②] 日后1919年"五四运动"期间，上街游行示威的学生，扛起的大纛，更彰明昭著地宣誓："中国的土地可以征服，不可以断送。"（这是罗家伦拟就的口号）也是同等意识的流露。历经传承延衍，"中国神圣不可侵犯的国土/领土"之类的口号性宣誓，至今仍在华人的言论世界占有相当市场，其"魔力"犹不可小觑。

　　声言中国国族拥有"神圣不可侵犯的国土/领土"，既可号召抗御外来之侵略，保守既有之疆宇；其思想逻辑推演所至，也很容易走向下一步，呼吁"重光故土"，"还我河山"；想象扩张之所及，泛滥无涯，甚至走得更远，希冀建立由中国"霸权"支配的世界新秩序。在这等思维驱使之下，历史（与历史人物）的书写诠解，也产生了变化，岳飞、文天祥等被形塑为"抗御外族"的民族英雄，而张骞与班超等则被标举为"宣扬国威"的民族英雄。[③] 陶成章更撰有《中国民族权力消长史》（1904），不啻编写了一部中国"民族英雄"的点将录，如赵武灵王、秦始皇、汉武帝、唐太宗、明成祖是"开拓疆土，挞伐异族，武功显赫之大帝王家"，张骞、班超是"开通西域，寻觅新地，陆地旅行之大冒险家"，郑和是"巡历西洋，驶入红海，威服诸岛之大航海家"等，都是"世界莫能及"的

---

① 陈独秀：《亡国篇·第一章·亡国的解说》，原刊《安徽俗话报》第8期，1904年7月27日，《陈独秀著作选》第1卷，第68~69页。

② "象征性空间"（symbolic space）一词，引自沈松侨《江山如此多娇——1930年代的西北旅行书写与国族想象》，《台大历史学报》第37期，2006年6月，第148页。

③ 沈松侨：《振大汉之天声——民族英雄系谱与晚清的国族想象》，《中央研究院近代史研究所集刊》第33期，2000年6月，第1~77页。

英伟豪杰。[1] 晚清时期思想样态多样，变迁无常的刘师培便曾吹奏出这样一阕"狂想曲"，非仅要"尽复侵地"，收回"沦丧"的土地，更声言"中国人"将会"统一"地球：

> 吾远测中国之前途，逆料中国民族之未来，吾惟有乐观……吾所敢言者，则中国之在二十世纪必醒，醒必霸天下。地球终无统一之日则已耳，有之，则尽此天职者，必中国人也……中国其醒乎，则必尽复侵地，北尽于西伯利亚，南尽于海，建强大之海军，以复南洋群岛之中国固有之殖民地。迁都于陕西，以陆军略欧罗巴，而澳美最后亡。[2]

一般小说家言，则和思想家的狂想，异曲同工。署名"碧荷馆主人"者，在1908年出版的《小说林》发表《新纪元》，巧思所骋，漫无涯际，非仅想象在美国的华工建立了"西中华共和国"，遂迫使美国必须得与欧洲"联合反华"；然而，中国在与欧洲联军的大战中连连告捷，终于逼使欧洲各战败国签署和平条约，割地赔款，设立租界，彼时乃为公历二千年，中国的新纪元，于焉开始。[3] 在小说家的想象世界里，帝国主义在中国之所为者，都遭受"以彼之道，还诸彼身"的命运。类似的思维，亦尝见诸教科书，如邵伯棠编著的《高等小学论说文范》（上海会文堂书局，1912），有《民气说》一篇，谓要将日本变成中国的"公园"：

---

[1] 陶成章：《中国民族权力消长史》，收入汤志钧编《陶成章集》，中华书局，1986，第213页。

[2] 刘师培：《醒后之中国》，原刊《醒狮》第1期，1905年9月29日，收入朱维铮、李妙根编《刘师培辛亥前文选》，生活·读书·新知三联书店，1998，第67～72页。

[3] 王德威：《被压抑的现代性：晚清小说新论》，宋伟杰译，麦田出版，2003，第390～936页。

……彼乃区区岛国耳，竟敢存席卷神州之野心，异日必将粪除彼土，以为吾族之公园……①

这等扬言中国应当"席卷寰宇"或是"以邻为奴"的思维/想象，既是中国饱尝帝国主义苦痛滋味的"泄恨"之举，也具体显示"地理想象"实在是形塑国族主义意识形态不可或缺的构成元素。

五

只是，近代中国的思想世界实在是多样繁复，这个"转型时代"展现的"地理想象"样态，绝对不会只局限于国族主义意识形态支配的范畴。正如张灏教授的慧识指陈，在这个"转型时代"里也展现出强烈的"前瞻意识"，它是一种"双层建构"，人们瞩望的常常不仅是一个独立富强的民族国家，同时也是一个乌托邦式的理想社会。可以说，人们对于理想世界的建构，在"普遍主义"和"特殊主义"之间，始终来回无已。像是 1890 年代中末期倡言变法维新的士人，固然心忧于国族前景，理想所至，也超越国族范畴。他们对未来中国以至世界的理想图像，构思所及的面向实在多样难尽，"有佛家式的极乐世界，有道家式的无政府桃花源，也有吸取西方民主社会平等的人权观念而注重人民自治的共和世界，亦有主张打破种族与文化界限谋求万国混同的统一世界，更有要建立一个有高度物质文明基础的均产世界"。② 爱罗先珂（Vasilii Eroshenko）的世界语运动（the

---

① 原文未见，引自砂山幸雄的日译"彼の區區の嶋国，猶時に神州を席捲せんとする野心を存せば異日必ず彼土を糞除して吾族の公園とさんとす"。砂山幸雄「『支那排日教科書』批判の系譜」『中国研究月報』59 卷 4 号、2005、2~3 頁。

② 林启彦：《戊戌时期维新派的大同思想》，台北《思与言：人文与社会科学杂志》第 36 卷第 1 期，1998 年 3 月，第 39~70 页。

Esperanto movement）引进中国得到热烈的回响，固可视为文化国际主义（cultural internationalism）的具体表现之一，① 也充分反映人们希望可以超越国族界限的心态。可以说，万重千样的思想活动/形态，同时并现，混冶一炉。

　　蔡元培于 1904 年 2 月起在《俄事警闻》上发表《新年梦》，大发"梦想"，也是个例证。蔡元培既要对中国做出全面的改造，也要让世界成为中国改造的对象。蔡元培主张，要进行中国国内土地和人口等方面的调查，然后区划建筑各种交通、生产和公共设施。每人 7 岁以前受扶养，7～24 岁受教育，24～48 岁做职业，职业分体力劳动和脑力劳动两种，48 岁以后是休养的时候。每人一日内做工 8 小时，饮食、谈话、游戏 8 小时，睡眠 8 小时。一个人出多少力，就受多少享用，不出力的，就没有享用。这种"新法"由各地选举的议员通过后，通过宣传和模范村的示范作用，众皆同赞。有个别设法阻挠的人，由地方议会断定其有罪，送个状子到裁判所去，一经判决，即用电击死。统计从北到南，受死刑的也不过一二百人。这样"不到一年竟做到全国一心"，一切事情都如水到渠成，如心如意地进行下去。但是，其他国家反对新法，派兵来攻，结果异国的海陆军都被中国打败，中国遂收回了租界，帝国主义在中国的势力范围亦不复存。各国只好同中国讲和，于是设立了"万国公法裁判所"，编练"世界军"，"国中除警察兵外，不得别设军备"，各国遂能和平相处。这时中国文明的事业达到极顶，讲共和，讲平等，风俗道德上再也没有什么姓名，都是号数编的，也没有君臣、父子的名目；然而一切事务很有条理，幼有所教，老有所养，病有所医；也没有了夫妇的名目，两人合意了，光明正大地在公园里订定，应着时候到配偶室去。最初还订了强奸的律、懒惰

---

① Akira Iriye（入江昭），*Cultural Internationalism and World Order*（Baltimore：Johns Hopkins University Press，1997），pp. 76 – 77.

的罚，后来竟没有人犯了，就把这些也去掉，裁判所也撤了。国内的语言统一了，又造一种新文字，一学就会，又用着言文一致的文体著书印报，宣传中国"顶新的学理，顶美的风俗，无论那一国的人都喜欢看"。这样一来，"不到六十年，竟把这个新法传遍五洲了"，最后各国商量，召开大会，取消国界，废除"万国公法裁判所"和"世界军"，只"立一个胜自然会"，"大家协力的同自然争"，"要叫雨晴寒暑都听人类指使，更要排驭空气，到星球上殖民，这才是地球上人类竞争心的归宿"。① 在蔡元培构想的"美丽新世界"里，中国还是居于核心位置，是创造一切美好的发动机，却也不能否认，他追寻希望的梦想，确实蕴含着"普遍主义"的思想。

当然，人们开展"地理想象"的思想活动，即便有"狂想"的一面，却也不见得都是"无的放矢"，特别是在各式信息传达迅速的情势下，人们看待/思考事情的时候，总会从比较宽广的世界格局着眼，尝试在既存的思想架构/潮流和现实世界/体制里找寻/打造"希望空间"。

例如，当现代意义的人类学知识在 19 世纪末被引入中国以来，世界人种可分"蒙古""高加索"等五类，以肤色分，则有白、黄、红、黑、棕等五类，这样的观念/知识，普遍为士人接受，② 也导引出世界将会处于"黄种"和"白种"对立竞争格局的认识。像章太炎早即指称"黄人"与"白人""相通"之后，竟造成"震旦病"的结果，特别是中国正面临"蚕食于俄罗斯"的危机，所以他主张"既修内政"，"外昵日本"，"以御俄罗斯"，方可使"黄人有援，而

---

① 蔡建国：《蔡元培与近代中国》，上海社会科学院出版社，1998，第 231～234 页。

② 石川禎浩「近代東アジア『文明圏』の成立とその共通言語—梁啓超における『人種』を中心に」狭間直樹編『西洋近代文明と中華世界：京都大学人文科学研究所 70 周年記念シンポジウム論集』京都大学学術出版会、2001、25～40 頁。其余研究成果甚众，不详举。

亚洲可以无虞"。① 稍后杨度在和日本人嘉纳治五郎对谈时也同样指出，"敝国之存亡，实亚洲之存亡，黄种之存亡也。全球尽归白种，贵国其能独免乎？"② 都展现了强烈的"黄种"与"白种"之间处于此等竞争对立格局的意识。尤以在 19~20 世纪之交，来自西方的"黄祸论"（Yellow peril）甚嚣尘上，③"黄祸论"的"幽灵"也盘旋在东亚大地之上，在日本方面便尝引起激烈的批判，如森鸥外与吉野作造都曾起而驳之，④ 桑原隲藏更谓：

> 白祸是存在的事实，黄祸则非。被视为黄祸起源的日本人与支那人，连保护各自的权利的能力都没有，焉能有迫害白人的可能。⑤

就中国来说，孙中山有《中国问题的真解决——向美国人民的呼吁》之作（1904），⑥ 以美国人为诉求对象，呼吁美国援助他的革命事业，便驳斥了"黄祸论"，强调未来理想的中国，不会是"对全

---

① 章炳麟：《论亚洲宜自为唇齿》，《时务报》第 18 册，光绪二十三年正月二十一日（1897 年 2 月 22 日），收入汤志钧编《章太炎政论选集》上册，第 5~6 页。

② 杨度：《支那教育问题》（1902 年 10 月 21 日~11 月 5 日），《杨度集》，第 55 页。

③ 关于"黄祸论"的若干原始资料已译为汉语，汇为一编，甚为便利：吕浦、张振鹍等编译《"黄祸论"历史资料选辑》，中国社会科学出版社，1979。相关研究甚众，笔者涉阅所及，日本学界的这两部专著，述说甚为细密，参见桥川文三「黄祸物语 増补版」『桥川文三著作集』第 10 册、筑摩书房、2000；饭仓章『イエロー・ペリルの神话：帝国日本と「黄祸」の逆说』彩流社、2004。余不详举。

④ 饭仓章『イエロー・ペリルの神话：帝国日本と「黄祸」の逆说』、104~110 页。

⑤ 桥川文三『黄祸物语 増补版』、79 页。

⑥ 孙中山的《中国问题的真解决——向美国人民的呼吁》，原来是单行本的英语著作 *The True Solution of the Chinese Question*（《国全》5：111-121），于 1904 年 8 月 31 日在美国圣路易斯（St. Louis）完稿，部分文字由王宠惠撰写，是年底被译为汉语《支那问题真解》，在日本以汉英语合本形式发行（见陈锡祺主编《孙中山年谱长编》，中华书局，1991，第 317 页）。

世界的一个威胁"。① 至于当时的报刊如《东方杂志》也有专文述论，感慨"黄祸论"乃是"特为中国发耳"，但是中国"仍寂然不动"，"终无梦醒之一日矣"。② 除了言论界与精英分子对"黄祸论"有所反应之外，"黄祸论"在中国还被"通俗化"，引入小说家言，如徐念慈以"东海觉我"为笔名，笔耕不辍，其作品之一《新舞台》即言之曰：

> ……近日遍传黄祸之说（Yellow Peril），即黄种人将膨胀而加祸于白种人之谓也……③

以"吴门天笑生"为笔名撰文营生的包天笑，撰《碧血幕》，亦谓：

> ……黄祸之论，喧腾于欧、美两洲，巴黎、伦敦、柏灵、华盛顿一班新闻记者，本其爱国强种之热诚，逞其地阔天空之议论，他说白人是天之骄子，是地球上之主人翁，把这个主义鼓吹起来。一面便厌弃黄种，说他道德败坏，风俗窳陋，政治废弛，人民卑污；一面又猜忌黄种，道他一朝发达，便是个醒狮，便是个佛兰金仙……④

---

① 孙中山对"黄祸论"的看法，参见罗福惠《孙中山先生怎样对待"黄祸"论?》，《华中师范大学学报》（人文社会科学版）2001年第2期，第5~11页。

② 谷音：《辨黄祸之说》（本社撰稿），《东方杂志》第2卷第2号，1905年3月30日，第32~35页。《东方杂志》仍持续刊出相关之作，比如高劳《支那革命之成功与黄祸》（译西报），《东方杂志》第8卷第10号，1911年4月1日，第61~62页；钱智修《黄祸论》（节译勃兰德J. O. Bland原著），《东方杂志》第9卷第2号，1912年8月1日，第40~44页。不详引述。

③ 东海觉我：《新舞台（三）二十世纪之斯巴达国》，《小说林》第5期，丁未年（1907）七月，第31页。

④ 吴门天笑生编述《碧血幕》第二回"泣同胞演坛三尺泪·结团体娇鸟一群花"，《小说林》第7期，丁未年（1907）十一月，第16页。

既然"黄种"与"白种"间的对立抗争格局，被视为势之所趋，"联同抗异"以图存求生的思路，好似顺理成章。复以当时日本的"亚细亚主义"（アジア主義）[1] 之论述和行动大张，谋寻足可抗衡西方帝国主义的出路，被认为可称同道之谋，更在一时之间提供了相当的鼓动泉源。

就日本的脉络而言，持"亚细亚主义"立场之士，立意各异，流派多样，诸般论述与行动，更是错综复杂，难可一言蔽之。中国士人和舆论却混而视之，多称曰"兴亚会"，期待为中日民间人士联合挽救危局并可进而振兴东亚的联盟。[2] 况且日本的"亚细亚主义"团体致力向中国发展，也得到中国士人响应，如"亚细亚协会"即得郑观应、郑孝胥等之助力，于 1898 年在上海成立（至于其他类似组织，不详述）。[3] 约略同时，日本宣扬"亚细亚主义"相关主张的作品，也在中国流传，如被认为是日本"大陆浪人"先驱

① 关于日本"亚细亚主义"的研究成果，自以日本学界为众，繁多难尽，笔者阅读所及，自以下三篇主要从整体历史脉络开展述说之作，受益良多：三轮公忠「アジア主義の歴史的考察」平野健一郎责任编集『日本文化の変容』講談社、1973、385～462 頁；平石直昭「近代日本の"アジア主義"—明治期の諸理念を中心に」溝口雄三等编『近代化像 アジアから考える』5、東京大学出版会、1994、265～291 頁；并木赖寿「近代の日本と"アジア主義"」浜下武志等『アジアの"近代"：19 世紀 岩波講座世界历史』20 卷、岩波書店、1999、269～290 頁。专著亦众，如河原宏『近代日本のアジア認識』第三文明社、1976，以相关人物之述说为主轴，指陈日本"亚细亚主义"作为日本之"自我认识"的意义，言简意赅。植村邦彦『アジアは〈アジア的〉か』ナカニシヤ出版、2006，则出以更广的视野，探讨"亚细亚"理念在人类思想文化界各种错综复杂的样态，如数说"亚细亚"理念在法国启蒙思想、英国经济学、德国历史哲学的各个思想脉络的呈现，也讨论了诸如"亚细亚生产方式"和日本"亚细亚主义"的含义与影响，甚有启沃。余不详举。

② 桑兵：《"兴亚会"与戊戌庚子间的中日民间结盟》，《近代史研究》2006 年第 3 期，第 41 页。

③ 狭間直樹「初期アジア主義についての史的考察（5）第三章亜細亜協会について」『東亜』414 号、2001、60～65 頁；该文为狭间直树教授考察日本"亚细亚主义"相关团体的系列作品之一，诸文书说甚为细密，俱刊《东亚》，不详一一举列。承蒙箱田惠子博士协助觅印，谨致谢悃。

者之一的樽井藤吉（森本藤吉）以汉语写成的《大东合邦论》
（1893 年出版），① 原来在日本未得好评，不料中国与朝鲜都有热烈
的回响。② 梁启超称是书乃"东方自主之长策"，嘱门人"因其义，
正其文"，推出中国版。③ 蔡元培读之，深表钦赞，认为此书的"宗
旨在合朝鲜为联邦，而与我合纵以御欧人。引绳切事，倾液群言，真
杰作也"，④ 同感相应。戊戌政变后流亡日本的梁启超，再启笔墨生
涯，创办《清议报》，也展现联络日本，放眼亚洲的心绪，《横滨清
议报叙例》开列的四项宗旨，一半与此有关：一是"交通支那、日
本两国之声气，联其情谊"，一是"发明东亚学术以保存亚粹"，略
可想见其情怀。

　　革命党人的眼光，也描向这方天地。如章太炎前即主张"外昵
日本"，待他流亡日本，视野愈广，尤与亚洲他国志士往来密切，
遂于 1907 年 4 月在东京和张继、印度的保什等人相结合，发起组织

---

① 关于樽井藤吉及其《大东合邦论》的研究甚众，例如旗田巍「大东合邦论と樽井
　藤吉」『日本人の朝鲜观』劲草书房、1969、51～59 页；铃木正「解说・東洋社
　会党の創設者—樽井藤吉」田中惣五郎著、鈴木正编集解说『東洋社会党考』新
　泉社、1970、301～335 页；细野浩二「「大東合邦」構想と「併韓」の構図—西
　欧列强と清朝中国の間の樽井藤吉」『史观』107 册、早稻田大学史学会、1982、
　168～179 页。余不详举。
② 樽井藤吉在《大东合邦论》的《再版附言》说，他的这部书在日本国内甚
　受冷落，被视为无一读价值之书，不料在中国和朝鲜却得到回响，梁启
　超在上海予以翻印，北京《顺天时报》亦对彼之主张表示赞同；朝鲜方
　面，印出一千余部尚犹不足，抄写之数则更不可得知（参见平石直昭「近代
　日本の『アジア主義』—明治期の諸理念を中心に」、289 页注 11）。当然，《大
　东合邦论》再版是 1910 年的事，正值"日韩合并"之际，樽井藤吉已大
　幅删改《大东合邦论》的内容，显现之思想内容亦大相径庭矣，不详述，
　参见旗田巍「樽井藤吉の朝鲜观—朝鲜併合の前夜」『日本人の朝鲜观』、60～69
　页。
③ 梁启超：《〈大东合邦新义〉序》（1898），《〈饮冰室合集〉集外文》上册，
　第 15～16 页。
④ 蔡元培：《日本森本芳丹〈大东合邦论〉阅后》（1898 年 9 月 8 日），中国蔡元培
　研究会编《蔡元培全集》第 1 卷，浙江教育出版社，1997，第 226～227 页。至于
　蔡元培还指出此一版本有增删之处，不详述。

"亚洲和亲会"，声言要"以互相扶持，使各得自由独立为旨"，各国之间应该彼此共襄革命之举，"若一国有革命事，余国同会者应互相协助"。① 它的活动，应使参与者可以发现并营构出一部文化共享的历史（a history of cultural sharing），或可视为建立区域政治联系的前提。② 同属革命队伍的朱执信，后来的想象观照，更还超越太平洋海域，将正蓄势待发的 20 世纪新强权美国，也纳入联合共协的目标：

> 中国今日欲求友邦，不可求于美、日之外。日本与中国之关系，实为存亡安危两相关联者，无日本即无中国，无中国亦无日本……中国于日本，以种族论为弟兄之国；于美国，以政治论又为师弟之邦；故中国实有调和日、美之地位，且有其义务者也……夫中国与日本，以亚洲主义，开发太平洋以西之富源，而美国亦以其门罗主义，统合太平洋以东之势力，各遂其生长，百岁无冲突之虞。而于将来，更可以此三国之协力，销兵解仇，谋世界永久之和平……③

在朱执信的观照诠释里，中国与日本应当以"亚洲主义"来"开发太平洋以西之富源"，正如美国应以"门罗主义"来"统合太平洋以东之势力"一般。这样说来，"亚细亚主义"可以被想象转化为"门罗主义"在亚洲的翻版。

---

① 周佳荣：《章太炎论印度民族独立运动——清末一个国粹主义革命家的亚洲观》，收入氏著《新民与复兴——近代中国思想论》，香港教育图书公司，1999，第 207～227 页。不过，该文将"亚洲和亲会"成立的时间，误植为 1906 年 4 月（第 215 页）。
② 这是 Rebecca E. Karl 的诠释，参见 Rebecca E. Karl, *Staging the World: Chinese Nationalism at the Turn of the Twentieth Century*, p. 170。
③ 朱执信：《中国存亡问题》，广东省哲学社会科学研究所历史研究室编《朱执信集》上册，中华书局，1979，第 312 页。按，本文系朱执信受孙中山之命而作，亦多被视为孙中山之作品。

然而，日本方面自居于"亚细亚盟主""亚细亚复兴领导者"之思维，始终不绝，更可以转化为日本帝国主义扩张的口号；[①] 中国首当其冲，遭殃受祸众矣，也让人们的应对思绪，在"特殊主义"与"普遍主义"之间徘徊难决，苦心尝试寻求调和"国族主义"和"世界主义"的解释架构。

留学日本的李大钊，始终关注日本言论界动向，对东瀛论客在日本《中央公论》杂志发表《何谓大亚细亚主义》一文，[②] 提出"大亚细亚主义"来抗衡"大西洋主义"，虽表赞同："对于大西洋主义，而揭大亚细亚主义之旗帜为对立之抗拒，亦属当然之反响。"但是在他看来，这种"大亚细亚主义"则"当以中华国家之再造，中华民族之复活为绝大之关键"。[③] 李大钊复毫不客气地批判日本的"亚细亚主义"是"大日本主义的变名"，是"并吞中国主义的隐语"，相形之下，他主张的是"新亚细亚主义"：

　　　　亚细亚人应该共倡一种新亚细亚主义，以代日本一部分人所倡的"大亚细亚主义"。这种新亚细亚主义，与浮田和民氏所说的也不相同。浮田和民主张拿中、日联盟作基础，维持现状；我们主张拿民族解放作基础，根本改造。凡是亚细亚的民族，被人吞并的都该解放，实行民族自决主义，然后结成一个大联合，与欧、美的联合鼎足而三，共同完成世界的联邦，益

---

① 如福泽谕吉早在 1880 年代即有视日本应为"亚细亚盟主"的论说，大川周明则有『復興亜細亜の諸問題』之作（1922），主张日本应该是"亚细亚复兴"的"领导者"，参见植村邦彦『アジアは「アジアの」か』、158～163、211～213 頁。相类述说（和行动）甚众，不一一详述。

② 应即若宫卯之助「大亞細亞主義とは何ぞや」『中央公論』32 年 4 月号、1917 年 4 月、1～14 頁。

③ 李大钊：《大亚细亚主义》，原刊《甲寅日刊》1917 年 4 月 18 日，《李大钊全集》第 2 卷，第 106～107 页。

进人类的幸福。①

李大钊后来更解释说，自己"主张的新亚细亚主义是为反抗日本的大亚细亚主义而倡的，不是为怕欧美人用势力来压迫亚洲民族而倡的"，盖以"亚细亚境内亚人对亚人的强权不除，亚细亚境内他洲人对亚人的强权绝没有撤退的希望。亚细亚境内亚人对亚人的强权打破以后，他洲人的强权自然归于消灭"。况且"新亚细亚主义"更是"适应世界的组织创造世界联合一部分的亚细亚主义"，"压迫亚人的亚人，我们固是反对，压迫亚人的非亚洲人我们也是反对；压迫非亚洲人的非亚洲人，我们固是反对，压迫非亚洲人的亚人，我们也是反对"。是故，李大钊声言：

> 新亚细亚主义……不是背反世界主义的潮流，乃是顺应世界主义……强权是我们的敌，公理是我们的友。亚细亚是我们划出改造世界先行着手的一部分，不是亚人独占的舞台。②

在李大钊的论述里，"新亚细亚主义"以国族为起始点，更应当在"普遍主义"的架构里进行理解/实践。与李大钊视"强权"为仇雠，追求以"公理"为判准的"世界主义"相同，孙中山也预示"强权"和"公理"终不免一战：

> 将来白人主张公理的和黄人主张公理的一定是联合起来，白人主张强权的和黄人主张强权的也一定是联合起来。有了这两种联合，便免不了一场大战，这便是世界将来战争之趋

---

① 李大钊：《大亚细亚主义与新亚细亚主义》，原刊《国民杂志》第 1 卷第 2 号，1919 年 1 月 1 日，《李大钊全集》第 2 卷，第 270 页。
② 李大钊：《再论新亚细亚主义：答高承元君》，原刊《国民杂志》第 2 卷第 1 号，1919 年 11 月 1 日，《李大钊全集》第 3 卷，第 75～76 页。

势……①

然而，在孙中山的思想世界里，即使已然超越了国家种族的界限，提出了"强权"和"公理"分立对抗的二元架构，用以诠释人类文化的前景；只是，孙中山并未挣脱"东方""西方"二元对立的思想格局，他在同一时期对"亚细亚主义"的诠释，便是例证。

整体来说，面对日本不断地扩张它在中国的政治、经济利益，孙中山却频频言及"亚细亚主义"，一方面乃是意欲唤醒日本人对"亚细亚主义"原初意义的记忆（memory），另一方面则旨在使日本在"亚细亚主义"的语境里，与他的革命发生连带关系。② 孙中山在1924 年访日，于神户发表的著名演讲《大亚洲主义》③ 即颇有此意。孙中山认为，"大亚洲主义"实际上"就是东方文化和西方文化的比较和冲突问题"，所以可以提出类型对比："欧洲（西方）文化"是以"武力压迫人的文化"，因此是"霸道的文化"，"讲霸道是主张功利强权"；相对的，"亚洲（东方）文化"则是"要人怀德的文化"，因此是"王道的文化"，"讲王道是主张仁义道德"。对比之下，两种文化的实践层面也大不相同："讲仁义道德，是由正义公理来感化人，讲功利强权，是用洋枪大炮来压迫人。"孙中山认为，日本"既得到了欧美的霸道的文化，又有亚洲王道文化的本质"，是以，日本"对于世界文化的前途，究竟是做西方霸道的鹰犬，或是做东方王道

---

① 孙中山：《民族主义第一讲》（1924 年1 月27 日），《国全》1：14。

② 孙江：《近代中国的"亚洲主义"话语》，中国社会科学院近代史研究所编《近代中国与世界：第二届近代中国与世界国际学术讨论会论文集》，社会科学文献出版社，2005，第45～46 页。

③ 关于孙中山在1924 年发表这场讲演的相关资料（包括日本舆论的反应），已汇为一帙，利用甚便，参见陈德仁·安井三吉编『孫文·講演「大アジア主義」資料集：1924 年11 月日本と中国の岐路』法律文化社、1989。

的干城"，实在有待"日本国民去详审慎择"。① 在孙中山的想象里，
"西方"与"东方"的特质所在，可以被化约为"西方霸道"／"东
方王道"的二元架构，两者对立抗颉，无能调和，没有"第三条
路"，非得择一不可。"大亚洲主义"遂而浮出地表，正是足可用与
"西方霸道"抗争的武器。孙中山的"大亚洲主义"论说，未可突破
"特殊主义"的藩篱，用"王道"这一非近代的儒家政治概念注解
"亚细亚主义"，可以说是又制作出一个新的"亚细亚主义"样本，
影响深远，日后的"满洲国"政权就打出了"王道主义"的招牌，
并将之附会为儒家的思想和孙中山的遗教。②

　　在中国近代的"转型时代"里，"地理想象"的表现，固然有超
越国族主义的层面，却未必能够挣脱其网罗束缚，而总是在"普遍
主义"和"特殊主义"之间巡逡往来，踌躇莫决。然而，在现实世
界里，帝国主义（特别是日本帝国主义）的侵略行动持续无断，国

---

① 原文是："从根本上解剖起来，欧洲近百年来是什么文化呢？是科学的文化，是注
　　重功利的文化。这种文化应用到人类社会，只见物质文化，只有飞机炸弹，只有洋
　　枪大炮，专是一种武力的文化。欧洲人近有专用这种武力的文化来压迫我们亚洲，
　　所以我们亚洲便不能进步。这种专用武力压迫人的文化，用我们中国的古话说就是
　　'行霸道'，所以欧洲的文化是霸道的文化。但是我们东洋文化向来轻视霸道文化。
　　还有一种文化，好过霸道的文化，这种文化的本质，是要仁义道德。用这种仁义道
　　德的文化，是感化人，不是压迫人，是要人怀德，不是要人畏威。这种要人怀德的
　　文化，我们中国的古话就说是'行王道'。所以亚洲的文化，就是王道的文化……
　　大亚洲主义……就是文化问题，就是东方文化和西方文化的比较和冲突问题。东方
　　的文化是王道，西方的文化是霸道。讲王道是主张仁义道德，讲霸道是主张功利强
　　权；讲仁义道德，是由正义公理来感化人，讲功利强权，是用洋枪大炮来压迫
　　人……我们讲大亚洲主义……就是为亚洲受痛苦的民族，要怎样才可以抵抗欧洲强
　　盛民族的问题。简而言之，就是要为被压迫的民族来打不平的问题……行霸道的国
　　家，不只是压迫外洲同外国的民族，就是在本洲本国之内，也是一样压迫的。我们
　　讲大亚洲主义，以王道为基础，是为打不平……我们现在所提出来打不平的文化，
　　是反叛霸道的文化，是求一切民众和平等解放的文化。你们日本民族既得到了欧美
　　的霸道的文化，又有亚洲王道文化的本质，从今以后对于世界文化的前途，究竟是
　　做西方霸道的鹰犬，或是做东方王道的干城，就在你们日本国民去详审慎择。"孙
　　中山「大亚洲主义」『孫文・講演「大アジア主義」資料集』、72～80 頁。
② 孙江：《近代中国的"亚洲主义"话语》，《近代中国与世界：第二届近代中国与
　　世界国际学术讨论会论文集》，第 48 页。

族危机步步进逼，国族主义意识形态终究还是吞汇诸流，独秀群峰，视国族为绝对真理，尊尚崇拜，奉诸神圣殿堂的思想/行动，更是风靡众生，往往使人献身无悔。

六

中国近代的"转型时代"，是 20 世纪文化思想发展的新开端。"地理想象"则是统摄人们理解/解释世界，开展论述的"默会之知"，彼此同润共享。特别是由于"制度性传播媒介"的勃兴，信息多样繁杂，复可迅速传达，人们随即能与世界思想潮流同波共舞，引发之回响，更若涛惊裂岸，千样万态。

在这个"转型时代"里，中国和世界未可或分，是人们的共识。中国和世界之关系所在的阐释视角，更是广阔多元，展现出来的"地理想象"自是多彩缤纷。只是，即便诠解各异，却有一致的交集，共以国族为虑。所以，人们对于中国国族在世界秩序里的地位，对于中国国族应该支配/控制的空间范围，开展出各式各样的想象述说。另一方面，这个"转型时代"展现的"地理想象"样态，既能以宽广的世界格局为着眼点，可以拓展出来"希望空间"，也能突破国族主义意识形态的支配，涵盖了超越"特殊主义"的内容成分，建构"普遍主义"的理想世界。然而，由于现实情境的制约，人们也总是在"普遍主义"和"特殊主义"之间徘徊踌躇，莫衷一是。

总而言之，在这个"转型时代"的"地理想象"，既是人们对中国自身处境之认识所及的展示，也显现了人们对中国与世界之关系的理解样态。然而，由于诸方论者各自的认识能力与思想场域互有差异，变化多端，各自开展的想象空间，宽狭不一，所可绘制的"认知地图"，既实处于永无停歇的涂抹绘制过程，更未必是众皆公认的准针指南。因此，"地理想象"创造的乃是真实和想象杂糅兼存的"第三空间"，既真又假，且绵延相续，曾无已时。

参考文献

一 中文部分

（一）史料与工具书

台北胡适纪念馆藏档案

《大陆报》《六合丛谈》《民立报》《申报》《东方杂志》《国民报汇编》《强学报》《时务报》《教会新报》《湘报》《湘学新报》《新民丛报》《万国公报》《实学报》《镜海丛报》《小说林》《太平杂志》《二十世纪大舞台》《新潮》

白清才、刘贯文主编《徐继畬集》，山西高校联合出版社，1995。

裨治文：《大美联邦志略》，咸丰十一年沪邑墨海书馆活字板本，中研院近代史研究所郭廷以图书馆藏影印本。

陈炽：《庸书》，台联国风出版社，1970。

陈乃乾编《清代碑传文通检》，中华书局，1959。

陈鹏仁译著《宫崎滔天论孙中山与黄兴》，正中书局，1977。

陈去病、张夷主编《陈去病全集》，上海古籍出版社，2009。

陈旭麓、郝盛潮主编《孙中山集外集》，上海人民出版社，1994。

陈玉堂编著《中国近现代人物名号大辞典》，浙江古籍出版社，1993。

陈铮编《黄遵宪全集》，中华书局，2005。

陈忠倚辑《皇朝经世文三编》，国风出版社，1965。

春帆：《未来世界》，董文成、李勤学主编《中国近代珍稀本小说》，春风文艺出版社，1997，

崔国因：《出使美日秘国日记》，文海出版社，1968。

丁文江、赵丰田编《梁任公先生年谱长编初稿》，世界书局，1958。

丁韪良译《万国公法》，同治三年本，中研院历史语言研究所傅斯年图书馆藏。

杜迈之等辑《自立会史料集》，岳麓书社，1983。

方行、汤志钧整理《王韬日记》，中华书局，1987。

冯自由：《中华民国开国前革命史》，世界书局，2011。

冯自由：《革命逸史》，台湾商务印书馆，1969。

傅兰雅口译，应祖锡笔述《佐治刍言》，江南制造总局镂版本，中研院历史语言研究所傅斯年图书馆藏。

甘韩编《皇朝经世文新编续集》，文海出版社，1973。

宫崎滔天等：《论中国革命与先烈》，陈鹏仁译，黎明文化事业股份有限公司，1979。

宫崎滔天：《三十三年之梦》，林启彦译注，广西师范大学出版社，2011。

宫崎滔天：《三十三年之梦：宫崎滔天自传》，陈鹏仁译，水牛图书出版事业有限公司，1989。

《龚自珍全集》，中华书局，1959。

广东省哲学社会科学研究所历史研究室编《朱执信集》，中华书局，1979。

郭长海、金菊贞编《高旭集》，社会科学文献出版社，2003。

湖南省哲学社会科学研究所编《唐才常集》，中华书局，1982。

胡适：《胡适文存》，亚东图书馆，1921。

胡适：《胡适文存二集》，亚东图书馆，1924。

胡适：《胡适留学日记》，台湾商务印书馆，1980。

胡适：《胡适演讲集》（三），《胡适作品集》第26册，远流出版事业股份有限公司，1986。

胡适：《胡适论学近著》，商务印书馆，1935。

胡珠生编《宋恕集》，中华书局，1993。

黄宽重编辑《中韩关系中文论著目录》（增订本），中研院东北亚区域研究，2000。

黄藻编《黄帝魂》，罗家伦主编《中华民国史料丛编》，中国国民党中央委员会党史史料编纂委员会，1968。

黄中黄（章士钊）：《大革命家孙逸仙》，吴相湘主编《中国现代史料丛书》第1辑，文星书店，1962。

黄遵宪：《日本国志》，文海出版社，1981。

江标编校《沅湘通艺录》，丛书集成初编本，商务印书馆，1936。

姜义华、张荣华编校《康有为全集》，中国人民大学出版社，2007。

金楷理口译，姚棻笔述《西国近事汇编》，同治十二年江南制造局本，中研院历史语言研究所傅斯年图书馆藏。

蒋敦复：《啸古堂文集》，同治七年上海道署本，中研院历史语言研究所傅斯年图书馆藏。

李国俊编《梁启超著述系年》，复旦大学出版社，1986。

梁启超：《西学书目表》，慎始基斋丛书本，中研院历史语言研究所傅斯年图书馆藏。

梁启超：《湖南时务学堂学约》，《中国近代学制史料》第 1 辑下册，华东师范大学出版社，1986。

梁启超：《新大陆游记节录》，台湾中华书局，1983。

梁启超：《读书分月课程》，《饮冰室专集》第 5 册，台湾中华书局，1987。

刘晴波编《杨度集》，湖南人民出版社，1986。

柳亚子：《磨剑室文录》，上海人民出版社，1993。

吕浦、张振鹍等编译《"黄祸论"历史资料选辑》，中国社会科学出版社，1979。

玛吉士：《新释地理备考全书》，海山仙馆丛书本，中研院历史语言研究所傅斯年图书馆藏。

麦丁富得力编纂，林乐知口译，郑昌棪笔述《列国岁计政要》，光绪二十五年小仓山房校印富强斋丛书本，中研院近代史研究所郭廷以图书馆藏。

麦仲华编《皇朝经世文新编》，文海出版社，1972。

欧阳哲生主编《傅斯年全集》，湖南教育出版社，2003。

皮锡瑞：《师伏堂未刊日记》，《湖南历史资料》1958 年第 4 期、1959 年第 1～2 期。

求是斋校辑《皇朝经世文编五编》，文海出版社，1987。

瞿秋白：《瞿秋白文集（政治理论编）》，人民出版社，1988。

任建树等编《陈独秀著作选》，上海人民出版社，1993。

上海图书馆编《中国近代期刊篇目汇录》，上海人民出版社，1980。

上海图书馆编《汪康年师友书札》，上海古籍出版社，1986。

邵之棠辑《皇朝经世文统编》，文海出版社，1981。

宋育仁：《采风记（附纪程感事诗）》，中研院历史语言研究所傅斯年图书馆藏。

苏演存：《中国境界变迁大势考》，文海出版社，1968。

苏舆辑《翼教丛编》，台联国风出版社，1970。

孙宝瑄：《忘山庐日记》，续修四库全书本，上海古籍出版社，1997。

孙宝瑄：《忘山庐日记》，上海古籍出版社，1983。

汤志钧编《陶成章集》，中华书局，1986。

汤志钧编《章太炎政论选集》，中华书局，1977。

唐文权、桑兵编《戴季陶集》，华中师范大学出版社，1990。

田涛主编《清朝条约全集》，黑龙江人民出版社，1999。

滕固：《蒋剑人先生年谱》，广文书局，1971。

汪诒年：《汪穰卿（康年）先生传记》，章伯锋、顾亚主编《近代稗海》第12辑，四川人民出版社，1988。

王韬：《弢园文录外编》，光绪二十三年本，中研院历史语言研究所傅斯年图书馆藏。

王韬：《重订法国志略》，光绪十六年本，中研院历史语言研究所傅斯年图书馆藏。

王韬：《普法战纪》，弢园王氏刊·遁叟手校本，中研院历史语言研究所傅斯年图书馆藏。

王韬：《瓮牖余谈》，丛书集成三编本，新文丰出版公司，1997。

王锡祺辑《小方壶斋舆地丛钞》，广文书局，1962。

王锡祺辑《小方壶斋舆地丛钞补编再补编》，广文书局，1964。

王锡祺辑《小方壶斋舆地丛钞续编》，广文书局，1964。

王之春：《使俄草》，文海出版社，1967。

魏源：《海国图志》100卷本，续修四库全书本，上海古籍出版社，1997。

魏源：《海国图志》60卷本，成文出版社，1967。

文庆等纂辑《筹办夷务始末》，故宫博物院，1930。

邬国义编校《冯承钧学术著作集》，上海古籍出版社，2015。

邬国义、吴修艺编校《刘师培史学论著选集》，上海古籍出版社，2006。

夏东元编《郑观应集》，上海人民出版社，1988。

夏晓虹编《〈饮冰室合集〉集外文》，北京大学出版社，2004。

徐景罗译《俄史辑译》，丛书集成续编本，新文丰出版公司，1989。

徐血儿等：《宋渔父》，民国丛书三编本，上海书店，1991。

徐载平、徐瑞芳编《清末四十年申报史料》，新华出版社，1988。

薛福成：《庸盦全集》，华文书局，1971。

杨恩寿：《坦园文录》，光绪长沙杨氏坦园刻本，晚清四部丛刊本，文听阁图书有限公司，2010。

于宝轩编《皇朝蓄艾文编》，台湾学生书局，1965。

袁祖志：《谈瀛录》，光绪十年上海同文书局石印本，中研院近代史研究所郭廷以图书馆藏。

张德彝：《稿本航海述奇汇编》，北京图书馆出版社，1997。

张柟、王忍之编《辛亥革命前十年间时论选集》，三联书店，1960。

张忠栋、李永炽、林正弘主编《五四与学生运动》，唐山出版社，1999。

郑海麟、张伟雄编校《黄遵宪文集》，京都：株式会社中文出版社，1991。

中国蔡元培研究会编《蔡元培全集》，浙江教育出版社，1997。

中国第一历史档案馆编《鸦片战争档案史料》，天津古籍出版社，1992。

中国社会科学院近代史研究所中华民国史研究室编《胡适来往书信选》，中华书局，1983。

中国国民党中央委员会党史委员会编《国父全集》，中国国民党中央党史史料编纂委员会，1973。

中国国民党中央委员会党史委员会编《国父全集补编》，中国国民党中央委员会党史委员会，1985。

中国国民党中央委员会党史委员会编《宋教仁先生文集》，中国国民党中央委员会党史委员会，1982。

中国李大钊研究会编注《李大钊全集》，人民出版社，2006。

中国人民政治协商会议广东省委员会文史资料研究委员会编《孙中山与辛亥革命史料专辑》，广东人民出版社，1981。

中华民国开国五十年文献编纂委员会编《中华民国开国五十年文献》，中华民国开国五十年文献编纂委员会印行，1963。

中研院近代史研究所编《近代中国对西方及列强认识资料汇编》第1辑，中研院近代史研究所，1972。

周振鹤编《晚清营业书目》，上海书店出版社，2005。

朱维铮、李妙根编《刘师培辛亥前文选》，三联书店，1998。

朱维铮、李天纲编校《弢园文新编》，三联书店，1998。

朱一新：《无邪堂答问》，光绪二十一年广雅书局本，中研院历史语言研究所傅斯年图书馆藏。

（二）研究论著

班纳迪克·安德森：《想象的共同体：民族主义的起源与散布》，吴叡人译，时报文化，1999。

鲍绍霖：《帝术纵横：析论康有为"彼得大帝心法"之议》，《史学理论研究》1998年第3期。

布琼任：《"曾左李"——简称的由来与内容涵义之演变》，《思与言：人文与社会科学杂志》第48卷第3期，2010年9月。

蔡建国：《蔡元培与近代中国》，上海社会科学院出版社，1998。

陈存恭：《徐继畬事略及其〈瀛环志略〉》，任复兴主编《徐继畬与东西方文化交流》，中国社会科学出版社，1993。

　　陈固亭：《国父与日本友人》，幼狮书店，1965。

　　陈建华：《拿破仑与晚清"小说界革命"：从〈泰西新史揽要〉到〈泰西历史演义〉》，《汉学研究》第 23 卷第 2 期，2005。

　　陈三井：《华工与欧战》，中研院近代史研究所，2005。

　　陈善伟：《翻译与政治：唐才常的西学知识与政治思想》，《中国文化研究所学报》新第 9 期，1999。

　　陈善伟：《唐才常年谱长编》，香港中文大学出版社，1990。

　　陈室如：《近代域外游记研究（一八四〇—一九四五）》，文津出版社，2008。

　　陈室如：《晚清海外游记的物质文化》，里仁书局，2014。

　　陈一容：《古城贞吉与〈时务报〉"东文报译"论略》，《历史研究》2010 年第 1 期。

　　陈志奇：《中国近代外交史》，南天书局，1993。

　　崔志海：《论汪康年与〈时务报〉》，《广东社会科学》1993 年第 3 期。

　　方汉奇主编《中国新闻事业通史》，中国人民大学出版社，1992。

　　方维规：《"议会"、"民主"与"共和"概念在西方与中国的嬗变》，《二十一世纪》第 58 期，2000 年 4 月。

　　戈公振：《中国报学史》，商务印书馆，1928。

　　葛兆光：《七世纪至十九世纪中国的知识、思想与信仰》，复旦大学出版社，2000。

　　郭双林：《试论章士钊编译的〈孙逸仙〉在清末革命宣传中的地位和作用》，《河南大学学报》（社会科学版）2000 年第 2 期。

　　郭双林：《西潮激荡下的晚清地理学》，北京大学出版社，2000。

　　韩承桦：《评介两岸学界近十年有关〈时务报〉的研究概况》，《史原》复刊第 2 期，2011 年 9 月。

　　郝延平、王尔敏：《中国中西观念之演变，1840～1895》，费正清、刘广京主编，张玉法主译《剑桥中国史·晚清篇》，南天书局，1987。

胡道静：《报坛逸话：路透社在中国》，《新闻史上的新时代》，世界书局，1946。

胡素萍：《李佳白与清末民初的中国社会》，中山大学出版社，2009。

胡维革、于秀芹主编《共和道路在近代中国》，东北师范大学出版社，1991。

黄进兴：《〈野叟曝言〉与孔庙文化》，《圣贤与圣徒》，允晨文化实业股份有限公司，2001。

黄克武：《经世文编与中国近代经世思想研究》，《近代中国史研究通讯》第 2 期，1986 年 9 月。

黄明同、吴熙钊主编《康有为早期遗稿述评》，中山大学出版社，1988。

黄宇和：《孙逸仙伦敦蒙难真相：从未披露的史实》，联经出版事业公司，1998。

金观涛、刘青峰：《观念史研究：中国现代重要政治术语的形成》，香港中文大学当代中国文化研究中心，2008。

金容九：《世界观冲突的国际政治学：东洋之礼与西洋公法》，权赫秀译，中国社会科学出版社，2013。

孔复礼：《公民社会及体制的发展》，李孝悌、沈松侨译，《近代中国史研究通讯》第 13 期，1992 年 3 月。

孔祥吉：《清廷关于开设议院的最早争论》，《光明日报》1988 年 8 月 24 日。

孔祥吉：《戊戌维新运动新探》，湖南人民出版社，1988。

孔祥吉、潘光哲：《新发现的一篇陈炽重要遗稿》，《近代中国史研究通讯》第 28 期，1999 年 9 月。

来新夏：《林则徐年谱新编》，南开大学出版社，1997。

赖光临：《中国近代报人与报业》，台湾商务印书馆，1987。

李长莉：《黄遵宪〈日本国志〉延迟行世原因解析》，中国史学会、中国社会科学院近代史研究所编《黄遵宪研究新论：纪念黄遵宪逝世一百周年国际学术研讨会论文集》，社会科学文献出版社，2007。

李吉奎：《孙中山与日本》，广东人民出版社，1996。

李磊：《述报研究：对近代国人第一批自办报刊的个案研究》，兰州大学出版社，2002。

李仁渊：《晚清的新式传播媒体与知识分子：以报刊出版为中心的讨论》，稻乡出版社，2005。

李涯：《帝国远行：中国近代旅外游记与民族国家建构》，中国社会科学出版社，2011。

李扬帆：《走出晚清：涉外人物及中国的世界观念之研究》，北京大学出版社，2012。

李永炽：《加藤弘之的早期思想与日本的近代化（一八三六——一八八二）》，《日本近代史研究》，稻禾出版社，1992。

李元淳：《朝鲜西学史研究》，王玉洁、朴英姬、洪军译，中国社会科学出版社，2001。

李宗侗：《中国史学史》，中国文化大学出版部，1979。

梁台根：《近代西方知识在东亚的传播及其共同文本之探索——以〈佐治刍言〉为例》，《汉学研究》第24卷第2期，2006年12月。

梁元生：《林乐知在华事业与〈万国公报〉》，香港中文大学出版社，1978。

廖梅：《汪康年与〈时务报〉的诞生》，王元化主编《学术集林》第9卷，上海远东出版社，1996。

廖梅：《汪康年：从民权论到文化保守主义》，上海古籍出版社，2001。

林健群：《晚清科幻小说研究》，中正大学硕士学位论文，1998。

林启彦：《戊戌时期维新派的大同思想》，《思与言：人文与社会科学杂志》第 36 卷第 1 期，1998 年 3 月。

林学忠：《从万国公法到公法外交：晚清国际法的传入、诠释与应用》，上海古籍出版社，2009。

林永俣：《论林则徐组织的迻译工作》，福建社会科学院历史研究所编《林则徐与鸦片战争论文集》，福建人民出版社，1985。

刘广京：《晚清人权论初探——兼论基督教思想之影响》，台北《新史学》第 5 卷第 3 期，1994。

刘广京：《郑观应〈易言〉——光绪初年之变法思想》，《经世思想与新兴企业》，联经出版事业股份有限公司，1990。

刘禾：《跨语实践——文学民族文化与被译介的现代性》，宋伟杰等译，三联书店，2002。

卢明玉：《译与异：林乐知译述与西学传播》，首都经济贸易大学出版社，2010。

罗福惠：《孙中山先生怎样对待"黄祸"论?》，《华中师范大学学报》（人文社会科学版）2001 年第 2 期。

罗检秋：《近代诸子学与文化思潮》，中国社会科学出版社，1998。

罗志田：《帝国主义在中国：文化视野下条约体系的演进》，《中国社会科学》2004 年第 5 期。

罗志田：《"六个月乐观"的幻灭：五四前夕士人心态与政》，《历史研究》2006 年第 4 期。

吕芳上：《革命之再起》，中研院近代史研究所，1989。

吕实强：《甲午战前西方民主政制的传入与国人的反应》，中华文化复兴运动委员会主编《中国近代现代史论集》第 18 编《近代思潮》，台湾商务印书馆，1986。

吕文翠：《海上倾城：上海文学与文化的转异，一八四九——一九〇八》，麦田出版，2009。

吕西安·费弗尔：《十六世纪的无信仰问题：拉伯雷的宗教》，

闫素伟译，商务印书馆，2012。

闾小波：《近代中国民主观念之生成与流变：一项观念史的考察》，江苏人民出版社，2011。

闾小波：《中国早期现代化中的传播媒介》，三联书店上海分店，1995。

马西尼：《现代汉语词汇的形成——十九世纪汉语外来词研究》，黄河清译，汉语大词典出版社，1997。

茅海建：《戊戌变法史事考二集》，三联书店，2011。

毛注青编著《黄兴年谱长编》，中华书局，1991。

牛海桢：《清代官修西北边疆史志述论》，《图书与情报》2000年第2期。

潘光哲：《美国〈独立宣言〉在晚清中国》，《中央研究院近代史研究所集刊》第57期，2007年9月。

潘光哲：《〈时务报〉和它的读者》，《历史研究》2005年第5期。

潘光哲：《张自牧论著考释札记：附论深化晚清思想史研究的一点思考》，台北《新史学》第11卷第4期，2000年12月。

潘光哲：《晚清士人对英国政治制度的认识（1830～1856）》，《政治大学历史学报》第17期，2000年5月。

潘光哲：《晚清中国的"民主经验"（1866～1895）》，潘光哲主编《近代中国的政治与外交：第四届国际汉学会议论文集》，中研院，2013。

潘光哲：《中国近代史知识的生产方式：历史脉络的若干探索》，裴宜理、陈红民主编《什么是最好的历史学》，浙江大学出版社，2015。

潘光哲：《追索晚清阅读史的一些想法："知识仓库"、"思想资源"与"概念变迁"》，台北《新史学》第16卷第3期，2005年9月。

潘光哲：《追寻晚清中国"民主想象"的轨迹》，刘青峰、岑国良主编《自由主义与中国近代传统："中国近现代思想的演变"研讨会论文集》（上），香港中文大学出版社，2002。

彭明：《五四运动史》，人民出版社，1984。

彭明辉：《晚清的经世史学》，麦田出版，2002。

彭泽周：《宫崎滔天与中国革命》，《近代中日关系研究论集》，艺文印书馆，1978。

亓冰峰：《清末革命与君宪论争》，中研院近代史研究所，1966。

丘为君、张运宗：《战后台湾学界对经世问题的探讨与反省》，台北《新史学》第 7 卷第 2 期，1996 年 6 月。

全汉昇：《清末的西学源出中国说》，《岭南学报》第 4 卷第 2 期，1935 年。

田若虹：《陆士谔小说考论》，上海三联书店，2005。

田涛：《国际法输入与晚清中国》，济南出版社，2001。

桑兵：《"兴亚会"与戊戌庚子间的中日民间结盟》，《近代史研究》2006 年第 3 期。

桑兵：《国学与汉学：近代中外学界交往录》，浙江人民出版社，1999。

桑兵：《孙中山的活动与思想》，中山大学出版社，2001。

桑兵：《庚子勤王与晚清政局》，北京大学出版社，2004。

桑兵：《清末新知识界的社团与活动》，三联书店，1995。

邵延淼主编《辛亥以来人物年里录》，江苏教育出版社，1993。

沈松侨：《江山如此多娇——1930 年代的西北旅行书写与国族想象》，《台大历史学报》第 37 期，2006 年 6 月。

沈松侨：《振大汉之天声——民族英雄系谱与晚清的国族想象》，《中央研究院近代史研究所集刊》第 33 期，2000 年 6 月。

沈国威：《关于古城贞吉的〈沪上销夏录〉》，《或问》8 号，2004。

石川祯浩：《长沙大抢米的"镇压"与电信》，中华书局编辑部编《辛亥革命与近代中国——纪念辛亥革命八十周年国际学术研讨会论文集》上册，中华书局，1994。

石川祯浩：《中国共产党成立史》，中国社会科学出版社，2006。

实藤惠秀：《明治时代中日文化的联系》，陈固亭译，中华丛书编审委员会，1971。

苏精：《清季同文馆及其师生》，作者自印本，1985。

孙承希：《戊戌变法时期之〈时务报〉》，台湾师范大学硕士学位论文，1998。

孙江：《近代中国的"亚洲主义"话语》，中国社会科学院近代史研究所编《近代中国与世界：第二届近代中国与世界国际学术讨论会论文集》，社会科学文献出版社，2005。

孙青：《晚清之"西政"东渐及本土回应》，上海书店出版社，2009。

孙玉荣：《古代中国国际法研究》，中国政法大学出版社，1999。

孙喆：《康雍乾时期舆图绘制与疆域形成研究》，中国人民大学出版社，2003。

汤志钧：《戊戌时期的学会和报刊》，台湾商务印书馆，1993。

汤志钧：《章太炎年谱长编》，中华书局，1979。

唐德刚：《胡适杂忆》，传记文学出版社，1981。

唐宏峰：《旅行的现代性：晚清小说旅行叙事研究》，北京师范大学出版社，2011。

陶晋生：《追忆姚从吾先生》，《历史月刊》第 11 期，1988 年12 月。

王德威：《被压抑的现代性：晚清小说新论》，宋伟杰译，麦田出版，2003。

王德昭：《从改革到革命》，中华书局，1987。

王尔敏：《中国近代思想史论》，华世出版社，1980。

王汎森：《"主义时代"的来临——中国近代思想史的一个关键发展》，《东亚观念史集刊》第 4 期，2013 年 6 月。

王汎森：《戊戌前后思想资源的变化：以日本因素为例》，《二十一世纪》第 45 期，1998 年 2 月。

王汎森：《"古史辨"运动的兴起》，允晨文化实业股份有限公司，1987。

王家俭：《魏源年谱》，中研院近代史研究所，1967。

王林：《西学与变法：〈万国公报〉研究》，齐鲁书社，2004。

王奇生：《新文化是如何运动起来的——以〈新青年〉为视点》，《近代史研究》2007 年第 1 期。

王琼玲：《夏敬渠与野叟曝言考论》，台湾学生书局，2005。

王绍坊：《中国外交史（鸦片战争至辛亥革命时期 1840～1911)》，河南人民出版社，1988。

王树槐：《清季的广学会》，《中央研究院近代史研究所集刊》第 4 期上册，1973 年 5 月。

王树槐：《外人与戊戌变法》，中研院近代史研究所，1980。

魏外扬：《中国教会的使徒行传：来华宣教士列传》，宇宙光全人关怀机构，2006。

吴天任：《清黄公度（遵宪）先生年谱》，台湾商务印书馆，1985。

吴天任：《黄公度（遵宪）先生传稿》，香港中文大学出版社，1972。

夏东元：《郑观应》，广东人民出版社，1995。

夏东元：《郑观应传》，华东师范大学出版社，1985。

夏敬渠：《野叟曝言》，长春出版社，1993。

萧公权：《中国政治思想史》，联经出版事业公司，1982。

萧月高：《宋芸子先生传》，《国史馆馆刊》第 1 卷第 4 期，1948 年。

小野川秀美：《晚清政治思想研究》，林明德、黄福庆译，时报文化出版事业有限公司，1982。

忻平：《王韬著作目录及版本》，《王韬评传》，华东师范大学出版社，1990。

忻平：《王韬与近代中国的法国史研究》，《上海社会科学院学术季刊》1994 年第 1 期。

忻平：《王韬评传》，华东师范大学出版社，1990。

熊月之：《〈海国图志〉征引西书考释》，刘泱泱等编《魏源与近代中国改革开放》，湖南师范大学出版社，1995。

熊月之：《晚清中国对美国总统制的解读》，《史林》2007 年第 1 期。

熊月之：《西学东渐与晚清社会》（修订版），中国人民大学出版社，2011。

熊月之：《中国近代民主思想史》（修订本），上海社会科学院出版社，2002。

徐兴庆：《王韬与日本维新人物之思想比较》，《台大文史哲学报》第 64 期，2006 年 5 月。

许冠三：《新史学九十年》，中文大学出版社，1986。

许俊雅：《低眉集：台湾文学/翻译、游记与书评》，新锐文创出版，2011。

许政雄：《清末民权思想的发展与歧异——以何启、胡礼垣为例》，文史哲出版社，1992。

薛化元、潘光哲：《晚清的"议院论"——与传统思惟相关为中心的讨论（1861~1900）》，《国际学术杂志中国史学》第 7 卷，东京：中国史学会，1997。

颜健富：《晚清文化界对于 David Livingstone 与非洲探勘记的接受与传播》，李奭学、胡晓真主编《图书、知识建构与文化传播》，汉学研究中心，2015。

颜廷亮：《黄世仲与近代中国文学》，甘肃人民出版社，2000。

杨代春：《〈万国公报〉与晚清中西文化交流》，湖南人民出版社，2002。

杨联陞：《从历史看中国的世界秩序》，《国史探微》，联经出版事业股份有限公司，1983。

伊原泽周：《近代朝鲜的开港：以中美日三国关系为中心》，社会科学文献出版社，2008。

易惠莉：《西学东渐与中国传统知识分子——沈毓桂个案研究》，吉林人民出版社，1993。

易惠莉：《郑观应评传》，南京大学出版社，1998。

尹德翔：《东海西海之间：晚清使西日记中的文化观察、认证与选择》，北京大学出版社，2009。

俞旦初：《爱国主义与中国近代史学》，中国社会科学出版社，1996。

俞政：《何如璋传》，南京大学出版社，1991。

原付川、姚远、卫玲：《〈西国近事汇编〉的期刊本质及其出版要素再探》，《今传媒》2010年第5期。

袁景华：《章士钊先生年谱》，吉林人民出版社，2001。

曾虚白主编《中国新闻史》，台北政治大学新闻研究所，1966。

周佳荣：《新民与复兴：近代中国思想论》，香港教育图书公司，1999。

周佳荣：《苏报与清末政治思潮》，昭明出版社有限公司，1979。

余英时：《中国近代思想史上的胡适》，联经出版事业股份有限公司，1984。

玉井阳子：《国界争议与地图绘制——清朝对西藏、哲孟雄边境的地理认识》，胡春惠、薛化元主编《中国知识分子与近代社会变迁》，台北政治大学历史学系，2005。

张登德：《寻求近代富国之道的思想先驱：陈炽研究》，齐鲁书社，2005。

张灏：《中国近代思想史的转型时代》，《二十一世纪》第52期，1999年4月。

张灏：《宋明以来儒家经世思想试释》，《近世中国经世思想研讨会论文集》，中研院近代史研究所，1984。

张灏：《时代的探索》，联经出版事业股份有限公司，2004。

张力群：《张之洞与〈时务报〉》，《复旦学报》（社会科学版）2001 年第 2 期。

张明芳：《清末时务报之研究》，台北政治大学硕士论文，1968。

张玉法：《辛亥革命史论》，三民书局，1993。

张玉法：《清季的立宪团体》，中研院近代史研究所，1985。

张治：《异域与新学：晚清海外旅行写作研究》，北京大学出版社，2014。

张志春：《王韬年谱》，河北人民出版社，1994。

赵军：《试论宫崎滔天与"支那革命主义"》，中华书局编辑部编《纪念辛亥革命七十周年学术讨论会论文集》中册，中华书局，1983。

郑海麟：《黄遵宪与近代中国》，三联书店，1988。

郑匡民：《梁启超启蒙思想的东学背景》，上海书店出版社，2003。

钟叔河：《走向世界：近代中国知识分子考察西方的历史》，中华书局，1985。

朱维铮：《求索真文明：晚清学术史论》，上海古籍出版社，1996。

祝平一：《跨文化知识传播的个案研究：明清之际地圆说的争议，1600～1800》，《中央研究院历史语言研究所集刊》第 69 本第 3 分，1998。

邹振环：《慕维廉与中文版西方地理学百科全书〈地理全志〉》，《复旦学报》（社会科学版）2000 年第 3 期。

邹振环：《清末亡国史"编译热"与梁启超的朝鲜亡国史研究》，《韩国研究论丛》第 2 辑，上海人民出版社，1996。

邹振环：《西方传教士与晚清西史东渐：以 1815 至 1900 年西方历史译著的传播与影响为中心》，上海古籍出版社，2007。

二　日文、韩文部分

『太陽』『東邦協会々報』『時事新報』

Earl H. Kinmonth 著、広田照幸等訳『立身出世の社会史　サムライからサラリーマンへ』玉川大学出版部、1995。

三好将夫著、佳知晃子監訳、飯野正子等訳『我ら見しままに：万延元年遣米使節の旅路』平凡社、1984。

三谷博「公論空間の創發：草創期の『評論新聞』」鳥海靖・三谷博・西川誠・矢野信幸編『日本立憲政治の形成と變質』吉川弘文館、2005。

三谷博編『東アジアの公論形成』東京大学出版会、2004。

三輪公忠「アジア主義の歴史的考察」平野健一郎責任編集『日本文化の変容』講談社、1973。

上村希美雄『宮崎兄弟伝』葦書房、1984～2004。

上村希美雄『龍のごとく：宮崎滔天伝』葦書房、2001。

千葉正史「交通通信と帝国システムの再編」飯島渉・久保亨・村田雄二郎編『シリーズ20世紀中国史』巻1、東京大学出版会、2009。

千葉正史「情報革命と義和団事件：電気通信の出現と清末中国政治の変容」『史学雑誌』108編1号、1999。

千葉正史「清末における電奏・電寄諭旨制度の成立　清朝政治体制への電気通信導入をめぐって」『東洋史研究』64巻4号、2006。

千葉正史『近代交通体系と清帝国の変貌：電信・鉄道ネットワークの形成と中国国家統合の変容』日本経済評論社、2006。

土屋礼子「明治七年台灣出兵の報道につこて―『東京日日新

聞』を中心に」明治維新史学会編『明治維新と文化』吉川弘文館、2005。

大久保利謙「中村敬宇の初期洋学思想と『西国立志編』の訳述及び刊行について　若干の新史料の紹介とその検討」『史苑』26巻2~3号、1966。

大久保健晴『近代日本の政治構想とオランダ』東京大学出版会、2010。

大川俊隆「上海時代の羅振玉『農学報』を中心として」『国際都市上海』大阪産業大学産業研究所、1995。

大平喜間多『佐久間象山』吉川弘文館、1987。

大谷正『近代日本の対外宣伝』研文出版、1994。

大庭脩『江戸時代における中国文化受容の研究』同朋舎、1984。

小林瑞乃「日清戦争開戦前夜の思想状況—金玉均暗殺事件をめぐる考察」『青山学院女子短期大学紀要』64輯、青山学院女子短期大学、2010。

小林聡明「東アジア・メディア史研究の可能性：日韓の相互理解と東アジアの和解にむけて」『都市文化研究』12号、2010。

小野秀雄『日本新聞発達史』五月書房、1982。

山口一夫『福沢諭吉の亜米利加体験』福沢諭吉協会、1986。

山口昌男「明治出版界の光與闇：博文館の興亡」『「敗者」の精神史』岩波書店、1995。

山中恒『新聞は戦争を美化せよ！—戦時国家情報機構史』小学館、2000。

山本四郎「中国問題論」井上清・渡部徹編『大正期の急進的自由主義：「東洋経済新報」を中心として』東洋経済新報社、1972。

山本武利『近代日本の新聞読者層』法政大学出版局、1981。

山本武利『朝日新聞の中国侵略』文藝春秋、2011。

山本憲関係資料研究会編『変法派の書簡と「燕山楚水紀遊」―「山本憲関係資料」の世界』汲古書院、2017。

山室信一「国民国家形成期の言論とメディア」松本三之介・山室信一校注『言論とメディア』岩波書店、1990。

山室信一「夢の世に、夢を追って：宮崎滔天『三十三年の夢』の思想史脈」『アジアの思想史脈：空間思想学の試み』人文書院、2017。

山室信一『思想課題としてのアジア：基軸・連鎖・投企』岩波書店、2001。

山崎正董編『横井小楠遺稿』日新書院、1942。

川島真「中國における万国公法の受容と適用・再考」『東アジア近代史』通号3、2000。

川島真「中國における万国公法の受容と適用―『朝貢と条約』をめぐる研究動向と問題提」『東アジア近代史』通号2、1999。

中村正直『敬宇文集』吉川弘文館、1903。

中村義『白岩龍平日記：アジア主義実業家の生涯』研文出版、1999。

井口和起『日本帝国主義の形成と東アジア』名著刊行會、2000。

井田進也「二〇〇一年の福沢諭吉　清仏戦争期『時事新報』論説の再検討」『近代日本研究』巻17、慶應義塾福澤研究センター、2001。

手代木有児『清末中国の西洋体験と文明観』汲古書院、2013。

月脚達彦「『独立新聞』における「自主独立」と「東洋」―近代朝鮮におけるアジアと脱亜」渡辺浩・朴忠錫編『韓国・日本・「西洋」：その交錯と思想変容』慶應義塾大学出版会、2005。

水内俊雄「近代日本の国土空間の生産をめぐる計画化思想と

その実践—地方利益と都市利益の相克」山室信一編『空間形成と世界認識』岩波書店、2006。

加藤弘之「各國憲法の異同」『東京學士院會雜誌』17 編 5 冊、『加藤弘之文集』同朋社出版、1990。

加藤弘之「鄰艸」『明治文化全集』巻 3、日本評論社、1952。

平川祐弘『天ハ自ラ助クルモノヲ助ク—中村正直と「西国立志編」』名古屋大学出版会、2006。

平石直昭「近代日本の"アジア主義"—明治期の諸理念を中心に」溝口雄三等編『近代化像』東京大学出版会、1994。

永嶺重敏『雑誌と読者の近代』日本エディタースクール出版部、2004。

玉蟲左太夫著、沼田次郎校注「航米日録」沼田次郎・松沢弘陽校注『西洋見聞集』岩波書店、1974。

田村哲三『近代出版文化を切り開いた出版王国の光と影：博文館興亡六十年』法学書院、2007。

石川禎浩「近代東アジア『文明圏』の成立とその共通言語—梁啓超における『人種』を中心に」狹間植樹編『西洋近代文明と中華世界：京都大学人文科学研究所 70 周年記念シンポジウム論集』京都大学学術出版会、2001。

石川禎浩『中國共産黨成立史』岩波書店、2001。

石井寛治『情報・通信の社会史—近代日本の情報化と市場化』有斐閣、1994。

伊藤信哉「一九世紀後半の日本における近代国際法の適用事例　神戸税関事件とスエレス号事件」『東アジア近代史』通号 3、2000。

吉田寅『中国プロテスタント伝道史研究』汲古書院、1997。

吉田曠二『加藤弘之の研究』大原新生社、1976。

圭室諦成『横井小楠』吉川弘文館、1988。

安岡昭男「日本における万国公法の受容と適用」『東アジア近代史』通号 2、1999。

安岡昭男『明治前期大陸政策史の研究』法政大学出版局、1998。

并木頼寿「近代の日本と『アジア主義』」濱下武志等『アジアの”近代”:19 世紀』巻 20、岩波書店、1999。

有山輝雄『德富蘇峰と國民新聞』吉川弘文館、1992。

有山輝雄・竹山昭子編『メディア史を学ぶ人のために』世界思想社、2004。

西田長寿『日本ジャーナリズム史研究』みすず書房、1989。

西田長寿『明治時代の新聞と雑誌』至文堂、1966。

西里喜行『清末中琉日関係史の研究』京都大学学術出版会、2005。

佐々木揚『清末中国における日本観と西洋観』東京大学出版会、2000。

佐佐充昭「韓末における『強権』的社会進化論の展開:梁啓超と朝鮮愛国啓蒙運動」『朝鮮史研究会論文集』40 期、緑蔭書房、2002。

佐藤太久磨「加藤弘之の國際秩序構想と国家構想『万国公法体制』の形成と明治国家」『日本史研究』557 号、2009。

佐藤宏「支那朝鮮の真相を説きて同国を改造するは日本人の責なる所以を論す」『日本人』63 号、1898。

佐藤能丸『明治ナショナリズムの研究―政教社の成立とその周辺』芙蓉書房、1998。

佐藤慎一『近代中国の知識人と文明』東京大学出版会、1996。

呂順長「山本梅崖と汪康年の交遊」『四天王寺国際仏教大学紀要』45 号、2008。

明治大学史資料センター監修『尾佐竹猛著作集　維新史』ゆ

まに書房、2006。

　　杉井六郎「『大美聯邦志略』の翻刻」『史窓』47 号、1990。

　　杉井六郎「『瀛環志略』の翻栞」『史窓』51 号、1994。

　　杉原四郎・岡田和喜編『田口卯吉と東京經濟雜誌』日本経済評論社、1995。

　　李光來著、高坂史朗・柳生眞訳『韓国の西洋思想受容史：哲学的オーケストラの実現のために』御茶の水書房、2010。

　　李光麟『韓國開化史研究』一潮閣、1969。

　　李光麟『開化派斗開化思想研究』一潮閣、1989。

　　李光麟『韓國開化史研究』一潮閣、1969。

　　李光麟『韓國開化思想研究』一潮閣、1979。

　　李向英「陸羯南の對清認識―日清提攜論から支那保全論へ」『史學研究』243 号。

　　李錬「韓国の新聞成立に果たした井上角五郎の役割」『新聞学評論』37 号、1988。

　　沈國威編著『「六合叢談」（1857－58）の学際的研究』白帝社、1999。

　　沈國威・内田慶市編著『近代啓蒙の足跡：東西文化交流と言語接触：「智環啓蒙塾課初歩」の研究』関西大学出版部、2002。

　　沈國威・松浦章・内田慶市編著『遐邇貫珍の研究』関西大学出版部、2004。

　　里見脩「通信社の発達　国内通信から国際通信への模索」有山輝雄・竹山昭子編『メディア史を学ぶ人のために』世界思想社、2004。

　　里見脩『新聞統合：戦時期におけるメディアと国家』勁草書房、2011。

　　並木頼寿「近代の日本と"アジア主義"」濱下武志等執筆『アジアの「近代」：19 世紀』巻 20、岩波書店、1999。

岡本隆司・箱田恵子・青山治世『出使日記の時代：清末の中国と外交』名古屋大学出版会、2014。

岡本監輔編纂『萬國史記』、明治十一年六月廿七日版權免許・岡本氏藏版本、日本關西大學「增田渉文庫」藏。

岡林伸夫『万延遣米使節におけるアメリカ体験の諸相』萌書房、2016。

松岡八郎『加藤弘之の前期政治思想』駿河台出版社、1983。

松浦玲『横井小楠』筑摩書房、2010。

河原宏『近代日本のアジア認識』第三文明社、1976。

芳賀徹『渡辺崋山：優しい旅びと』朝日新聞社、1986。

近代日中関係史年表編集委員会『近代日中関係史年表：1799～1949』岩波書店、2006。

金文吉『津田仙と朝鮮―朝鮮キリスト教受容と新農業政策』世界思想社、2003。

金世民『韓國近代史와萬國公法』景仁出版社、2002。

金容九著、月脚達彦訳「朝鮮における万国公法の受容と適用」『東アジア近代史』通号2、1999。

金泰勲「旧韓末韓国における民族主義教育　島山安昌浩の大成学校を中心に」『教育學雜誌』23号、1989。

金鳳珍「朝鮮の万国公法の受容（上）（下）　開港前夜から甲申政変に至るまで」『北九州市立大学外国語学部紀要』78、80号、1993。

金鳳珍「朝鮮の近代初期における万国公法の受容　対日開国前夜から紳士遊覧団まで」『19世紀東アジアにおける国際秩序観の比較研究』国際高等研究所、2010。

金鳳珍「朝鮮の開化と井上角五郎　日韓関係史の『脱構築』を促す問題提起」『東洋文化研究所紀要』140冊、東京大学東洋文化研究所、2000。

金鳳珍「朝鮮の開化初期新聞に関する一考察」『北九州大学外国語学部紀要』86 号、1996。

金鳳珍『東アジア「開明」知識人の思惟空間　鄭観応・福沢諭吉・兪吉濬の比較研究』九州大学出版会、2004。

國史編纂委員會編纂「修信使記錄」『韓國史料叢書』國史編纂委員會、1958。

阿川修三「『海国図志』と日本（その2）　和刻本、和解本の書物としての形態とその出版意図について」『言語と文化』24 号、2012。

阿波学会・岡本韋庵調査研究委員会編集『アジアへのまなざし岡本韋庵：阿波学会五十周年記念』阿波學會・岡本韋庵調査研究委員會、2004。

陈德仁・安井三吉编『孫文・講演「大アジア主義」資料集：1924 年 11 月日本と中国の岐路』法律文化社、1989。

信夫清三郎『象山と松陰　開国と攘夷の論理』河出書房新社、1975。

前坂俊之『太平洋戦争と新聞』講談社、2007。

姜在彦『姜在彦著作選』明石書店、1996。

姜在彦『西洋と朝鮮：その異文化格闘の歴史』文藝春秋、1994。

姜在彦『朝鮮の開化思想』岩波書店、1980。

姜在彦・鈴木信昭訳『朝鮮の西学史』明石書店、1996。

姜萬吉「俞吉濬の韓半島中立化論」宮嶋博史訳『分断時代の歴史認識』学生社、1984。

後藤孝夫『辛亥革命から満州事変へ：大阪朝日新聞と近代中国』みすず書房、1987。

狭間直樹「初期アジア主義についての史的考察（5）第三章亜細亜協会について」『東亜』414 号、2001。

若宮卯之助「大亜細亜主義とは何ぞや」『中央公论』32 年 4 月号、1917。

茂木敏夫「中國における近代國際法の受容『朝貢と条約の並存』の諸相」『東アジア近代史』通号 3、2000。

香内三郎・上野征洋『抵抗と沈黙のはざまで：雑誌「自由」（1936 – 1938）の軌跡』新時代社、1985。

宮永孝『万延元年の遣米使節団』講談社、2005。

宮崎滔天著、宮崎龍介・衛藤瀋吉校注『三十三年の夢』平凡社、1967。

宮崎滔天著、島田虔次・近藤秀樹校注『三十三年の夢』岩波書店、1993。

宮崎滔天著、小野川秀美編『宮崎滔天全集』平凡社、1971 ~ 1976。

徐賢燮『近代朝鮮の外交と國際法受容』明石書店、2001。

徐興慶「王韜と近代日本：研究史の考察から」陶德民・藤田高夫編『近代日中関係人物史研究の新しい地平』雄松堂、2008。

『桑原隲藏全集』岩波書店、1968。

狹間直樹編『共同研究梁啓超：西洋近代思想受容と明治日本』みすず書房、1999。

神奈川大学人文学研究所編『「明六雑誌」とその周辺：西洋文化の受容・思想と言語』御茶の水書房、2004。

馬静『実業之日本社の研究：近代日本雑誌史研究への序章』平原社、2006。

高原泉「開成所版『万国公法』の刊行——万屋兵四郎と勝海舟をめぐって」『中央大学大学院研究年報（法学）』29 号、中央大学大学院研究年報編集委員会、1999。

高崎宗司『津田仙評伝—もう一つの近代化をめざした人』草風館、2008。

高崎隆治『「一億特攻」を煽った雑誌たち—文芸春秋・現代・婦人倶楽部・主婦之友』第三文明社、1984。

寇振鋒「『三十三年の夢』の漢訳本『三十三年落花夢』について」『言語文化論集』31 巻 1 号、2009。

寇振鋒「『三十三年の夢』の漢訳本『孫逸仙』について」『言語文化研究叢書』8 号、2009。

寇振鋒「『痴人説夢記』における『三十三年の夢』の受容」『言語文化研究叢書』9 号、2010。

寇振鋒「『孽海花』における『三十三年の夢』の受容」『言語文化論集』31 巻 2 号、2010。

寇振鋒「中国の『東方雑誌』と日本の『太陽』」『メディアと社会』1 号、2009。

崔文衡著、齊藤勇夫訳『韓国をめぐる列強の角逐：19 世紀末の国際関係』彩流社、2008。

張偉雄「『自助論』の中国での伝播」『比較文学考』白帝社、2012。

荻原隆『中村敬宇研究　明治啓蒙思想と理想主義』早稲田大学出版部、1990。

野澤基恭「日本における近代國際法の受容と適用　高橋作衛と近代國際法」『東アジア近代史』通号 3、2000。

陳捷『明治前期日中学術交流の研究：清国駐日公使館の文化活動』汲古書院、2003。

陳鵬仁「宮崎滔天と黄興：黄興との出合い」『東亞論壇』455 期、2007。

鳥海靖『日本近代史講義：明治立憲制の形成とその理念』東京大学出版会、1988。

奥田晴樹『立憲政体成立史の研究』岩田書院、2004。

奥武則『大衆新聞と国民国家：人気投票・慈善・スキャンダ

ル』平凡社、2000。

植村邦彦『アジアは〈アジア的〉か』ナカニシヤ出版、2006。

渡辺京二『評伝宮崎滔天』大和書房、1976。

猶里原撰、高橋二郎訳述、岡千仭刪定『法蘭西志』、明治十一年五月刻成本、早稲田大學蔵。

開国百年記念文化事業会編『鎖国時代日本人の海外知識：世界地理・西洋史に関する文献解題』乾元社、1953。

飯田泰三「大正期の總合雑誌と『文明批評家』たち」佐藤秀夫・山本武利編『日本の近・現代史と歴史教育』富士製本株式會社、1996。

飯田鼎「福沢諭吉研究：福沢諭吉と幕末維新の群像」『飯田鼎著作集』巻5、御茶の水書房、2001。

飯倉章『イエロー・ペリルの神話：帝国日本と「黄禍」の逆説』彩流社、2004。

黄東蘭「清末・民国期地理教科書の空間表象―領土・疆域・国恥」『中国研究月報』59巻3号、2005。

團藤充己「台湾出兵と『東京日日新聞』―「報道」と「言論」の両側面から」『メディア史研究』33号、2013。

園部裕之編『近代日本人の朝鮮認識に関する研究文献目録』緑蔭書房、1996。

塚本孝「日本の領域確定における近代國際法の適用事例　先占法理と竹島の領土編入を中心に」『東アジア近代史』通号3、2000。

源了圓「佐久間象山」『歴史人物シリーズ―幕末・維新の群像』PHP研究所、1990。

源了圓『横井小楠研究』藤原書店、2013。

鈴木正「解説・東洋社会党の創設者―樽井藤吉」田中惣五郎著、鈴木正編集解説『東洋社会党考』新泉社、1970。

鈴木貞美編『雑誌「太陽」と国民文化の形成』思文閣、2001。

鈴木健二『戦争と新聞―メディアはなぜ戦争を煽るのか』筑摩書房、2015。

鈴木董「イスラム世界秩序とその変容―世界秩序の比較史への視点」『東アジア近代史』通号 3、2000。

旗田巍『日本人の朝鮮観』劲草书房、1969。

翟新『東亜同文会と中国：近代日本における対外理念とその実践』慶應義塾大学出版会、2001。

趙景達「朝鮮近代のナツヨナリズムと東アヅア―初期開化派の『萬國公法』觀を中心に」『中國―社會と文化』4 号、1989。

趙寛子『植民地朝鮮/帝国日本の文化連環：ナショナリズムと反復する植民地主義』有志舍、2007。

遠山茂樹『福沢諭吉：思想と政治との関連』東京大学出版会、1970。

劉岳兵「日本における立憲政体の受容と中国―加藤弘之の『鄰草』をめぐって」『北東アジア研究』17 号、2009。

廣瀬和子「アジアにおける近代國際法の受容と適用」『東アジア近代史』通号 3、2000。

橋川文三『橋川文三著作集』筑摩書房、2000。

謝俊美著、三輪雅人訳「情報傳達と辛亥革命：盛宣懷と中國電報局をあわせて論ず」孫文研究会編『辛亥革命の多元構造―辛亥革命 90 周年国際学術討論会（神戸）』汲古書院、2003。

韓相熙「19 世紀東アジアにおけるヨーロッパ国際法の受容―日本の学者達の研究を中心に」『法政研究』74 巻 1 ~ 4 号、2007。

齋藤毅『明治のことば：文明開化と日本語』講談社、2005。

鎌田栄吉先生伝記及全集刊行會編『鎌田栄吉全集』鎌田栄吉先生伝記及全集刊行會、1934。

鎌田榮吉「（講演）思想一轉の機」『東邦協会々報』113 号、

1904。

藤井信幸「明治前期における電報の地域的利用状況：近代日本と地域情報化」『年報・近代日本研究』12 期、1990。

藤原暹『日本における庶民的自立論の形成と展開』ぺりかん社、1986。

藤森照信『明治の東京計画』岩波書店、1982。

三 英文部分

"Epistemic Communities," in Annabelle Mooney and Betsy Evans, eds. , *Globalization: The Key Concepts*, London & New York: Routledge, 2007.

"Geographical Imagination," in R. J. Johnston, ed. , *The Dictionary of Human Geography*, Oxford: Blackwell Publishers, 2000.

Anderson, Malcom, *Frontiers: Territory and State Formation in the Modern World*, Cambridge: Polity Press, 1996.

Ball, Terence, "A Republic-If You Can Keep It," in Terence Ball and J. G. A. Pocock Lawrence, eds. , *Conceptual Change and Constitution*, KS: University Press of Kansas, 1988.

Barker, Hannah and Simon Burrows, eds. , *Press, Politics and the Public Sphere in Europe and North America, 1760 – 1820*, New York: Cambridge University Press, 2002.

Barnhurst, Kevin G. and John Nerone, *The Form of News: A History*, New York & London: Guilford Press, 2001.

Bastid-Bruguière, Marianne, "Sun Yat-sen's Republican Idea in 1911," in Etō Shinkichi and Harold Z. Schiffrin, eds. , *China's Republican Revolution: Interpretive Essays*, Tokyo: University of Tokyo Press, 1994.

Baumgold, Deborah, *Contract Theory in Historical Context: Essays on*

Grotius, *Hobbes*, *and Locke*, Leiden & Boston: Brill, 2010.

Bennett, Adrian A. , *John Fryer: The Introduction of Western Science and Technology into Nineteenth-Century China*, Cambridge: East Asian Research Center, Harvard University, 1967.

Bennett, Adrian A. , *Missionary Journalist in China: Young J. Allen and His Magazines*, *1860 – 1883*, Athens: The University of Georgia Press, 1983.

Briggs, Asa. and Peter Burke, *A Social History of the Media: From Gutenberg to the Internet*, Cambridge: Polity, 2002.

Calhoun, Craig, ed. , *Habermas and the Public Sphere*, Cambridge: The MIT Press, 1992.

Carey, James W. , *Communications as Culture*, London: Routledge, 2009.

Chai, Nam-Yearl, " Korea's Reception and Development of International Law, " in Jae Schick Pae, Nam-Yearl Chai, and Choon-ho Park, *Korean International Law*, Berkeley: Institute of East Asian Studies, University of California, Center for Korean Studies, 1981.

Chang, Hao, *Liang Ch'i-ch'ao and the Intellectual Transition in China*, Cambridge: Harvard University Press, 1971.

Chartier, Roger, " The World as Representation, " in Lynn Hunt and Jacques Revel, eds. , *Histories: French Constructions of the Past*, New York: The New Press, 1995.

Çirakman, Asli, " From Tyranny to Despotism: The Enlightenment's Unenlightened Image of the Turks, " *International Journal of Middle East Studies* 33 (2001).

Cohen, J. L. and A. Arato, *Civil Society and Political Theory*, Cambridge: The MIT Press, 1992.

Cohen, Paul A. , *Between Tradition and Modernity: Wang T'ao and*

Reform in Late Ch'ing China, Cambridge: Harvard University Press, 1974.

Cowans, Jon, "Habermas and French History: The Public Sphere and the Problem of Political Legitimacy," *French History* 13 (1999).

Cross, Anthony, *Peter the Great through British Eyes: Perceptions and Representations of the Tsar since 1698*, Cambridge: Cambridge University Press, 2000.

Cross, Mai'a K. Davis, "Rethinking Epistemic Communities Twenty Years Later," *Review of International Studies* 39: 1 (2013).

Crossley, Nick, *After Habermas: New Perspectives on the Public Sphere*, Oxford: Blackwell Publishing, 2004.

Dirlik, Arif, "Is there History after Eurocentrism? Globalism, Post-colonialism and the Disavowal of History," in *Postmodernity's Histories, The Past as Legacy and Project*, Lanham: Rowman & Littlefield Publishers, 2000.

Dosse, François, *New History in France: The Triumph of the Annales*, trans. by Peter V. Conroy, Jr. , Urbana: University of Illinois Press, 1994.

Drake, Fred W. , *China Charts the World: Hsu Chi-yü and his Geography of 1848*, Cambridge: Harvard University Press, 1975.

Edney, Matthew H. , *Mapping an Empire: The Geographical Construction of British India, 1765 - 1843*, Chicago & London: University of Chicago Press, 1997.

Evans, Richard J. , *In Defense of History*, New York: W. W. Norton, 1999.

Farr, James, "Understanding Conceptual Change Politically," in Terence Ball and Russell L. Hanson, eds. , *Political Innovation and Conceptual Change*, Cambridge & New York: Cambridge University Press, 1989.

Febvre, Lucien, *The Problem of Unbelief in the Sixteenth Century, The*

Religion of Rabelais, trans. by Beatrice Gottlieb, Cambridge: Harvard University Press, 1982.

Fogel, Joshua A. , ed. , *The Role of Japan in Liang Qichao's Introduction of Modern Western Civilization to China*, Berkeley: Institute of East Asian Studies, University of California, 2004.

Gasiorowski, Mark J. , "The Political Regimes Project," *Studies in Comparative International Development* 25: 1 (1990).

Giddens, Anthony. , *Modernity and Self-Identity: Self and Society in the Late Modern Age*, Cambridge: Polity Press, 1991.

Gurevitch, Michael Mark R. Levy and Itzhak Roeh, "The Global Newsroom: Convergences and Diversities in the Globalization of Television News," in Peter Dahlgren and Colin Sparks, eds. , *Communication and Citizenship: Journalism and the Public Sphere*, London: Routledge, 1993.

Haas, Peter M, "Introduction: Epistemic Communities and International Policy Coordination," *International Organization* 46: 1 (1992).

Habermas, Jürgen, *The Structural Transformation of the Public Sphere: An Inquiry into a Category of Bourgeois Society*, trans. by Thomas Burger with the assistance of Frederick Lawrence, Cambridge: The MIT Press, 1989.

Hall, Stuart, "Culture, the Media and 'Ideological Effect'," in James Curran et al. , eds. , *Mass Communication and Society*, Beverly Hills: Sage, 1979.

Harrell, Stevan, "Introduction: Explorers, Scientists, and Imperial Knowledge Production in Early Twentieth-Century China," in Denise M. Glover et al. , eds. , *Explorers and Scientists in China's Borderlands, 1880 - 1950*, Seattle: University of Washington Press, 2011.

Hartog, François, "The Modern *Régimes* of Historicity in the Face of Two World Wars," Chris Lorenz and Berber Bevernage, eds, *Breaking up*

Time: Negotiating the Borders between Present, Past and Future, Göttingen: Vandenhoeck & Ruprecht, 2013.

Harvey, David, *Social Justice and the City*, Baltimore & London: Johns Hopkins University Press, 1973.

Hohendahl, Peter Uwe, " Critical Theory, Public Sphere and Culture, Jürgen Habermas and his Critics, " *New German Critique* 16 (1979).

Hostetler, Laura, *Qing Colonial Enterprise: Ethnography and Cartography in Early Modern China*, Chicago: University of Chicago Press, 2001.

Howland, D. R. , *Borders of Chinese Civilization: Geography and History at Empire's End*, Durham: Duke University Press, 1996.

Hsü, Immanuel C. Y. , *China's Entrance into the Family of Nations: The Diplomatic Phase, 1858 – 1880*, Cambridge: Harvard University Press, 1960.

Huffman, James L. , *Creating a Public: People and Press in Meiji Japan*, Honolulu: University of Hawai'i Press, 1997.

Iriye, Akira, *Cultural Internationalism and World Order*, Baltimore: Johns Hopkins University Press, 1997.

Kamachi, Noriko, *Reform in China: Huang Tsun-hsien and the Japanese Model*, Cambridge: Harvard University Press, 1981.

Karl, Rebecca E. , *Staging the World: Chinese Nationalism at the Turn of the Twentieth Century*, Durham: Duke University Press, 2002.

Kinmonth, Earl H. , *The Self-Made Man in Meiji Japanese Thought: From Samurai to Salary Man*, Berkeley: University of California Press, 1981.

Kley, Dale K. Van, "In Search of Eighteenth-Century Parisian Public Opinion, " *French Historical Studies* 19: 1 (1995).

Landes, Joan B. , *Women and the Public Sphere*, Ithaca & London:

Cornell University Press, 1988.

Lazich, Michael C. , *E. C. Bridgman (1801 - 1861)*, *America's First Missionary to China*, Lewiston: Edwin Mellen Press, 2000.

Lefebvre, Henri, *The Production of Space*, trans. by Donald Nicholson-Smith, Cambridge: Blackwell, 1991.

Leonard, Jane Kate, *Wei Yuan and China's Rediscovery of the Maritime World*, Cambridge: Harvard University Press, 1984.

Lewis, Martin W. and Karen E. Wigen, *The Myth of Continents: A Critique of Metageography*, Berkeley: University of California Press, 1997.

Lippmann, Walter, *Public Opinion*, New York: Free Press, 1965, originally published in 1922.

Liu, Lydia H. , *Translingual Practice: Literature, National Culture, and Translated Modernity — China, 1900 - 1937*, Stanford: Stanford University Press, 1995.

Liu, Lydia H. , *The Clash of Empires: The Invention of China in Modern World Making*, Cambridge: Harvard University Press, 2004.

Mittler, Barbara, *A Newspaper for China? Power, Identity, and Change in Shanghai's News Media, 1872 - 1911*, Cambridge: Harvard University Asia Center, 2004.

Miyoshi, Masao, *As We Saw Them: The First Japanese Embassy to the United States*, Berkeley: University of California Press, 1979; New York: Kodansha International, 1994.

Morag Bell, Robin Butlin, and Michael Heffernan, eds. , *Geography and Imperialism, 1820 - 1940*, Manchester: Manchester University Press, 1995.

Murray, Hugh, *An Encyclopedia of Geography: Comprising a Complete Description of the Earth, Physical, Statistical, Civil and Political: Exhibiting its Relation to the Heavenly Bodies, its physical Structure, the Natural History of*

Each Country, and the Industry, Commerce, Political Institutions, and Civil and Social State of All Nations, London, 1834.

Naregal, Veena, *Language, Politics, Elites and the Public Sphere: Western India under Colonialism*, London: Anthem, 2002.

Nathans, Benjamin, "Habermas's 'Public Sphere' in the Era of the French Revolution," *French Historical Studies* 16: 3 (1990).

Niranjana, Tejaswini, *Siting Translation: History, Post-Structuralism, and the Colonial Context*, Berkeley: University of California Press, 1992.

Norton, T. Mills, "The Public Sphere: A Workshop," *New Political Science* 11 (1983).

Orsini, Francesca, *The Hhindi Public Sphere 1920 - 1940: Language and Literature in the Age of Ntionalism*, New Delhi: Oxford University Press, 2002.

Palonen, Kari, "An Application of Conceptual History to Itself From Method to Theory in Reinhart Koselleck's Begriffsgeschifte," *Finnish Yearbook of Political Thought* 1 (1997).

Popkin, Jeremy D., "Media and Revolutionary Crises," in Jeremy D. Popkin, ed., *Media and Revolution: Comparative Perspectives*, Lexington: University Press of Kentucky, 1995.

Popkin, Jeremy D., "The Press and the French Revolution after Two Hundred Years," *French Historical Studies* 16 (1990).

Potter, Simon J., *News and the British World: The Emergence of an Imperial Press System, 1876 - 1922*, Oxford: Oxford University Press, 2003.

Price, Don C., *Russia and the Roots of the Chinese Revolution, 1896 - 1911*, Cambridge: Harvard University Press, 1974.

Riasanovsky, Nicholas V., *The Image of Peter the Great in Russian History and Thought*, New York: Oxford University Press, 1985.

Richter, M. , "Despotism," in D. Wiener, ed. , *Dictionary of the History of Ideas*, Vol. 2, New York: Charles Scribrer's Sons, 1973.

Schudson, Michael, *The Power of News*, Cambridge: Harvard University Press, 1995.

Schulten, Susan, *The Geographical Imagination in America*, *1880 – 1950*, Chicago: University of Chicago Press, 2001.

Schutz, Alfred and Thomas Luckmann, trans. by R. M. Zaner and H. T. Engelhardt, Jr. , *The Structures of the Life-World*, Evanston: Northwestern University Press, 1973.

Soya, Edward W. , *Third Space: Journeys to Los Angeles and Other Real and Imagined Spaces*, Oxford: Blackwell Publishers, 1996.

Spira, Ivo, *A Conceptual History of Chinese-Isms: The Modernization of Ideological Discourse*, *1895 – 1925*, Leiden & Boston: Brill, 2015.

Springborg, Patricia, *Western Republicanism and the Oriental Prince*, Cambridge: Polity Press, 1992.

Stern, John Peter, *The Japanese Interpretation of the "Law of Nations" 1854 – 1874*, North Charleston: BookSurge Publishing Co. , Inc. , 2008.

Stevenson, Nick, *Understanding Media Cultures: Social Theory and Mass Communication*, London: Sage Publications, 2002.

Svarverud, Rune, *International Law as World Order in Late Imperial China: Translation, Reception and Discourse*, *1847 – 1911*, Leiden & Boston: Brill, 2007.

Teng, Emma, *Taiwan's Imagined Geography: Chinese Colonial Travel Writing and Picture*, *1683 – 1895*, Cambridge: Harvard University Press, 2004.

Tomlinson, Levy, " Beyond Publius: Montesquieu, Liberal Republicanism, and the Small-Republic Thesis," *History of Political Thought* 27: 1 (2006).

Wagner, Rudolf G. , "The Early Chinese Newspapers and the Chinese Public Sphere," *European Journal of East Asian Studies* 1: 1 (2002).

Waley-Cohen, Joanna, "The New Qing History," *Radical History Review* 88 (2004).

Wimmer, Andreas and Nina Glick Schiller, "Methodological Nationalism and beyond: Nation-State building, Migration and the Social Sciences," *Global Networks* 2: 4 (2002).

Wimmer, Andreas and Nina Glick Schiller, "Methodological Nationalism, the Social Sciences, and the Study of Migration: An Essay in Historical Epistemology," *The International Migration Review* 37: 3 (2003).

Winichakul, Thongchai, *Siam Mapped: A History of the Geo-body of a Nation*, Honolulu: University of Hawaii Press, 1994.

Wong, Young-tsu, *Search for Modern Nationalism: Zhang Binglin and Revolutionary China*, Oxford & New York: Oxford University Press, 1989.

Woolf, Daniel, "News, History and the Construction of the Present in the Early Modern England," in Brendan Dooley and Sabrina A. Baron, eds. , *The Politics of Information in Early Modern Europe*, New York: Routledge, 2001.

Wootton, David, "Febvre and the Problem of Unbelief in the Early Modern Period," *The Journal of Modern History* 60: 4 (1988).

Xu, Guoqi, *China and the Great War: China's Pursuit of a New National Identity and Internationalization*, Cambridge: Cambridge University Press, 2005.

Yoon, Seungjoo, "Literati-Journalists of the *Chinese Progress* (*Shiwu bao*) in Discord, 1896 – 1898," in Rebecca E. Karl and Peter Zarrow, eds. , *Rethinking the 1898 Reform Period: Political and Cultural Change in Late Qing China*, Cambridge: Harvard University Press, 2002.

索 引

图书在版编目（CIP）数据

创造近代中国的"世界知识"/潘光哲著. -- 北京：
社会科学文献出版社，2019.7（2022.10 重印）
（学科、知识与近代中国研究书系）
ISBN 978 - 7 - 5201 - 4942 - 6

Ⅰ. ①创… Ⅱ. ①潘… Ⅲ. ①思想史 - 研究 - 中国 -
近代 Ⅳ. ①B250.5

中国版本图书馆 CIP 数据核字（2019）第 102154 号

·学科、知识与近代中国研究书系·

创造近代中国的"世界知识"

著　　者 / 潘光哲

出 版 人 / 王利民
责任编辑 / 李丽丽　陈肖寒
文稿编辑 / 陈肖寒
责任印制 / 王京美

出　　版 / 社会科学文献出版社·历史学分社（010）59367256
　　　　　地址：北京市北三环中路甲 29 号院华龙大厦　邮编：100029
　　　　　网址：www.ssap.com.cn
发　　行 / 社会科学文献出版社（010）59367028
印　　装 / 三河市东方印刷有限公司

规　　格 / 开 本：787mm × 1092mm　1/16
　　　　　印 张：21.25　字 数：293 千字
版　　次 / 2019 年 7 月第 1 版　2022 年 10 月第 3 次印刷
书　　号 / ISBN 978 - 7 - 5201 - 4942 - 6
定　　价 / 98.00 元

读者服务电话：4008918866